ETUDES GRECQUES

SUR

VIRGILE

OU

RECUEIL DE TOUS LES PASSAGES DES POETES GRECS

IMITÉS DANS LES BUCOLIQUES, LES GÉORGIQUES ET L'ÉNÉIDE,

AVEC LE TEXTE LATIN

ET DES RAPPROCHEMENS LITTÉRAIRES;

PAR

F. G. EICHHOFF,

PROFESSEUR DE BELLES-LETTRES, RÉPÉTITEUR A L'INSTITUTION MASSIN.

A PARIS,

Chez { A. DELALAIN, Imprimeur-Libraire, rue des Mathurins-St.-Jacques, N°. 5.
TREUTTEL et WURTZ, Libraires, rue de Bourbon, N°. 17.

1825.

ÉNÉIDE.

LIVRE SEPTIÈME.

Études grecq. IIIe Partie.

SOMMAIRE.

Arrivée d'Énée au Latium.

I. Histoire du Latium.
II. Ambassade a Latinus.
III. Alecton chez Amate.
IV. Alecton chez Turnus.
V. Alecton chez Tyrrhée.
VI. Déclaration de guerre.
VII. Dénombrement des Latins.

Le plan de ce livre appartient à Virgile.

ETUDES GRECQUES

SUR

VIRGILE.

III.

DE L'IMPRIMERIE D'AUG. DELALAIN,
RUE DES MATHURINS-St.-JACQUES, N°. 5.

ÉNÉIDE.
LIVRE SEPTIÈME.

I.

Tu quoque littoribus nostris, Æneia nutrix,
Æternam moriens famam, Caieta, dedisti;
Et nunc servat honos sedem tuus, ossaque nomen
Hesperiâ in magnâ, si qua est ea gloria, signant.

Une nouvelle carrière s'ouvre aux regards du poëte : après avoir décrit dans ses six premiers livres les voyages et les malheurs d'Enée, après avoir peint la chute d'une ville puissante, les fureurs de l'amour, les mystères de l'Erèbe, il quitte les rêves brillants de la Grèce pour les obscures traditions de l'Italie ; il les vivifie du feu de son génie, les élève à la hauteur de l'épopée, et consacre par un monument immortel l'origine de la puissance romaine. Ces six derniers livres, trop peu lus, trop peu appréciés, sont peut-être encore plus admirables que les premiers par les nombreuses difficultés du sujet. Après avoir souffert comme Ulysse, Enée doit vaincre comme Achille ; mais le poëte a dû créer des caractères pour opposer à son héros des ennemis dignes de lui. Aussi trouve-t-on dans cette seconde partie plus de verve, plus d'abondance que dans l'autre. Partout le mérite de la correction, de la grâce, de l'élégance y est remplacé par l'ascendant des grandes pensées, la vérité des situations et la vivacité des images.

Avant d'arriver à Laurente, la flotte troyenne s'arrête dans une baie de Campanie où fut depuis construit le port de Gaëte, du nom de la nourrice d'Enée ; ce qui est conforme au témoignage de Denys d'Halicarnasse qui y fait aborder le héros à son départ de l'île de Prochyta, pour le conduire ensuite au promontoire de Circeii.

★

Atpius exsequiis Æneas ritè solutis,
Aggere composito tumuli, postquam alta quiêrunt
Æquora, tendit iter velis, portumque relinquit.
Aspirant auræ in noctem, nec candida cursum
Luna negat : splendet tremulo sub lumine pontus.
10 Proxima Circææ raduntur littora terræ,
Dives inaccessos ubi Solis filia lucos
Assiduo resonat cantu, tectisque superbis
Urit odoratam nocturna in lumina cedrum,
Arguto tenues percurrens pectine telas.
Hinc exaudiri gemitus, iræque leonum
Vincla recusantum, et serâ sub nocte rudentum ;
Setigerique sues, atque in præsepibus ursi
Sævire, ac formæ magnorum ululare luporum ;
Quos hominum ex facie dea sæva potentibus herbis
20 Induerat Circe in vultus ac terga ferarum.
Quæ ne monstra pii paterentur talia Troes,
Delati in portus, neu littora dira subirent,
Neptunus ventis implevit vela secundis,
Atque fugam dedit, et præter vada fervida vexit.

Rien de plus gracieux que ce tableau d'une navigation nocturne, dans lequel Virgile a transporté ce vers d'Ennius :

Lumine sic tremulo terra et cava cærula candent.

Le cap Circeii, situé près de Gaëte, et bordé d'un côté par la mer, de l'autre par les marais Pomptins, passe pour avoir été l'île d'Æa, séjour fabuleux de Circé. La réception d'Ulysse chez cette magicienne forme un des principaux épisodes de l'Odyssée, dont elle occupe tout le 10ᵐᵉ. chant. Le poëte latin en a reproduit ici le passage le plus remarquable, celui où les compagnons d'Ulysse aperçoivent le palais de Circé.

Εὗρον δ' ἐν βήσσῃσι τετυγμένα δώματα Κίρκης
ξεστοῖσιν λάεσσι, περισκέπτῳ ἐνὶ χώρῳ.
ἀμφὶ δέ μιν λύκοι ἦσαν ὀρέστεροι, ἠδὲ λέοντες,
τοὺς αὐτὴ κατέθελξεν, ἐπεὶ κακὰ φάρμακ' ἔδωκεν.
οὐδ' οἵγ' ὡρμήθησαν ἐπ' ἀνδράσιν, ἀλλ' ἄρα τοίγε
οὐρῆσιν μακρῇσι περισσαίνοντες ἀνέσταν.
ὡς δ' ὅταν ἀμφὶ ἄνακτα κύνες δαίτηθεν ἰόντα
σαίνωσ'· αἰεὶ γάρ τε φέρει μειλίγματα θυμοῦ·
ὣς τοὺς ἀμφὶ λύκοι κρατερώνυχες, ἠδὲ λέοντες,
σαῖνον· τοὶ δ' ἔδδεισαν ἐπεὶ ἴδον αἰνὰ πέλωρα.
ἔσταν δ' εἰνὶ θύρῃσι θεᾶς καλλιπλοκάμοιο·
Κίρκης δ' ἔνδον ἄκουον ἀειδούσης ὀπὶ καλῇ,
ἱστὸν ἐποιχομένης μέγαν ἄμβροτον, οἷα θεάων
λεπτά τε καὶ χαρίεντα καὶ ἀγλαὰ ἔργα πέλονται.

Od. X, v. 210.

Virgile, rehaussant ces images par la lugubre harmonie de ses vers, a augmenté encore leur tendance philosophique en montrant dans la férocité des fantômes d'animaux l'abrutissement de l'âme flétrie par les passions. La flamme odorante qui brûle dans le palais de Circé se retrouve dans la grotte de Calypso, si élégamment décrite au 5ᵐᵉ. chant de l'Odyssée :

Πῦρ μὲν ἐπ' ἐσχαρόφιν μέγα καίετο, τηλόθι δ' ὀδμὴ
κέδρου τ' εὐκεάτοιο, θύου τ' ἀνὰ νῆσον ὀδώδει,
δαιομένων· ἡ δ' ἔνδον ἀοιδιάους' ὀπὶ καλῇ,
ἱστὸν ἐποιχομένη, χρυσείῃ κερκίδ' ὕφαινεν.

Od. V, v. 59.

Apollonius de Rhodes, qui a imité dans ses Argonautiques presque tous les épisodes de l'Odyssée, fait aussi aborder Jason et Médée dans l'île d'Æa, qu'il place comme Virgile sur les côtes de l'Ausonie (*Argon. IV, v.* 659). Ovide s'est contenté de traduire le texte d'Homère (*Métam. XIV, v.* 248), mais l'Arioste l'a orné et agrandi dans la peinture de son Alcine qui a servi avec Didon de modèle à l'Armide du Tasse. (*Roland, ch. VII, st.* 9.)

★

Jamque rubescebat radiis mare, et æthere ab alto
Aurora in roseis fulgebat lutea bigis :
Cùm venti posuêre, omnisque repentè resedit
Flatus, et in lento luctantur marmore tonsæ.
Atque hîc Æneas ingentem ex æquore lucum
30 Prospicit : hunc inter fluvio Tyberinus amœno,
Vorticibus rapidis et multâ flavus arenâ,
In mare prorumpit : variæ circùmque supràque
Assuetæ ripis volucres et fluminis alveo,
Æthera mulcebant cantu, lucoque volabant.
Flectere iter sociis, terræque advertere proras
Imperat ; et lætus fluvio succedit opaco.

Les Troyens, voguant sous la protection de Neptune, parviennent enfin à l'embouchure du Tibre. Le calme qui favorise le débarquement d'Enée rappelle celui qui conduisit Ulysse dans le fleuve des Phéaciens (*Od. V, v.* 451), et celui qui faillit le perdre devant l'île des Sirènes :

Αὐτίκ' ἔπειτ' ἄνεμος μὲν ἐπαύσατο, ἠδὲ γαλήνη
ἔπλετο νηνεμίη, κοίμησε δὲ κύματα δαίμων.

Od. XII, v. 168.

LIVRE VII.

On trouve encore une comparaison analogue dans l'Iliade (ch. *VII*, v. 4), reproduite après Virgile par Racine (*Iphigénie*, acte Ier. sc. 1.). La description des bois voisins du Tibre animés par les chants des oiseaux, se retrouve en partie dans la grotte de Calypso :

Ὕλη δὲ σπέος ἀμφιπεφύκει τηλεθόωσα,
κλήθρη τ', αἴγειρός τε, καὶ εὐώδης κυπάρισσος.
ἔνθα δέ τ' ὄρνιθες τανυσίπτεροι εὐνάζοντο,
σκῶπές τ', ἴρηκές τε, τανύγλωσσοί τε κορῶναι
εἰνάλιαι, τῇσιν τε θαλάσσια ἔργα μέμηλεν.

Od. V, v. 63.

Mais le tableau entier du poëte latin offre une analogie plus frappante encore avec l'entrée des Argonautes dans le Phase, qui leur présageoit, comme le Tibre aux Troyens, le terme désiré de leurs longues infortunes :

Εἰσέλασαν ποταμοῖο μέγαν ῥόον· αὐτὰρ ὁ πάντη
καχλάζων ὑπόεικεν. ἔχον δ' ἐπ' ἀριστερὰ χειρῶν
Καύκασον αἰπήεντα, Κυταιΐδα τε πτόλιν Αἴης,
ἔνθεν θ' αὖ πεδίον τὸ Ἀρήιον, ἱερά τ' ἄλση
τοῖο θεοῦ, τόθι κῶας ὄφις εἴρυτο δοκεύων,
πεπτάμενον λασίοισιν ἐπὶ δρυὸς ἀκρεμόνεσσιν.
αὐτὸς δ' Αἰσονίδης χρυσέῳ ποταμόνδε κυπέλλῳ
οἴνου ἀκηρασίοιο μελισταγέας χέε λοιβὰς
γαίῃ τ', ἐνναέταις τε θεοῖς, ψυχαῖς τε καμόντων
ἡρώων· γουνοῦτο δ' ἀπήμονας εἶναι ἀρωγοὺς
εὐμενέως, καὶ νηὸς ἐναίσιμα πείσματα δέχθαι.

Argon. II, v. 1265.

*

Nunc age, qui reges, Erato, quæ tempora rerum,
Quis Latio antiquo fuerit status, advena classem
Cùm primùm Ausoniis exercitus appulit oris,

Expediam, et primæ revocabo exordia pugnæ.
Tu vatem, tu, diva, mone : dicam horrida bella ;
Dicam acies, actosque animis in funera reges,
Tyrrhenamque manum, totamque sub arma coactam
Hesperiam. Major rerum mihi nascitur ordo,
Majus opus moveo. Rex arva Latinus et urbes
Jàm senior longâ placidas in pace regebat.
Hunc Fauno et nymphâ genitum Laurente Maricâ
Accipimus; Fauno Picus pater; isque parentem
Te, Saturne, refert : tu sanguinis ultimus auctor.
50 Filius huic, fato divûm, prolesque virilis
Nulla fuit, primâque oriens erepta juventâ est.
Sola domum et tantas servabat filia sedes,
Jàm matura viro, jàm plenis nubilis annis.
Multi illam magno è Latio totâque petebant
Ausoniâ : petit antè alios pulcherrimus omnes
Turnus, avis atavisque potens, quem regia conjux
Adjungi generum miro properabat amore :
Sed variis portenta deûm terroribus obstant.

Énée vient d'aborder au Latium : ses grandes destinées se préparent, et le poëte, pénétré de l'importance de son sujet, fait une seconde invocation à sa Muse, comme Apollonius invoque Erato au début de son 3me. chant, à la suite du passage que nous venons de transcrire.

Εἰ δ' ἄγε νῦν, Ἐρατώ, παρά θ' ἵστασο, καί μοι ἔνισπε
ἔνθεν ὅπως ἐς Ἰωλκὸν ἀνήγαγε κῶας Ἰήσων,
Μηδείης ὑπ' ἔρωτι. σὺ γὰρ καὶ Κύπριδος αἶσαν
ἔμμορες, ἀδμῆτας δὲ τεοῖς μεληδήμασι θέλγεις
παρθενικάς · τῷ καί τοι ἐπήρατον οὔνομ' ἀνῆπτι.

Argon. III, v. 1.

Latinus, roi de Laurente, est déjà nommé par Hésiode, qui le fait naître d'Ulysse et de Circé, et régner en Etrurie avec son frère Agrius :

Κίρκη δ' Ἡλίου θυγάτηρ Ὑπεριονίδαο,
γείνατ' Ὀδυσσῆος ταλασίφρονος ἐν φιλότητι,
Ἄγριον, ἠδὲ Λατῖνον ἀμύμονά τε, κρατερόν τε,
οἳ δή τοι μάλα τῆλε μυχῶν νήσων ἱεράων,
πᾶσιν Τυρσηνοῖσιν ἀγακλυτοῖσιν ἄνασσον.

Théog. v. 1011.

Denys d'Halicarnasse, d'accord avec Virgile sur les points importants de l'histoire de Latinus, rapporte que ce prince étoit fils d'Hercule, et qu'adopté ensuite par le roi Faune, il lui succéda sur le trône du Latium. Selon le même auteur, Enée arriva en Italie la 35me année du règne de Latinus ; l'alliance des deux chefs et le mariage d'Enée et de Lavinie furent conclus sans difficulté, et précédèrent les révoltes de Turnus et de Mézence que le poëte suppose antérieures, et qu'il fonde sur des oracles prophétiques.

★

Laurus erat tecti medio, in penetralibus altis,
60 Sacra comam, multosque metu servata per annos ;
Quam pater inventam, primas cùm conderet arces,
Ipse ferebatur Phœbo sacrâsse Latinus ;
Laurentisque ab eâ nomen posuisse colonis.
Hujus apes summum densæ, mirabile dictu,
Stridore ingenti liquidum trans æthera vectæ,
Obsedêre apicem ; et pedibus per mutua nexis,
Examen subitum ramo frondente pependit.
Continuò vates : « Externum cernimus, inquit,
Adventare virum ; et partes petere agmen easdem
70 Partibus ex iisdem, et summâ dominarier arce. »

Prætereà, castis adolet dùm altaria tædis,
Et juxtà genitorem adstat Lavinia virgo,
Visa, nefas! longis comprendere crinibus ignem,
Atque omnem ornatum flammâ crepitante cremari,
Regalesque accensa comas, accensa coronam
Insignem gemmis; tùm fumida lumine fulvo
Involvi, ac totis vulcanum spargere tectis.
Id verò horrendum ac visu mirabile ferri :
Namque fore illustrem famâ fatisque canebant
80 Ipsam, sed populo magnum portendere bellum.

Ces deux prodiges sont tirés de l'histoire romaine. Celui des abeilles entourant le laurier sacré rappelle une superstition des légions qui se croyoient menacées d'une défaite certaine quand un essaim se posoit sur la tente du général. Celui de la flamme miraculeuse, déjà employé pour Ascagne (liv. II, *v.* 680), consacre l'horoscope du jeune Servius Tullius. Les détails poëtiques sont empruntés d'Euripide qui raconte ainsi la mort de la fille de Créon, revêtue par Médée d'un voile empoisonné :

Δεινὸν στενάξασ' ἡ τάλαιν' ἠγείρετο·
διπλοῦν γὰρ αὐτῇ πῆμ' ἐπεστρατεύετο·
χρυσοῦς μὲν ἀμφὶ κρατὶ κείμενος πλόκος
θαυμαστὸν ἵει νᾶμα παμφάγου πυρός.
πέπλοι δὲ λεπτοί, σῶν τέκνων δωρήματα,
λευκὴν ἔδαπτον σάρκα τῆς δυσδαίμονος.
φεύγει δ' ἀναστᾶσ' ἐκ θρόνων πυρουμένη,
σείουσα χαίτην κρᾶτά τ' ἄλλοτ' ἄλλοσε,
ῥίψαι θέλουσα στέφανον· ἀλλ' ἀραρότως
ξύνδεσμα χρυσὸς εἶχε· πῦρ δ', ἐπεὶ κόμην
ἔσεισε, μᾶλλον δὶς τόσως τ' ἐλάμπετο.

Médée, v. 1181.

At rex sollicitus monstris, oracula Fauni,
Fatidici genitoris adit, lucosque sub altâ
Consulit Albuneâ, nemorum quæ maxima sacro
Fonte sonat, sævamque exhalat opaca mephitim.
Hinc Italæ gentes omnisque OEnotria tellus
In dubiis responsa petunt : hûc dona sacerdos
Cùm tulit, et cæsarum ovium sub nocte silenti
Pellibus incubuit stratis, somnosque petivit :
Multa modis simulacra videt volitantia miris,
90 Et varias audit voces, fruiturque deorum
Colloquio, atque imis Acheronta affatur Avernis.
Hîc et tùm pater ipse petens responsa Latinus,
Centum lanigeras mactabat ritè bidentes,
Atque harum effultus tergo stratisque jacebat
Velleribus. Subita ex alto vox reddita luco est :
« Ne pete connubiis natam sociare Latinis,
O mea progenies, thalamis neu crede paratis :
Externi veniunt generi, qui sanguine nostrum
Nomen in astra ferent, quorumque à stirpe nepotes
100 Omnia sub pedibus, quà Sol utrumque recurrens
Aspicit Oceanum, vertique regique videbunt. »
Hæc responsa patris Fauni, monitusque silenti
Nocte datos, non ipse suo premit ore Latinus;
Sec circùm latè volitans jàm fama per urbes
Ausonias tulerat, cùm Laomedontia pubes
Gramineo ripæ religavit ab aggere classem.

L'oracle du dieu Faune, placé près de la fontaine sulfureuse d'Albunée, jouissoit d'une grande célébrité dans l'ancienne Italie. Ce fut là que parut dans la suite la Sibylle de Tibur. Latinus observe pour le consulter les rites institués par le devin Amphiaraüs, dont les trois fils furent les fondateurs de Tibur. La réponse de Faune sert à légitimer les droits d'Enée sur le Latium, et Denys d'Halicarnasse lui-même rapporte qu'un avertissement céleste détermina Latinus à accueillir favorablement les Troyens.

II.

Æneas, primique duces, et pulcher Iulus
Corpora sub ramis deponunt arboris altæ;
Instituuntque dapes, et adorea liba per herbam
110 Subjiciunt epulis, sic Jupiter ipse monebat,
Et cereale solum pomis agrestibus augent.
Consumptis hîc fortè aliis, ut vertere morsus
Exiguam in cererem penuria adegit edendi,
Et violare manu malisque audacibus orbem
Fatalis crusti, patulis nec parcere quadris :
« Heus! etiam mensas consumimus! » inquit Iulus.
Nec plura alludens. Ea vox audita laborum
Prima tulit finem, primamque loquentis ab ore
Eripuit pater, ac stupefactus numine pressit.
120 Continuò : « Salve fatis mihi debita tellus,
Vosque, ait, o fidi Trojæ salvete Penates.
Hîc domus, hæc patria est. Genitor mihi talia, namque
Nunc repeto, Anchises fatorum arcana reliquit :
Cùm te, nate, fames ignota ad littora vectum
Accisis coget dapibus consumere mensas,
Tùm sperare domos defessus, ibique memento
Prima locare manu molirique aggere tecta.
Hæc erat illa fames; hæc nos suprema manebat,
Exitiis positura modum.
130 Quarè agite, et primo læti cum lumine solis,
Quæ loca, quive habeant homines, ubi mœnia gentis,
Vestigemus, et à portu diversa petamus.

Nunc pateras libate Jovi, precibusque vocate
Anchisen genitorem, et vina reponite mensis. »
 Sic deindè effatus, frondenti tempora ramo
Implicat : et geniumque loci, primamque deorum
Tellurem, nymphasque, et adhúc ignota precatur
Numina; tùm noctem, noctisque orientia signa,
Idæumque Jovem, Phrygiamque ex ordine Matrem
140 Invocat, et duplices cœloque ereboque parentes.
Hîc pater omnipotens ter cœlo clarus ab alto
Intonuit, radiisque ardentem lucis et auro
Ipse manu quatiens ostendit ab æthere nubem.
Diditur hic subitò Trojana per agmina rumor
Advenisse diem quo debita mœnia condant.
Certatim instaurant epulas, atque omine magno
Crateras læti statuunt, et vina coronant.

 Enfin le prodige prédit par Céléno (liv. III, *v.* 255.), confirmé par Hélénus (liv. III, *v.* 394.) et expliqué par Anchise, reçoit ici son accomplissement, et manifeste aux yeux d'Enée la volonté des dieux. Cet événement, malgré sa bizarrerie, a été rapporté par tous les historiens qui ont écrit sur les antiquités du Latium, et le poëte Lycophron lui-même ne l'a pas oublié dans sa *Cassandre*, comme nous l'avons déjà vu au 3me livre :

Ενθα τράπεζαν εἰδάτων πλήρη κιχὼν,
τὴν ὕστερον βρωθεῖσαν ἐξ ὀπαόνων,
μνήμην παλαιῶν λήψεται θεσπιασμάτων,
κτίσει δὲ χῶραν ἐν τόποις Βορειγόνων.

Cassandre, v. 1250.

 L'invocation d'Énée aux divinités de l'Italie rappelle celle d'Ulysse aux Nymphes de l'île d'Ithaque, qu'il revoit après vingt ans d'exil :

Γήθησέν τ' ἄρ' ἔπειτα πολύτλας δῖος Ὀδυσσεὺς,
χαίρων ᾗ γαίῃ· κύσε δὲ ζείδωρον ἄρουραν·
αὐτίκα δὴ νύμφῃς ἠρήσατο χεῖρας ἀνασχών·
« Νύμφαι νηϊάδες, κοῦραι Διὸς, οὔποτ' ἔγωγε
ὄψεσθ' ὔμμ' ἐφάμην· νῦν δ' εὐχωλῆς ἀγανῇσι
χαίρετ'· ἀτὰρ καὶ δῶρα διδώσομεν, ὡς τοπάρος πὲρ,
αἴκεν ἐᾷ πρόφρων μὲ Διὸς θυγάτηρ ἀγελείη
αὐτόν τε ζώειν, καί μοι φίλον υἱὸν ἀέξῃ. »

Od. XIII, v. 353.

Le héros grec reçoit aussi le présage de la foudre au moment de consommer la perte des prétendants :

Ὣς ἔφατ' εὐχόμενος· τοῦ δ' ἔκλυε μητίετα Ζεύς·
αὐτίκα δ' ἐβρόντησεν ἀπ' αἰγλήεντος Ὀλύμπου
ὑψόθεν ἐκ νεφέων· γήθησε δὲ δῖος Ὀδυσσεύς.

Od. XX, v. 102.

★

  Postera cùm primâ lustrabat lampade terras
  Orta dies, urbem, et fines, et littora gentis
150 Diversi explorant : hæc fontis stagna Numici,
  Hunc Tybrim fluvium, hîc fortes habitare Latinos.
  Tum satus Anchisâ delectos ordine ab omni
  Centum oratores augusta ad mœnia regis
  Ire jubet, ramis velatos Palladis omnes,
  Donaque ferre viro, pacemque exposcere Teucris.
  Haud mora : festinant jussi, rapidisque feruntur
  Passibus. Ipse humili designat mœnia fossâ,
  Moliturque locum, primasque in littore sedes
  Castrorum in morem pinnis atque aggere cingit.

Les découvertes de contrées inconnues reviennent souvent dans l'Odyssée; entr'autres dans l'arrivée d'Ulysse chez Circé (*Od. X, v.* 185), et dans son débarquement à la terre des Cyclopes :

Ενθα δ' ἀποβρίξαντες ἐμείναμεν ἠῶ δῖαν.
ἦμος δ' ἠριγένεια φάνη ῥοδοδάκτυλος ἠὼς,
νῆσον θαυμάζοντες ἐδινεόμεσθα κατ' αὐτήν.

Od. IX, v. 151.

Le Numicius, le premier fleuve qui frappe les yeux d'Enée, fut celui qui lui servit de tombeau, car il y disparut dans un combat contre les Etrusques trois ans après son arrivée en Italie. Ce fleuve jadis considérable est aujourd'hui entièrement tari. Le camp fortifié des Troyens s'étendoit sur la rive orientale du Tibre, dans l'emplacement du port d'Ostie, et à peu de distance de la ville de Laurente.

★

160   Jamque iter emensi, turres ac tecta Latinorum
       Ardua cernebant juvenes, muroque subibant.
       Antè urbem pueri et primævo flore juventus
       Exercentur equis, domitantque in pulvere currus;
       Aut acres tendunt arcus, aut lenta lacertis
       Spicula contorquent, cursuque ictuque lacessunt :
       Cùm provectus equo longævi regis ad aures
       Nuntius ingentes ignotâ in veste reportat
       Advenisse viros. Ille intrà tecta vocari
       Imperat, et solio medius consedit avito.

Les jeux guerriers que Virgile attribue ici à la jeunesse latine représentent ceux auxquels les jeunes Romains s'exerçaient habituellement dans le champ de Mars. Cet usage remonte à une haute antiquité, comme on peut le voir par le *Bouclier d'Hercule*, sur lequel Hésiode a tracé une scène analogue, mêlant les jeux guerriers aux danses et aux festins:

Ενθεν δ' αὖθ' ἑτέρωθε νέοι κώμαζον ὑπ' αὐλοῦ,
τοίγε μὲν αὖ παίζοντες ὑπ' ὀρχηθμῷ καὶ ἀοιδῇ,
τοίγε μὲν αὖ γελόωντες· ὑπ' αὐλητῆρι δ' ἕκαστος
πρόσθ' ἔκιον· πᾶσαν δὲ πόλιν θαλίαι τε χοροί τε
ἀγλαΐαι εἶχον. τοὶ δ' αὖ προπάροιθε πόληος
νῶθ' ἵππων ἐπιβάντες ἐθύνεον.

Bouclier d'Hercule, v. 281.

Homère représente aussi les compagnons d'Achille se livrant à des exercices du même genre :

...... λαοὶ δὲ παρὰ ῥηγμῖνι θαλάσσης
δίσκοισιν τέρποντο καὶ αἰγανέῃσιν ἱέντες.

Il. II, v. 773.

L'arrivée des ambassadeurs troyens chez Latinus rappelle celle de Télémaque et de Pisistrate chez Ménélas (*Od. IV, v. 20*), imitée par le Tasse dans celle d'Alète et d'Argant au camp des Chrétiens (*Jérusalem, ch. II, st. 57.*)

*

170 Tectum augustum, ingens, centum sublime columnis,
    Urbe fuit summâ, Laurentis regia Pici,
    Horrendum silvis et relligione parentum.
    Hinc sceptra accipere, et primos attollere fasces
    Regibus omen erat; hoc illis curia templum;
    Hîc sacris sedes epulis; hîc, ariete cæso,
    Perpetuis soliti patres considere mensis.
    Quin etiam veterum effigies ex ordine avorum
    Antiquâ è cedro, Italusque, paterque Sabinus

LIVRE VII.

    Vitisator, curvam servans sub imagine falcem,
180 Saturnusque senex, Janique bifrontis imago,
    Vestibulo adstabant, aliique ab origine reges,
    Martiaque ob patriam pugnando vulnera passi.
    Multaque præterea sacris in postibus arma,
    Captivi pendent currus, curvæque secures,
    Et cristæ capitum, et portarum ingentia claustra,
    Spiculaque, clypeique, ereptaque rostra carinis.
    Ipse quirinali lituo, parvâque sedebat
    Succinctus trabeâ, lævâque ancile gerebat
    Picus, equûm domitor, quem capta cupidine conjux
190 Aureâ percussum virgâ versumque venenis,
    Fecit avem Circe, sparsitque coloribus alas.

Ce vénérable palais des rois de Laurente, que le poëte assimile au sénat romain, réunit toutes les traditions du Latium. On y retrouve l'origine des faisceaux consulaires, la célébration des fêtes religieuses, et les noms des premiers chefs de colonies, conservés par les historiens. Italus, roi des Sicules, donna son nom à l'Italie; Sabinus, fils de Sancus, introduisit l'agriculture; Janus accueillit Saturne chassé de l'Asie par Jupiter; Picus doit sans doute à son nom la fable de sa métamorphose (*Ovide, ch. XIV, v.* 320.) Les trophées d'armes suspendus aux colonnes rappellent l'usage des guerriers grecs, consacré dans le discours d'Idoménée (*Il. XIII, v.* 260.) Mais l'ensemble de la description ne peut mieux se comparer qu'au palais d'Alcinoüs dans Homère. Si l'un offre tout l'intérêt des souvenirs, tout l'attrait de la vérité, l'autre a toute la richesse et l'élégance d'une inépuisable imagination :

Ἀλκινόου πρὸς δώματ' ἲε κλυτά· πολλὰ δέ οἱ κῆρ
ὥρμαιν' ἱσταμένῳ, πρὶν χάλκεον οὐδὸν ἱκέσθαι·
ὥστε γὰρ ἠελίου αἴγλη πέλεν, ἠὲ σελήνης
δῶμα κάθ' ὑψερεφὲς μεγαλήτορος Ἀλκινόοιο.

Etudes grecq. IIIe Partie.

χάλκεοι μὲν γὰρ τοῖχοι ἐρηρέδατ' ἔνθα καὶ ἔνθα,
ἐς μυχὸν ἐξ οὐδοῦ· περὶ δὲ θριγκὸς κυάνοιο·
χρύσειαι δὲ θύραι πυκινὸν δόμον ἐντὸς ἔεργον·
ἀργύρεοι δὲ σταθμοὶ ἐν χαλκέῳ ἕστασαν οὐδῷ,
ἀργύρεον δ' ἐφ' ὑπερθύριον, χρυσέη δὲ κορώνη.
χρύσειοι δ' ἑκάτερθε καὶ ἀργύρεοι κύνες ἦσαν
οὓς Ἥφαιστος ἔτευξεν ἰδυίῃσι πραπίδεσσι,
δῶμα φυλασσέμεναι μεγαλήτορος Ἀλκινόοιο,
ἀθανάτους ὄντας καὶ ἀγήρως ἤματα πάντα.
ἐν δὲ θρόνοι περὶ τοῖχον ἐρηρέδατ' ἔνθα καὶ ἔνθα,
ἐς μυχὸν ἐξ οὐδοῖο διαμπερές· ἔνθ' ἐνὶ πέπλοι
λεπτοὶ εὔνητοι βεβλήατο, ἔργα γυναικῶν.
ἔνθα δὲ Φαιήκων ἡγήτορες ἑδριόωντο,
πίνοντες καὶ ἔδοντες· ἐπηετανὸν γὰρ ἔχεσκον.
χρύσειοι δ' ἄρα κοῦροι ἐϋδμήτων ἐπὶ βωμῶν
ἕστασαν, αἰθομένας δαΐδας μετὰ χερσὶν ἔχοντες,
φαίνοντες νύκτας κατὰ δώματα δαιτυμόνεσσι.

Od. VII, v. 82.

Nous avons déjà eu occasion de transcrire dans nos premiers volumes les autres traits de ce brillant tableau (*Géorgiques IV*, v. 116), (*Énéide I*, v. 705.) Les vers de Virgile ont inspiré à Stace un de ses passages les plus remarquables, sa description du temple de Mars (*Thébaïde*, ch. *VII*, v. 55.)

Tali intùs templo divûm, patriâque Latinus
Sede sedens, Teucros ad sese in tecta vocavit,
Atque hæc ingressis placido prior edidit ore :
« Dicite, Dardanidæ; neque enim nescimus et urbem
Et genus, auditique advertitis æquore cursum,
Quid petitis? quæ causa rates, aut cujus egentes
Littus ad Ausonium tot per vada cœrula vexit?

Sive errore viæ, seu tempestatibus acti,
200 Qualia multa mari nautæ patiuntur in alto,
Fluminis intrâstis ripas, portuque sedetis:
Ne fugite hospitium, neve ignorate Latinos,
Saturni gentem, haud vinclo nec legibus æquam,
Sponte suâ, veterisque dei se more tenentem.
Atque equidem memini, fama est obscurior annis,
Auruncos ita ferre senes, his ortus ut agris
Dardanus Idæas Phrygiæ penetrârit ad urbes,
Threïciamque Samum, quæ nunc Samothracia fertur.
Hinc illum Corythi Tyrrhenâ ab sede profectum
210 Aurea nunc solio stellantis regia cœli
Accipit, et numerum divorum altaribus auget. »
Dixerat; et dicta Ilioneus sic voce secutus:
« Rex, genus egregium Fauni, nec fluctibus actos
Atra subegit hyems vestris succedere terris,
Nec sidus regione viæ, littusve fefellit.
Consilio hanc omnes animisque volentibus urbem
Afferimur, pulsi regnis quæ maxima quondam
Extremo veniens Sol aspiciebat Olympo.
Ab Jove principium generis; Jove Dardana pubes
220 Gaudet avo; rex ipse, Jovis de gente supremâ,
Troius Æneas tua nos ad limina misit.
Quanta per Idæos sævis effusa Mycenis
Tempestas ierit campos, quibus actus uterque
Europæ atque Asiæ fatis concurrerit orbis,
Audiit, et si quem tellus extrema refuso
Submovet Oceano, et si quem extenta plagarum
Quatuor in medio dirimit plaga solis iniqui.
Diluvio ex illo tot vasta per æquora vecti,
Dîs sedem exiguam patriis, littusque rogamus
230 Innocuum, et cunctis undamque auramque patentem.

* 2

Non erimus regno indecores, nec vestra feretur
Fama levis, tantique abolescet gratia facti;
Nec Trojam Ausonios gremio excepisse pigebit :
Fata per Æneæ juro, dextramque potentem,
Sive fide, seu quis bello est expertus et armis.
Multi nos populi, multæ, ne temne, quod ultrò
Præferimus manibus vittas ac verba precantum,
Et petiêre sibi et voluêre adjungere gentes :
Sed nos fata deûm vestras exquirere terras
240 Imperiis egêre suis. Hinc Dardanus ortus,
Hùc repetit; jussisque ingentibus urget Apollo
Tyrrhenum ad Tybrim, et fontis vada sacra Numici.
Dat tibi prætereà fortunæ parva prioris
Munera, relliquias Trojâ ex ardente receptas.
Hoc pater Anchises auro libabat ad aras;
Hoc Priami gestamen erat, cùm jura vocatis
More daret populis, sceptrumque, sacerque tiaras,
Iliadumque labor, vestes. »

Talibus Ilionei dictis, defixa Latinus
250 Obtutu tenet ora, soloque immobilis hæret,
Intentos volvens oculos : nec purpura regem
Picta movet, nec sceptra movent Priameïa tantùm,
Quantùm in connubio natæ thalamoque moratur,
Et veteris Fauni volvit sub pectore sortem.
Hunc illum fatis externâ ab sede profectum
Portendi generum, paribusque in regna vocari
Auspiciis; huic progeniem virtute futuram
Egregiam, et totum quæ viribus occupet orbem.
Tandem lætus ait : « Di nostra incepta secundent,
260 Auguriumque suum ! Dabitur, Trojane, quod optas.
Munera nec sperno : non vobis, rege Latino,
Divitis uber agri, Trojæve opulentia deerit.

Ipse modò Æneas, nostrî si tanta cupido est,
Si jungi hospitio properat, sociusque vocari,
Adveniat, vultus neve exhorrescat amicos.
Pars mihi pacis erit dextram tetigisse tyranni.
Vos contrà regi mea nunc mandata referte.
Est mihi nata, viro gentis quam jungere nostræ
Non patrio ex adyto sortes, non plurima cœlo
270 Monstra sinunt : generos externis affore ab oris,
Hoc Latio restare canunt, qui sanguine nostrum
Nomen in astra ferant. Hunc illum poscere fata
Et reor, et, si quid veri mens augurat, opto. »
　　Hæc effatus, equos numero pater eligit omni.
Stabant tercentum nitidi in præsepibus altis.
Omnibus extemplò Teucris jubet ordine duci
Instratos ostro alipedes pictisque tapetis :
Aurea pectoribus demissa monilia pendent;
Tecti auro, fulvum mandunt sub dentibus aurum.
280 Absenti Æneæ currum geminosque jugales,
Semine ab æthereo, spirantes naribus ignem,
Illorum de gente, patri quos dædala Circe
Suppositâ de matre nothos furata creavit.
Talibus Æneadæ donis dictisque Latini
Sublimes in equis redeunt, pacemque reportant.

Toute cette audience de Latinus est pleine de convenance et de dignité. Son seul défaut est de trop ressembler à celle que Didon accorde aux Troyens naufragés (livre I, v. 511.). Le premier discours du vieux roi correspond exactement à celui de la reine de Carthage; il respire la même humanité, le même respect pour les droits des suppliants. Le discours d'Ilionée est une belle amplification de celui que ce Troyen adresse à Didon : il est proportionné ici à la grandeur des intérêts qu'il expose, et offre un parfait modèle d'éloquence démonstrative.

La réponse de Latinus a un caractère particulier. Le poëte lui a donné un haut degré d'importance, parce qu'elle prépare le dénoûment, et a cru devoir l'appuyer de l'autorité d'Homère. Le recueillement du roi, méditant les oracles, est conforme au silence d'Ulysse :

Ἀλλ' ὅτε δὴ πολύμητις ἀναΐξειεν Ὀδυσσεύς,
στάσκεν, ὑπαὶ δὲ ἴδεσκε, κατὰ χθονὸς ὄμματα πήξας.

Il. III, v. 216.

L'offre qu'il fait de la main de Lavinie est imitée de celle d'Alcinoüs qui, dès l'arrivée d'Ulysse, lui propose en mariage sa fille Nausicaa :

Αἲ γὰρ, Ζεῦ τε πάτερ, καὶ Ἀθηναίη, καὶ Ἄπολλον,
τοῖος ἐὼν, οἷος ἐσσὶ, τά τε φρονέων, ἅτ' ἐγώ περ,
παῖδά τ' ἐμὴν ἐχέμεν, καὶ ἐμὸς γαμβρὸς καλέεσθαι,
αὖθι μένων· οἶκον δὲ ἐγὼ καὶ κτήματα δοίην,
αἴκ' ἐθέλων γε μένοις· ἀέκοντα δέ σ' οὔτις ἐρύξει
Φαιήκων· μὴ τοῦτο φίλον Διῒ πατρὶ γένοιτο.

Od. VII, v. 311.

Le riche haras de Latinus, composé de trois cents chevaux, rappelle celui d'Erichton dans l'Iliade :

Δάρδανος αὖ τέκεθ' υἱὸν Ἐριχθόνιον βασιλῆα,
ὃς δὴ ἀφνειότατος γένετο θνητῶν ἀνθρώπων·
τοῦ τρισχίλιαι ἵπποι ἕλος κάτα βουκολέοντο
θήλειαι, πώλοισιν ἀγαλλόμεναι ἀταλῇσιν.

Il. XX, v. 219.

Les deux coursiers réservés pour Enée remplacent ceux qu'il avait reçus d'Anchise et qui lui furent enlevés par Diomède :

Τῆς γάρ τοι γενεῆς, ἧς Τρωΐ περ εὐρύοπα Ζεὺς
δῶχ', υἷος ποινὴν Γανυμήδεος· οὕνεκ' ἄριστοι
ἵππων, ὅσσοι ἔασιν ὑπ' ἠῶ τ' ἠέλιόν τε·
τῆς γενεῆς ἔκλεψεν ἄναξ ἀνδρῶν Ἀγχίσης,
λάθρῃ Λαομέδοντος ὑποσχὼν θήλεας ἵππους.
τῶν οἱ ἐξ ἐγένοντο ἐνὶ μεγάροισι γενέθλη·
τοὺς μὲν τέσσαρας αὐτὸς ἔχων ἀτίταλλ' ἐπὶ φάτνῃ,
τὼ δὲ δύ' Αἰνείᾳ δῶκεν, μήστωρε φόβοιο.

Il. V, v. 265.

La joie des Troyens est de courte durée : bientôt l'implacable Junon les aperçoit des côtes de la Sicile, et se prépare à allumer la guerre, comme au 1ᵉʳ. livre elle excite la tempête. Cette conformité de situation est un défaut inhérent au sujet, qu'il n'était point donné au poëte d'éviter, mais qu'il a su au moins compenser par l'effrayante énergie des images.

III.

Ecce autem Inachiis sese referebat ab Argis
Sæva Jovis conjux, aurasque invecta tenebat ;
Et lætum Ænean, classemque ex æthere longè
Dardaniam Siculo prospexit ab usque Pachyno.
290 Moliri jam tecta videt ; jam fidere terræ,
Deseruisse rates. Stetit acri fixa dolore ;
Tum quassans caput, hæc effudit pectore dicta :
« Heu stirpem invisam, et fatis contraria nostris
Fata Phrygum ! num Sigeis occumbere campis,
Num capti potuêre capi ? num incensa cremavit
Troja viros ? medias acies, mediosque per ignes
Invenêre viam. At, credo, mea numina tandem
Fessa jacent, odiis aut exsaturata quievi.

Quin etiam patriâ excussos infesta per undas
300 Ausa sequi, et profugis toto me opponere ponto.
Absumptæ in Teucros vires cœlique marisque.
Quid Syrtes, aut Scylla mihi, quid vasta Charybdis
Profuit? optato conduntur Tybridis alveo,
Securi pelagi atque mei! Mars perdere gentem
Immanem Lapithûm valuit; concessit in iras
Ipse deûm antiquam genitor Calydona Dianæ: [rentem?
Quod scelus aut Lapithas tantum, aut Calydona me-
Ast ego, magna Jovis conjux, nil linquere inausum
Quæ potui, infelix, quæ memet in omnia verti,
310 Vincor ab Ænea! Quòd si mea numina non sunt
Magna satis, dubitem haud eqtlidem implorare quod
usquam est :
Flectere si nequeo superos, Acheronta movebo.
Non dabitur regnis, esto, prohibere Latinis,
Atque immota manet fatis Lavinia conjux :
At trahere, atque moras tantis licet addere rebus;
At licet amborum populos exscindere regum.
Hâc gener atque socer coeant mercede suorum.
Sanguine Trojano et Rutulo dotabere, virgo!
Et Bellona manet te pronuba. Nec face tantùm
320 Cisseis prægnans ignes enixa jugales:
Quin idem Veneri partus suus, et Paris alter,
Funestæque iterùm recidiva in Pergama tædæ.»

Le courroux de Junon à la vue des Troyens rappelle, comme nous l'avons dit, celui de Neptune à la vue d'Ulysse:

Τὸν δ' ἐξ Αἰθιόπων ἀνιὼν κρείων Ἐνοσίχθων,
τηλόθεν ἐκ Σολύμων ὀρέων ἴδεν· εἴσατο γάρ οἱ
πόντον ἐπιπλώων· ὁ δ' ἐχώσατο κηρόθι μᾶλλον·
κινήσας δὲ κάρη προτὶ ὃν μυθήσατο θυμόν.

Od. V, v. 282.

Le discours entier de la déesse répond, pour le fond des idées, au monologue du 1er. livre (*v*. 38.) et offre même avec lui beaucoup trop d'analogie. On y remarque cependant une teinte plus sombre et plus mélancolique. On y distingue ces vers d'Ennius sur Troie :

Quæ nec Dardaniis campis potuêre perire,
Nec cùm capta capi, nec cùm combusta cremari.
Annales, livre *X*.

Les exemples de Mars et de Diane sont tirés d'Hésiode et d'Homère. Le premier décrit le combat des Centaures et des Lapithes (*Bouclier d'Hercule v.* 178), l'autre, la chasse du sanglier de Calydon et la mort de Méléagre (*Il. IX*, *v*. 529.). Voyez ces deux récits dans Ovide (*Métam. VIII*, *v*. 267 ; et *XII*, *v*. 210.)

La résolution que prend la déesse d'armer l'enfer en sa faveur rappelle ces paroles des Danaïdes d'Eschyle, désespérant de la justice des dieux :

Τὸν πολυξενώτατον
Ζῆνα τῶν κεκμηκότων
ἱξόμεσθα σὺν κλάδοις
ἀρτάναις θανοῦσαι,
μὴ τυχοῦσαι θεῶν Ὀλυμπίων.
Eschyle, Suppliantes, v. 157.

Enfin l'hymen sanglant que Junon prépare au fils de Vénus, qui, nouveau Pâris, doit embraser une nouvelle Troie, rappelle la réflexion d'Euripide sur l'union d'Hercule avec Déjanire :

Τὰν ναΐδ' ὅπως τε βάκχαν,
σὺν αἵματι, σὺν καπνῷ,
φονίοις θ' ὑμεναίοις
Ἀλκμήνας τόκῳ Κύπρις ἐξέδωκεν.
Hippolyte, v. 555.

*

Hæc ubi dicta dedit, terras horrenda petivit.
Luctificam Alecto dirarum ab sede sororum
Infernisque ciet tenebris, cui tristia bella,
Iræque, insidiæque, et crimina noxia cordi.
Odit et ipse pater Pluton, odêre sorores
Tartareæ monstrum : tot sese vertit in ora,
Tam sævæ facies, tot pullulat atra colubris.
330 Quam Juno his acuit verbis, ac talia fatur :
« Hunc mihi da proprium, virgo sata nocte, laborem,
Hanc operam, ne noster honos, infractave cedat
Fama loco, neu connubiis ambire Latinum
Æneadæ possint, Italosve obsidere fines.
Tu potes unanimes armare in prælia fratres,
Atque odiis versare domos ; tu verbera tectis
Funereasque inferre faces ; tibi nomina mille,
Mille nocendi artes : fœcundum concute pectus,
Disjice compositam pacem, sere crimina belli ;
340 Arma velit, poscatque simul, rapiatque juventus. »

Cette évocation d'Alecton, devenue un des lieux communs de la poésie, imitée par Ovide dans Ino et Athamas (*Métam. IV, v.* 420), par le Tasse dans Argillan (*Jérusalem, ch. VIII, st.* 1.) et par Voltaire dans l'entrevue de la Discorde et de la Politique (*Henriade, ch. IV, v.* 158) est renfermée primitivement dans ces vers de l'Iliade, où Althée mère de Méléagre conjure les Furies de venger sur son fils la mort de ses deux frères :

Πόλλ' ἀχέουσ' ἠρᾶτο κασιγνήτοιο φόνοιο·
πολλὰ δὲ καὶ γαῖαν πολυφόρβην χερσὶν ἀλοία,
κικλήσκουσ' Ἀΐδην καὶ ἐπαινὴν Περσεφόνειαν,
πρόχνυ καθεζομένη, δεύοντο δὲ δάκρυσι κόλποι,
παιδὶ δόμεν θάνατον· τῆς δ' ἠεροφοῖτις Ἐρινύς
ἔκλυεν ἐξ ἐρέβευσφιν, ἀμείλιχον ἦτορ ἔχουσα.
IL. IX, v. 567.

Le portrait d'Alecton elle-même rappelle celui de Mars dans cette exclamation de Jupiter :

Ἔχθιστος δέ μοί ἐσσι θεῶν, οἳ Ὄλυμπον ἔχουσιν,
αἰεὶ γάρ τοι ἔρις τε φίλη, πόλεμοί τε, μάχαι τε.
Il. V. v. 890.

Mais le véritable modèle de l'épisode de Virgile se trouve dans l'*Hercule furieux* d'Euripide, où l'on voit la Rage, suscitée par Junon, s'avancer sur la scène avec Iris pour porter Hercule à tuer ses enfants. Iris lui signifie ainsi les ordres de la déesse :

Ἀλλ' εἶ, ἀτέγκτην συλλαβοῦσα καρδίαν,
νυκτὸς κελαινῆς ἀνυμέναιε παρθένε,
μανίας τ' ἐπ' ἀνδρὶ τῷδε, καὶ παιδοκτόνους
φρενῶν ταραγμοὺς, καὶ ποδῶν σκιρτήματα
ἔλαυνε, κίνει, φόνιον ἐξίει κάλων·
ὡς ἂν, πορεύσας δι' Ἀχερούσιον πόρον
τὸν καλλίπαιδα στέφανον αὐθέντῃ φόνῳ,
γνῷ μὲν τὸν Ἥρας οἷός ἐστ' αὐτῷ χόλος.
Hercule furieux, v. 835.

*

    Exin Gorgoneis Alecto infecta venenis
Principio Latium et Laurentis tecta tyranni
Celsa petit; tacitumque obsedit limen Amatæ,
Quam super adventu Teucrûm Turnique hymenæis
Fœmineæ ardentem curæque iræque coquebant.
Huic dea cœruleis unum de crinibus anguem
Conjicit, inque sinum præcordia ad intima subdit,
Quo furibunda domum monstro permisceat omnem.
    Ille inter vestes et levia pectora lapsus
550 Volvitur attactu nullo, fallitque furentem,
Vipeream inspirans animam : fit tortile collo

Aurum ingens coluber, fit longæ tænia vittæ,
Innectitque comas, et membris lubricus errat.
Ac dùm prima lues udo sublapsa veneno
Pertentat sensus, atque ossibus implicat ignem,
Necdum animus toto percepit pectore flammam :
Mollius, et solito matrum de more locuta est,
Multa super natâ lacrymans, Phrygiisque hymenœis :
« Exulibusne datur ducenda Lavinia Teucris,
360 O genitor? nec te miseret natæque, tuique ?
Nec matris miseret, quam primo aquilone relinquet
Perfidus, alta petens, abductâ virgine, prædo ?
At non sic Phrygius penetrat Lacedæmona pastor,
Ledæamque Helenam Trojanas vexit ad arces ?
Quid tua sancta fides, quid cura antiqua tuorum,
Et consanguineo toties data dextera Turno ?
Si gener externâ petitur de gente Latinis,
Idque sedet, Faunique premunt te jussa parentis :
Omnem equidem sceptris terram quæ libera nostris
370 Dissidet, externam reor, et sic dicere divos.
Et Turno, si prima domûs repetatur origo,
Inachus Acrisiusque patres, mediæque Mycenæ. »

Alecton obéit aussitôt aux ordres de la déesse et se rend auprès d'Amate, épouse de Latinus, que Denys d'Halicarnasse représente également comme ayant favorisé les intérêts de Turnus. Le récit de Virgile est gradué avec beaucoup d'art ; celui d'Euripide est plus brusque. La Rage se précipite tout à coup sur Hercule et le livre aux transports les plus furieux :

Ἢν ἰδοὺ · καὶ δὴ τινάσσει κρᾶτα βαλβίδων ἄπο,
καὶ διαστρόφους ἑλίσσει σῖγα γοργώπους κόρας·
ἀμπνοὰς δ' οὐ σωφρονίζει, ταῦρος ὡς ἐς ἐμβολὴν
δεινός· μυκᾶται δὲ, κῆρας ἀνακαλῶν τὰς ταρτάρου.

Hercule furieux, v. 869.

Le discours pathétique de la reine lorsqu'elle sent les premières atteintes du poison rappelle les reproches que Thésée fait à Adraste, roi d'Argos, dans la tragédie des *Suppliantes*, d'avoir pris pour gendres Tydée et Polynice, tous deux exilés de leur patrie :

Δοκοῦμεν εἶναι δαιμόνων σοφώτεροι.
ἧς καὶ σὺ φαίνῃ δεκάδος, οὐ σοφὸς γεγώς·
ὅστις κόρας μὲν, θεσφάτοις Φοίβου ζυγείς,
ξενοίσιν ὧδ' ἔδωκας, ὡς ζώντων θεῶν·
λαμπρὸν δὲ θολερῷ δῶμα συμμίξας τὸ σὸν,
ἥλκωσας οἴκους· χρῆν γὰρ οὔτε σώματα
ἄδικα δικαίοις τὸν σοφὸν συμμιγνύναι.

Euripide, Suppliantes, v. 220.

 His ubi nequicquam dictis experta, Latinum
Contrà stare videt; penitùsque in viscera lapsum
Serpentis furiale malum, totamque pererrat :
Tùm verò infelix, ingentibus excita monstris,
Immensam sine more furit lymphata per urbem :
Ceu quondam torto volitans sub verbere turbo,
Quem pueri magno in gyro vacua atria circùm
380 Intenti ludo exercent : ille actus habenâ
Curvatis fertur spatiis ; stupet inscia suprà
Impubesque manus, miratu volubile buxum ;
Dant animos plagæ. Non cursu segnior illo
Per medias urbes agitur populosque feroces.
Quin etiam in silvas, simulato numine Bacchi,
Majus adorta nefas, majoremque orsa furorem,
Evolat, et natam frondosis montibus abdit,
Quò thalamum eripiat Teucris, tædasque moretur :
Evoë Bacche fremens, solum te virgine dignum
390 Vociferans; etenim molles tibi sumere thyrsos,

Te lustrare choro, sacrum tibi pascere crinem.
Fama volat : furiisque accensas pectore matres
Idem omnes simul ardor agit nova quærere tecta.
Deseruêre domos, ventis dant colla comasque.
Ast aliæ tremulis ululatibus æthera complent,
Pampineasque gerunt incinctæ pellibus hastas :
Ipsa inter medias flagrantem fervida pinum
Sustinet, ac natæ Turnique canit hymenæos,
Sanguineam torquens aciem; torvumque repentè
400 Clamat : « Io matres, audite, ubi quæque, Latinæ;
Si qua piis animis manet infelicis Amatæ
Gratia, si juris materni cura remordet,
Solvite crinales vittas, capite orgia mecum. »

Enfin la résistance de Latinus achève d'aliéner la malheureuse Amate. La comparaison qu'emploie Virgile pour peindre sa fureur, paroîtroit peu noble de nos jours, mais nous devons penser que le jeu qu'elle représente étoit moins vulgaire dans l'antiquité. Callimaque en parle dans sa 1ère. épigramme :

Οἱ δ' ἄρ' ὑπὸ πληγῇσι θοὰς βέμβικας ἔχοντες
ἔστρεφον εὐρείῃ παῖδες ἐνὶ τριόδῳ.

L'idée primitive de la comparaison se retrouve dans ce vers d'Homère, représentant Hector terrassé par Ajax :

Στρόμβον δ' ὡς ἔσσευε βαλών, περὶ δ' ἔδραμε πάντη.
Il. XIV, v. 413.

Quant à la fuite d'Amate et à la célébration des orgies, elles ont été inspirées au poëte par la tragédie des *Bacchantes* d'Euripide, où ces mystères sont dévoilés dans toute leur atrocité. Voici le tableau qu'un messager fait à Penthée du délire honteux des femmes thébaines :

Η σὴ δὲ μήτηρ ὠλόλυξεν ἐν μέσαις
σταθεῖσα Βάκχαις, ἐξ ὕπνου κινεῖν δέμας,
μυκήμαθ' ὡς ἤκουσι κεροφόρων βοῶν.
αἱ δ', ἀποβαλοῦσαι θαλερὸν ὀμμάτων ὕπνον,
ἀνῇξαν ὀρθαί, θαῦμ' ἰδεῖν εὐκοσμίας,
νέαι, παλαιαί, παρθένοι τ' ἔτ' ἄζυγες.
καὶ πρῶτα μὲν καθεῖσαν εἰς ὤμους κόμας,
νεβρίδας τ' ἀνεστείλανθ', ὅσαισιν ἁμμάτων
σύνδεσμ' ἐλέλυτο, καὶ καταστίκτους δορὰς
ὄφεσι κατεζώσαντο λιχμώσαν γένυν.
αἱ δ' ἀγκάλαισι δορκάδ' ἢ σκύμνους λύκων
ἀγρίους ἔχουσαι λευκὸν ἐδίδοσαν γάλα,
ὅσαις νεοτόκοις μαζὸς ἦν σπαργῶν ἔτι,
βρέφη λιπούσαις· ἐπὶ δ' ἔθεντο κισσίνους
στεφάνους δρυός τε, μίλακός τ' ἀνθεσφόρου.
θύρσον δέ τις λαβοῦσ', ἔπαισεν εἰς πέτραν,
ὅθεν δροσώδης ὕδατος ἐκπηδᾷ νοτίς.
ἄλλη δὲ νάρθηκ' εἰς πέδον καθῆκε γῆς,
καὶ τῇδε κρήνην ἐξανῆκ' οἴνου θεός.
ὅσαις δὲ λευκοῦ πώματος πόθος παρῆν,
ἄκροισι δακτύλοισι διαμῶσαι χθόνα,
γάλακτος ἑσμοὺς εἶχον. ἐκ δὲ κισσίνων
θύρσων γλυκεῖαι μέλιτος ἔσταζον ῥοαί.

Bacchantes, v. 689.

Catulle a précédé Virgile dans l'imitation de ce morceau qu'il a placé dans *Ariane* :

> At parte ex aliâ florens volitabat Iacchus,
> Cum thyaso Satyrorum, et Nysigenis Silenis;
> Te quærens, Ariadna, tuoque incensus amore.
> Qui tùm alacres passim lymphatâ mente furebant,
> Evœ bacchantes, Evœ capita inflectentes.
> Horum pars tectâ quatiebant cuspide thyrsos ;
> Pars è divulso raptabant membra juvenco ;

Pars sese tortis serpentibus incingebant;
Pars obscura cavis celebrabant orgia cistis,
Orgia quæ frustrà cupiunt audire profani.
Plangebant aliæ proceris tympana palmis,
Aut tereti tenues tinnitus ære ciebant.
Multis raucisonos efflabant cornua bombos,
Barbaraque horribili stridebat tibia cantu.
Thétis et Pélée, v. 251.

IV.

Talem inter silvas, inter deserta ferarum,
Reginam Alecto stimulis agit undique Bacchi.
Postquam visa satis primos acuisse furores,
Consiliumque omnemque domum vertisse Latini;
Protinùs hinc fuscis tristis dea tollitur alis
Audacis Rutuli ad muros, quam dicitur urbem
410 Acrisioneis Danaë fundasse colonis,
Præcipiti delata noto : locus Ardua quondam
Dictus avis, et nunc magnum manet Ardea nomen;
Sed fortuna fuit. Tectis hîc Turnus in altis
Jàm mediam nigrâ carpebat nocte quietem.
Alecto torvam faciem et furialia membra
Exuit ; in vultus sese transformat aniles,
Et frontem obscœnam rugis arat : induit albos
Cum vittâ crines, tùm ramum innectit olivæ;
Fit Calibe, Junonis anus, templique sacerdos;
420 Et juveni antè oculos his se cum vocibus offert :
« Turne, tot incassum fusos patiêre labores,
Et tua Dardaniis transcribi sceptra colonis?
Rex tibi conjugium et quæsitas sanguine dotes
Abnegat, externusque in regnum quæritur hæres.

I nunc, ingratis offer te, irrise, periclis;
Tyrrhenas, i, sterne acies; tege pace Latinos.
Hæc adeò tibi me, placidâ cùm nocte jaceres,
Ipsa palàm fari omnipotens Saturnia jussit.
Quare age, et armari pubem portisque moveri
430 Lætus in arma para; et Phrygios qui flumine pulchro
Consedêre duces, pictasque exure carinas.
Cœlestum vis magna jubet. Rex ipse Latinus,
Ni dare conjugium et dicto parere fatetur,
Sentiat, et tandem Turnum experiatur in armis. »

Alecton quitte Laurente pour se rendre à Ardée, colonie Argienne fondée par Danaé dont la suite a inspiré de si beaux vers à Simonide. C'est là que, sous les traits d'une prêtresse, elle excite au combat le digne rival d'Enée. Turnus, que Denys d'Halicarnasse peint aussi comme l'époux promis à Lavinie et comme l'ennemi implacable des Troyens, était fils de Daunus, roi des Rutules, descendant de Pilumnus et de Danaé. Il étoit neveu d'Amate par sa mère Vénilie, admise au rang des déesses ainsi que sa sœur Juturne. Alecton lui tient ici le même langage que le songe trompeur à Agamemnon :

Καρπαλίμως δ' ἵκανε θοὰς ἐπὶ νῆας Ἀχαιῶν·
βῆ δ' ἄρ' ἐπ' Ἀτρείδην Ἀγαμέμνονα· τὸν δ' ἐκίχανεν
εὕδοντ' ἐν κλισίῃ, περὶ δ' ἀμβρόσιος κέχυθ' ὕπνος.
στῆ δ' ἄρ' ὑπὲρ κεφαλῆς, Νηληΐῳ υἷϊ ἐοικώς,
Νέστορι, τόν ῥα μάλιστα γερόντων τῖ' Ἀγαμέμνων,
τῷ μιν ἐεισάμενος προσεφώνεε θεῖος Ὄνειρος·
« Εὕδεις, Ἀτρέος υἱὲ δαΐφρονος, ἱπποδάμοιο;
οὐ χρὴ παννύχιον εὕδειν βουληφόρον ἄνδρα,
ᾧ λαοί τ' ἐπιτετράφαται, καὶ τόσσα μέμηλεν.
νῦν δ' ἐμέθεν ξύνες ὦκα· Διὸς δέ τοι ἄγγελός εἰμι,

ὅς σευ, ἄνευθεν ἐών, μέγα κήδεται ἠδ᾽ ἐλεαίρει.
Θωρῆξαί σε κέλευσε καρηκομόωντας Ἀχαιοὺς
πανσυδίῃ· νῦν γάρ κεν ἕλοις πόλιν εὐρυάγυιαν
Τρώων· οὐ γὰρ ἔτ᾽ ἀμφὶς Ὀλύμπια δώματ᾽ ἔχοντες
ἀθάνατοι φράζονται· ἐπέγναμψεν γὰρ ἅπαντας
Ἥρη λισσομένη· Τρώεσσι δὲ κήδε᾽ ἐφῆπται
ἐκ Διός. ἀλλὰ σὺ σῇσιν ἔχε φρεσί, μηδέ σε λήθη
αἱρείτω, εὖτ᾽ ἄν σε μελίφρων ὕπνος ἀνήῃ. »

IL. II, v. 17.

*

 Hic juvenis, vatem irridens, sic orsa vicissim
Ore refert : « Classes invectas Tybridis alveo,
Non, ut rere, meas effugit nuntius aures :
Ne tantos mihi finge metus ; nec regia Juno
Immemor est nostrî.
440 Sed te victa situ verique effœta senectus,
O mater, curis nequicquam exercet, et arma,
Regum inter falsâ vatem formidine ludit.
Cura tibi divûm effigies et templa tueri :
Bella viri pacemque gerant, queis bella gerenda. »
 Talibus Alecto dictis exarsit in iras.
At juveni oranti subitus tremor occupat artus ;
Diriguêre oculi : tot Erinnys sibilat hydris,
Tantaque se facies aperit. Tùm flammea torquens
Lumina, cunctantem et quærentem dicere plura
450 Reppulit, et geminos erexit crinibus angues,
Verberaque insonuit, rabidoque hæc addidit ore:
« En ego victa situ, quam veri effœta senectus
Arma inter regum falsâ formidine ludit.
Respice ad hæc : adsum dirarum ab sede sororum ;

Bella manu lethumque gero. »
Sic effata, facem juveni conjecit, et atro
Lumine fumantes fixit sub pectore tædas.

Virgile qui s'était déjà écarté du songe d'Agamemnon dans plusieurs détails de la première partie, en change totalement le dénoûment, et le proportionne à la situation de ses personnages. La réponse de Turnus à Calibé rappelle celle d'Hector à Andromaque :

Δαιμονίη, μή μοί τι λίην ἀκαχίζεο θυμῷ!
οὐ γάρ τίς μ' ὑπὲρ αἶσαν ἀνὴρ ἄϊδι προϊάψει·
μοῖραν δ' οὔτινά φημι πεφυγμένον ἔμμεναι ἀνδρῶν,
οὐ κακόν, οὐδὲ μὲν ἐσθλόν, ἐπὴν τὰ πρῶτα γένηται.
ἀλλ' εἰς οἶκον ἰοῦσα τὰ σ' αὐτῆς ἔργα κόμιζε,
ἱστόν τ', ἠλακάτην τε, καὶ ἀμφιπόλοισι κέλευε
ἔργον ἐποίχεσθαι· πόλεμος δ' ἄνδρεσσι μελήσει
πᾶσιν, ἐμοὶ δὲ μάλιστα, τοὶ Ἰλίῳ ἐγγεγάασιν.

Il. VI, v. 486.

Quant au portrait de la Furie animée du feu de la colère, on ne peut le comparer qu'à celui du monstrueux Typhée armé contre Jupiter, dans la Théogonie d'Hésiode :

Ἦν ἑκατὸν κεφαλαὶ ὄφιος, δεινοῖο δράκοντος,
γλώσσῃσι δνοφερῇσι λελειχμότες, ἐκ δέ οἱ ὄσσων
θεσπεσίης κεφαλῇσιν ὑπ' ὀφρύσι πῦρ ἀμάρυσσε.

Théog. v. 825.

*

Olli somnum ingens rumpit pavor, ossaque et artus
Perfundit toto proruptus corpore sudor.
460 Arma amens fremit, arma toro tectisque requirit;
Sævit amor ferri, et scelerata insania belli,

Ira super. Magno veluti cùm flamma sonore
Virgea suggeritur costis undantis aheni,
Exsultantque æstu latices : furit intùs aquæ vis,
Fumidus atque altè spumis exuberat amnis ;
Nec jàm se capit unda : volat vapor ater ad auras.
  Ergò iter ad regem, pollutâ pace, Latinum
Indicit primis juvenum, et jubet arma parari,
Tutari Italiam, detrudere finibus hostem :
470 Se satis ambobus Teucrisque venire Latinisque.
  Hæc ubi dicta dedit, divosque in vota vocavit,
Certatim sese Rutuli exhortantur in arma.
Hunc decus egregium formæ movet atque juventæ ;
Hunc atavi reges, hunc claris dextera factis.

Le réveil subit de Turnus rappelle celui d'Achille après l'apparition de Patrocle :

...... ψυχὴ δὲ κατὰ χθονὸς, ἠΰτε καπνὸς,
ὤχετο τετριγυῖα. ταφὼν δ' ἀνόρουσεν Ἀχιλλεύς,
χερσί τε συμπλατάγησεν, ἔπος τ' ὀλοφυδνὸν ἔειπεν·
        Il. XXIII, v. 100.

La comparaison énergique qui peint si bien l'agitation de Turnus, est due primitivement à Homère qui l'applique avec moins de développement au Xanthe embrasé par Vulcain :

Ὡς δὲ λέβης ζεῖ ἔνδον, ἐπειγόμενος πυρὶ πολλῷ,
κνίσσῃ μελδόμενος ἁπαλοτρεφέος σιάλοιο,
πάντοθεν ἀμβολάδην, ὑπὸ δὲ ξύλα κάγκανα κεῖται·
ὣς τοῦ καλὰ ῥέεθρα πυρὶ φλέγετο, ζέε δ' ὕδωρ.
        Il. XXI, v. 362.

Le songe de Turnus a produit chez les modernes un grand nombre d'imitations, dont les plus remarquables sont les apparitions d'Alecton à Argillan et à Soliman (*Jérusalem*, *ch. VIII, st.* 59; *IX, st.* 8.), celles de Satan à Judas et à Caïphe (*Messiade, ch. III, v.* 576; *IV, v.* 61), et surtout l'allégorie du Fanatisme armant Jacques Clément sous les traits du duc de Guise (*Henriade, ch. V, v.* 112.)

~~~~~~

V.

Dum Turnus Rutulos animis audacibus implet,
Alecto in Teucros Stygiis se concitat alis,
Arte novâ speculata locum, quo littore pulcher
Insidiis cursuque feras agitabat Iulus.
Hic subitam canibus rabiem Cocytia virgo
480 Objicit, et noto nares contingit odore,
Ut cervum ardentes agerent : quæ prima malorum
Causa fuit, belloque animos accendit agrestes.
Cervus erat formâ præstanti et cornibus ingens,
Tyrrheidæ pueri quem matris ab ubere raptum
Nutribant, Tyrrheusque pater, cui regia parent
Armenta, et latè custodia credita campi.
Assuetum imperiis soror omni Silvia curâ
Mollibus intexens ornabat cornua sertis,
Pectebatque ferum, puroque in fonte lavabat.
490 Ille manum patiens, mensæque assuetus herili,
Errabat silvis, rursùsque ad limina nota
Ipse domum serâ quamvis se nocte ferebat.
Hunc procul errantem rabidæ venantis Iuli
Commovêre canes, fluvio cùm forte secundo
Deflueret, ripâque æstus viridante levaret.
Ipse etiam eximiæ laudis succensus amore
Ascanius curvo direxit spicula cornu :

Nec dextræ erranti deus abfuit, actaque multo
Perque uterum sonitu, perque ilia venit arundo.
500 Saucius at quadrupes nota intrà tecta refugit,
Successitque gemens stabulis, questuque cruentus
Atque imploranti similis tectum omne replebat.
Silvia prima soror, palmis percussa lacertos,
Auxilium vocat, et duros conclamat agrestes.
Olli, pestis enim tacitis latet aspera silvis,
Improvisi adsunt : hic torre armatus obusto,
Stipitis hic gravidi nodis ; quod cuique repertum
Rimanti, telum ira facit. Vocat agmina Tyrrheus,
Quadrifidam quercum cuneis ut fortè coactis
510 Scindebat, raptâ spirans immane securi.

Tyrrhée, chef des bergers de Latinus, chez qui Alecton porte maintenant ses fureurs, est le même qui, selon Denys d'Halicarnasse, donna un asyle à Lavinie poursuivie par Ascagne après la mort d'Enée. La peinture du cerf privé est un modèle de grâce et d'élégance. Les soins que lui prodigue Silvie rappellent ceux de Patrocle et d'Andromaque pour les chevaux d'Achille et d'Hector, attestés par ces paroles des deux héros :

Τοίου γὰρ κλέος ἐσθλὸν ἀπώλεσαν ἡνιόχοιο,
ἠπίου, ὅς σφωϊν μάλα πολλάκις ὑγρὸν ἔλαιον
χαιτάων κατέχευε, λοέσσας ὕδατι λευκῷ.
IL. XXIII, v. 280.

Ὑμῖν πὰρ προτέροισι μελίφρονα πυρὸν ἔθηκεν,
οἶνόν τ' ἐγκεράσασα πιεῖν, ὅτε θυμὸς ἀνώγοι,
ἢ ἐμοί, ὅσπερ οἱ θαλερὸς πόσις εὔχομαι εἶναι.
IL. VIII, v. 188.

Ovide a imité Virgile dans la peinture du cerf de Cyparisse (*Métam.*, *X*, *v.* 109) ; mais on sent en comparant les deux morceaux combien l'esprit est loin du génie. Les détails de la blessure du cerf sont tirés de la chasse d'Ulysse dans l'Î e d'Æa, déjà citée au Ier. livre (v. 184):

Καὶ τότε τίς με θεῶν ὀλοφύρατο μοῦνον ἐόντα,
ὅς ῥά μοι ὑψίκερων ἔλαφον μέγαν εἰς ὁδὸν αὐτὴν
ἧκεν· ὁ μὲν ποταμόνδε κατήϊεν ἐκ νομοῦ ὕλης
πιόμενος, δὴ γάρ μιν ἔχεν μένος ἠελίοιο·
τὸν δ' ἐγὼ ἐκβαίνοντα κατ' ἄκνηστιν μέσα νῶτα
πλῆξα· τὸ δ' ἀντικρὺ δόρυ χάλκεον ἐξεπέρησε·
κὰδ δ' ἔπεσ' ἐν κονίῃσι μακών, ἀπὸ δ' ἔπτατο θυμός.
Od. X, v. 157.

*

   At sæva è speculis tempus dea nacta nocendi
Ardua tecta petit stabuli; et de culmine summo
Pastorale canit signum, cornuque recurvo
Tartaream intendit vocem : quâ protinùs omne
Contremuit nemus, et silvæ intonuêre profundæ.
Audiit et Triviæ longè lacus, audiit amnis
Sulfureâ Nar albus aquâ, fontesque Velini;
Et trepidæ matres pressêre ad pectora natos.
   Tùm verò ad vocem celeres, quâ buccina signum
520 Dira dedit, raptis concurrunt undique telis
Indomiti agricolæ ; necnon et Troïa pubes
Ascanio auxilium castris effundit apertis.
Direxêre acies : non jàm certamine agresti,
Stipitibus duris agitur, sudibusve præustis;
Sed ferro ancipiti decernunt, atraque latè
Horrescit strictis seges ensibus, æraque fulgent
Sole lacessita, et lucem sub nubila jactant.
Fluctus uti primo cœpit cùm albescere vento,
Paulatim sese tollit mare, et altiùs undas
530 Erigit, indè imo consurgit ad æthera fundo.

Ce cri terrible d'Alecton, reproduit par l'Arioste dans le cri de la Discorde (*Roland furieux*, ch. XXVII, st. 101.), par le Tasse dans la trombe infernale (*Jérusalem délivrée*, ch. IV, st. 3.), et par Milton, dans la marche des démons (*Paradis perdu*, ch. I, v. 535.), est tiré du 4me. chant des Argonautiques, où Apollonius peint avec une rare énergie les sifflements du dragon de Mars à l'approche de Jason et de Médée :

Αὐτὰρ ὅγ' ἀντικρὺ περιμήκεα τείνατο δειρὴν
ὀξὺς ἀΰπνοισι προϊδὼν ὄφις ὀφθαλμοῖσι
νισσομένους, ῥοίζει δὲ πελώριον· ἀμφὶ δὲ μακραὶ
ἠϊόνες ποταμοῖο, καὶ ἄσπετον ἴαχεν ἄλσος.
ἔκλυον οἳ καὶ πολλὸν ἑκὰς Τιτηνίδος Αἴης
Κολχίδα γῆν ἐνέμοντο, παρὰ προχοῇσι Λύκοιο,
ὅς τ' ἀποκιδνάμενος ποταμοῦ κελάδοντος Ἀράξεω
Φάσιδι συμφέρεται ἱερὸν ῥόον· οἱ δὲ συνάμφω
Καυκασίην ἅλαδ' εἰς ἓν ἐλαυνόμενοι προχέουσι.
δείματι δ' ἐξέγροντο λεχωΐδες, ἀμφὶ δὲ παισὶ
νηπιάχοις, οἵτε σφιν ὑπ' ἀγκαλίδεσσιν ἴαυον,
ῥοίζῳ παλλομένοις, χεῖρας βάλον ἀσχαλόωσαι.

Argon. IV, v. 127.

Le poëte d'Alexandrie lui-même doit une partie de ce tableau à Homère, représentant la Discorde au milieu du camp des Grecs :

Ζεὺς δ' Ἔριδα προΐαλλε θοὰς ἐπὶ νῆας Ἀχαιῶν
ἀργαλέην, πολέμοιο τέρας μετὰ χερσὶν ἔχουσαν.
στῆ δ' ἐπ' Ὀδυσσῆος μεγακήτεϊ νηῒ μελαίνῃ
ἥ ῥ' ἐν μεσσάτῳ ἔσκε, γεγωνέμεν ἀμφοτέρωσε,
ἠμὲν ἐπ' Αἴαντος κλισίας Τελαμωνιάδαο,
ἠδ' ἐπ' Ἀχιλλῆος, τοί ῥ' ἔσχατα νῆας ἐΐσας
εἴρυσαν, ἠνορέῃ πίσυνοι καὶ κάρτεϊ χειρῶν.

ἔνθα στᾶσ᾽ ἤϋσε θεὰ μέγα τε δεινόν τε
ὄρθι᾽, Ἀχαιοῖσιν δὲ μέγα σθένος ἔμβαλ᾽ ἑκάστῳ
καρδίῃ, ἄλληκτον πολεμίζειν ἠδὲ μάχεσθαι.

Il. XI, v. 3.

Les autres vers de Virgile, peignant le commencement du combat, sont également traduits de deux passages d'Homère, imités après lui par le Tasse (*Jérusalem*, ch. *I*, st. 73), par Milton (*Paradis*, ch. *IV*, v. 977.), et par Klopstock (*Messiade*, ch. *VIII*, v. 498.) :

Ὡς ἄρα τῶν ὁμόσ᾽ ἦλθε μάχη, μέμασαν δ᾽ ἐνὶ θυμῷ
ἀλλήλους καθ᾽ ὅμιλον ἐναιρέμεν ὀξέϊ χαλκῷ,
ἔφριξεν δὲ μάχη φθισίμβροτος ἐγχείῃσιν
μακρῇς, ἃς εἶχον ταμεσίχροας· ὄσσε δ᾽ ἄμερδεν
αὐγὴ χαλκείη κορύθων ἄπο λαμπομενάων,
θωρήκων τε νεοσμήκτων, σακέων τε φαεινῶν,
ἐρχομένων ἄμυδις· μάλα κεν θρασυκάρδιος εἴη,
ὃς τότε γηθήσειεν ἰδὼν πόνον, οὐδ᾽ ἀκάχοιτο.

Il. XIII, v. 337.

Ὡς δ᾽ ὅτ᾽ ἐν αἰγιαλῷ πολυηχέϊ κῦμα θαλάσσης
ὄρνυτ᾽ ἐπασσύτερον, Ζεφύρου ὑποκινήσαντος·
πόντῳ μὲν τὰ πρῶτα κορύσσεται, αὐτὰρ ἔπειτα
χέρσῳ ῥηγνύμενον μεγάλα βρέμει, ἀμφὶ δέ τ᾽ ἄκρας
κυρτὸν ἐὸν κορυφοῦται, ἀποπτύει δ᾽ ἁλὸς ἄχνην.

Il. IV, v. 422.

★

Hic juvenis primam antè aciem stridente sagittâ,
Natorum Tyrrhei fuerat qui maximus, Almon
Sternitur : hæsit enim sub gutture vulnus, et udæ
Vocis iter tenuemque inclusit sanguine vitam.

Corpora multa virûm circà, seniorque Galesus,
Dùm paci medium se offert, justissimus unus
Qui fuit, Ausoniisque olim ditissimus arvis :
Quinque greges illi balantum, quina redibant
Armenta, et terram centum vertebat aratris.

La blessure du jeune Almon correspond à celle d'Asius, au 13me. chant de l'Iliade :

. . . . ὁ δὲ ἵετο θυμῷ
Ἰδομενῆα βαλεῖν· ὁ δέ μιν φθάμενος βάλε δουρὶ
λαιμὸν ὑπ' ἀνθερεῶνα, διὰ πρὸ δὲ χαλκὸν ἔλασσεν.
Il. XIII, v. 386.

Le portrait du riche et vertueux Galésus rappelle celui d'Amphius, au 5me. chant :

Καὶ βάλεν Ἄμφιον, Σελάγου υἱόν, ὅς ῥ' ἐνὶ Παισῷ
ναῖε πολυκτήμων, πολυλήϊος· ἀλλά ἑ μοῖρα
ἦγ' ἐπικουρήσοντα μετὰ Πρίαμόν τε καὶ υἷας.
Il. V, v. 612.

Virgile y a joint ces vers sur Ulysse :

Δώδεκ' ἐν Ἠπείρῳ ἀγέλαι· τόσα πώεα οἰῶν,
τόσσα συῶν συβόσεια, τόσ' αἰπόλια πλατέ' αἰγῶν
βόσκουσι ξεῖνοί τε καὶ αὐτοῦ βώτορες ἄνδρες.
Od. XIV, v. 100.

★

540 Atque ea per campos æquo dùm marte geruntur,
Promissi dea facta potens, ubi sanguine bellum
Imbuit, et primæ commisit funera pugnæ,
Deserit Hesperiam, et cœli convexa per auras
Junonem victrix affatur voce superbâ :

« En perfecta tibi bello discordia tristi !
Dic in amicitiam coeant, et fœdera jungant ;
Quandoquidem Ausonio respersi sanguine Teucros.
Hoc etiam his addam, tua si mihi certa voluntas :
Finitimas in bella feram rumoribus urbes,
550 Accendamque animos insani martis amore,
Undique ut auxilio veniant ; spargam arma per agros. »
Tùm contra Juno : « Terrorum et fraudis abundè est :
Stant belli causæ ; pugnatur cominùs armis ;
Quæ fors prima dedit, sanguis novus imbuit arma.
Talia connubia et tales celebrent hymenæos
Egregium Veneris genus et rex ipse Latinus.
Te super æthereas errare licentiùs auras
Haud pater ille velit summi regnator Olympi.
Cede locis : ego, si qua super fortuna laborum est,
560 Ipsa regam. » Tales dederat Saturnia voces :
Illa autem attollit stridentes anguibus alas,
Cocytique petit sedem, supera ardua linquens.

 Est locus Italiæ medio, sub montibus altis,
Nobilis et famâ multis memoratus in oris,
Amsancti valles : densis hunc frondibus atrum
Urget utrinque latus nemoris, medioque fragosus
Dat sonitum saxis et torto vortice torrens.
Hîc specus horrendum, sævi spiracula Ditis,
Monstratur, ruptoque ingens Acheronte vorago
570 Pestiferas aperit fauces, queis condita Erinnys,
Invisum numen, terras cœlumque levabat.

Alecton paroît une dernière fois sur la scène pour rendre compte à Junon de ses funestes exploits. L'offre que lui inspire son zèle sanguinaire rappelle celle de la Rage à Iris, dans la tragédie d'Euripide :

Εἰ δὲ δὴ μ' Ἥρᾳ ϑ' ὑπουργεῖν σοί τε ἀναγκαίως ἔχει
τάχος, ἐπιῤῥοίβδην ϑ', ὁμαρτεῖν ὡς κυνηγέτῃ κύνας,
εἰμι γ'· οὔτε πόντος οὕτω κύμασι στένων λάβρως,
οὔτε γῆς σεισμός, κεραυνοῦ τ' οἶστρος ὠδῖνας πνέων,
οἷ' ἐγὼ σταδιοδραμοῦμαι στέρνον εἰς Ἡρακλέους·
καὶ καταῤῥήξω μέλαθρα, καὶ δόμους ἐπεμβαλῶ.

Hercule furieux, v. 861.

La fin de la réponse de Junon est celle de Jupiter à Thétis:

Ἀλλὰ σὺ μὲν νῦν αὖτις ἀπόστιχε, μή σε νοήσῃ
Ἥρη· ἐμοὶ δέ κε ταῦτα μελήσεται, ὄφρα τελέσσω.

Il. I, v. 522.

La retraite de la Furie a été ennoblie par Milton dans le vol du Péché et de la Mort (*Paradis, ch. X, v.* 410.). La vallée d'Amsanctus, dans laquelle elle se plonge, est située dans le pays des Hirpins, au royaume de Naples, et porte encore aujourd'hui le nom de *Muffiti*, à cause de ses exhalaisons sulfureuses. Virgile en a assimilé la description à celle du cap Achéruse dans l'Asie mineure, signalé par Apollonius comme une des entrée des enfers:

Κοίλη ὕπαιθα νάπη, ἵνα τε σπέος ἔστ' ἀΐδαο
ὕλῃ καὶ πέτρῃσιν ἐπηρεφές, ἔνθεν ἀϋτμὴ
πηγυλίς, ὀκρυόεντος ἀναπνείουσα μυχοῖο
συνεχές, ἀργινόεσσαν ἀεὶ περιτέτροφε πάχνην,
ἥτε μεσημβριόωντος ἰαίνεται ἠελίοιο.
σιγὴ δ' οὔποτε τήνγε κατὰ βροσυρὴν ἔχει ἄκρην,
ἀλλ' ἄμυδις πόντοιο ϑ' ὑποστένει ἠχήεντος,
φύλλων τε πνοιῇσι τινασσομένων μυχίῃσιν.
ἐνθάδε καὶ προχοαὶ ποταμοῦ Ἀχέροντος ἔασιν,
ὅστε διὲξ ἄκρης ἀνερεύγεται εἰς ἅλα βάλλων
ἠώην· κοίλη δὲ φάραγξ κατάγε μιν ἄνωθεν.

Argon. II, v. 735.

VI.

Nec minùs intereà extremam Saturnia bello
Imponit regina manum : ruit omnis in urbem
Pastorum ex acie numerus, cæsosque reportant
Almonem puerum fœdatique ora Galesi,
Implorantque deos, obtestanturque Latinum.
Turnus adest, medioque in crimine cædis et ignis
Terrorem ingeminat : Teucrosque in regna vocari,
Stirpem admisceri Phrygiam, se limine pelli.
580 Tùm, quorum attonitæ Baccho nemora avia matres
Insultant thiasis, neque enim leve nomen Amatæ,
Undique collecti coeunt, martemque fatigant.
Ilicet infandum cuncti contrà omina bellum,
Contra fata deûm, perverso numine poscunt.
Certatim regis circumstant tecta Latini.
Ille, velut pelagi rupes immota, resistit :
Ut pelagi rupes, magno veniente fragore,
Quæ sese, multis circùm latrantibus undis,
Mole tenet : scopuli necquicquam et spumea circùm
590 Saxa fremunt, laterique illisa refunditur alga.
Verùm ubi nulla datur cæcum exsuperare potestas
Consilium, et sævæ nutu Junonis eunt res,
Multa deos, aurasque pater testatus inanes :
« Frangimur heu ! fatis, inquit, ferimurque procellà.
Ipsi has sacrilego pendetis sanguine pœnas,
O miseri ! te, Turne, nefas, te triste manebit
Supplicium, votisque deos venerabere seris.
Nam mihi parta quies, omnisque in limine portus :
Funere felici spolior. » Nec plura locutus,
600 Sepsit se tectis, rerumque reliquit habenas.

Junon va consommer sa vengeance : l'aveugle fureur des Laurentins n'a plus d'autre obstacle que la fermeté de Latinus, que le poëte exprime par la comparaison des phalanges grecques (imitée par le Tasse, *Jérusalem*, ch. IX, st. 31.)

Ἴσχον γὰρ πυργηδὸν ἀρηρότες, ἠΰτε πέτρη
ἠλίβατος, μεγάλη, πολιῆς ἁλὸς ἐγγὺς ἐοῦσα
ἥτε μένει λιγέων ἀνέμων λαιψηρὰ κέλευθα,
κύματά τε τροφόεντα, τάτε προσερεύγεται αὐτήν·
ὣς Δαναοὶ Τρῶας μένον ἔμπεδον, οὐδ' ἐφέβοντο.

IL. XV, v. 618.

Enfin le vieillard, cédant à l'orage, abandonne les rênes du pouvoir, en annonçant à ses sujets leur punition prochaine, comme Priam aux Troyens après la mort d'Hector :

. . . . ἀτὰρ γνώσεσθε καὶ ὔμμες!
ῥηΐτεροι γὰρ μᾶλλον Ἀχαιοῖσιν δὴ ἔσεσθε,
κείνου τεθνηῶτος, ἐναιρέμεν· αὐτὰρ ἔγωγε,
πρὶν ἀλαπαζομένην τε πόλιν, κεραϊζομένην τε,
ὀφθαλμοῖσιν ἰδεῖν, βαίην δόμον Ἄϊδος εἴσω.

IL. XXIV, v. 242.

★

Mos erat Hesperio in Latio, quem protinùs urbes
Albanæ coluére sacrum, nunc maxima rerum
Roma colit, cùm prima movent in prælia martem :
Sive Getis inferre manu lacrymabile bellum,
Hyrcanisve, Arabisve parant, seu tendere ad Indos,
Auroramque sequi, Parthosque reposcere signa.
Sunt geminæ belli portæ, sic nomine dicunt,
Relligione sacræ et sævi formidine Martis :
Centum ærei claudunt vectes æternaque ferri
610 Robora, nec custos absistit limine Janus.

Has, ubi certa sedet patribus sententia pugnæ,
Ipse, quirinali trabeâ cinctuque gabino
Insignis, reserat stridentia limina consul;
Ipse vocat pugnas, sequitur tùm cætera pubes,
Æreaque assensu conspirant cornua rauco.
Hoc et tùm Æneadis indicere bella Latinus
More jubebatur, tristesque recludere portas :
Abstinuit tactu pater, aversusque refugit
Fœda ministeria, et cæcis se condidit umbris.
620 Tùm regina deûm, cœlo delapsa, morantes
Impulit ipsa manu portas, et cardine verso
Belli ferratos rupit Saturnia postes.

Virgile saisit une nouvelle occasion de consacrer un usage religieux des Romains, l'ouverture du temple de Janus, et de signaler en même temps la restitution des aigles de Crassus envoyées à Auguste par le roi des Parthes. L'idée du ministère de Junon lui a sans doute été suggérée par ce passage d'Ennius, qui attribue la même fonction à la Discorde :

. . . . postquam Discordia tetra
Belli ferratos postes portasque refregit.

Sous le rapport de l'harmonie imitative, les vers latins, supérieurement imités par Milton (*Paradis*, ch. II, v. 879) et par Klopstock (*Messiade*, ch. IX, v. 750.), peuvent se comparer à l'entrée de Pénélope dans le dépôt des armes d'Ulysse:

Αὐτίκ' ἄρ' ἥγ' ἱμάντα θοῶς ἀπέλυσε κορώνης,
ἐν δὲ κληῖδ' ἧκε, θυρέων δ' ἀνέκοπτεν ὀχῆας,
ἄντα τιτυσκομένη· τὰ δ' ἀνέβραχεν, ἠΰτε ταῦρος
βοσκόμενος λειμῶνι· τόσ' ἔβραχε καλὰ θύρετρα
πληγέντα κληῖδι, πετάσθησαν δέ οἱ ὦκα.

Od. XXI, v. 46.

*

Ardet inexcita Ausonia atque immobilis ante.
Pars pedes ire parat campis ; pars arduus altis
Pulverulentus equis furit : omnes arma requirunt.
Pars leves clypeos et spicula lucida tergunt
Arvinâ pingui, subiguntque in cote secures ;
Signaque ferre juvat, sonitusque audire tubarum.
Quinque adeò magnæ positis incudibus urbes
630 Tela novant : Atina potens, Tiburque superbum,
Ardea, Crustumerique, et turrigeræ Antemnæ.
Tegmina tuta cavant capitum, flectuntque salignas
Umbonum crates ; alii thoracas ahenos,
Aut leves ocreas lento ducunt argento.
Vomeris huc et falcis honos, huc omnis aratri
Cessit amor : recoquunt patrios fornacibus enses.
Classica jamque sonant ; it bello tessera signum.
Hic galeam tectis trepidus rapit, ille frementes
Ad juga cogit equos, clypeumque auroque trilicem
640 Loricam induitur, fidoque accingitur ense.

Enfin la guerre est déclarée, et cinq grandes villes ouvrent leurs arsenaux : Ardée, capitale des Rutules ; Atine, dans le pays des Volsques ; Tibur, Crustumère et Antemne, dans celui des Sabins. La solitude des campagnes abandonnées de leurs cultivateurs rappelle ces vers de Catulle sur les noces de Thétis :

Pharsalon coeunt, Pharsalia tecta frequentant.
Rura colit nemo, mollescunt colla juvencis,
Non humilis curvis purgatur vinea rastris,
Non glebam prono convellit vomere taurus,
Non falx attenuat frondatorum arboris umbram,
Squalida desertis rubigo infertur aratris.

Thétis et Pélée, v. 37.

Mais le passage entier de Virgile offre une analogie encore plus frappante avec la harangue militaire d'Agamemnon ordonnant les préparatifs du combat :

Εὖ μέν τις δόρυ θηξάσθω, εὖ δ' ἀσπίδα θέσθω,
εὖ δέ τις ἵπποισιν δεῖπνον δότω ὠκυπόδεσσιν,
εὖ δέ τις ἅρματος ἀμφὶς ἰδών, πολέμοιο μεδέσθω·
ὥς κε πανημέριοι στυγερῷ κρινώμεθ' ἄρηϊ.
οὐ γὰρ παυσωλή γε μετέσσεται, οὐδ' ἠβαιόν,
εἰ μὴ νὺξ ἐλθοῦσα διακρινέει μένος ἀνδρῶν.
ἱδρώσει μέν τευ τελαμὼν ἀμφὶ στήθεσσιν
ἀσπίδος ἀμφιβρότης, περὶ δ' ἔγχεϊ χεῖρα καμεῖται·
ἱδρώσει δέ τευ ἵππος ἐΰξοον ἅρμα τιταίνων.

IL. II, v. 382.

Ici commence le dénombrement des troupes latines qui réunies sous les ordres de Turnus se préparent à repousser Énée. Cette belle conception, devenue un des grands ressorts de l'épopée, est encore due au chantre d'Achille qui a su joindre au mérite de l'invention la majesté du style et l'intérêt des souvenirs. Le dénombrement de l'armée grecque, qui termine le 2me chant de l'Iliade, étoit considéré par la Grèce entière comme son premier monument historique ; il faisoit l'objet d'une étude particulière, et servoit de base aux limites des états. Cette scrupuleuse fidélité dans les détails ne nuit point à l'harmonie des vers, à l'abondance des images, à la variété des situations : qualités précieuses que Virgile a su conserver dans son imitation, et qu'il a même rehaussées encore par la délicatesse de ses peintures. Ce mérite fait d'autant plus d'honneur au poëte romain qu'il n'a trouvé dans les antiquités d'Italie que des généalogies absurdes, des mœurs barbares, des traditions obscures et incohérentes. Il a su vaincre toutes ces difficultés, et en dessinant les costumes, en diversifiant les armures, en caractérisant les villes et les peuplades, il a élevé

Études grecq. IIIe Partie. 4

ses guerriers à la noblesse des héros d'Homère. Mais il est resté loin de son modèle sous le rapport de l'exactitude : l'irrégularité de sa marche, sans cesse en opposition avec l'ordre géographique, est un défaut réel qu'il eût pu éviter. Un autre défaut plus grave encore est l'oubli qu'il fait de ses guerriers dans les derniers livres de l'Enéide, où il les abandonne au fort de la mêlée pour leur en substituer d'autres qui ne paroissent point dans son énumération, et dont la physionomie nous est totalement inconnue. L'auteur de l'Iliade, au contraire, est toujours d'accord avec lui-même; il nous attache à ses héros par le caractère particulier qu'il leur imprime et qui ne se dément dans aucune circonstance. Dans l'impossibilité où nous sommes de transcrire sa revue en entier, nous en donnerons ici un tableau analytique pour faciliter le rapprochement des deux poëtes.

Homère commence par déployer les phalanges grecques dans la plaine de Troie, et après avoir peint leur nombre et leur réunion par une suite de comparaisons brillantes, aussi inépuisables que son génie (*Il. II, v.* 441 à 483), il les partage en trois corps d'armée, plaçant à l'aile droite les Grecs du continent et du Péloponèse, au centre les insulaires, et à l'aile gauche les Thessaliens, et nommant dans l'ordre suivant leurs pays, leurs chefs et leurs vaisseaux :

Pays.	*Chefs.*	*Vaisseaux.*
Béotie	Pénélée, Léitus, Arcésilas.	50.
Orchomène	Ascalaphe et Ialménus.	30.
Phocide	Schédius et Epistrophus	40.
Locride	Ajax fils d'Oïlée.	40.
Ile d'Eubée	Eléphénor	40.
Athènes	Mnesthée.	50.
Ile de Salamine	Ajax fils de Télamon.	12.
Argos	Diomède, Sthénélus, Euryale.	80.

Pays.	Chefs.	Vaisseaux.
Mycènes	Agamemnon	100.
Sparte	Ménélas	60.
Pylos	Nestor	90.
Arcadie	Agapénor	60.
Elide	Amphimaque, Thalpius, Diorès	40.
Iles Echinades	Mégès	40.
Ile d'Ithaque	Ulysse	12.
Etolie	Thoas	40.
Ile de Crète	Idoménée et Mérion	80.
Ile de Rhodes	Tlépolème	9.
Ile de Syme	Nirée	3.
Ile de Cos	Phidippe et Antiphus	30.
Phthie	Achille	50.
Phylacé	Podarcès	40.
Phères	Eumèle	11.
Mélibée	Médon	7.
OEchalie	Podalire et Machaon	30.
Ormène	Eurypyle	40.
Oloosson	Polypète et Léontée	40.
Forêt de Dodone	Gunéus	22.
Mont Pélion	Prothoüs	40.

La flotte entière est composée de 1186 vaisseaux, et en prenant un terme moyen entre l'équipage des vaisseaux béotiens qui est de cent vingt hommes, et celui des mélibéens qui est de cinquante, on trouvera que l'armée grecque s'élevoit à cent mille combattants. Homère fait ensuite l'énumération des troupes troyennes, formant environ cinquante mille hommes. Nous aurons occasion d'analyser ce second tableau au 10me. livre (*v.* 146.), en parlant des auxiliaires d'Enée opposés à ceux de Turnus. Le poëte grec, pour rendre sa revue encore plus complète, s'est résumé lui-même au 3.me chant de l'Iliade (*v.* 161), où Hélène, du haut de la tour de Pergame, montre à Priam les chefs des assiégeants : fiction pleine de grâce reproduite par Eschyle dans les portraits des sept alliés d'Adraste (tragédie des *Sept chefs*, *v.* 375.), et par Euripide dans la guerre de Thèbes (*Phéniciennes*, *v.* 101.) Ces deux auteurs ont aussi donné des dénombrements plus étendus ; le premier dans la tragédie des *Perses* (*v.* 12); l'autre dans son *Iphigénie en Aulide* (*v.* 164). Apollonius a débuté à leur exemple par la revue des Argonautes (*Argon. I*, *v.* 23.) mais aucun de ces morceaux n'égale pour la pompe et la variété les deux chefs-d'œuvre d'Homère et de Virgile.

VII.

Pandite nunc Helicona, deæ, cantusque movete,
Qui bello exciti reges, quæ quemque secutæ
Complêrint campos acies; quibus Itala jàm tùm
Floruerit terra alma viris, quibus arserit armis.
Et meministis enim, divæ, et memorare potestis :
Ad nos vix tenuis famæ perlabitur aura.

Primus init bellum Tyrrhenis asper ab oris
Contemptor divûm Mezentius, agminaque armat.
Filius huic juxtà Lausus, quo pulchrior alter
650 Non fuit, excepto Laurentis corpore Turni.
Lausus equûm domitor, debellatorque ferarum,
Ducit Agyllinâ nequicquam ex urbe secutos
Mille viros, dignus patriis qui lætior esset
Imperiis, et cui pater haud Mezentius esset.

Post hos insignem palmâ per gramina currum
Victoresque ostentat equos satus Hercule pulchro
Pulcher Aventinus; clypeoque, insigne paternum,
Centum angues, cinctamque gerit serpentibus hydram.
Collis Aventini silvâ quem Rhea sacerdos
660 Furtivum partu sub luminis edidit auras,
Mixta deo mulier, postquam Laurentia victor
Geryone exstincto Tirynthius attigit arva,
Tyrrhenoque boves in flumine lavit Iberas.
Pila manu sævosque gerunt in bella dolones;
Et tereti pugnant mucrone, veruque Sabello.
Ipse pedes tegmen torquens immane leonis,
Terribili impexum setâ, cum dentibus albis,
Indutus capiti, sic regia tecta subibat
Horridus, Herculeoque humeros innexus amictu.
670 Tùm gemini fratres Tiburtia mœnia linquunt,
Fratris Tiburti dictam cognomine gentem,
Catillusque, acerque Coras, Argiva juventus;
Et primam antè aciem densa inter tela feruntur.
Ceu duo nubigenæ cum vertice montis ab alto
Descendunt Centauri, Homolen Othrynque nivalem
Linquentes cursu rapido : dat euntibus ingens
Silva locum, et magno cedunt virgulta fragore.
Nec Prænestinæ fundator defuit urbis,
Vulcano genitum pecora inter agrestia regem,
680 Inventumque focis, omnis quem credidit ætas,
Cæculus. Hunc legio latè comitatur agrestis ;
Quique altum Præneste viri, quique arva Gabinæ
Junonis, gelidumque Anienem, et roscida rivis
Hernica saxa colunt; quos, dives Anagnia, pascis;
Quos, Amasene pater. Non illis omnibus arma,

Nec clypei currusve sonant : pars maxima glandes
Liventis plumbi spargit, pars spicula gestat
Bina manu, fulvosque lupi de pelle galeros
Tegmen habet capiti; vestigia nuda sinistri
690 Instituêre pedis, crudus tegit altera pero.

At Messapus equûm domitor, Neptunia proles,
Quem neque fas igni cuiquam nec sternere ferro,
Jampridem resides populos desuetaque bello
Agmina in arma vocat subitò, ferrumque retractat,
Hi Fescenninas acies, æquosque Faliscos,
Hi Soractis habent arces, Flaviniaque arva,
Et Cimini cum monte lacum, lucosque Capenos.
Ibant æquati numero, regemque canebant :
Ceu quondam nivei liquida inter nubila cycni
700 Cùm sese è pastu referunt, et longa canoros
Dant per colla modos; sonat amnis et Asia longè
Pulsa palus.
Nec quisquam æratas acies ex agmine tanto
Misceri putet : aëriam sed gurgite ab alto
Urgeri volucrum raucarum ad littora nubem.

Ecce, Sabinorum prisco de sanguine, magnum
Agmen agens Clausus, magnique ipse agminis instar :
Claudia nunc a quo diffunditur et tribus et gens
Per Latium, postquam in partem data Roma Sabinis.
710 Unà ingens Amiterna cohors, priscique Quirites,
Ereti manus omnis, oliviferæque Mutuscæ;
Qui Nomentum urbem, qui rosea rura Velini,
Qui Tetricæ horrentes rupes, montemque Severum,
Casperiamque colunt, Forulosque, et flumen Himellæ;
Qui Tyberim Fabarimque bibunt; quos frigida misit
Nursia, et Hortinæ classes, populique Latini;
Quosque secans infaustum interluit Allia nomen.

Quàm multi Libyco volvuntur marmore fluctus,
Sævus ubi Orion hibernis conditur undis;
720 Vel quàm sole novo densæ torrentur aristæ,
Aut Hermi campo, aut Lyciæ flagrantibus arvis;
Scuta sonant, pulsuque pedum tremit excita tellus.

 Hinc Agamemnonius Trojani nominis hostis
Curru jungit Halesus equos, Turnoque feroces
Mille rapit populos: vertunt felicia Baccho
Massica qui rastris; et quos de collibus altis
Aurunci misêre patres, Sidicinaque juxtà
Æquora; quique Cales linquunt, amnisque vadosi,
Accola Vulturni, pariterque Saticulus asper,
730 Oscorumque manus. Teretes sunt aclides illis
Tela, sed hæc lento mos est aptare flagello;
Lævas cætra tegit; falcati cominùs enses.

 Nec tu carminibus nostris indictus abibis,
OEbale, quem generâsse Telon Sebethide nymphâ
Fertur, Teleboûm Capreas cùm regna teneret
Jàm senior: patriis sed non et filius arvis
Contentus, latè jàm tùm ditione premebat
Sarrastes populos, et quæ rigat æquora Sarnus, [næ;
Quique Rufras, Batulumque tenent, atque arva Celen-
740 Et quos maliferæ despectant mœnia Abellæ.
Teutonico ritu soliti torquere cateias;
Tegmina queis capitum raptus de subere cortex;
Ærataeque micant peltæ, micat æreus ensis.

 Et te montosæ misêre in prælia Nersæ,
Ufens, insignem famâ et felicibus armis;
Horrida præcipuè cui gens, assuetaque multo
Venatu nemorum, duris Æquicola glebis:
Armati terram exercent, semperque recentes
Convectare jùvat prædas, et vivere rapto.

750 Quin et Marrubiâ venit de gente sacerdos,
Fronde super galeam et felici comptus olivâ,
Archippi regis missu, fortissimus Umbro :
Vipereo generi*t graviter spirantibus hydris
Spargere qui somnos cantuque manuque solebat,
Mulcebatque iras, et morsus arte levabat.
Sed non Dardaniæ medicari cuspidis ictum
Evaluit, neque eum juvêre in vulnera cantus
Somniferi, et Marsis quæsitæ in montibus herbæ.
Te nemus Angitiæ, vitreâ te Fucinus undâ,
760 Te liquidi flevêre lacus.

Ibat et Hippolyti proles pulcherrima bello
Virbius : insignem quem mater Aricia misit,
Eductum Egeriæ lucis, humentia circùm
Littora, pinguis ubi et placabilis ara Dianæ.   [cæ
Namque ferunt famâ Hippolytum, postquam arte nover-
Occiderit, patriasque explêrit sanguine pœnas,
Turbatis distractus equis, ad sidera rursùs
Ætherea et superas cœli venisse sub auras,
Pæoniis revocatum herbis et amore Dianæ.
770 Tùm pater omnipotens, aliquem indignatus ab umbris
Mortalem infernis ad lumina surgere vitæ,
Ipse repertorem medicinæ talis et artis
Fulmine Phœbigenam Stygias detrusit ad undas.
At Trivia Hippolytum secretis alma recondit
Sedibus, et nymphæ Egeriæ nemorique relegat;
Solus ubi in silvis Italis ignobilis ævum
Exigeret, versoque ubi nomine Virbius esset.
Undè etiam Triviæ templó lucisque sacratis
Cornipedes arcentur equi, quód littore currum
780 Et juvenem monstris pavidi effudêre marinis.
Filius ardentes haud seciùs æquore campi
Exercebat equos, curruque in bella ruebat.

Ipse inter primos præstanti corpore Turnus
Vertitur arma tenens, et toto vertice suprà est.
Cui triplici crinita jubâ galea alta Chimæram
Sustinet, ætnæos efflantem faucibus ignes :
Tàm magis illa fremens, et tristibus effera flammis,
Quàm magis effuso crudescunt sanguine pugnæ.
At levem clypeum sublatis cornibus Io
790 Auro insignibat, jàm setis obsita, jàm bos,
Argumentum ingens, et custos virginis Argus,
Cælatâque amnem fundens pater Inachus urnâ.
Insequitur nimbus peditum, clypeataque totis
Agmina densantur campis, Argivaque pubes
Auruncæque manus, Rutuli, veteresque Sicani,
Et Sacranæ acies, et picti scuta Labici ;
Qui saltus, Tiberine, tuos, sacrumque Numici
Littus arant, Rutulosque exercent vomere colles,
Circæumque jugum ; queis Juppiter Anxurus arvis
800 Præsidet, et viridi gaudens Feronia luco ;
Quà Saturæ jacet atra palus, gelidusque per imas
Quærit iter valles atque in mare conditur Ufens.

Hos super advenit Volscâ de gente Camilla,
Agmen agens equitum et florentes ære catervas,
Bellatrix : non illa colo calathisve Minervæ
Fœmineas assueta manus ; sed prælia virgo.
Dura pati, cursuque pedum prævertere ventos.
Illa vel intactæ segetis per summa volaret
Gramina, nec teneras cursu læsisset aristas ;
810 Vel mare per medium, fluctu suspensa tumenti,
Ferret iter, celeres nec tingeret æquore plantas.
Illam omnis tectis agrisque effusa juventus,
Turbaque miratur matrum, et prospectat euntem,
Attonitis inhians animis : ut regius ostro

Velet honos leves humeros, ut fibula crinem
Auro internectat, Lyciam ut gerat ipsa pharetram,
Et pastoralem præfixâ cuspide myrtum.

Virgile débute, comme Homère, par une invocation aux Muses :

Ἔσπετε νῦν μοι, Μοῦσαι Ὀλύμπια δώματ' ἔχουσαι·
ὑμεῖς γὰρ θεαί ἐστε, πάρεστέ τε, ἴστε τε πάντα,
ἡμεῖς δὲ κλέος οἶον ἀκούομεν, οὐδέ τι ἴδμεν·
οἵτινες ἡγεμόνες Δαναῶν καὶ κοίρανοι ἦσαν.
IL. II, v. 484.

1. 2. Le premier des chefs est l'impie Mézence, roi d'Agylle (auj. *Cerveteri*), une des douze cités d'Etrurie. Ce prince est cité par Denys d'Halicarnasse comme le plus redoutable ennemi des Troyens. Près de lui est son fils Lausus, à qui Virgile applique ces vers d'Homère sur Nirée et sur Périphète :

Νιρεὺς, ὃς κάλλιστος ἀνὴρ ὑπὸ Ἴλιον ἦλθεν
τῶν ἄλλων Δαναῶν, μετ' ἀμύμονα Πηλείωνα.
IL. II, v. 673.

Τοῦ γένετ' ἐκ πατρὸς πολὺ χείρονος υἱὸς ἀμείνων.
IL. XV, v. 641.

3. Après eux vient Aventinus qui donna son nom à une des sept collines de Rome. Le poëte assimile sa naissance à celle de Romulus, fils de Mars, et à celle de Tlépolème dans Homère :

Τῶν μὲν Τληπόλεμος δουρικλυτὸς ἡγεμόνευεν,
ὃν τέκεν Ἀστυόχεια βίη Ἡρακληείη·
τὴν ἄγετ' ἐξ Ἐφύρης, ποταμοῦ ἄπο Σελλήεντος,
πέρσας ἄστεα πολλὰ διοτρεφέων αἰζηῶν.
IL. II, v. 657.

Il lui donne un bouclier portant l'hydre aux cent têtes (*Phéniciennes*, v. 1150.), et le revêt d'une peau de lion comme Agamemnon :

Ἀμφὶ δ' ἔπειτα δαφοινὸν ἐέσσατο δέρμα λέοντος,
αἴθωνος μεγάλοιο, ποδηνεκές.

Il. X, v. 23.

4. 5. Catille et Coras, fils du devin Amphiaraüs, quittent la ville de Tibur (*Tivoli*) fondée chez les Sabins par leur frère Tiburtus. Leur marche, comparée à celle de deux Centaures rappelle celle de Neptune dans l'Iliade :

Αὐτίκα δ' ἐξ ὄρεος κατεβήσετο παιπαλόεντος,
κραιπνὰ ποσὶ προβιβάς· τρέμε δ' οὔρεα μακρὰ καὶ ὕλη
ποσσὶν ὑπ' ἀθανάτοισι Ποσειδάωνος ἰόντος.

Il. XIII, v. 17.

6. Cæculus, roi des Herniques, regardé comme le fils de Vulcain, commande les habitants de Préneste (*Palestrine*), de Gabies et d'Anagnia (*Anagni*), villes arrosées par l'Anio (le *Tévérone*) et l'Amasène (la *Toppia*). Ces guerriers sont chaussés à la manière des anciens Etoliens, comme l'atteste ce fragment d'Euripide :

. . . . οἱ δὲ Θεστίου
παῖδες τὸ λαιὸν ἴχνος ἀνάρβυλοι ποδός,
τὸ δ' ἐν πεδίλοις, ὡς ἐλαφρίζον γόνυ
ἔχοιεν, ὃς δὴ πᾶσιν Αἰτωλοῖς νόμος.

Tragédie de *Méléagre*.

7. Messape, chef d'une colonie grecque, mène au combat les peuples de Fescennia, de Falérie (*Falar*), de Flavinium et de Capène, villes dominées par les monts Soracte (*S. Silvestro*) et Ciminius (*Viterbe*). Le poëte Ennius comptoit ce prince parmi ses ancêtres; c'est pourquoi Virgile applique à ses soldats l'élégante comparaison des cygnes, tirée du dénombrement d'Homère :

Τῶν δ᾽, ὥστ᾽ ὀρνίθων πετεηνῶν ἔθνεα πολλὰ,
χηνῶν ἢ γεράνων ἢ κύκνων δουλιχοδείρων,
Ἀσίῳ ἐν λειμῶνι, Καϋστρίου ἀμφὶ ῥέεθρα,
ἔνθα καὶ ἔνθα ποτῶνται ἀγαλλόμεναι πτερύγεσσιν,
κλαγγηδὸν προκαθιζόντων, σμαραγεῖ δέ τε λειμών·
ὡς τῶν ἔθνεα πολλὰ νεῶν ἄπο καὶ κλισιάων
ἐς πεδίον προχέοντο Σκαμάνδριον· αὐτὰρ ὑπὸ χθὼν
σμερδαλέον κονάβιζε ποδῶν αὐτῶν τε καὶ ἵππων.

Il. II, v. 459.

8. Après lui vient Clausus, roi des Sabins, tige de l'illustre famille Claudia. Il a sous ses ordres les troupes d'Amiterne, de Cures (*Vescovio*), d'Eretum (*Monte Rotundo*), de Mutusca (*Monte Leone*), de Nomente (*Lamentano*), de Caspérie, de Forule, de Nursia (*Norcia*) et d'Horta (*Orti*), villes dominées par les monts Tetricus (*Tetrica*) et Severus (*S. Giovanni*), et baignées par le Vélinus (*Velino*), l'Himella (*Aia*), le Fabaris (*Farfa*), l'Allia et le Tibre. La comparaison finale employée par le poëte rappelle un passage des Argonautiques (*ch. I, v.* 1201), et ces vers de l'Iliade :

Κινήθη δ᾽ ἀγορή, ὡς κύματα μακρὰ θαλάσσης
πόντου Ἰκαρίοιο, τὰ μέν τ᾽ Εὖρός τε Νότος τε
ὤρορ᾽ ἐπαΐξας πατρὸς Διὸς ἐκ νεφελάων.

Il. II, v. 144.

Ἔσταν δ᾽ ἐν λειμῶνι Σκαμανδρίῳ ἀνθεμόεντι,
μυρίοι, ὅσσα τε φύλλα καὶ ἄνθεα γίγνεται ὥρῃ.

Il. II, v. 467.

9. Halésus, fils naturel d'Agamemnon, s'avance à la tête des Aurunces et des Osques, habitant Saticula (*Caserta*), Calès (*Calvi*) et Sidicinum, villes voisines des vignobles de Massique et de Falerne, bordés par le fleuve Vulturne (*Volturno*).

10. OEbalus, fils de Telon, commande les Téléboiens d'Acarnanie qui s'établirent d'abord dans l'île de Caprée. Sa domination s'étend maintenant sur les deux rives de Sarnus (*Sarno*), sur les villes de Rufra (*Ruvo*), de Batule, de Celenne, d'Abella (*Avella*), et sur toute la nation des Hirpins.

11. Ufens, parti de la ville de Nersa, s'avance à la tête des Eques indomptés, qui, le glaive au côté, cultivent leurs rocs arides, et vivent de chasse et de pillage.

12. Les Marses, sujets du roi Archippe, et habitant la ville de Marrubia (*Morrea*), marchent sous les ordres du prêtre Umbron, habile comme le mysien Ennomus dans l'art des enchantements, mais dévoué comme lui à la mort :

Μυσῶν δὲ Χρόμις ἦρχε καὶ Ἔννομος οἰωνιστής·
ἀλλ' οὐκ οἰωνοῖσιν ἐρύσσατο κῆρα μέλαιναν,
ἀλλ' ἐδάμη ὑπὸ χερσὶ ποδώκεος Αἰακίδαο
ἐν ποταμῷ, ὅθι περ Τρῶας κεράϊζε καὶ ἄλλους.

Il. II, v. 858.

Le poëte, par une image gracieuse, déjà employée dans la Ire. Eglogue (*v.* 39), fait gémir à sa mort le bois sacré d'Angitie et le lac Fucin (*Celano*) ; comme le Mélès pleure la mort de Bion :

Αἴλινά μοι στοναχεῖτε νάπαι, καὶ Δώριον ὕδωρ,
καὶ ποταμοὶ κλαίοιτε τὸν ἱμερόεντα Βίωνα.

Moschus, Idylle III, v. 1.

13. Après lui s'avance Virbius, fils d'Hippolyte, élevé près de la ville d'Aricia (*Lariccia*), dans le bosquet d'Égérie, célèbre par son temple de Diane dont on écartoit soigneusement les chevaux. Cette coutume fit supposer aux poëtes que la déesse y avoit transporté Hippolyte,

rendu à la vie par Esculape qui périt ensuite victime de son art, loué par Euripide (*Alceste*, v. 120) mais taxé par Pindare de vénalité :

Ετραπεν κἀκεῖνον ἀγάνορι μι-
  σθῷ χρυσὸς ἐν χερσὶν φανείς,
ἄνδρ' ἐκ θανάτου κομίσαι,
ἤδη ἁλωκότα· χερ-
  σὶ δ' ἄρα Κρονίων
ῥίψας δι' ἀμφοῖν ἀμπνοὰν
στέρνων καθέλεν
ὠκέως· αἴθων δὲ κεραυ-
  νὸς ἐνέσκηψεν μόρου.

Pythique III, v. 97.

14. Turnus s'élève au dessus de tous ces guerriers, comme Agamemnon au milieu de l'armée grecque :

Ὣς τοὺς ἡγεμόνες διεκόσμεον ἔνθα καὶ ἔνθα,
ὑσμίνηνδ' ἰέναι· μετὰ δὲ, κρείων Ἀγαμέμνων,
ὄμματα καὶ κεφαλὴν ἴκελος Διῒ τερπικεραύνῳ,
Ἄρεϊ δὲ ζώνην, στέρνον δὲ Ποσειδάωνι.

IL. II, v. 476.

Il porte sur son casque une Chimère flamboyante :

Πρόσθε λέων, ὄπιθεν δὲ δράκων, μέσση δὲ χίμαιρα·
δεινὸν ἀποπνείουσα πυρὸς μένος αἰθομένοιο.

IL. VI, v. 181.

Sur son bouclier est empreinte l'histoire d'Io, si élégamment dessinée par Moschus sur la corbeille d'Europe :

Ἐν μὲν ἔην χρυσοῖο τετυγμένη Ἰναχὶς Ἰώ,
εἰσέτι πόρτις ἐοῦσα, φυὴν δ' οὐκ εἶχε γυναικός·
φοιταλέη δὲ πόδεσσιν ἐφ' ἁλμυρὰ βαῖνε κέλευθα,

νηχομένη, ἰκέλη· κυανῆ δ' ἐτέτυκτο θάλασσα·
δοιοὶ δ' ἕστασαν ὑψοῦ ἐπ' ὀφρύος αἰγιαλοῖο
φῶτες ἀολλήδην· θηεῦντο δὲ ποντοπόρον βοῦν,
ἐν δ' ἦν Ζεὺς, ἐπαφώμενος ἠρέμα χειρὶ θεείῃ
πόρτιος Ἰναχίης, τὴν ἑπταπόρῳ παρὰ Νείλῳ
ἐκ βοὸς εὐκεράοιο πάλιν μετάμειβε γυναῖκα.
ἀργύρεος μὲν ἔην Νείλου ῥόος· ἡ δ' ἄρα πόρτις
χαλκείη· χρυσοῦ δὲ τετυγμένος αὐτὸς ἔην Ζεύς.
ἀμφὶ δὲ δινήεντος ὑπὸ στεφάνην ταλάροιο
Ἑρμείης ἤσκητο· πέλας δέ οἱ ἐκτετάνυστο
Ἄργος, ἀκοιμήτοισι κεκασμένος ὀφθαλμοῖσι.
τοῖο δὲ φοινήεντος ἀφ' αἵματος ἐξανέτελλεν
ὄρνις ἀγαλλόμενος πτερύγων πολυανθέϊ χροιῇ,
ταρσὸν ἀναπλώσας, ὡσεί τέ τις ὠκύαλος νηῦς,
χρυσείου ταλάροιο περίσκεπε χείλεα ταρσοῖς.

Moschus, Idylle II, v. 44.

Turnus a sous lui, comme Agamemnon (*Il. II, v.* 576.), les troupes les plus nombreuses et les plus formidables. Il commande les Argiens, les Aurunces, les Sicaniens, les Sacranes, les habitants de Labicum (*la Colonna*) et d'Anxur (*Terracine*), ceux des bords du Tibre et du Numicus, du promontoire de Circeii, du bois sacré de Féronie, et des marais de Satura (*marais Pomptins*) traversés par l'Ufens (*Ofanto.*)

15. Enfin, le poëte fait paroître Camille, reine des Volsques, digne émule de Penthésilée, reine des Amazones, dont les auteurs cycliques ont chanté les exploits. Virgile peint sa légèreté d'après celle des coursiers immortels :

Αἱ δ' ὅτε μὲν σκιρτῷεν ἐπὶ ζείδωρον ἄρουραν
ἄκρον ἐπ' ἀνθερίκων καρπὸν θέον, οὐδὲ κατέκλων·
ἀλλ' ὅτε δὴ σκιρτῷεν ἐπ' εὐρέα νῶτα θαλάσσης,
ἄκρον ἐπὶ ῥηγμῖνος ἁλὸς πολιοῖο θέεσκον.

Il. XX, v. 226.

Sa parure guerrière attire les yeux du peuple comme celle de Télémaque embelli par Minerve :

Θεσπεσίην δ' ἄρα τῷγε χάριν κατέχευεν Ἀθήνη·
τὸν δ' ἄρα πάντες λαοὶ ἐπερχόμενον θηεῦντο.

OD. II, v. 11.

C'est par cet élégant tableau, inconnu à la muse d'Homère, que Virgile termine sa revue qui a produit chez les modernes les dénombrements du Tasse (*Jérusalem*, *ch. I*, *st.* 36.), de Milton (*Paradis*, *ch. I*, *v.* 376.) et de Klopstock (*Messiade*, *ch. II*, *v.* 295.) : le premier remarquable par sa grâce et son harmonie, les deux autres par l'ingénieux emploi des idoles et des divinités de la fable, pour représenter les vices personnifiés.

ÉNÉIDE.

LIVRE HUITIÈME.

SOMMAIRE.

Énée chez Évandre.

I. Apparition du Tibre.
II. Réception d'Enée chez Evandre.
III. Combat d'Hercule et de Cacus.
IV. Campagne de Rome.
V. Forges de Vulcain.
VI. Adieux d'Evandre.
VII. Bouclier d'Enée.

Composé du 3me. chant de l'Odyssée et du 18me. de l'Iliade.

ÉNÉIDE.
LIVRE HUITIÈME.

I.

Ut belli signum Laurenti Turnus ab arce
Extulit, et rauco strepuerunt cornua cantu,
Utque acres concussit equos, utque impulit arma.
Extemplò turbati animi; simul omne tumultu
Conjurat trepido Latium, sævitque juventus
Effera. Ductores primi, Messapus et Ufens,
Contemptorque deûm Mezentius, undique cogunt
Auxilia, et latos vastant cultoribus agros.
Mittitur et magni Venulus Diomedis ad urbem,
10 Qui petat auxilium; et, Latio consistere Teucros,
Advectum Æneam classi, victosque penates
Inferre, et fatis regem se dicere posci,
Edoceat, multasque viro se adjungere gentes
Dardanio, et latè Latio increbrescere nomen.
Quid struat his cœptis, quem, si fortuna sequatur,
Eventum pugnæ cupiat, manifestiùs ipsi,
Quàm Turno regi aut regi apparere Latino.

Ce signal de guerre donné par Turnus d'après les divers modes de recrutement des Romains, l'ambassade de Vénulus, les préparatifs de l'attaque correspondent dans leur

* 5

ensemble à l'appel général de l'armée grecque fait par Agamemnon et les rois alliés au moment d'engager le combat :

Αὐτίκα κηρύκεσσι λιγυφθόγγοισι κέλευσεν
κηρύσσειν πόλεμόνδε καρηκομόωντας Ἀχαιούς.
οἱ μὲν ἐκήρυσσον, τοὶ δ' ἠγείροντο μάλ' ὦκα.
οἱ δ' ἀμφ' Ἀτρείωνα διοτρεφέες βασιλῆες
θῦνον κρίνοντες· μετὰ δὲ γλαυκῶπις Ἀθήνη,
αἰγίδ' ἔχουσ' ἐρίτιμον, ἀγήραον, ἀθανάτην τε·
τῆς ἑκατὸν θύσανοι παγχρύσεοι ἠερέθονται,
πάντες ἐϋπλεκέες, ἑκατόμβοιος δὲ ἕκαστος.
σὺν τῇ παιφάσσουσα διέσσυτο λαὸν Ἀχαιῶν,
ὀτρύνουσ' ἰέναι· ἐν δὲ σθένος ὦρσεν ἑκάστῳ
καρδίῃ, ἄλληκτον πολεμίζειν ἠδὲ μάχεσθαι.
τοῖσι δ' ἄφαρ πόλεμος γλυκίων γένετ', ἠὲ νέεσθαι
ἐν νηυσὶ γλαφυρῇσι φίλην ἐς πατρίδα γαῖαν.

IL. II, v. 442.

On peut rapprocher de ces deux passages l'appel du Tasse et celui de Milton (*Jérusalem, ch. I, st. 71.*); (*Paradis, ch. I, v. 531.*)

★

  Talia per Latium : quæ Laomedontius heros
 Cuncta videns, magno curarum fluctuat æstu;
20 Atque animum nunc huc celerem, nunc dividit illuc,
 In partesque rapit varias, perque omnia versat.
 Sicut aquæ tremulum labris ubi lumen ahenis,
 Sole repercussum aut radiantis imagine lunæ,
 Omnia pervolitat latè loca, jamque sub auras
 Erigitur, summique ferit laquearia tecti.
  Nox erat, et terras animalia fessa per omnes
 Alituum pecudumque genus sopor altus habebat :

LIVRE VIII.

Cùm pater in ripâ gelidique sub ætheris axe
Æneas, tristi turbatus pectora bello,
30 Procubuit, seramque dedit per membra quietem.
Huic deus ipse loci, fluvio Tyberinus amœno,
Populeas inter senior se attollere frondes
Visus : eum tenuis glauco velabat amictu
Carbasus, et crines umbrosa tegebat arundo.
Tùm sic affari, et curas his demere dictis :

L'inquiétude d'Enée à la vue de cette coalition formidable, peut se comparer à celle d'Agamemnon, veillant seul dans le camp, après l'entière déroute de son armée :

Ἄλλοι μὲν παρὰ νηυσὶν ἀριστῆες Παναχαιῶν
εὗδον παννύχιοι, μαλακῷ δεδμημένοι ὕπνῳ·
ἀλλ' οὐκ Ἀτρείδην Ἀγαμέμνονα, ποιμένα λαῶν,
ὕπνος ἔχε γλυκερός, πολλὰ φρεσὶν ὁρμαίνοντα.
ὡς δ' ὅτ' ἂν ἀστράπτῃ πόσις Ἥρης ἠϋκόμοιο,
τεύχων ἢ πολὺν ὄμβρον ἀθέσφατον, ἠὲ χάλαζαν,
ἢ νιφετόν, ὅτε πέρ τε χιὼν ἐπάλυνεν ἀρούρας,
ἠέ ποθι πτολέμοιο μέγα στόμα πευκεδανοῖο·
ὣς πυκίν' ἐν στήθεσσιν ἀνεστενάχιζ' Ἀγαμέμνων
νειόθεν ἐκ κραδίης· τρομέοντο δέ οἱ φρένες ἐντός.
Il. X, v. 1.

Virgile a substitué à la comparaison d'Homère, qui eût été trop forte dans cette circonstance, cette image gracieuse de la Médée d'Apollonius, imitée par l'Arioste (*Roland*, ch. *VIII*, st. 71.), et par Voltaire (*Henriade*, ch. *X*, *v*. 130) :

Πυκνὰ δέ οἱ κραδίη στηθέων ἔντοσθεν ἔθυεν,
ἠελίου ὥς τίς τε δόμοις ἐνιπάλλεται αἴγλη
ὕδατος ἐξανιοῦσα, τὸ δὴ νέον ἠὲ λέβητι,
ἠέ που ἐν γαυλῷ κέχυται· ἡ δ' ἔνθα καὶ ἔνθα
ὠκείῃ στροφάλιγγι τινάσσεται ἀΐσσουσα.
Argon. III, v. 755.

L'apparition du Tibre, dont le premier germe se retrouve dans la prosopopée du Xanthe (*Il. XXI, v.* 212.), a été également inspirée à Virgile d'une manière plus particulière par un passage d'Apollonius, où le dieu marin Glaucus sort du milieu des eaux pour protéger les Argonautes :

Τοῖσιν δὲ Γλαῦκος βρυχίης ἁλὸς ἐξεφαάνθη,
Νηρῆος θείοιο πολυφράδμων ὑποφήτης·
ὕψι δὲ λαχνῆέν τε κάρη καὶ στήθε᾽ ἀείρας
νειόθεν ἐκ λαγόνων, στιβαρῇ γ᾽ ἐπορέξατο χειρί
νηΐου ὁλκαίοιο, καὶ ἴαχεν ἐσσυμένοισι.

Argon. I, v. 1310.

« O sate gente deûm, Trojanam ex hostibus urbem
Qui revehis nobis, æternaque Pergama servas,
Exspectate solo Laurenti arvisque Latinis :
Hic tibi certa domus; certi, ne absiste, penates;
40 Neu belli terrêre minis : tumor omnis et iræ
Concessêre deûm.
Jamque tibi, ne vana putes hæc fingere somnum,
Littoreis ingens inventa sub ilicibus sus,
Triginta capitum fœtus enixa, jacebit,
Alba, solo recubans, albi circùm ubera nati.
Hic locus urbis erit, requies ea certa laborum.
Ex quo ter denis urbem redeuntibus annis
Ascanius clari condet cognominis Albam.
Haud incerta cano. Nunc quâ ratione, quod instat,
50 Expedias victor, paucis, adverte, docebo.
Arcades his oris, genus a Pallante profectum,
Qui regem Evandrum comites, qui signa secuti,
Delegêre locum, et posuêre in montibus urbem,
Pallantis proavi de nomine Pallanteum.

Hi bellum assiduè ducunt cum gente Latinâ :
Hos castris adhibe socios, et fœdera junge.
Ipse ego te ripis et recto flumine ducam,
Adversum remis superes subvectus ut amnem.
Surge age, nate deâ , primisque cadentibus astris
60 Junoni fer ritè preces, iramque minasque.
Supplicibus supera votis : mihi victor honorem
Persolves. Ego sum, pleno quem flumine cernis
Stringentem ripas, et pinguia culta secantem,
Cœruleus Tybris, cœlo gratissimus amnis.
Hîc mihi magna domus, celsis caput urbibus exit. »
 Dixit : deindé lacu fluvius se condidit alto
Ima petens, nox Ænean somnusque reliquit.
Surgit, et ætherei spectans orientia solis
Lumina, ritè cavis undam de flumine palmis
70 Sustulit, ac tales effudit ad æthera voces :
Nymphæ, Laurentes nymphæ, genus amnibus undè est,
Tuque, o Tybri tuo genitor cum flumine sancto,
Accipite Ænean, et tandem arcete periclis.
Quo te cumque lacus miserantem incommoda nostra
Fonte tenet, quocumque solo pulcherrimus exis,
Semper honore meo, semper celebrabere donis,
Corniger Hesperidum fluvius regnator aquarum.
Adsis o tantùm, et propiùs tua numina firmes! »

Le dieu du Tibre annonce à Enée l'accomplissement de l'oracle d'Hélénus, et le secours d'un allié fidèle. Tous les détails que le poëte donne ici sur Evandre sont confirmés par Tite-Live et Denys d'Halicarnasse, qui rapportent que ce chef Arcadien, exilé du royaume de ses pères, aborda en Italie environ soixante ans avant la prise de Troie, et s'établit avec une colonie sur le mont Palatin, où il fonda la ville de

Pallantée. L'historien grec ajoute qu'Hercule épouse sa fille Lavinie, et qu'il eut d'elle Pallas, dont Virgile a fait le fils d'Evandre.

La prière d'Enée au Tibre correspond à celle d'Ulysse au fleuve des Phéaciens, sur les bords duquel il est jeté par la tempête :

Κλῦθι, ἄναξ, ὅστ᾽ ἐσσί· πολύλλιστον δὲ σ᾽ ἱκάνω,
φεύγων ἐκ πόντοιο Ποσειδάωνος ἐνιπάς.
αἰδοῖος μὲν τ᾽ ἐστὶ καὶ ἀθανάτοισι θεοῖσιν
ἀνδρῶν ὅστις ἵκηται ἀλώμενος, ὡς καὶ ἐγὼ νῦν
σόν τε ῥόον, σά τε γούναθ᾽ ἱκάνω, πολλὰ μογήσας·
ἀλλ᾽ ἐλέαιρε, ἄναξ· ἱκέτης δέ τοι εὔχομαι εἶναι.

Od. V, v. 445.

*

Sic memorat, geminasque legit de classe biremes,
80 Remigioque aptat ; socios simul instruit armis.
Ecce autem subitum atque oculis mirabile monstrum :
Candida per silvam cum fœtu concolor albo
Procubuit, viridique in littore conspicitur sus.
Quam pius Æneas, tibi enim, tibi, maxima Juno,
Mactat, sacra ferens, et cum grege sistit ad aram.
Tybris eâ fluvium, quàm longa est, nocte tumentem
Leniit, et tacitâ refluens ita substitit undâ,
Mitis ut in morem stagni placidæque paludis
Sterneret æquor aquis, remo ut luctamen abesset.
90 Ergò iter inceptum celerant ; rumore secundo
Labitur uncta vadis abies ; mirantur et undæ,
Miratur nemus insuetum fulgentia longè
Scuta virûm fluvio, pictasque innare carinas.
Olli remigio noctemque diemque fatigant,
Et longos superant flexus, variisque teguntur
Arboribus, viridesque secant placido æquore silvas.

Le prodige la laie s'opère ici conformément à la tradition des Romains; il est rapporté différemment par Lycophron (*Voyez* livre III, *v.* 388.)

Le calme inopiné du Tibre correspond à celui du fleuve des Phéaciens qui s'aplanit à la prière d'Ulysse (*Od. V*, *v.* 451). Mais l'ensemble de ce passage et toute la navigation d'Enée rappellent plus particulièrement le départ de Télémaque et de Minerve pour Pylos, aux chants 2 et 3 de l'Odyssée. C'est ce voyage si plein de charme entrepris par la piété filiale sous les auspices de la sagesse, que Virgile a pris pour modèle dans le séjour d'Enée chez Evandre.

Τηλέμαχος δ' ἑτάροισιν ἐποτρύνας ἐκέλευσεν
ὅπλων ἅπτεσθαι· τοὶ δ' ὀτρύνοντος ἄκουσαν.
ἱστὸν δ' εἰλάτινον κοίλης ἔντοσθε μεσόδμης
στῆσαν ἀείραντες· κατὰ δὲ προτόνοισιν ἔδησαν,
ἕλκον δ' ἱστία λευκὰ ἐϋστρέπτοισι βοεῦσιν.
ἔπρησεν δ' ἄνεμος μέσον ἱστίον, ἀμφὶ δὲ κῦμα
στείρῃ πορφύρεον μεγάλ' ἴαχε, νηὸς ἰούσης·
ἡ δ' ἔθεεν κατὰ κῦμα διαπρήσσουσα κέλευθον.
δησάμενοι δ' ἄρα ὅπλα θοὴν ἀνὰ νῆα μέλαιναν,
στήσαντο κρητῆρας ἐπιστεφέας οἴνοιο·
λεῖβον δ' ἀθανάτοισι θεοῖς αἰειγενέτῃσιν,
ἐκ πάντων δὲ μάλιστα Διὸς γλαυκώπιδι κούρῃ.
παννυχίη μέν ῥ' ἥγε καὶ ἠῶ πεῖρε κέλευθον.

Od. II, v. 422.

II.

Sol medium cœli conscenderat igneus orbem,
Cùm muros arcemque procul, et rara domorum
Tecta vident, quæ nunc Romana potentia cœlo
100 Æquavit: tùm res inopes Evandrus habebat.
Ociùs advertunt proras, urbique propinquant.

Fortè die solemnem illo rex Arcas honorem
Amphitryoniadæ magno divisque ferebat,
Antè urbem in luco : Pallas huic filius unà,
Unà omnes juvenum primi, pauperque senatus
Thura dabant, tepidusque cruor fumabat ad aras.
Ut celsas vidêre rates, atque inter opacum
Allabi nemus, et tacitis incumbere remis :
Terrentur visu subito, cunctique relictis
110 Consurgunt mensis ; audax quos rumpere Pallas
Sacra vetat, raptoque volat telo obvius ipse,
Et procul è tumulo : « Juvenes, quæ causa subegit
Ignotas tentare vias ? quò tenditis ? inquit.
Qui genus ? undè domo ? pacemne hùc fertis an arma ? »
Tùm pater Æneas puppi sic fatur ab altâ,
Paciferæque manu ramum prætendit olivæ :
« Trojugenas ac tela vides inimica Latinis,
Quos illi bello profugos egêre superbo.
Evandrum petimus : ferte hæc, et dicite lectos
120 Dardaniæ venisse duces, socia arma rogantes. »
Obstupuit tanto perculsus nomine Pallas :
« Egredere, o quicumque es, ait, coramque parentem
Alloquere, ac nostris succede penatibus hospes. »
Excepitque manu, dextramque amplexus inhæsit.
Progressi subeunt luco, fluviumque relinquunt.

Tout ce passage est une traduction d'Homère. Télémaque arrive également au lever du soleil, les circonstances du sacrifice sont les mêmes, et l'accueil que lui fait Pisistrate, fils de Nestor, respire comme celui du jeune Pallas, l'auguste simplicité des mœurs patriarchales :

Ηελιος δ' ανόρουσε, λιπὼν περικαλλέα λίμνην,
οὐρανὸν ἐς πολύχαλκον, ἵν' ἀθανάτοισι φαείνη,
καὶ θνητοῖσι βροτοῖσιν ἐπὶ ζείδωρον ἄρουραν.

LIVRE VIII.

οἱ δὲ Πύλον, Νηλῆος ἐϋκτίμενον πτολίεθρον,
ἷξον· τοὶ δ' ἐπὶ θινὶ θαλάσσης ἱερὰ ῥέζον,
ταύρους παμμέλανας Ἐνοσίχθονι κυανοχαίτῃ.
ἐννέα δ' ἕδραι ἔσαν, πεντηκόσιοι δ' ἐν ἑκάστῃ
εἵατο, καὶ προὔχοντο ἑκάστοθι ἐννέα ταύρους.
ἔνθ' οἱ σπλάγχν' ἐπάσαντο, θεῷ δ' ἐπὶ μηρία καῖον.
οἱ δ' ἰθὺς κατάγοντο, ἰδ' ἱστία νηὸς ἐΐσης
στεῖλαν ἀείραντες, τὴν δ' ὥρμισαν· ἐκ δ' ἔβαν αὐτοί.
. . . .
ἷξον δ' ἐς Πυλίων ἀνδρῶν ἀγυρίν τε καὶ ἕδρας.
ἔνθ' ἄρα Νέστωρ ἧστο σὺν υἱάσιν· ἀμφὶ δ' ἑταῖροι
δαῖτ' ἐντυνόμενοι, κρέα ὤπτων, ἄλλα δ' ἔπειρον.
οἱ δ', ὡς οὖν ξείνους ἴδον, ἀθρόοι ἦλθον ἅπαντες,
χερσίν τ' ἠσπάζοντο, καὶ ἑδριάασθαι ἄνωγον.
πρῶτος Νεστορίδης Πεισίστρατος ἐγγύθεν ἐλθὼν
ἀμφοτέρων ἕλε χεῖρα, καὶ ἵδρυσεν παρὰ δαιτὶ
κώεσιν ἐν μαλακοῖσιν, ἐπὶ ψαμάθοις ἁλίῃσι,
πάρ τε κασιγνήτῳ Θρασυμήδεϊ καὶ πατέρι ᾧ.

Od. III, v. 1 et 31.

*

Tùm regem Æneas dictis affatur amicis :
« Optime Grajugenûm, cui me fortuna precari,
Et vittâ comptos voluit prætendere ramos,
Non equidem extimui Danaûm quòd ductor, et Arcas,
130 Quòdque à stirpe fores geminis conjunctus Atridis;
Sed mea me virtus, et sancta oracula divûm,
Cognatique patres, tua terris dedita fama,
Conjunxêre tibi, et fatis egêre volentem.
Dardanus, Iliacæ primus pater urbis et auctor,
Electrâ, ut Graii perhibent, Atlantide cretus,
Advehitur Teucros; Electram maximus Atlas
Edidit, æthereos humero qui sustinet orbes.

Vobis Mercurius pater est, quem candida Maia
Cyllenes gelido conceptum vertice fudit;
140 At Maiam, auditis si quicquam credimus, Atlas,
Idem Atlas generat, cœli qui sidera tollit.
Sic genus amborum scindit se sanguine ab uno.
His fretus, non legatos, neque prima per artem
Tentamenta tuî pepigi : me me ipse, meumque
Objeci caput, et supplex ad limina veni.
Gens eadem quæ te crudeli Daunia bello
Insequitur, nos si pellant, nihil abfore credunt,
Quin omnem Hesperiam penitùs sua sub juga mittant;
Et mare quod suprà teneant, quodque alluit infrà.
150 Accipe daque fidem : sunt nobis fortia bello
Pectora, sunt animi, et rebus spectata juventus. »

Télémaque, après avoir participé au sacrifice, expose également sa demande à Nestor, et le supplie de lui apprendre le sort de son père, en terminant sa prière par ces paroles :

Λίσσομαι, εἴποτέ τοί τι πατὴρ ἐμὸς ἐσθλὸς Ὀδυσσεύς,
ἢ ἔπος, ἠέ τι ἔργον ὑποστὰς ἐξετέλεσσε
δήμῳ ἔνι Τρώων, ὅθι πάσχετε πήματ' Ἀχαιοί,
τῶν νῦν μοι μνῆσαι, καί μοι νημερτὲς ἔνισπε.
Od. III, v. 98.

Virgile, se conformant à son sujet, a donné un autre motif à la noble confiance d'Enée. Son allégation d'une parenté réciproque entre Dardanus et Evandre rappelle celle qu'Iolas neveu d'Hercule fait à Démophon fils de Thésée dans la tragédie des *Héraclides* :

Πιτθεὺς μέν ἐστι Πέλοπος· ἐκ δὲ Πιτθέως
Αἴθρα· πατὴρ δ' ἐκ τῆσδε γεννᾶται σέθεν
Θησεύς. πάλιν δὲ τῶνδ' ἄνειμί σοι γένος·

Ἡρακλέης ἦν Ζηνὸς Ἀλκμήνης τε παῖς·
κείνη δὲ Πέλοπος θυγατρός· αὐτανεψιῶ
πατὴρ ἂν εἴη σός τε καὶ τούτων γεγώς.

Héraclides, v. 208.

*

Dixerat Æneas : ille os oculosque loquentis
Jamdudùm, et totum lustrabat lumine corpus.
Tùm sic pauca refert : « Ut te, fortissime Teucrûm,
Accipio agnoscoque libens ! ut verba parentis
Et vocem Anchisæ magni vultumque recordor !
Nam memini Hesiones visentem regna sororis
Laomedontiaden Priamum, Salamina petentem,
Protinùs Arcadiæ gelidos invisere fines.
160 Tùm mihi prima genas vestibat flore juventa ;
Mirabarque duces Teucros, mirabar et ipsum
Laomedontiaden ; sed cunctis altior ibat
Anchises : mihi mens juvenili ardebat amore
Compellare virum, et dextræ conjungere dextram.
Accessi, et cupidus Phenei sub mœnia duxi.
Ille mihi insignem pharetram Lyciasque sagittas,
Discedens, chlamydemque auro dedit intertextam,
Fræna que bina, meus quæ nunc habet, aurea, Pallas.
Ergò et quam petitis, juncta est mihi fœdere dextra ;
170 Et lux cùm primùm terris se crastina reddet,
Auxilio lætos dimittam, opibusque juvabo.
Intereà sacra hæc, quandò hùc venistis amici,
Annua, quæ differre nefas, celebrate faventes
Nobiscum, et jàm nunc sociorum assuescite mensis. »

 Virgile obligé de s'écarter d'Homère dans le discours d'Enée à Evandre, revient fidèlement à son imitation dans la réponse du vieux roi, qui correspond à celle de Nestor reconnoissant dans Télémaque le digne fils du plus sage des Grecs :

Ενθ' οὔτις ποτὲ μῆτιν ὁμοιωθήμεναι ἄντην
ἤθελ', ἐπεὶ μάλα πολλὸν ἐνίκα δῖος Ὀδυσσεὺς
παντοίοισι δόλοισι, πατὴρ τεός· εἰ ἐτεόν γε
κείνου ἔκγονός ἐσσι· σέβας μ' ἔχει εἰσορόωντα·
ἤτοι γὰρ μῦθοί γε ἐοικότες, οὐδέ κε φαίης
ἄνδρα νεώτερον ὧδε ἐοικότα μυθήσασθαι.
ἔνθ' ἤτοι εἵως μὲν ἐγὼ καὶ δῖος Ὀδυσσεὺς,
οὔτε πότ' εἰν ἀγορῇ δίχ' ἐβάζομεν, οὔτ' ἐνὶ βουλῇ,
ἀλλ' ἕνα θυμὸν ἔχοντε, νόῳ καὶ ἐπίφρονι βουλῇ
φραζόμεθ', Ἀργείοισιν ὅπως ὄχ' ἄριστα γένηται.

Od. III, v. 120.

Les premiers vers de Virgile offrent aussi beaucoup de ressemblance avec le récit d'Anténor sur l'ambassade d'Ulysse (*Il. III*, v. 205.), et encore plus avec l'entrevue de Diomède et de Glaucus (*Il. VI*, v. 212.); mais les derniers, l'invitation au sacrifice, sont une traduction littérale de ces paroles touchantes que Pisistrate adresse à Minerve cachée sous les traits de Mentor :

Εὔχεο νῦν, ὦ ξεῖνε, Ποσειδάωνι ἄνακτι·
τοῦ γὰρ καὶ δαίτης ἠντήσατε, δεῦρο μολόντες.
αὐτὰρ ἐπὴν σπείσῃς τε καὶ εὔξεαι, ᾗ θέμις ἐστί,
δὸς καὶ τούτῳ ἔπειτα δέπας μελιηδέος οἴνου
σπεῖσαι· ἐπεὶ καὶ τοῦτον ὀΐομαι ἀθανάτοισιν
εὔχεσθαι· πάντες δὲ θεῶν χατέουσ' ἄνθρωποι.

Od. III, v. 43.

★

Hæc ubi dicta dapes jubet et sublata reponi
Pocula, gramineoque viros locat ipse sedili ;
Præcipuumque toro et villosi pelle leonis
Accipit Æneam, solioque invitat acerno.

Tùm lecti juvenes certatim arœque sacerdos
180 Viscera tosta ferunt taurorum, onerantque canistris
Dona laboratæ cereris, bacchumque ministrant.
Vescitur Æneas, simul et Trojana juventus,
Perpetui tergo bovis et lustralibus extis.

C'est ainsi qu'après avoir invoqué Neptune, Minerve et Télémaque prennent part au festin :

Ὡς ἄρ' ἔπειτ' ἠρᾶτο, καὶ αὐτὴ πάντα τελεύτα·
δῶκε δὲ Τηλεμάχῳ καλὸν δέπας ἀμφικύπελλον.
ὡς δ' αὔτως ἠρᾶτο Ὀδυσσῆος φίλος υἱός·
οἱ δ' ἐπεὶ ὤπτησαν κρέ' ὑπέρτερα καὶ ἐρύσαντο,
μοίρας δασσάμενοι, δαίνυντ' ἐρικυδέα δαῖτα.

Od. III, v. 62.

Evandre, dans le texte de Virgile, donne à Enée le morceau d'honneur, comme Agamemnon à Ajax (*Il. VII, v. 321*) et Eumée à Ulysse (*Od. XIV, v. 437.*). Après le repas, Nestor raconte à Télémaque le retour désastreux des Grecs : narration intéressante pour la poésie et pour l'histoire, que Virgile a remplacée par un épisode bien supérieur encore, puisé dans les antiquités romaines, le combat d'Hercule et de Cacus. L'arrivée du fils d'Alcmène en Italie, après sa victoire sur Géryon, est fondée sur le témoignage de Tite-Live et de Denys d'Halicarnasse, qui ajoutent même qu'Evandre accueillit le héros et lui rendit le premier les honneurs divins. L'existence du brigand Cacus est également confirmée par Tite-Live. Ainsi le poëte a su baser sur des données plausibles son admirable narration qui est regardée d'un commun accord comme une des plus parfaites qui existent. Il n'en a point trouvé de modèle dans la littérature grecque; on ne peut citer en regard des vers latins que quelques passages isolés qui n'en font que mieux ressortir la supériorité.

III.

Postquam exempta fames et amor compressus edendi,
Rex Evandrus ait : « Non hæc solemnia nobis,
Has ex more dapes, hanc tanti numinis aram,
Vana superstitio veterumve ignara deorum
Imposuit : sævis, hospes Trojane, periclis
Servati facimus, meritosque novamus honores.
190 Jàm primùm saxis suspensam hanc aspice rupem :
Disjectæ procul ut moles, desertaque montis
Stat domus, et scopuli ingentem traxêre ruinam.
Hîc spelunca fuit vasto submota recessu,
Semihominis Caci facies quam dira tenebat,
Solis inaccessam radiis; semperque recenti
Cæde tepebat humus, foribusque affixa superbis
Ora virûm tristi pendebant pallida tabo.
Huic monstro Vulcanus erat pater, illius atros
Ore vomens ignes, magnâ se mole ferebat.
200 Attulit et nobis aliquandò optantibus ætas
Auxilium adventumque dei : nam maximus ultor,
Tergemini nece Geryonis spoliisque superbus,
Alcides aderat, taurosque hàc victor agebat
Ingentes, vallemque boves amnemque tenebant.
At furiis Caci mens effera, ne quid inausum
Aut intentatum scelerisve dolive fuisset,
Quatuor à stabulis præstanti corpore tauros
Avertit, totidem formâ superante juvencas;
Atque hos, ne qua forent pedibus vestigia rectis,
210 Caudâ in speluncam tractos, versisque viarum
Indiciis raptos, saxo occultabat opaco.
Quærentem nulla ad speluncam signa ferebant.

Intereà cùm jàm stabulis saturata moveret
Amphitryoniades armenta, abitumque pararet,
Discessu mugire boves, atque omne querelis
Impleri nemus, et colles clamore relinqui.
Reddidit una boum vocem, vastoque sub antro
Mugiit, et Caci spem custodita fefellit.
Hîc verò Alcidæ furiis exarserat atro
220 Felle dolor : rapit arma manu, nodisque gravatum
Robur, et aerii cursu petit ardua montis.
Tùm primùm nostri Cacum vidêre timéntem,
Turbatumque oculis : fugit ilicet ocior euro,
Speluncamque petit ; pedibus timor addidit alas.
Ut sese inclusit, ruptisque immane catenis
Dejecit saxum ferro quod et arte paternâ
Pendebat, fultosque emuniit obice postes :
Ecce furens animis aderat Tirynthius, omnemque
Accessum lustrans, hùc ora ferebat et illùc,
230 Dentibus infrendens. Ter totum fervidus irâ
Lustrat Aventini montem; ter saxea tentat
Limina nequicquam; ter fessus valle resedit.
Stabat acuta silex, præcisis undique saxis,
Speluncæ dorso insurgens, altissima visu,
Dirarum nidis domus opportuna volucrum.
Hanc, ut prona jugo lævum incumbebat ad amnem,
Dexter in adversum nitens concussit, et imis
Avulsam solvit radicibus ; indè repentè
Impulit : impulsu quo maximus insonat æther,
240 Dissultant ripæ, refluitque exterritus amnis.
At specus, et Caci detecta apparuit ingens
Regia, et umbrosæ penitùs patuêre cavernæ.
Non secùs ac si quâ penitùs vi terra dehiscens

Etudes grecq. IIIe Partie.

ÉNÉIDE.

Infernas reseret sedes, et regna recludat
Pallida, dis invisa; superque immane barathrum
Cernatur, trepidentque, immisso lumine, manes.
 Ergò insperatâ deprensum in luce repentè,
Inclusumque cavo saxo, atque insueta rudentem
Desuper Alcides telis premit, omniaque arma
250 Advocat, et ramis vastisque molaribus instat.
Ille autem, neque enim fuga jàm super ulla pericli,
Faucibus ingentem fumum, mirabile dictu,
Evomit; involvitque domum caligine cæcâ,
Prospectum eripiens oculis, glomeratque sub antro
Fumiferam noctem, commixtis igne tenebris.
Non tulit Alcides animis : seque ipse per ignem
Præcipiti injecit saltu, quà plurimus undam
Fumus agit, nebulâque ingens specus æstuat atrâ.
Hîc Cacum in tenebris incendia vana vomentem
260 Corripit in nodum complexus, et angit inhærens
Elisos oculos et siccum sanguine guttur.
Panditur extemplò foribus domus atra revulsis;
Abstractæque boves, abjuratæque rapinæ
Cœlo ostenduntur; pedibusque informe cadaver
Protrahitur : nequeunt expleri corda tuendo
Terribiles oculos, vultum, villosaque setis
Pectora semiferi, atque exstinctos faucibus ignes.
 Ex illo celebratus honos, lætique minores
Servavêre diem; primusque Potitius auctor,
270 Et domus Herculei custos Pinaria sacri,
Hanc aram luco statuit, quæ maxima semper
Dicetur nobis, et erit quæ maxima semper.
Quarè agite, o juvenes, tantarum in munere laudum,
Cingite fronde comas, et pocula porgite dextris,
Communemque vocate deum, et date vina volentes. »

Cette belle composition est une de celles qui appartiennent le plus essentiellement à Virgile. Les réminiscences qu'on y remarque sont fondues avec tant d'art dans le sujet qu'elles ne nuisent nulle part à l'inspiration poétique, et ne font apprécier que mieux la perfection du style. Le repaire de Cacus est l'antre de Polyphème peint sous de plus vives couleurs, (*Od.IX*, *v.* 182 *et* 240). La ruse qu'il emploie pour cacher son larcin rappelle celle de Mercure dérobant les bœufs d'Apollon, dans un des hymnes attribués à Homère.

Ἔνθα θεῶν μακάρων βόες ἄμβροτοι αὖλιν ἔχεσκον,
βοσκόμεναι λειμῶνας ἀκηρασίους, ἐρατεινούς.
τῶν τότε Μαιάδος υἱός, εὔσκοπος Ἀργειφόντης,
πεντήκοντ' ἀγέλης ἀπετάμνετο βοῦς ἐριμύκους·
πλανοδίας δ' ἤλαυνε διὰ ψαμαθώδεα χῶρον,
ἴχνι' ἀποστρέψας· δολίης δ' οὐ λήθετο τέχνης·
ἀντία ποιήσας ὁπλὰς τὰς πρόσθεν ὄπισθεν,
τὰς δ' ὄπιθεν πρόσθεν, κατὰ δ' ἔμπαλιν αὐτὸς ἔβαινεν.

H. à Mercure, v. 71.

La fureur d'Hercule poursuivant le brigand est celle qui l'anime au 1er. chant des Argonautiques, lorsqu'un de ses compagnons lui apprend la perte d'Hylas :

Ὡς φάτο· τῷ δ' ἀΐοντι κατὰ κροτάφων ἅλις ἱδρὼς,
κήκιεν, ἐν δὲ κελαινὸν ὑπὸ σπλάγχνοις ζέεν αἷμα·
χωόμενος δ' ἐλάτην χαμάδις βάλεν, ἐς δὲ κέλευθον
τὴν θέεν, ᾗ πόδες αὐτὸν ὑπέκφερον ἀΐσσοντα.
ὡς δ' ὅτε τίς τε μύωπι τετυμμένος ἔσσυτο ταῦρος,
πίσεά τε προλιπὼν καὶ ἑλεσπίδας, οὐδὲ νομήων
οὐδ' ἀγέλης ὄθεται, πρήσσει δ' ὁδὸν, ἄλλοτ' ἄπαυστος,
ἄλλοτε δ' ἱστάμενος, καὶ ἀνὰ πλατὺν αὐχέν' ἀείρων
ἵησι μύκημα, κακῷ βεβολημένος οἴστρῳ·

ὡς ὅγε μαιμώων, ὁτὲ μὲν θοὰ γούνατ᾽ ἔπαλλε
συνεχέως, ὁτὲ δ᾽ αὖτε μεταλήγων καμάτοιο
τῆλε διαπρύσιον μεγάλῃ βοάασκεν ἀϋτῇ.
Argon. I, v. 1261.

La rupture de l'antre, assimilé au Tartare, est tirée du combat des dieux :

Ἔδδεισεν δ᾽ ὑπένερθεν ἄναξ ἐνέρων Ἀϊδωνεύς,
δείσας δ᾽ ἐκ θρόνου ἆλτο, καὶ ἴαχε, μή οἱ ὕπερθεν
γαῖαν ἀναῤῥήξειε Ποσειδάων ἐνοσίχθων,
οἰκία δὲ θνητοῖσι καὶ ἀθανάτοισι φανείη
σμερδαλέ᾽, εὐρώεντα, τάτε στυγέουσι θεοί περ.
Il. XX, v. 61.

Le reste de la description n'a point de modèle ; mais on peut en rapprocher pour la pompe des images la lutte d'Achille contre le Xanthe, au 21ᵐᵉ. chant de l'Iliade. Ces deux chefs-d'œuvre, malgré la différence des localités, présentent même une analogie assez marquée. L'intrépidité d'Achille s'élançant dans le fleuve, le bouillonnement des vagues irritées, ce peuplier déraciné qui détache dans sa chute une partie du rivage, rappellent le rocher soulevé par Hercule, les torrents de fumée que vomit son ennemi, l'élan qui l'entraîne dans la caverne, et la victoire qui couronne ses efforts :

Ἦ, καὶ Ἀχιλλεὺς μὲν δουρικλυτὸς ἔνθορε μέσσῳ,
κρημνοῦ ἀπαΐξας· ὁ δ᾽ ἐπέσσυτο, οἴδματι θύων·
πάντα δ᾽ ὄρινε ῥέεθρα κυκώμενος· ὦσε δὲ νεκροὺς
πολλούς, οἵ ῥα κατ᾽ αὐτὸν ἅλις ἔσαν, οὓς κτάν᾽ Ἀχιλλεύς·
τοὺς ἔκβαλλε θύραζε, μεμυκὼς ἠΰτε ταῦρος,
χέρσονδε· ζωοὺς δὲ σάω κατὰ καλὰ ῥέεθρα,
κρύπτων ἐν δίνῃσι βαθείῃσιν μεγάλῃσιν.
δεινὸν δ᾽ ἀμφ᾽ Ἀχιλῆα κυκώμενον ἵστατο κῦμα,
ὤθει δ᾽ ἐν σάκεϊ πίπτων ῥόος· οὐδὲ πόδεσσιν

LIVRE VIII.

εἶχε στηρίξασθαι· ὁ δὲ πτελέην ἕλε χερσὶν
εὐφυέα, μεγάλην· ἡ δ' ἐκ ῥιζῶν ἐριποῦσα,
κρημνὸν ἅπαντα διῶσεν, ἐπέσχε δὲ καλὰ ῥέεθρα
ὄζοισιν πυκινοῖσι· γεφύρωσεν δέ μιν αὐτόν,
εἴσω πᾶσ' ἐριποῦσ'· ὁ δ' ἄρ' ἐκ δίνης ἀνορούσας,
ἤϊξεν πεδίοιο ποσὶ κραιπνοῖσι πέτεσθαι,
δείσας. οὐδέ τ' ἔληγε μέγας θεός, ὦρτο δ' ἐπ' αὐτὸν
ἀκροκελαινιόων, ἵνα μιν παύσειε πόνοιο
δῖον Ἀχιλλῆα, Τρώεσσι δὲ λοιγὸν ἀλάλκοι.
Πηλείδης δ' ἀπόρουσεν, ὅσον τ' ἐπὶ δουρὸς ἐρωή,
αἰετοῦ οἴματ' ἔχων μέλανος, τοῦ θηρητῆρος,
ὅσθ' ἅμα κάρτιστός τε καὶ ὤκιστος πετεηνῶν·
τῷ εἰκὼς ἤϊξεν· ἐπὶ στήθεσσι δὲ χαλκὸς
σμερδαλέον κονάβιζεν· ὕπαιθα δὲ τοῖο λιασθεὶς
φεῦγ', ὁ δ' ὄπισθε ῥέων ἕπετο μεγάλῳ ὀρυμαγδῷ.

IL. XXI, v. 233.

Les deux principales imitations de Virgile sont le combat d'Hercule et d'Achéloüs dans Ovide (*Métam. IX*, *v.* 8), et celui d'Hercule et d'Antée dans Lucain (*Pharsale*, ch. *IV*, *v.* 593). La mort de Cacus est également rapportée par Ovide et Properce (*Fastes*, ch. *I*, *v.* 543) (*Liv. IV*, élégie 10.)

★

Dixerat, Herculeâ bicolor cùm populus umbrâ
Velavitque comas, foliisque innexa pependit;
Et sacer implevit dextram scyphus : ociùs omnes
In mensam læti libant, divosque precantur.
280 Devexo intereâ propior fit vesper Olympo :
Jamque sacerdotes, primusque Potitius, ibant
Pellibus in morem cincti, flammasque ferebant.
Instaurant epulas, et mensæ grata secundæ
Dona ferunt, cumulantque oneratis lancibus aras.

Tùm Salii ad cantus, incensa altaria circùm,
Populeis adsunt evincti tempora ramis.
Hic juvenum chorus, ille senum ; qui carmine laudes
Herculeas et facta ferunt. Ut prima novercæ
Monstra manu, geminosque premens eliserit angues ;
290 Ut bello egregias idem disjecerit urbes,
Trojamque, OEchaliamque ; ut duros mille labores
Rege sub Eurystheo, fatis Junonis iniquæ,
Pertulerit : « Tu nubigenas, invicte, bimembres,
Hylæumque, Pholumque manu ; tu Cressia mactas
Prodigia, et vastum Nemeâ sub rupe leonem ;
Te Stygii tremuêre lacus, te janitor Orci,
Ossa super recubans antro semesa cruento ;
Nec te ullæ facies, non terruit ipse Typhœus,
Arduus, arma tenens ; non te rationis egentem
300 Lernæus turbâ capitum circumstetit anguis.
Salve, vera Jovis proles, decus addite divis ;
Et nos, et tua dexter adi pede sacra secundo !»
Talia carminibus celebrant ; super omnia Caci
Speluncam adjiciunt, spirantemque ignibus ipsum.
Consonat omne nemus strepitu, collesque resultant.

Après avoir décrit l'origine de l'autel d'Hercule situé dans l'enceinte de Rome près du mont Aventin, et les rites observés par les deux familles préposées au culte du dieu, Virgile entonne ses louanges dans un dithyrambe plein de verve et d'éclat, comparable aux plus belles odes de l'antiquité. On attribue communément à Homère un hymne adressé à Hercule qui, sans avoir l'enthousiasme des vers latins, présente la même marche et la même conclusion :

Ἡρακλέα, Διὸς υἱὸν, ἀείσομαι, ὃν μέγ' ἄριστον
γείνατ' ἐπιχθονίων Θήβης ἔνι καλλιχόροισιν
Ἀλκμήνη, μιχθεῖσα κελαινεφέϊ Κρονίωνι·

LIVRE VIII.

ὃς πρὶν μὲν κατὰ γαῖαν ἀθέσφατον ἠδὲ θάλασσαν
πλαζόμενος, πομπῆσιν ὑπ' Εὐρυσθῆος ἄνακτος,
πολλὰ μὲν αὐτὸς ἔρεξεν ἀτάσθαλα, πολλὰ δ' ἀνέτλη·
νῦν δ' ἤδη κατὰ καλὸν ἕδος νιφόεντος Ὀλύμπου
ναίει τερπόμενος, καὶ ἔχει καλλίσφυρον Ἥβην.
χαῖρε ἄναξ, Διὸς υἱέ, δίδου δ' ἀρετήν τε καὶ ὄλβον.

H. à Hercule.

Les travaux d'Hercule, si brillamment esquissés par Virgile, sont énumérés dans la dernière scène des *Trachiniennes* de Sophocle, où le héros mourant considère ses bras invincibles, consumés par le venin de Nessus :

Ὑμεῖς ἐκεῖνοι δὴ καθέσταθ', οἵ ποτε
Νεμέας ἔνοικον, βουκόλων ἀλάστορα,
λέοντ', ἄπλαστον θρέμμα κἀπροσήγορον,
βίᾳ κατειργάσασθε, Λερναίαν θ' ὕδραν,
διφυῆ τ' ἄμικτον ἱπποβάμονα στρατὸν
θηρῶν, ὑβριστὴν, ἄνομον, ὑπέροχον βίαν,
Ἐρυμάνθιόν τε θῆρα, τόν θ' ὑπὸ χθονὸς
Ἅιδου τρίκρανον σκύλακ', ἀπροσμάχον τέρας,
δεινῆς Ἐχίδνης θρέμμα, τόν τε χρυσέων
δράκοντα μήλων φύλακ' ἐπ' ἐσχάτοις τόποις;

Trachiniennes, v. 1093.

On trouve des récits plus circonstanciés des mêmes exploits dans Euripide (*Hercule furieux*, v. 347), et dans Quintus de Smyrne (*Paralipomènes*, ch. *VI*).

IV.

Exin se cuncti divinis rebus ad urbem
Perfectis referunt. Ibat rex obsitus ævo,
Et comitem Ænean juxtà natumque tenebat
Ingrediens, varioque viam sermone levabat.

310 Miratur, facilesque oculos fert omnia circùm
Æneas, capiturque locis, et singula lætus
Exquiritque auditque virûm monumenta priorum.
Tùm rex Evandrus, Romanæ conditor arcis :
« Hæc nemora indigenæ fauni, nymphæque tenebant,
Gensque virûm truncis et duro robore nata,
Queis neque mos, neque cultus erat; nec jungere tauros,
Aut componere opes nôrant, aut parcere parto ;
Sed rami, atque asper victu venatus alebat.
Primus ab æthereo venit Saturnus Olympo,
320 Arma Jovis fugiens, et regnis exul ademptis.
Is genus indocile ac dispersum montibus altis
Composuit, legesque dedit, Latiumque vocari
Maluit, his quoniam latuisset tutus in oris.
Aurea, quæ perhibent, illo sub rege fuerunt
Secula : sic placidâ populos in pace regebat ;
Deterior donec paulatim ac decolor ætas,
Et belli rabies, et amor successit habendi.
Tùm manus Ausonia, et gentes venêre Sicanæ;
Sæpiùs et nomen posuit Saturnia tellus.
330 Tùm reges, asperque immani corpore Tybris ;
A quo post Itali fluvium cognomine Tybrim
Diximus : amisit verum vetus Albula nomen.
Me pulsum patriâ, pelagique extrema sequentem,
Fortuna omnipotens et ineluctabile fatum
His posuêre locis, matrisque egêre tremenda
Carmentis nymphæ monita, et deus auctor Apollo. »

Le poëte profite de la manière la plus ingénieuse du séjour d'Enée chez Evandre pour décrire à ses contemporains l'état primitif de la campagne de Rome. Il la suppose d'abord peuplée par des divinités champêtres et par une race d'hommes sortis du tronc des arbres ; allusion fabuleuse aux habitations des peuples sauvages dans le creux des rochers et au fond des forêts. On retrouve des traces de cette opinion dans la demande de Pénélope à Ulysse :

Ἀλλὰ καὶ ὥς μοι εἰπὲ τεὸν γένος, ὁππόθεν ἐσσί·
οὐ γὰρ ἀπὸ δρυός ἐσσι παλαιφάτου, οὐδ' ἀπὸ πέτρης.
OD. XIX, v. 162.

Après avoir peint les mœurs de ces tribus grossières d'après le tableau de Lucrèce (*ch. V, v.* 951.), Virgile rappelle l'arrivée de Saturne en Italie, et le règne de l'âge d'or, célébré par Hésiode :

Χρύσεον μὲν πρώτιστα γένος μερόπων ἀνθρώπων
ἀθάνατοι ποίησαν Ὀλύμπια δώματ' ἔχοντες,
οἱ μὲν ἐπὶ Κρόνου ἦσαν, ὅτ' οὐρανῷ ἐμβασίλευεν·
ὥς τε θεοὶ δ' ἔζωον, ἀκηδέα θυμὸν ἔχοντες.
Œuvres et Jours, v. 109.

Il place ensuite le siècle des conquêtes, qui correspond a l'âge d'airain du même poëte :

Ζεὺς δὲ πατὴρ τρίτον ἄλλο γένος μερόπων ἀνθρώπων
χάλκειον ποίησ', οὐκ ἀργυρῷ οὐδὲν ὁμοῖον,
ἐκ μελιᾶν, δεινόν τε καὶ ὄμβριμον· οἷσιν Ἄρηος
ἔργ' ἔμελε στονόεντα καὶ ὕβριες· οὐδέ τι σίτον
ἤσθιον, ἀλλ' ἀδάμαντος ἔχον κρατερόφρονα θυμὸν.
Œuvres et Jours, v. 142.

Virgile rattache à cette époque les migrations des Ausoniens et des Sicules, mêlant ainsi aux fictions de la mythologie les documents historiques conservés par Denys d'Halicarnasse qui fait successivement aborder en Italie, les Sicules, les Aborigènes ou Ausoniens, les Œnotriens, les Pélasges, les Tyrrhéniens et la colonie d'Evandre. Le roi Tybris, qui donna son nom au Tibre, est placé par l'historien grec parmi les rois d'Albe successeurs d'Enée.

*

ÉNÉIDE.

Vix ea dicta, dehinc progressus, monstrat et aram,
Et Carmentalem Romano nomine portam,
Quam memorant nymphæ priscum Carmentis hono-
340 Vatis fatidicæ, cecinit quæ prima futuros   [rem,
Æneadas magnos, et nobile Pallanteum.
Hinc lucum ingentem, quem Romulus acer Asylum
Rettulit, et gelidâ monstrat sub rupe Lupercal,
Parrhasio dictum Panos de more Lycæi.
Necnon et sacri monstrat nemus Argileti,
Testaturque locum, et lethum docet hospitis Argi.
Hinc ad Tarpeiam sedem et Capitolia ducit,
Aurea nunc, olim silvestribus horrida dumis.
Jàm tùm relligio pavidos terrebat agrestes
350 Dira loci, jàm tùm silvam saxumque tremebant.
« Hoc nemus, hunc, inquit, frondoso vertice collem,
Quis deus, incèrtum est, habitat deus : Arcades ipsum
Credunt se vidisse Jovem, cùm sæpè nigrantem
Ægida concuteret dextrâ, nimbosque cieret.
Hæc duo prætereà disjectis oppida muris,
Relliquias veterumque vides monumenta virorum.
Hanc Janus pater, hanc Saturnus condidit urbem;
Janiculum huic, illi fuerat Saturnia nomen. »
Talibus inter se dictis ad tecta subibant
360 Pauperis Evandri, passimque armenta videbant
Romanoque foro et lautis mugire Carinis.
Ut ventum ad sedes : « Hæc, inquit, limina victor
Alcides subiit, hæc illum regia cepit.
Aude, hospes, contemnere opes, et te quoque dignum
Finge deo, rebusque veni non asper egenis. »
Dixit, et angusti subter fastigia tecti
Ingentem Æneam duxit, stratisque locavit
Effultum foliis et pelle Libystidis ursæ.

Virgile montre ici aux Romains du siècle d'Auguste des monuments conservés de leur temps : l'autel et la porte de Carmente mère d'Evandre, l'asyle de Romulus, la caverne du Lupercal sous le mont Palatin, le quartier d'Argilète qui s'étendoit le long du Tibre, et enfin ce brillant Capitole dont il a su, par une image sublime, faire déjà le séjour de Jupiter. Il représente le dieu armé de son égide, comme au 17me. chant de l'Iliade, où son seul aspect met en fuite l'armée grecque,

Καὶ τότ᾽ ἄρα Κρονίδης ἕλετ᾽ αἰγίδα θυσσανόεσσαν,
μαρμαρέην· Ἴδην δὲ κατὰ νεφέεσσι κάλυψεν,
ἀστράψας δὲ, μάλα μεγάλ᾽ ἔκτυπε, τὴν δ᾽ ἐτίναξεν·
νίκην δὲ Τρώεσσι δίδου, ἐφόβησε δ᾽ Ἀχαιούς.

Il. XVII, v. 593.

Près de là sont les ruines de Saturnia, et en face celles de Janicule ; au dessous s'étend un pâturage qui fut depuis l'emplacement du Forum et du somptueux quartier des Carènes, entre les Esquilies et le mont Cœlius. Ce rapprochement de la simplicité antique avec la majesté de la reine de l'univers avait également frappé tous les contemporains de Virgile, car on voit les mêmes idées exprimées à la même époque par Tibulle (*Liv. II, éleg.* 5.), Properce (*Liv. IV, éleg.* 1.) et Ovide (*Fastes, ch. I, v.* 475.)

L'entrée d'Enée dans la demeure d'Evandre est une imitation ennoblie de la réception d'Ulysse chez Eumée (*Od. XIV, v.* 45.) Milton a profité des beaux vers de Virgile, dans l'accueil de l'ange Raphaël par Adam (*Paradis, ch. V, v.* 358), et Klopstock, dans le repas de Cléophas (*Messiad, ch. XIV, v.* 739.)

Le poëte élève maintenant ses regards vers l'Olympe, et nous montre Vénus demandant à Vulcain un bouclier céleste pour Enée. Cette fiction se compose de deux épisodes de l'Iliade : l'entrevue de Jupiter et de Junon sur l'Ida, et celle de Thétis et de Vulcain.

V.

Nox ruit, et fuscis tellurem amplectitur alis.
370 At Venus haud animo nequicquam exterrita mater
Laurentumque minis et duro mota tumultu,
Vulcanum alloquitur, thalamoque hæc conjugis aureo
Incipit, et dictis divinum aspirat amorem :
« Dum bello Argolici vastabant Pergama reges
Debita, casurasque inimicis ignibus arces,
Non ullum auxilium miseris, non arma rogavi
Artis opisque tuæ ; nec te, carissime conjux,
Incassumve tuos volui exercere labores :
Quamvis et Priami deberem plurima natis,
380 Et durum Æneæ flevissem sæpè laborem.
Nunc Jovis imperiis Rutulorum constitit oris :
Ergò eadem supplex venio, et sanctum mihi numen
Arma rogo, genitrix nato. Te filia Nerei,
Te potuit lacrymis Tithonia flectere conjux.
Aspice qui coëant populi, quæ mœnia clausis
Ferrum acuant portis in me excidiumque meorum. »

L'arrivée de Thétis au palais de Vulcain et sa réception hospitalière sont décrites par Homère avec cette imposante simplicité qui caractérise toutes ses compositions (*Il. XVIII,
v.* 380.) On n'en trouve que de faibles traces dans l'imitation latine, dont on ne peut nier l'infériorité. La prière de Vénus est contenue dans ces paroles de Thétis :

Τὸν δ' ἠμείβετ' ἔπειτα Θέτις κατὰ δάκρυ χέουσα·
« Ἥφαιστ', ἦ ἄρα δή τις, ὅσαι θεαί εἰσ' ἐν Ὀλύμπῳ,
τοσσάδ' ἐνὶ φρεσὶν ᾗσιν ἀνέσχετο κήδεα λυγρά,
ὅσσ' ἐμοὶ ἐκ πασέων Κρονίδης Ζεὺς ἄλγε' ἔδωκεν;
. . . .

υἱὸν ἐπεί μοι δῶκε γενέσθαι τε, τραφέμεν τε,
ἔξοχον ἡρώων· ὁ δ' ἀνέδραμεν ἔρνεϊ ἶσος·
τὸν μὲν ἐγὼ θρέψασα, φυτὸν ὡς γουνῷ ἀλωῆς,
νηυσὶν ἐπιπροέηκα κορωνίσιν Ἴλιον εἴσω,
Τρωσὶ μαχησόμενον· τὸν δ' οὐχ ὑποδέξομαι αὖτις,
οἴκαδε νοστήσαντα, δόμον Πηλήϊον εἴσω.
ὄφρα δέ μοι ζώει καὶ ὁρᾷ φάος ἠελίοιο,
ἄχνυται, οὐδέ τί οἱ δύναμαι χραισμῆσαι ἰοῦσα.
. . . .
τοὔνεκα νῦν τὰ σὰ γούναθ' ἱκάνομαι, αἴ κ' ἐθέλησθα,
υἱεῖ ἐμ' ὠκυμόρῳ δόμεν ἀσπίδα καὶ τρυφάλειαν,
καὶ καλὰς κνημῖδας, ἐπισφυρίοις ἀραρυίας,
καὶ θώρηχ'· ὃ γὰρ ἦν οἱ, ἀπώλεσε πιστὸς ἑταῖρος,
Τρωσὶ δαμείς· ὁ δὲ κεῖται ἐπὶ χθονὶ θυμὸν ἀχεύων.

Il. XVIII, v. 428, 436 et 457.

*

Dixerat, et niveis hinc atque hinc diva lacertis
Cunctantem amplexu molli fovet : ille repentè
Accepit solitam flammam, notusque medullas
390 Intravit calor, et labefacta per ossa cucurrit :
Non secùs atque olim tonitru cùm rupta corusco
Ignea rima micans percurrit lumine nimbos.
Sensit læta dolis et formæ conscia conjux.
Tùm pater æterno fatur devinctus amore :
« Quid causas petis ex alto ? fiducia cessit
Quò tibi, diva, meî ? similis si cura fuisset,
Tùm quoque fas nobis Teucros armare fuisset ;
Nec Pater omnipotens Trojam, nec fata vetabant
Stare, decemque alios Priamum superesse pèr annos.
400 Et nunc, si bellare paras, atque hæc tibi mens est,
Quicquid in arte meâ possum promittere curæ,

Quod fieri ferro liquidove potest electro,
Quantùm ignes animæque valent ; absiste, precando,
Viribus indubitare tuis. » Ea verba locutus,
Optatos dedit amplexus, placidumque petivit
Conjugis infusus gremio per membra soporem.

Les premiers vers rappellent l'arrivée de Junon au sommet de l'Ida, dans l'épisode du 14ᵐᵉ. chant :

Ἥρη δὲ κραιπνῶς προσεβήσετο Γάργαρον ἄκρον
Ἴδης ὑψηλῆς· ἴδε δὲ νεφεληγερέτα Ζεύς.
ὡς δ' ἴδεν, ὥς μιν ἔρως πυκινὰς φρένας ἀμφεκάλυψεν.
Il. XIV, v. 292.

Virgile a donné plus de développement à ce passage, mais malgré tout le charme de son style, il n'a pas égalé la séduisante peinture de Mars et de Vénus, dans l'invocation de Lucrèce :

Nam tu sola potes tranquillâ pace juvare
Mortales : quoniam belli fera munera Mavors
Armipotens regit, in gremium qui sæpè tuum se
Rejicit, æterno devinctus vulnere amoris ;
Atque ita suspiciens tereti cervice reposta
Pascit amore avidos inhians in te, dea, visus,
Eque tuo pendet resupini spiritus ore.
Poëme de la Nature, livre *I*, *v.* 32.

Milton est le seul peut-être qui ait surpassé la délicatesse de ces vers, dans les amours d'Adam et d'Eve (*Paradis*, ch. *VIII*, *v.* 510). La réponse de Vulcain à Vénus est celle qu'il fait à Thétis dans Homère :

Τὴν δ' ἠμείβετ' ἔπειτα περικλυτὸς Ἀμφιγυήεις·
« Θάρσει, μή τοι ταῦτα μετὰ φρεσὶ σῇσι μελόντων,
αἲ γάρ μιν θανάτοιο δυσηχέος ὧδε δυναίμην

νόσφιν ἀποκρύψαι, ὅτε μιν μόρος αἰνὸς ἱκάνοι·
ὣς οἱ τεύχεα καλὰ παρέσσεται, οἷά τις αὖτε
ἀνθρώπων πολέων θαυμάσσεται, ὅς κεν ἴδηται.

Il. XVIII, v. 462.

*

  Indè, ubi prima quies medio jàm noctis abactæ
Curriculo expulerat somnum : cùm fœmina primùm,
Cui tolerare colo vitam tenuique minervâ
410 Impositum, cinerem et sopitos suscitat ignes,
 Noctem addens operi, famulasque ad lumina longo
Exercet penso, castum ut servare cubile
Conjugis, et possit parvos educere natos :
Haud secùs Ignipotens, nec tempore segnior illo,
Mollibus è stratis opera ad fabrilia surgit.

L'auteur de l'Iliade a employé cette touchante comparaison, consacrée, dit-on, au souvenir de sa mère, pour peindre l'égale résistance des Grecs et des Troyens :

Ἀλλ' οὐδ' ὣς ἐδύναντο φόβον ποιῆσαι Ἀχαιῶν·
ἀλλ' ἔχον, ὥστε τάλαντα γυνὴ χερνῆτις ἀληθής,
ἥτε σταθμὸν ἔχουσα καὶ εἴριον, ἀμφὶς ἀνέλκει
ἰσάζουσ', ἵνα παισὶν ἀεικέα μισθὸν ἄρηται.

Il. XII, v. 432.

Mais Virgile doit plus particulièrement la sienne à l'auteur des Argonautiques, qui en a appliqué deux semblables à l'amour et aux craintes de Médée :

Ὡς δὲ γυνὴ μαλερῷ περὶ κάρφεα χεύατο δαλῷ
χερνῆτις, τῇπερ ταλασήϊα ἔργα μέμηλεν,
ὥς κεν ὑπωρόφιον νύκτωρ σέλας ἐντύναιτο,

ἄγχι μάλ' ἐγρομένη· τὸ δ' ἀθέσφατον ἐξ ὀλίγοιο
δαλοῦ ἀνερχόμενον σὺν κάρφεα πάντ' ἀμαθύνει·
τοῖος ὑπὸ κραδίῃ εἰλυμένος αἴθετο λάθρῃ
οὖλος ἔρως.

Argon. III, v. 291.

Οἷον ὅτε κλωστῆρα γυνὴ ταλαεργὸς ἑλίσσει
ἐννυχίη· τὴν δ' ἀμφὶ κινύρεται ὀρφανὰ τέκνα
χηροσύνῃ πόσιος· σταλάει δ' ὑπὸ δάκρυ παρειὰς
μνωομένης, οἵη μιν ἐπὶ σμυγερὴ λάβεν αἶσα·
ὣς τῆς ἰκμαίνοντο παρηΐδες· ἐν δέ οἱ ἦτορ
ὀξείης εἰλεῖτο πεπαρμένον ἀμφ' ὀδύνῃσι.

Argon. IV, v. 1062.

*

 Insula Sicanium juxtâ latus, Æoliamque
Erigitur Liparen, fumantibus ardua saxis;
Quam subter specus et Cyclopum exesa caminis
Antra Ætnæa tonant, validique incudibus ictus
420 Auditi referunt gemitum, striduntque cavernis
Stricturæ chalybum, et fornacibus ignis anhelat:
Vulcani domus, et Vulcania nomine tellus.
Hùc tunc Ignipotens cœlo descendit ab alto.
Ferrum exercebant vasto Cyclopes in antro,
Brontesque, Steropesque, et nudus membra Pyracmon.
His informatum manibus jàm parte politâ
Fulmen erat, toto Genitor quæ plurima cœlo
Dejicit in terras; pars imperfecta manebat.
Tres imbris torti radios, tres nubis aquosæ
430 Addiderant, rutili tres ignis et alitis austri.
 Fulgores nunc terrificos, sonitumque, metumque
Miscebant operi, flammisque sequacibus iras.

Parte aliâ Marti currumque rotasque volucres
Instabant, quibus ille viros, quibus excitat urbes.
Ægidaque horriferam, turbatæ Palladis arma,
Certatim squamis serpentum auroque polibant,
Connexosque angues, ipsamque in pectore divæ
Gorgona, desecto vertentem lumina collo.
« Tollite cuncta, inquit, cœptosque auferte labores,
440 Ætnæi Cyclopes, et huc advertite mentem.
Arma acri facienda viro : nunc viribus usus,
Nunc manibus rapidis, omni nunc arte magistrâ;
Præcipitate moras. » Nec plura effatus : at illi
Ociùs incubuêre omnes, pariterque laborem
Sortiti : fluit æs rivis, aurique metallum,
Vulnificusque chalybs vastâ fornace liquescit.
Ingentem clypeum informant, unum omnia contrà
Tela Latinorum ; septenosque orbibus orbes
Impediunt : alii ventosis follibus auras
450 Accipiunt redduntque ; alii stridentia tingunt
Æra lacu : gemit impositis incudibus antrum.
Illi inter sese multâ vi brachia tollunt
In numerum, versantque tenaci forcipe massam.

La première partie de cette description est traduite presque littéralement de Callimaque, qui représente Diane et ses nymphes se rendant aux forges de Vulcain, placées déjà par les poëtes de son temps dans les Héphestiades ou îles de Lipari.

Αὖθι δὲ Κύκλωπας μετεκίαθε· τοὺς μὲν ἔτετμε
νήσῳ ἐνὶ Λιπάρῃ (Λιπάρη νέον, ἀλλὰ τότ' ἔσκεν
οὔνομά οἱ Μελιγουνίς) ἐπ' ἄκμοσιν Ἡφαίστοιο
ἑσταότας περὶ μύδρον· ἐπείγετο γὰρ μέγα ἔργον,
ἱππείην τετύκοντο Ποσειδάωνι ποτίστρην.
αἱ νύμφαι δ' ἔδδεισαν ὅπως ἴδον αἰνὰ πέλωρα

πρηόσιν Ὀσσείοισιν ἐοικότα· πᾶσι δ᾽ ὑπ᾽ ὀφρὺι
φάεα μουνόγληνα σάκει ἴσα τετραβοείῳ
δεινὸν ὑπογλαύσοντα· καὶ ὁππότε δοῦπον ἄκουσαν
ἄκμονος ἠχήσαντος, ἐπεὶ μέγα πουλύ τ᾽ ἄημα
φυσάων, αὐτῶν τε βαρὺν στόνον. αὖε γὰρ Αἴτνη,
αὖε δὲ Τρινακρίη, Σικανῶν ἕδος, αὖε δὲ γείτων
Ἰταλίη· μεγάλην δὲ βοὴν ἐπὶ Κύρνος ἀϋτεῖ·
εὖθ᾽ οἵγε ῥαιστῆρας ἀειράμενοι ὑπὲρ ὤμων,
ἢ χαλκὸν ζείοντα καμινόθεν, ἠὲ σίδηρον,
ἀμβολαδὶς τετύποντες, ἐπὶ μέγα μοχθήσειαν.

H. à Diane, v. 46.

Voici le texte primitif d'Homère, qui diffère essentiellement des deux imitations :

Ἡφαίστου δ᾽ ἵκανε δόμον Θέτις ἀργυρόπεζα,
ἄφθιτον, ἀστερόεντα, μεταπρεπέ᾽ ἀθανάτοισιν,
χάλκεον, ὃν ῥ᾽ αὐτὸς ποιήσατο Κυλλοποδίων.
τὸν δ᾽ εὗρ᾽ ἱδρώοντα, ἑλισσόμενον περὶ φύσας,
σπεύδοντα· τρίποδας γὰρ ἐείκοσι πάντας ἔτευχεν,
ἑστάμεναι περὶ τοῖχον ἐϋσταθέος μεγάροιο·
χρύσεα δέ σφ᾽ ὑπὸ κύκλα ἑκάστῳ πυθμένι θῆκεν,
ὄφρα οἱ αὐτόματοι θεῖον δυσαίατ᾽ ἀγῶνα,
ἠδ᾽ αὖτις πρὸς δῶμα νεοίατο, θαῦμα ἰδέσθαι.
οἱ δ᾽ ἤτοι τόσσον μὲν ἔχον τέλος, οὔατα δ᾽ οὔπω
δαιδάλεα προσέκειτο· τά ῥ᾽ ἤρτυε, κόπτε δὲ δεσμούς.

Il. XVIII, v. 369.

Homère place, comme on le voit, le palais de Vulcain dans l'Olympe, quoiqu'au 1ᵉʳ. chant de l'Iliade (*v.* 593) il fasse mention de sa chute à Lemnos, qui est devenue son séjour chez les tragiques grecs, avant que les poëtes d'Alexandrie et de Rome n'aient rapproché ses forges de l'Etna. Il ne lui donne pas non plus l'assistance des Cyclopes, mais il fait servir par des statues animées (*Il. XVIII, v.* 417.) C'est Hésiode

qui donne le premier les noms des compagnons de Vulcain
(*Théogonie*, v. 139). C'est peut-être aussi au même auteur
que Virgile a dû l'heureuse idée de substituer le foudre de
Jupiter aux trépieds d'Homère et au bassin de Callimaque.
Cependant il avoit été précédé ici par Apollonius, qui trace la
même peinture sur le manteau de Jason :

Ἐν μὲν ἔσαν Κύκλωπες ἐπ' ἀφθίτῳ ἥμενοι ἔργῳ,
Ζηνὶ κεραυνὸν ἄνακτι πονεύμενοι, ὃς τόσον ἤδη
παμφαίνων ἐτέτυκτο, μιῆς δ' ἔτι δεύετο μοῦνον
ἀκτίνος, τὴν οἵγε σιδηρείης ἐλάασκον
σφύρῃσιν, μαλεροῖο πυρὸς ζείουσαν ἀϋτμῇ.

Argon. I, v. 730.

Le char de Mars que Virgile indique ensuite, a été décrit
par Hésiode (*Bouclier d'Hercule*, v. 61.) La peinture de
l'égide de Minerve est tirée de ces vers d'Homère :

Ἀμφὶ δ' ἄρ' ὤμοισιν βάλετ' αἰγίδα θυσσανόεσσαν,
δεινήν, ἣν περὶ μὲν πάντη φόβος ἐστεφάνωται·
ἐν δ' Ἔρις, ἐν δ' Ἀλκή, ἐν δὲ κρυόεσσα Ἰωκή·
ἐν δέ τε Γοργείη κεφαλὴ, δεινοῖο πελώρου,
δεινή τε σμερδνή τε, Διὸς τέρας αἰγιόχοιο.

Il. V, v. 738.

Quant à la seconde partie de la description latine, re-
présentant le moment du travail, elle correspond au passage
d'Homère où Vulcain forge le bouclier. Mais au lieu de l'en-
tourer de Cyclopes comme ont fait Callimaque et Virgile, et
de le réduire ainsi à l'état d'un simple artisan, Homère, par
une conception beaucoup plus noble, montre le dieu du feu
occupé seul à son céleste ouvrage, tandis que tous ses instru-
ments obéissent d'eux-mêmes à sa voix :

Ὣς εἰπὼν, τὴν μὲν λίπεν αὐτοῦ, βῆ δ' ἐπὶ φύσας·
τὰς δ' ἐς πῦρ ἔτρεψε, κέλευσέ τε ἐργάζεσθαι.
φῦσαι δ' ἐν χοάνοισιν ἐείκοσι πᾶσαι ἐφύσων,

παντοίην εὔπρηστον αὖτμὴν ἐξανιεῖσαι,
ἄλλοτε μὲν σπεύδοντι παρέμμεναι, ἄλλοτε δ᾽ αὖτε,
ὅππως Ἥφαιστός τ᾽ ἐθέλοι, καὶ ἔργον ἄνοιτο.
χαλκὸν δ᾽ ἐν πυρὶ βάλλεν ἀτειρέα, κασσίτερόν τε,
καὶ χρυσὸν τιμῆντα, καὶ ἄργυρον· αὐτὰρ ἔπειτα
θῆκεν ἐν ἀκμοθέτῳ μέγαν ἄκμονα· γέντο δὲ χειρὶ
ῥαιστῆρα κρατερήν, ἑτέρηφι δὲ γέντο πυράγρην.
ποίει δὲ πρώτιστα σάκος μέγα τε, στιβαρόν τε,
πάντοσε δαιδάλλων, περὶ δ᾽ ἄντυγα βάλλε φαεινήν,
τρίπλακα, μαρμαρέην, ἐκ δ᾽ ἀργύρεον τελαμῶνα.
πέντε δ᾽ ἄρ᾽ αὐτοῦ ἔσαν σάκεος πτύχες· αὐτὰρ ἐν αὐτῷ
ποίει δαίδαλα πολλὰ ἰδυίῃσι πραπίδεσσιν.

Il. XVIII, v. 468.

VI.

Hæc pater Æoliis properat dùm Lemnius oris,
Evandrum ex humili tecto lux suscitat alma,
Et matutini volucrum sub culmine cantus.
Consurgit senior, tunicâque inducitur artus,
Et Tyrrhena pedum circumdat vincula plantis;
Tùm lateri atque humeris Tegeæum subligat ensem
460 Demissa ab lævâ pantheræ terga retorquens.
Nec non et gemini custodes limine ab alto
Procedunt, gressumque canes comitantur herilem.
Hospitis Æneæ sedem et secreta petebat,
Sermonum memor et promissi muneris heros.
Nec minùs Æneas se matutinus agebat:
Filius huic Pallas, olli comes ibat Achates.
Congressi jungunt dextras, mediisque resident
Ædibus, et licito tandem sermone fruuntur.

Avant de suivre Homère dans la peinture du bouclier, le poëte nous ramène un instant sous le toit rustique d'Evandre pour être témoins de ses sages entretiens. Le costume du vieux roi rappelle celui d'Agamemnon (*Il. X, v.* 21), mais son réveil et celui de son hôte offre plus de rapport avec le réveil de Nestor et de Télémaque dans la scène patriarchale de l'Odyssée dont nous avons transcrit le commencement :

Ἠμος δ' ἠριγένεια φάνη ῥοδοδάκτυλος ἠώς,
ὤρνυτ' ἄρ' ἐξ εὐνῆφι γερήνιος ἱππότα Νέστωρ·
ἐκ δ' ἐλθὼν, κατ' ἄρ' ἕζετ' ἐπὶ ξεστοῖσι λίθοισιν,
οἵ οἱ ἔσαν προπάροιθε θυράων ὑψηλάων,
λευκοί, ἀποστίλβοντες ἀλείφατος· οἷς ἐπὶ μὲν πρὶν
Νηλεὺς ἵζεσκεν, θεόφιν μήστωρ ἀτάλαντος·
ἀλλ' ὁ μὲν ἤδη κηρὶ δαμεὶς ἀϊδόσδε βεβήκει.
Νέστωρ αὖ τότ' ἔφιζε γερήνιος, οὖρος Ἀχαιῶν,
σκῆπτρον ἔχων· περὶ δ' υἷες ἀολλέες ἠγερέθοντο·
. . . .
πὰρ δ' ἄρα Τηλέμαχον θεοείκελον εἶσαν ἄγοντες.

Od. III, v. 404 et 416.

Télémaque se rendant à l'assemblée du peuple, au 2me. chant de l'Odyssée, est accompagné de deux chiens, comme Evandre :

Βῆ ῥ' ἴμεν εἰς ἀγορὴν, παλάμῃ δ' ἔχε χάλκεον ἔγχος,
οὐκ οἶος· ἅμα τῷγε δύω κύνες ἀργοὶ ἕποντο.

Od. II, v. 9.

*

Rex prior hæc :

470 « Maxime Teucrorum ductor, quo sospite nunquam
Res equidem Trojæ victas aut regna fatebor,
Nobis ad belli auxilium pro nomine tanto
Exiguæ vires : hinc Tusco claudimur amni,
Hinc Rutulus premit, et murum circumsonat armis.

Sed tibi ego ingentes populos opulentaque regnis
Jungere castra paro, quam fors inopina salutem
Ostentat : satis hùc te poscentibus affers.
Haud procul hinc saxo colitur fundata vetusto
Urbis Agyllinæ sedes, ubi Lydia quondam
480 Gens, bello præclara, jugis insedit Etruscis.
Hanc multos florentem annos rex deindè superbo
Imperio et sævis tenuit Mezentius armis.
Quid memorem infandas cædes? quid facta tyranni
Effera? Dî capiti ipsius generique reservent.
Mortua quin etiam jungebat corpora vivis,
Componens manibusque manus atque oribus ora,
Tormenti genus! et sanie taboque fluentes
Complexu in misero longâ sic morte necabat.
At fessi tandem cives infanda furentem
490 Armati circumsistunt ipsumque, domumque;
Obtruncant socios, ignem ad fastigia jactant.
Ille inter cædes, Rutulorum elapsus in agros
Confugere, et Turni defendier hospitis armis.
Ergò omnis furiis surrexit Etruria justis ;
Regem ad supplicium præsenti marte reposcunt.
His ego te, Ænea, ductorem millibus addam :
Toto namque fremunt condensæ littore puppes,
Signaque ferre jubent. Retinet longævus aruspex,
Fata canens : « O Mæoniæ delecta juventus,
500 Flos veterum virtusque virùm, quos justus in hostem
Fert dolor, et meritâ accendit Mezentius irâ,
Nulli fas Italo tantam subjungere gentem :
Externos optate duces. » Tùm Etrusca resedit
Hoc acies campo, monitis exterrita divûm.
Ipse oratores ad me regnique coronam
Cum sceptro misit, mandatque insignia Tarcho,

Succedam castris, Tyrrhenaque regna capessam.
Sed mihi tarda gelu seclisque effœta senectus
Invidet imperium, seræque ad fortia vires.
510 Natum exhortarer, ni mixtus matre Sabellâ
Hinc partem patriæ traheret. Tu, cujus et annis
Et generi fatum indulget, quem numina poscunt,
Ingredere, o Teucrûm atque Italûm fortissime ductor.
Hunc tibi præstereà, spes et solatia nostri,
Pallanta adjungam : sub te tolerare magistro
Militiam et grave Martis opus, tua cernere facta
Assuescat, primis et te miretur ab annis.
Arcadas huic equites bis centum, robora pubis
Lecta, dabo ; totidemque suo tibi nomine Pallas. »

Les détails qu'Evandre donne ici à Enée reposent sur un fondement historique. Mézence, un des douze rois d'Etrurie, fit la guerre aux Troyens de concert avec Turnus, selon Tite-Live, ou trois ans après sa mort, selon Denys d'Halicarnasse. Les historiens ne parlent point de son exil; mais le nom de Tarchon, fils de Télèphe, qui lui succéda au trône, est célèbre dans les antiquités latines : on attribue à ce prince la fondation de Tarquinie, et Lycophron introduit dans son poëme, Ulysse, Tarchon et son frère Tyrrhénus accueillant Enée en Etrurie :

Πάλιν πλανήτην δέξεται Τυρσηνία
Λυγκεύς τε θερμὸν ῥεῖθρον ἐκβράσσων ποτῶν,
καὶ Πῖσ', Ἀγγύλλης θ' αἱ πολύρρηνοι νάπαι.
σὺν δέ σφι μίξει φίλιον ἐχθρὸς ὢν στρατὸν,
ὅρκοις κρατήσας καὶ λιταῖς γουνασμάτων,
Νάνος πλάναισι πάντ' ἐρευνήσας μυχὸν
ἁλός τε καὶ γῆς. σὺν δὲ δίπτυχοι τόκοι
Μυσῶν ἄνακτος, οὓς ποτ' οἰκουρὸς δόρυ

γνάμψει ϑέοινος, γυῖα συνδήσας λύγοις,
Τάρχων τε καὶ Τυρσηνὸς αἴϑωνες λύκοι
τῶν Ἡρακλείων ἐκγεγῶτες αἱμάτων.
Cassandre, v. 1239.

La conclusion du discours d'Evandre correspond aux paroles de Nestor offrant à Télémaque son fils Pisistrate pour l'accompagner à la cour de Ménélas :

Ἀλλ' ἴϑι νῦν σὺν νηΐ τε σῇ καὶ σοῖς ἑτάροισιν·
εἰ δ' ἐθέλεις πεζὸς, πάρα τοι δίφρος τε καὶ ἵπποι,
πὰρ δέ τοι υἷες ἐμοὶ, οἵ τοι πομπῆες ἔσονται,
ἐς Λακεδαίμονα δῖαν, ὅϑι ξανϑὸς Μενέλαος.
Od. III, v. 323.

Dans le poëme d'Apollonius, Lycus, roi des Mariandyniens, fait la même offre aux Argonautes :

Τῷ νῦν ἥντιν' ἐγὼ τίσαι χάριν ἄρκιος εἰμί,
τίσω προφρονέως· ἢ γὰρ ϑέμις ἠπεδανοῖσιν
ἀνδράσιν, εὖτ' ἄρξωσιν ἀρείονες ἄλλοι ὀφέλλειν.
ξυνῇ μὲν πάντεσσιν ὁμόστολον ὕμμιν ἕπεσϑαι
Δάσκυλον ὀτρυνέω, ἐμὸν υἱέα· τοῖο δ' ἰόντος,
ἦτ' ἂν εὐξείνοισι διαμπερὲς ἀντιάοιτε
ἀνδράσιν, ὄφρ' αὐτοῖο ποτὶ στόμα Θερμώδοντος.
Argon. II, v. 799.

★

520 Vix ea fatus erat : defixique ora tenebant
     Æneas Anchisiades et fidus Achates,
     Multaque dura suo tristi cum corde putabant;
     Ni signum cœlo Cytherea dedisset aperto.
     Namque improviso vibratus ab æthere fulgor

Cum sonitu venit, et ruere omnia visa repentè,
Tyrrhenusque tubæ mugire per æthera clangor.
Suspiciunt : iterùm atque iterùm fragor intonat ingens ;
Arma inter nubem, cœli in regione serenâ,
Per sudum rutilare vident, et pulsa tonare.
530 Obstupuêre animis alii : sed Troïus heros
Agnovit sonitum, et divæ promissa parentis.
Tùm memorat. « Ne verò, hospes, ne quære profectò
Quem casum portenta ferant : ego poscor Olympo.
Hoc signum cecinit missuram diva creatrix,
Si bellum ingrueret, Vulcaniaque arma per auras
Laturam auxilio.
Heu quantæ miseris cædes Laurentibus instant !
Quas pœnas mihi, Turne, dabis ! quàm multa sub undas
Scuta virûm, galeasque, et fortia corpora volves,
540 Tybri pater ! poscant acies, et fœdera rumpant. »
Hæc ubi dicta dedit, solio se tollit ab alto ;
Et primùm Herculeis sopitas ignibus aras
Excitat, hesternumque larem, parvosque penates
Lætus adit ; mactant lectas de more bidentes
Evandrus pariter, pariter Trojana juventus.
Posthinc ad naves graditur, sociosque revisit.
Quorum de numero, qui sese in bella sequantur,
Præstantes virtute legit ; pars cætera pronâ
Fertur aquâ, segnisque secundo defluit amni,
550 Nuntia ventura Ascanio rerumque patrisque.
Dantur equi Teucris Tyrrhena petentibus arva ;
Ducunt exsortem Æneæ, quem fulva leonis
Pellis obit totum, præfulgens unguibus aureis.

Ce prodige, heureusement imaginé pour sanctionner les promesses d'Evandre et préparer l'apparition de Vénus, rappelle ceux qui présagèrent la mort de César (*Géorgiques*, *liv. I, v. 474.*) Au 11ᵐᵉ. chant de l'Iliade, Jupiter annonce par une pluie de sang les désastres prêts à fondre sur les deux armées :

Ἱππῆες δ᾽ ὀλίγον μετεκίαθον· ἐν δὲ κυδοιμὸν
ὦρσε κακὸν Κρονίδης, κατὰ δ᾽ ὑψόθεν ἧκεν ἐέρσας
αἵματι μυδαλέας ἐξ αἰθέρος, οὕνεκ᾽ ἔμελλεν
πολλὰς ἰφθίμους κεφαλὰς ἄϊδι προϊάψειν.

Iʟ. XI, v. 52.

On reconnoît dans la réponse d'Enée ces paroles d'Achille à Iris :

Μήτηρ δ᾽ οὔ με φίλη πρίν γ᾽ εἴα θωρήσσεσθαι,
πρίν γ᾽ αὐτὴν ἐλθοῦσαν ἐν ὀφθαλμοῖσιν ἴδωμαι·
στεῦτο γὰρ Ἡφαίστοιο πάρ᾽ οἰσέμεν ἔντεα καλά.

Iʟ. XVIII, v. 189.

Et ces vers sur le Simoïs, (déjà traduits au 1ᵉʳ. livre, v. 100.)

Καὶ Σιμόεις, ὅθι πολλὰ βοάγρια καὶ τρυφάλειαι
κάππεσον ἐν κονίῃσι, καὶ ἡμιθέων γένος ἀνδρῶν.

Iʟ. XII. v. 22.

*

    Fama volat parvam subitò vulgata per urbem,
Ociùs ire equites Tyrrheni ad limina regis.
Vota metu duplicant matres, propiùsque periclo
It timor, et major martis jàm apparet imago.
Tùm pater Evandrus, dextram complexus euntis,
Hæret inexpletum lacrymans, ac talia fatur :
560« O mihi præteritos referat si Jupiter annos !
Qualis eram, cùm primam aciem Præneste sub ipsâ
Stravi, scutorumque incendi victor acervos;
Et regem hâc Herilum dextrâ sub tartara misi :

Nascenti cui tres animas Feronia mater,
Horrendum dictu ! dederat, terna arma movenda ;
Ter letho sternendus erat : cui tunc tamen omnes
Abstulit hæc animas dextra, et totidem exuit armis.
Non ego nunc dulci amplexu divellerer usquam,
Nate, tuo ; neque finitimus Mezentius unquam,
570Huic capiti insultans, tot ferro sæva dedisset
Funera, tàm multis viduâsset civibus urbem.
At vos, o superi, et divûm tu maxime rector
Jupiter, Arcadii, quæso, miserescite regis,
Et patrias audite preces. Si numina vestra
Incolumem Pallanta mihi, si fata reservant ;
Si visurus eum vivo, et venturus in unum :
Vitam oro, patiar quemvis durare laborem.
Sin aliquem infandum casum, fortuna, minaris,
Nunc o, nunc liceat crudelem abrumpere vitam,
580Dùm curæ ambiguæ, dùm spes incerta futuri ;
Dùm te, care puer, mea sera et sola voluptas,
Complexu teneo : gravior ne nuntius aures
Vulneret. » Hæc genitor digressu dicta supremo
Fundebat ; famuli collapsum in tecta ferebant.

Rien de plus touchant que ces adieux d'Evandre et ses tristes pressentiments sur son fils. Les regrets qu'il donne à son ancienne vigueur rappellent les paroles de Nestor aux chefs grecs qui craignoient de combattre Hector :

Αἲ γὰρ, Ζεῦ τε πάτερ καὶ Ἀθηναίη καὶ Ἀπόλλον !
ἡϐῶμ', ὡς ὅτ' ἐπ' ὠκυρόῳ Κελάδοντι μάχοντο
ἀγρόμενοι Πύλιοί τε καὶ Ἀρκάδες ἐγχεσίμωροι,
Φειᾶς πὰρ τείχεσσιν, Ἰαρδάνου ἀμφὶ ῥέεθρα.
τοῖσι δ' Ἐρευθαλίων πρόμος ἵστατο, ἰσόθεος φώς,

τεύχε' ἔχων ὤμοισιν Ἀρηϊθόοιο ἄνακτος,
δίου Ἀρηϊθόου, τὸν ἐπίκλησιν κορυνήτην
ἄνδρες κίκλησκον, καλλίζωνοί τε γυναῖκες,
οὕνεκ' ἄρ' οὐ τόξοισι μαχέσκετο, δουρί τε μακρῷ,
ἀλλὰ σιδηρείῃ κορύνῃ ῥήγνυσκε φάλαγγας.
. . . .
τοῦ ὅγε τεύχε' ἔχων, προκαλίζετο πάντας ἀρίστους.
οἱ δὲ μάλ' ἐτρόμεον καὶ ἐδείδισαν, οὐδέ τις ἔτλη·
ἀλλ' ἐμὲ θυμὸς ἀνῆκε πολυτλήμων πολεμίζειν
θάρσεϊ ᾧ· γενεῇ δὲ νεώτατος ἔσκον ἁπάντων·
καὶ μαχόμην οἱ ἐγώ, δῶκεν δέ μοι εὖχος Ἀθήνη.
τὸν δὴ μήκιστον καὶ κάρτιστον κτάνον ἄνδρα·
πολλὸς γάρ τις ἔκειτο παρήορος ἔνθα καὶ ἔνθα.
εἴθ' ὡς ἡβώοιμι, βίη δέ μοι ἔμπεδος εἴη·
τῷ κε τάχ' ἀντήσειε μάχης κορυθαίολος Ἕκτωρ.
IL. VII, v. 132 et 150.

Nestor et Laërte expriment encore les mêmes sentiments, (*Il. XI*, *v*. 670; *XXIII*, *v*. 626.) (*Od. XXIV*, *v*. 374.) reproduits par le Tasse dans le défi de Raymond, (*Jérusalem*, ch. *VII*, *st*. 63.) Quant à la seconde partie du discours d'Évandre, son admirable invocation à Jupiter, on ne peut la comparer qu'à la prière d'Achille sur Patrocle:

Ζεῦ ἄνα, Δωδωναῖε, Πελασγικέ, τηλόθι ναίων,
Δωδώνης μεδέων δυσχειμέρου· ἀμφὶ δὲ Σελλοὶ
σοὶ ναίουσ' ὑποφῆται ἀνιπτόποδες, χαμαιεῦναι·
ἠ μὲν δή ποτ' ἐμὸν ἔπος ἔκλυες εὐξαμένοιο,
τίμησας μὲν ἐμέ, μέγα δ' ἴψαο λαὸν Ἀχαιῶν·
ἠδ' ἔτι καὶ νῦν μοι τόδ' ἐπικρήηνον ἐέλδωρ·
αὐτὸς μὲν γὰρ ἐγὼ μενέω νηῶν ἐν ἀγῶνι,
ἀλλ' ἕταρον πέμπω, πολέσιν μετὰ Μυρμιδόνεσσιν,
μάρνασθαι· τῷ κῦδος ἅμα πρόες, εὐρύοπα Ζεῦ.
θάρσυνον δέ οἱ ἦτορ ἐνὶ φρεσίν, ὄφρα καὶ Ἕκτωρ

εἴσεται, ἤ ῥα καὶ οἷος ἐπίστηται πολεμίζειν
ἡμέτερος θεράπων, ἤ οἱ τότε χεῖρες ἄαπτοι
μαίνονθ', ὁππότ' ἐγώ περ ἴω μετὰ μῶλον Ἄρηος.
αὐτὰρ ἐπεί κ' ἀπὸ ναῦφι μάχην ἐνοπήν τε δίηται,
ἀσκηθής μοι ἔπειτα θοὰς ἐπὶ νῆας ἵκοιτο,
τεύχεσί τε ξὺν πᾶσι καὶ ἀγχεμάχοις ἑτάροισιν.
Il. XVI, v. 233.

Les dernières paroles du vieillard, qui peignent toute la vivacité de l'amour paternel, rappellent ce vœu de Priam partant pour la tente d'Achille :

. . . . εἰ δέ μοι αἶσα
τεθνάμεναι παρὰ νηυσὶν Ἀχαιῶν χαλκοχιτώνων,
βούλομαι· αὐτίκα γάρ με κατακτείνειεν Ἀχιλλεύς,
ἀγκὰς ἑλόντ' ἐμὸν υἱόν, ἐπὴν γόου ἐξ ἔρον εἴην.
Il. XXIV, v. 224.

Catulle avoit tracé avant Virgile, mais avec moins de perfection, les adieux d'Egée à Thésée :

Nate, mihi longâ jucundior unice vitâ,
Nate, ego quem in dubios cogor dimittere casus,
Reddite in extremæ nuper mihi fine senectæ :
Quandoquidem fortuna mea, ac tua fervida virtus
Eripit invito mihi te, cui languida nondùm
Lumina sunt nati carâ saturata figurâ :
Non ego te gaudens lætanti pectore mittam,
Nec te ferre sinam fortunæ signa secundæ.
Sed primùm multas expromam mente querelas,
Canitiem terrâ, atque infuso pulvere fœdans ;
Indè infecta vago suspendam lintea malo,
Nostros ut luctus, nostræque incendia mentis
Carbasus obscurâ dicat ferrugine Iberâ.
Thétis et Pélée, v. 215.

*

Jamque adeò exierat portis equitatus apertis :
Æneas inter primos et fidus Achates ;
Indè alii Trojæ proceres ; ipse agmine Pallas
In medio, chlamyde et pictis conspectus in armis :
Qualis ubi Oceani perfusus Lucifer undâ,
590Quem Venus antè alios astrorum diligit ignes,
Extulit os sacrum cœlo, tenebrasque resolvit.
Stant pavidæ in muris matres, oculisque sequuntur
Pulveream nubem et fulgentes ære catervas.
Olli per dumos, quà proxima meta viarum,
Armati tendunt : it clamor, et, agmine facto,
Quadrupedante putrem sonitu quatit ungula campum.
 Est ingens gelidum lucus propè Cæritis amnem,
Relligione patrum latè sacer : undique colles
Inclusêre cavi, et nigrâ nemus abjete cingunt.
600Silvano fama est veteres sacrâsse Pelasgos,
Arvorum pecorisque deo, lucumque diemque,
Qui primi fines aliquandò habuêre Latinos.
Haud procul hinc Tarcho et Tyrrheni tuta tenebant
Castra locis, celsoque omnis de colle videri
Jàm poterat legio, et latis tendebat in arvis.
Hùc pater Æneas et bello lecta juventus
Succedunt, fessique et equos et corpora curant.

Après avoir envoyé ses vaisseaux à Ascagne, Enée se rend à l'armée tyrrhénienne accompagné d'Achate et de Pallas. La peinture gracieuse du jeune guerrier est calquée sur celle de Diomède :

Δαῖέ οἱ ἐκ κόρυθός τε καὶ ἀσπίδος ἀκάματον πῦρ,
ἀστέρ' ὀπωρινῷ ἐναλίγκιον, ὅστε μάλιστα
λαμπρὸν παμφαίνῃσι, λελουμένος ὠκεανοῖο.
IL. V, v. 4.

Les craintes et les prières des femmes Arcadiennes rappellent celles des mères des Argonautes, à la nouvelle de leur départ :

Ὡς φάσαν ἔνθα καὶ ἔνθα κατὰ πτόλιν· αἱ δὲ γυναῖκες
πολλὰ μάλ' ἀθανάτοισιν ἐς αἰθέρα χεῖρας ἄειρον,
εὐχόμεναι νόστοιο τέλος θυμηδὲς ὀπάσσαι.

Argon. I, v. 247.

Le vers imitatif exprimant le bruit des chevaux se trouve dans Ennius et dans Homère :

It eques, et plausu cava concutit ungula terram.
Annales, liv. XVII.

Ἵππων μ' ὠκυπόδων ἀμφὶ κτύπος οὔατα βάλλει.
Il. X, v. 535.

La description du bois de Céré ou d'Agylle, près de la rivière du même nom (auj. *Vacina*), s'accorde avec les vers de Lycophron que nous avons transcrits plus haut. C'est dans ce bois consacré à Silvain par les Pélasges de Thessalie, premiers fondateurs de la ville, que Vénus apparoît à son fils, comme Thétis à Achille au 19me. chant de l'Iliade, pour lui remettre le bouclier céleste.

~~~~~

VII.

At Venus æthereos inter dea candida nimbos
   Dona ferens aderat ; natumque in valle reductâ
610 Ut procul egelido secretum flumine vidit,
   Talibus affata est dictis, seque obtulit ultro :
« En, perfecta mei promissâ conjugis arte
   Munera : ne mox aut Laurentes, nate, superbos,
Aut acrem dubites in prælia poscere Turnum. »

Dixit et amplexus nati Cytherea petivit ;
Arma sub adversâ posuit radiantia quercu.
Ille deæ donis et tanto lætus honore,
Expleri nequit, atque oculos per singula volvit;
Miraturque, interque manus et brachia versat
620 Terribilem cristis galeam flammasque vomentem,
Fatiferumque ensem, loricam ex ære rigentem,
Sanguineam, ingentem : qualis cùm cœrula nubes
Solis inardescit radiis, longèque refulget ;
Tùm leves ocreas electro auroque recocto,
Hastamque, et clypei non enarrabile textum.

Virgile peint d'abord Vénus apportant à Enée les armes immortelles ; Homère commence par décrire le travail de Vulcain, et place au commencement du chant suivant l'apparition de Thétis à Achille. A cette transposition près, les textes des deux poëtes sont les mêmes, et les vingt premiers vers latins ne sont presque qu'une traduction d'Homère :

Αὐτὰρ ἐπειδὴ τεῦξε σάκος μέγα τε στιβαρόν τε,
τεῦξ᾽ ἄρα οἱ θώρηκα, φαεινότερον πυρὸς αὐγῆς·
τεῦξε δέ οἱ κόρυθα βριαρὴν, κροτάφοις ἀραρυῖαν,
καλὴν, δαιδαλέην· ἐπὶ δὲ χρυσέον λόφον ἧκεν·
τεῦξε δέ οἱ κνημῖδας ἑανοῦ κασσιτέροιο.
αὐτὰρ ἐπεὶ πάνθ᾽ ὅπλα κάμε κλυτὸς Ἀμφιγυήεις,
μητρὸς Ἀχιλλῆος θῆκε προπάροιθεν ἀείρας·
ἥδ᾽, ἴρηξ ὡς, ἆλτο κατ᾽ Οὐλύμπου νιφόεντος,
τεύχεα μαρμαίροντα παρ᾽ Ἡφαίστοιο φέρουσα.

Ἠὼς μὲν κροκόπεπλος ἀπ᾽ ὠκεανοῖο ῥοάων
ὤρνυθ᾽, ἵν᾽ ἀθανάτοισι φόως φέροι ἠδὲ βροτοῖσιν·
ἡ δ᾽ ἐς νῆας ἵκανε, θεοῦ πάρα δῶρα φέρουσα.
εὗρε δὲ Πατρόκλῳ περικείμενον ὃν φίλον υἱόν,
κλαίοντα λιγέως· πολέες δ᾽ ἀμφ᾽ αὐτὸν ἑταῖροι

μύρονθ'. ἡ δ' ἐν τοῖσι παρίστατο δῖα θεάων,
ἔν τ' ἄρα οἱ φῦ χειρί, ἔπος τ' ἔφατ', ἐκ τ' ὀνόμαζεν·
« Τέκνον ἐμόν, τοῦτον μὲν ἐάσομεν, ἀχνύμενοί περ,
κεῖσθαι, ἐπειδὴ πρῶτα θεῶν ἰότητι δαμάσθη·
τύνη δ' Ἡφαίστοιο πάρα κλυτὰ τεύχεα δέξο,
καλὰ μάλ', οἷ' οὔπω τις ἀνὴρ ὤμοισι φόρησεν. »
Ὣς ἄρα φωνήσασα θεὰ κατὰ τεύχε' ἔθηκεν
πρόσθεν Ἀχιλλῆος· τὰ δ' ἀνέβραχε δαίδαλα πάντα.
Μυρμιδόνας δ' ἄρα πάντας ἕλε τρόμος, οὐδέ τις ἔτλη
ἄντην εἰσιδέειν, ἀλλ' ἔτρεσαν. αὐτὰρ Ἀχιλλεὺς
ὡς εἶδ', ὥς μιν μᾶλλον ἔδυ χόλος· ἐν δέ οἱ ὄσσε
δεινὸν ὑπὸ βλεφάρων, ὡσεὶ σέλας, ἐξεφάανθεν·
τέρπετο δ' ἐν χείρεσσιν ἔχων θεοῦ ἀγλαὰ δῶρα.

IL. XVIII, v. 609, et XIX, v. 1.

Après avoir rendu toute l'élégance, mais non toute l'énergie de ces vers, Virgile commence la description du *Bouclier d'Énée*, qui correspond à celui d'Achille, au 18me. chant de l'Iliade. Ici le poëte a eu l'avantage de lutter contre son modèle sans s'astreindre à une servile imitation. Le bouclier d'Achille, composition admirable pour le temps où elle a été conçue, présente sous les couleurs de la plus riante poésie la première aurore de la civilisation, les arts de la paix et de la guerre, les travaux de l'agriculture et de la vie pastorale. Ces images devoient être pleines de charme pour des peuples à peine sortis de l'enfance; elles consacroient leurs plus chers souvenirs, et leur donnoient, au milieu des combats, des leçons d'humanité et de sagesse. Mais cet intérêt eût été nul pour les Romains, parvenus au plus haut degré de splendeur, et accoutumés par leurs longs succès à toutes les jouissances du luxe et du pouvoir. Ils ne pouvoient être émus que par le tableau de leurs triomphes, et c'est celui-là que le poëte a choisi pour en orner l'armure d'Énée, le rendant, par cette noble allégorie, dépositaire de la gloire de son peuple. On trouve le premier germe de cette idée dans le bouclier d'Hercule décrit par Hésiode, au commencement

Études grecq. IIIe Partie.

du combat d'Hercule et de Cycnus. Cette vaste composition, imitée en grande partie d'Homère, contient d'ailleurs plusieurs peintures originales particulièrement adaptées à l'histoire du héros, et présentées avec tant d'art qu'elles peuvent soutenir le parallèle avec celles du bouclier d'Achille. Forcés de renoncer au plaisir de transcrire ici ces morceaux dont l'étendue passe les bornes de notre ouvrage, nous allons en donner une analyse qui facilitera la lecture des deux textes :

Le bouclier d'Achille (*Il. XVIII, v.* 478 à 608.) se compose d'un disque central entouré de douze rayons, dont six sont consacrés aux occupations de la ville, et six aux travaux de la campagne.

Au centre on voit la terre et la mer, le ciel et toutes les constellations.

Le premier rayon représente une noce, le second une assemblée du peuple, le troisième un conseil de magistrats.

Les trois suivants peignent des scènes guerrières : une ville assiégée, une embuscade, un combat.

Le septième représente le labourage, le huitième la moisson, le neuvième les vendanges.

Dans les derniers on voit un troupeau attaqué par deux lions, une bergerie, et la danse des Crétois. Le cercle entier a l'Océan pour bordure.

Le bouclier d'Hercule (*Hésiode, v.* 139 à 321.) a pour tableau central une hydre à douze têtes, entourée de tous les monstres infernaux, de la discorde, de l'horreur, de l'épouvante et de la mort. Les compartiments circulaires sont beaucoup moins réguliers que ceux du bouclier d'Achille ; cependant on peut en distinguer neuf principaux, dont voici les arguments :

Le premier rayon représente des lions s'élançant sur des sangliers ; le second le combat des Centaures et des Lapithes commandés par Mars et par Minerve.

Le troisième montre l'assemblée des dieux attentive aux chants d'Apollon ; le quatrième un port où se jouent des dauphins.

Le cinquième, le plus beau de tous, représente Persée suspendu dans les airs, tenant en main la tête de Méduse, et poursuivi par les Gorgones.

Les quatre derniers sont consacrés aux scènes de la guerre et de la paix. Dans l'un, on voit une ville assiégée devant laquelle se livre un combat : les Parques enlèvent les morts et les mourants, et la Douleur contemple le carnage ; dans l'autre, une ville florissante où l'on entend les chants de l'hyménée, les chœurs des sacrifices, les danses et les concerts. Le huitième peint une campagne fertile dont les habitants s'occupent du labourage, de la moisson, de la vendange et de la chasse ; le neuvième des athlètes s'exerçant à la course des chars. La circonférence du bouclier est également formée par l'Océan.

L'idée féconde d'Homère et d'Hésiode a produit une foule d'imitations. Eschyle en a profité le premier dans la pompeuse description de l'armure des sept chefs (tragédie des *Sept Chefs devant Thèbes*, *v.* 375.) Euripide, après avoir refait le bouclier d'Achille, a orné de tableaux allégoriques le péristyle du temple de Delphes (*Electre*, *v.* 455.) ; (*Ion*, *v.* 186.) Apollonius de Rhodes a dessiné sur le manteau de Jason, les Cyclopes forgeant un foudre à Jupiter, Thèbes s'élevant aux sons de la lyre d'Amphion, Vénus appuyée sur le bouclier de Mars, le combat d'Electryon contre les Taphiens, la victoire de Pélops sur Œnomaüs, Apollon perçant Tityé, et Phryxus fuyant sur son bélier. (*Argon. I*, *v.* 721.). Théocrite et Moschus ont suivi la même marche dans des sujets d'une moindre importance : l'un a décrit avec élégance la coupe d'un berger sicilien (*Idylle I*, *v.* 27), l'autre la corbeille d'Europe (*Idylle II*, *v.* 37.) Enfin peu de temps avant Virgile, Catulle a peint l'histoire d'Ariane dans la salle de noces de Thétis. (*v.* 47). Mais aucune de ces imitations n'égale le *Bouclier d'Enée*, qu'on ne peut comparer pour la grandeur des images qu'à ses deux modèles primitifs.

★

Illic res Italas, Romanorumque triumphos,
Haud vatum ignarus venturique inscius ævi,
Fecerat Ignipotens : illic genus omne futuræ
Stirpis ab Ascanio, pugnataque in ordine bella.
630 Fecerat et viridi fœtam Mavortis in antro
Procubuisse lupam : geminos huic ubera circùm
Ludere pendentes pueros, et lambere matrem
Impavidos : illam tereti cervice reflexam
Mulcere alternos, et corpora fingere linguâ.
Nec procul hinc Romam, et raptas sine more Sabinas
Consessu caveæ, magnis circensibus actis,
Addiderat ; subitòque novum consurgere bellum
Romulidis, Tatioque seni, Curibusque severis.
Post iidem, inter se posito certamine, reges
640 Armati, Jovis antè aram, paterasque tenentes
Stabant, et cæsâ jungebant fœdera porcâ.
Haud procul indè citæ Metium in diversa quadrigæ
Distulerant, (at tu dictis, Albane, maneres!)
Raptabatque viri mendacis viscera Tullus
Per silvam, et sparsi rorabant sanguine vepres.
Nec non Tarquinium ejectum Porsenna jubebat
Accipere, ingentique urbem obsidione premebat ;
Æneadæ in ferrum pro libertate ruebant.
Illum indignanti similem, similemque minanti
650 Aspiceres, pontem auderet quòd vellere Cocles,
Et fluvium vinclis innaret Clœlia ruptis.
  In summo custos Tarpeiæ Manlius arcis
Stabat pro templo, et Capitolia celsa tenebat ;
Romuleoque recens horrebat regia culmo.
Atque hîc auratis volitans argenteus anser
Porticibus, Gallos in limine adesse canebat :

Galli per dumos aderant, arcemque tenebant,
Defensi tenebris et dono noctis opacæ.
Aurea cæsaries ollis, atque aurea vestis;
660 Virgatis lucent sagulis; tùm lactea colla
Auro innectuntur; duo quisque Alpina coruscant
Gæsa manu, scutis protecti corpora longis.
Hîc exsultantes Salios, nudosque Lupercos,
Lanigerosque apices, et lapsa ancilia cœlo
Extuderat : castæ ducebant sacra per urbem
Pilentis matres in mollibus. Hinc procul addit
Tartareas etiam sedes, alta ostia Ditis;
Et scelerum pœnas, et te, Catilina, minaci
Pendentem scopulo, furiarumque ora trementem;
670 Secretosque pios : his dantem jura Catonem.
Hæc inter tumidi latè maris ibat imago
Aurea, sed fluctu spumabant cœrula cano;
Et circùm argento clari delphines in orbem
Æquora verrebant caudis, æstumque secabant.
In medio classes æratas, Actia bella,
Cernere erat : totumque instructo marte videres
Fervere Leucaten, auroque effulgere fluctus.
Hinc Augustus agens Italos in prælia Cæsar,
Cum patribus, populoque, penatibus, et magnis dîs,
680 Stans celsâ in puppi; geminas cui tempora flammas
Læta vomunt, patriumque aperitur vertice sidus.
Parte aliâ, ventis et dîs Agrippa secundis,
Arduus agmen agens; cui, belli insigne superbum,
Tempora navali fulgent rostrata coronâ.
Hinc ope barbaricâ variisque Antonius armis,
Victor ab auroræ populis et littore rubro,
Ægyptum viresque orientis et ultima secum
Bactra vehit; sequiturque, nefas! Ægyptia conjux.

Unà omnes ruere, ac totum spumare reductis
690 Convulsum remis rostrisque tridentibus æquor.
Alta petunt : pelago credas innare revulsas
Cycladas, aut montes concurrere montibus altos ;
Tantâ mole viri turritis puppibus instant.
Stupea flamma manu, telisque volatile ferrum
Spargitur : arva novâ Neptunia cæde rubescunt.
Regina in mediis patrio vocat agmina sistro,
Necdùm etiam geminos à tergo respicit angues.
Omnigenûmque deûm monstra, et latrator Anubis,
Contrà Neptunum et Venerem, contràque Minervam
700 Tela tenent : sævit medio in certamine Mavors
Cœlatus ferro, tristesque ex æthere Diræ;
Et scissâ gaudens vadit Discordia pallâ,
Quam cum sanguineo sequitur Bellona flagello.
Actius hæc cernens arcum intendebat Apollo
Desuper : omnis eo terrore Ægyptus, et Indi,
Omnis Arabs, omnes vertebant terga Sabæi.
Ipsa videbatur ventis regina vocatis
Vela dare, et laxos jam jamque immittere funes.
Illam inter cædes, pallentem morte futurâ,
710 Fecerat Ignipotens undis et Iapyge ferri :
Contrà autem magno mœrentem corpore Nilum,
Pandentemque sinus, et totâ veste vocantem
Cœruleum in gremium latebrosaque flumina victos.
At Cæsar, triplici invectus Romana triumpho
Mœnia, dìs Italis votum immortale sacrabat,
Maxima ter centum totam delubra per urbem.
Lætitiâ ludisque viæ, plausuque fremebant :
Omnibus in templis matrum chorus, omnibus aræ;
Antè aras terram cæsi stravère juvenci.
720 Ipse, sedens niveo candentis limine Phœbi,

Dona recognoscit populorum, aptatque superbis
Postibus : incedunt victæ longo ordine gentes,
Quàm variæ linguis, habitu tàm vestis et armis.
Hîc Nomadum genus, et discinctos Mulciber Afros,
Hîc Lelegas, Carasque, sagittiferosque Gelonos
Finxerat ; Euphrates ibat jàm mollior undis,
Extremique hominum Morini, Rhenusque bicornis,
Indomitique Dahæ, et pontem indignatus Araxes.
 Talia per clypeum Vulcani, dona parentis,
730 Miratur, rerumque ignarus imagine gaudet,
Attollens humero famamque et fata nepotum.

 Virgile trace sur le bouclier de son héros les annales de la gloire romaine depuis Ascagne jusqu'à Auguste, et montre par quelles gradations successives la république s'est élevée à ce faîte de puissance qui l'a rendue la reine de l'univers. Pour éviter une nomenclature monotone, il ne signale que huit traits principaux qui forment les rayons du bouclier 1°. Romulus et Rémus, ou la fondation de Rome. 2°. L'enlèvement des Sabines, ou l'établissement du gouvernement. 3°. Le supplice de Métius, ou la destruction d'Albe ; 4°. La retraite de Porsenna, ou l'ère de la liberté. 5°. La défense du Capitole, ou la défaite des Gaulois. 6°. Les fêtes religieuses, ou la prospérité de la république. 7°. Catilina, ou le crime puni. 8°. Caton, ou la vertu récompensée.

 Tous ces trophées de sept siècles de victoires sont couronnés par la bataille d'Actium qui assura à Auguste l'empire du monde. C'est au centre des huit tableaux qu'est représenté cet événement mémorable dont le choix et l'exécution font également honneur au génie de Virgile. Il y a rassemblé dans un cadre historique ce qu'offrent de plus noble les compositions grecques, en ornant leur simplicité des charmes séduisants de son style. Il peint d'abord le spectacle de l'Océan d'après les tableaux d'Homère et d'Hésiode :

Ἐν δ' ἐτίθει ποταμοῖο μέγα σθένος Ὠκεανοῖο,
ἄντυγα πὰρ πυμάτην σάκεος πύκα ποιητοῖο.
Il. XVIII, v. 607.

Ἐν δὲ λιμὴν εὔορμος ἀμαιμακέτοιο θαλάσσης
κυκλοτερὴς ἐτέτυκτο πανέφθου κασσιτέροιο,
κλυζομένῳ ἴκελος. πολλοί γε μὲν ἀμμέσον αὐτοῦ
δελφῖνες τῇ καὶ τῇ ἐθύνεον ἰχθυάοντες,
νηχομένοις ἴκελοι· δοιοὶ δ' ἀναφυσιόωντες
ἀργύρεοι δελφῖνες ἐθοίνων ἔλλοπας ἰχθῦς.
Bouclier d'Hercule, v. 207.

C'est sur cette arène que s'avancent d'un côté Auguste et Agrippa à la tête des troupes d'Italie, de l'autre, Antoine et Cléopâtre traînant à leur suite les peuples de l'Orient. Le combat naval commence, et Virgile déploie dans cette description, inconnue à l'ancienne épopée, tout l'éclat et toute la variété de ses couleurs. Mais il revient bientôt à l'imitation d'Homère et d'Hésiode, en opposant les idoles de l'Égypte aux divinités de Rome et de la Grèce, comme ceux-ci opposent Mars à Minerve, dans le tableau d'un siége, et dans le combat des Lapithes :

Οἱ δ' ἴσαν· ἦρχε δ' ἄρα σφιν Ἄρης καὶ Παλλὰς Ἀθήνη,
ἄμφω χρυσείω, χρύσεια δὲ εἵματα ἕσθην,
καλὼ καὶ μεγάλω σὺν τεύχεσιν, ὥστε θεώ περ.
Il. XVIII, v. 516.

Ἐν δ' Ἄρεος βλοσυροῖο ποδώκεες ἕστασαν ἵπποι
χρύσεοι· ἐν δὲ καὶ αὐτὸς ἐναρφόρος οὔλιος Ἄρης,
αἰχμὴν ἐν χείρεσσιν ἔχων, πρυλέεσσι κελεύων,
αἵματι φοινικόεις ὡσεὶ ζωοὺς ἐναρίζων·
δίφρῳ ἐμβεβαώς. παρὰ δὲ Δειμός τε Φόβος τε
ἕστασαν, ἱέμενοι πόλεμον καταδύμεναι ἀνδρῶν.
ἐν δὲ Διὸς θυγάτηρ ἀγελείη Τριτογένεια,

τῇ ἰκέλη ὡσεί τε μάχην ἐθέλουσα κορύσσειν,
ἔγχος ἔχουσ' ἐν χερσὶ, χρυσείην τε τρυφάλειαν,
αἰγίδα τ' ἀμφ' ὤμοις· ἐπὶ δ' ᾤχετο φύλοπιν αἰνήν.
Bouclier d'Hercule, v. 191.

Virgile place dans le combat la Discorde et les Furies, comme les deux poëtes peignent la Mort et les Parques :

Ἐν δ' Ἔρις, ἐν δὲ Κυδοιμὸς ὁμίλεον, ἐν δ' ὀλοὴ Κήρ,
ἄλλον ζωὸν ἔχουσα νεούτατον, ἄλλον ἄουτον,
ἄλλον τεθνηῶτα κατὰ μόθον ἕλκε ποδοῖϊν·
εἷμα δ' ἔχ' ἀμφ' ὤμοισι δαφοινεὸν αἵματι φωτῶν.
OD. XVIII, v. 535.

Κῆρες κυάνεαι, λευκοὺς ἀραβεῦσαι ὀδόντας,
δεινωποὶ, βλοσυροί τε, δαφοινοί τ', ἄπλητοί τε,
δῆριν ἔχον περὶ πιπτόντων· πᾶσαι δ' ἄρ' ἵεντο
αἷμα μέλαν πιέειν. ὃν δὲ πρῶτον μεμάποιεν
κείμενον ἢ πίπτοντα νεούτατον, ἀμφὶ μὲν αὐτῷ
βάλλ' ὄνυχας μεγάλους· ψυχὴ δ' Ἄϊδόςδε κατεῖεν.
Bouclier d'Hercule, v. 249.

Enfin c'est encore à Homère qu'il doit la sublime image d'Apollon tendant son arc du haut du promontoire, et dispersant tous les vaisseaux ennemis, comme ce dieu encourage les Troyens, et repousse Patrocle du sommet de Pergame (*Il. IV*, v. 507; *XVI*, v. 700). Mais il n'a point eu de modèle dans les détails de la fuite de Cléopâtre. Du reste, l'ensemble de sa description, dont toutes les imitations partielles que nous avons citées ne donnent qu'une idée fort incomplète, ne peut mieux se comparer qu'à l'éloquent récit de la bataille de Salamine dont Eschyle a orné sa tragédie des *Perses*. Les localités des deux tableaux sont les mêmes; le talent poétique s'y trouve au même degré : car si l'un a toute la magnificence romaine, l'autre respire tout le feu du courage, tout l'enthousiasme de la liberté.

Ἐπεί γε μέντοι λευκόπωλος ἡμέρα
πᾶσαν κατέσχε γαῖαν εὐφεγγὴς ἰδεῖν,
πρῶτον μὲν ἠχοῖ κέλαδος Ἑλλήνων πάρα
μολπηδὸν εὐφήμησεν, ὄρθιον δ' ἅμα
ἀντηλάλαξε νησιώτιδος πέτρας
ἠχώ· φόβος δὲ πᾶσι βαρβάροις παρῆν
γνώμης ἀποσφαλεῖσιν· οὐ γὰρ ὡς φυγῇ
παιᾶν' ἐφύμνουν σεμνὸν Ἕλληνες τότε,
ἀλλ' ἐς μάχην ὁρμῶντες εὐψύχῳ θράσει·
σάλπιγξ δ' αὐτῇ πάντ' ἐκεῖν' ἐπέφλεγεν.
ἔπειτα κώπης ῥοθιάδος ξυνεμβολῇ
ἔπαισαν ἅλμην βρύχιον ἐκ κελεύσματος,
θοῶς δὲ πάντες ἦσαν ἐκφανεῖς ἰδεῖν.
τὸ δεξιὸν μὲν πρῶτον εὔτακτον κέρας
ἡγεῖτο κόσμῳ, δεύτερον δ' ὁ πᾶς στόλος
ἐπεξεχώρει, καὶ παρῆν ὁμοῦ κλύειν.
πολλὴν βοήν· « ὦ παῖδες Ἑλλήνων ἴτε,
ἐλευθεροῦτε πατρίδ', ἐλευθεροῦτε δὲ
παῖδας, γυναῖκας, θεῶν τε πατρῴων ἕδη,
θήκας τε προγόνων· νῦν ὑπὲρ πάντων ἀγών. »
καὶ μὴν παρ' ἡμῶν Περσίδος γλώσσης ῥόθος
ὑπηντίαζε, κοὐκ' ἔτ' ἦν μέλλειν ἀκμή.
εὐθὺς δὲ ναῦς ἐν νηὶ χαλκήρη στόλον
ἔπαισεν· ἦρξε δ' ἐμβολῆς Ἑλληνικὴ
ναῦς, κἀποθραύει πάντα Φοινίσσης νεὼς
κόρυμβ', ἐπ' ἄλλην δ' ἄλλος ἴθυνεν δόρυ.
τὰ πρῶτα μὲν δὴ ῥεῦμα Περσικοῦ στρατοῦ
ἀντεῖχεν· ὡς δὲ πλῆθος ἐν στενῷ νεῶν
ἤθροιστ', ἀρωγὴ δ' οὔτις ἀλλήλοις παρῆν,
αὐτοὶ δ' ὑφ' αὑτῶν ἐμβολαῖς χαλκοστόμοις
παισθέντ', ἔθραυον πάντα κωπήρη στόλον,
Ἑλληνικαί τε νῆες οὐκ ἀφραδμόνως
κύκλῳ πέριξ ἔθεινον, ὑπτιοῦτο δὲ
σκάφη νεῶν, θάλασσα δ' οὐκ' ἔτ' ἦν ἰδεῖν

ναυαγίων πλήθουσα καὶ φόνου βροτῶν·
ἀκταὶ δὲ νεκρῶν χοιράδες τ' ἐπλήθυον.
φυγῇ δ' ἀκόσμως πᾶσα ναῦς ἠρέσσετο
ὅσαι περ ἦσαν βαρβάρου στρατεύματος·
τοὶ δ' ὥστε θύννους ἤ τιν' ἰχθύων βόλον
ἀγαῖσι κωπῶν, θραύσμασίν τ' ἐρειπίων
ἔπαιον, ἐρράχιζον, οἰμωγὴ δ' ὁμοῦ
κωκύμασιν κατεῖχε πελαγίαν ἅλα·
ἕως κελαινῆς νυκτὸς ὄμμ' ἀφείλετο.

Tragédie des Perses, v. 386.

Après la victoire, Virgile montre Auguste célébrant à Rome son triple triomphe, et recevant sur son trône impérial l'hommage des nations tributaires. La ville retentit des cris d'allégresse, et l'encens fume sur tous les autels, comme dans ces tableaux de deux villes florissantes :

Ἐν δὲ δύω ποίησε πόλεις μερόπων ἀνθρώπων
καλάς· ἐν τῇ μέν ῥα γάμοι τ' ἔσαν, εἰλαπίναι τε·
νύμφας δ' ἐκ θαλάμων, δαΐδων ὕπο λαμπομενάων,
ἠγίνεον ἀνὰ ἄστυ· πολὺς δ' ὑμέναιος ὀρώρει.
κοῦροι δ' ὀρχηστῆρες ἐδίνεον, ἐν δ' ἄρα τοῖσιν
αὐλοὶ, φόρμιγγές τε βοὴν ἔχον· αἱ δὲ γυναῖκες
ἱστάμεναι θαύμαζον ἐπὶ προθύροισιν ἑκάστη.

Il. XVIII, v. 490.

Τέρψιν ἔχον· τοὶ μὲν γὰρ ἐϋσσώτρου ἐπ' ἀπήνης
ἦγον τ' ἄνδρι γυναῖκα· πολὺς δ' ὑμέναιος ὀρώρει.
τῆλε δ' ἀπ' αἰθομένων δαΐδων σέλας εἰλύφαζε
χερσὶν ἐνὶ δμώων· ταὶ δ' ἀγλαΐῃ τεθαλυῖαι
πρόσθ' ἔκιον, ταῖσιν δὲ χοροὶ παίζοντες ἕποντο.
τοὶ μὲν ὑπαὶ λιγυρῶν συρίγγων ἴεσαν αὐδὴν
ἐξ ἁπαλῶν στομάτων, περὶ δέ σφισιν ἄγνυτο ἠχώ.
αἱ δ' ὑπὸ φορμίγγων ἄναγον χορὸν ἱμερόεντα.

Bouclier d'Hercule, v. 273.

Le chef-d'œuvre de Virgile a produit autant d'imitations que ceux d'Homère et d'Hésiode. Sans parler d'Ovide qui a orné de brillants tableaux le palais du Soleil, et les tissus de Minerve et d'Arachné (*Métam. II, v. 1; VI, v. 70*) : Silius Italicus a calqué sur Virgile son bouclier d'Annibal, représentant le bûcher de Didon, le supplice de Régulus, les exploits d'Amilcar (*Guerre punique, ch. II*); Stace a donné à un de ses guerriers une armure ornée d'attributs (*Thébaïde, ch. IX*); Quintus de Smyrne, après avoir renouvelé la description du bouclier d'Achille au 5me. chant des *Paralipomènes*, et y avoir ajouté les noces de Thétis, peint au 6me. les douze travaux d'Hercule sur le bouclier d'Eurypyle; Nonnus son contemporain a décrit l'armure de Bacchus au 25me. livre des *Dionysiaques*; enfin parmi les modernes, Le Tasse et Fénélon ont donné à leurs héros des boucliers allégoriques : celui de Renaud (*Jérusalem, ch. XVII, st.* 66) contient une galerie historique des personnages de la maison d'Est : celui de Télémaque (*liv. XVII*) retrace la gloire et les bienfaits de Minerve.

ÉNÉIDE.

LIVRE NEUVIÈME.

SOMMAIRE.

Attaque du camp troyen.

I. Arrivée de Turnus.
II. Métamorphose des vaisseaux.
III. Nisus et Euryale.
IV. Destruction de la tour.
V. Mort de Numanus.
VI. Mort de Bitias.
VII. Turnus dans le camp.

Virgile a réuni dans ce livre les chants 8, 10 et 12 de l'Iliade.

ÉNÉIDE.

LIVRE NEUVIÈME.

I.

Atque ea diversâ penitùs dùm parte geruntur,
Irim de cœlo misit Saturnia Juno
Audacem ad Turnum. Luco tùm fortè parentis
Pilumni Turnus sacratâ valle sedebat;
Ad quem sic roseo Thaumantias ore locuta est:
« Turne, quod optanti divûm promittere nemo
Auderet, volvenda dies en attulit ultro.
Æneas, urbe et sociis et classe relictâ,
Sceptra Palatini sedemque petiit Evandri.
10 Nec satis: extremas Corythi penetravit ad urbes,
Lydorumque manum, collectos armat agrestes.
Quid dubitas? nunc tempus equos, nunc poscere currus:
Rumpe moras omnes, et turbata arripe castra. »
Dixit, et in cœlum paribus se sustulit alis,
Ingentemque fugâ secuit sub nubibus arcum.
Agnovit juvenis, duplicesque ad sidera palmas
Sustulit, ac tali fugientem est voce secutus:
« Iri, decus cœli, quis te mihi nubibus actam
Detulit in terras? undè hæc tàm clara repentè
20 Tempestas? medium video discedere cœlum,

Palantesque polo stellas : sequor omina tanta,
Quisquis in arma vocas.» Et sic effatus, ad undam
Processit, summoque hausit de gurgite lymphas,
Multa deos orans, oneravitque æthera votis.

Après avoir consacré les deux chants précédents aux préparatifs de la guerre, Virgile ouvre enfin la scène des combats qui se prolongent jusqu'à la fin du poëme. Les quatre derniers livres de l'Enéide sont entièrement écrits dans le style héroïque : on pourrait les intituler le résumé de l'Iliade. Ils contiennent une suite non interrompue d'imitations d'Homère, appliquées avec un goût exquis, et le plus souvent embellies par son harmonieux interprète. Enée et Turnus y remplissent alternativement les personnages d'Achille et d'Hector, et partagent leurs succès et leurs revers. Les compagnons d'Enée sont les Grecs de l'Iliade ; ceux de Turnus en sont les Troyens. Dans le cours de ce neuvième livre, les exploits du prince Rutule, favorisé par l'absence d'Enée comme Hector par celle d'Achille, correspondent presque constamment aux victoires du défenseur de Troie, depuis le 8me jusqu'au 12me chant de l'Iliade. Cependant le message d'Iris est imité du 18me. chant, où la même déesse vient, par l'ordre de Junon, appeler Achille à la défense de Patrocle :

. . . . Πηλείωνι ποδήνεμος ὠκέα Ἶρις
ἄγγελος ἦλθε θέουσ' ἀπ' Ὀλύμπου, θωρήσσεσθαι,
κρύβδα Διός, ἄλλων τε θεῶν· πρὸ γὰρ ἧκέ μιν Ἥρη.
ἀγχοῦ δ' ἱσταμένη ἔπεα πτερόεντα προσηύδα·
« Ὄρσεο, Πηλείδη, πάντων ἐκπαγλότατ' ἀνδρῶν·
Πατρόκλῳ ἐπάμυνον, οὗ εἵνεκα φύλοπις αἰνὴ
ἕστηκε πρὸ νεῶν· οἱ δ' ἀλλήλους ὀλέκουσιν. »
. . . .
Τὴν δ' ἠμείβετ' ἔπειτα ποδάρκης δῖος Ἀχιλλεύς·
« Ἴρι θεά, τίς γάρ σε θεῶν ἐμοὶ ἄγγελον ἧκεν ; »

Τὸν δ' αὖτε προσέειπε ποδήνεμος ὠκέα Ἶρις·
« Ἥρη με προέηκε, Διὸς κυδρὴ παράκοιτις,
οὐδ' οἶδε Κρονίδης ὑψίζυγος, οὐδέ τις ἄλλος
ἀθανάτων, οἳ Ὄλυμπον ἀγάννιφον ἀμφινέμονται.

IL. XVIII, v. 166 et 181.

* ★

Jamque omnis campis exercitus ibat apertis,
Dives equûm, dives pictaï vestis et auri.
Messapus primas acies, postrema coërcent
Tyrrheidæ juvenes : medio dux agmine Turnus
Vertitur arma tenens, et tôto vertice suprà est.
30 Ceu septem surgens sedatis amnibus altus
Per tacitum Ganges, aut pingui flumine Nilus,
Cùm refluit campis, et jam se condidit alveo.

Cette image vive, mais trop concise, de la marche de l'armée latine n'approche pas des pompeuses descriptions par lesquelles Homère a préludé au dénombrement des Grecs et aux quatre grandes batailles de l'Iliade (*ch. II, v.* 455; *IV, v.* 422; *VIII, v.* 53; *XI, v.* 47; et *XIX, v.* 357.) On ne peut y rapporter ici qu'un tableau partiel du 13ᵐᵉ. chant, représentant la phalange troyenne réunie sous les ordres d'Hector (Voyez Milton, *Paradis, ch. VI, v.* 56):

Οἱ δ' ἴσαν, ἀργαλέων ἀνέμων ἀτάλαντοι ἀέλλῃ,
ἥ ῥά θ' ὑπὸ βροντῆς πατρὸς Διὸς εἶσι πέδονδε,
θεσπεσίῳ δ' ὁμάδῳ ἁλὶ μίσγεται, ἐν δέ τε πολλὰ
κύματα παφλάζοντα πολυφλοίσβοιο θαλάσσης,
κυρτά, φαληριόωντα, πρὸ μέν τ' ἄλλ', αὐτὰρ ἐπ' ἄλλα·
ὣς Τρῶες πρὸ μὲν ἄλλοι ἀρηρότες, αὐτὰρ ἐπ' ἄλλοι,
χαλκῷ μαρμαίροντες ἅμ' ἡγεμόνεσσιν ἕποντο.
Ἕκτωρ δ' ἡγεῖτο, βροτολοιγῷ ἶσος Ἄρηϊ,

Etudes grecq. IIIᵉ Partie.

Πριαμίδης· πρὸ ἔθεν δ' ἔχεν ἀσπίδα πάντοσ' ἐΐσην,
ῥινοῖσιν πυκινήν· πολλὸς δ' ἐπελήλατο χαλκός·
ἀμφὶ δέ οἱ κροτάφοισι φαεινὴ σείετο πήληξ.

Il. XIII, v. 795.

*

Hic subitam nigro glomerari pulvere nubem
Prospiciunt Teucri, ac tenebras insurgere campis,
Primus ab adversâ conclamat mole Caïcus :
« Quis globus, o cives, caligine volvitur atrâ ?
Ferte citi ferrum, date tela, scandite muros :
Hostis adest, eia ! » Ingenti clamore per omnes
Condunt se Teucri portas, et mœnia complent.
40 Namque ita discedens præceperat optimus armis
Æneas, si qua intereà fortuna fuisset,
Ne struere auderent aciem, neu credere campo ;
Castra modò et tutos servarent aggere muros.
Ergò, etsi conferre manum pudor iraque monstrat ;
Objiciunt portas tamen, et præcepta facessunt,
Armatique cavis exspectant turribus hostem.

La comparaison de l'armée avec un nuage est tirée de ce tableau d'Homère :

Εὖτ' ὄρεος κορυφῇσι Νότος κατέχευεν ὀμίχλην,
ποιμέσιν οὔτι φίλην, κλέπτῃ δέ τε νυκτὸς ἀμείνω,
τόσσον τίς τ' ἐπιλεύσσει, ὅσον τ' ἐπὶ λᾶαν ἵησιν·
ὣς ἄρα τῶν ὑπὸ ποσσὶ κονίσσαλος ὤρνυτ' ἀελλὴς
ἐρχομένων· μάλα δ' ὦκα διέπρησσον πεδίοιο.

Il. III, v. 10.

L'alarme jetée dans le camp troyen rappelle le message d'Iris à Priam (*Il. II, v.* 786), imité par Le Tasse dans l'attaque de Jérusalem (*ch. III, st.* 9), et par Milton dans le combat des anges (*Paradis, ch. VI, v.* 535), mais pour la suite des événements, on doit plutôt rapprocher du texte de Virgile la fuite des Grecs vers leurs vaisseaux après la première victoire d'Hector :

Τῶν δ', ὅσον ἐκ νηῶν ἀπὸ πύργου τάφρος ἔεργεν,
πλῆθεν ὁμῶς ἵππων τε καὶ ἀνδρῶν ἀσπιστάων
εἰλομένων· εἷλει δὲ θοῷ ἀτάλαντος Ἄρηϊ
Ἕκτωρ Πριαμίδης, ὅτε οἱ Ζεὺς κῦδος ἔδωκεν.

Il. VIII, v. 213.

★

Turnus, ut antevolans tardum præcesserat agmen,
Viginti lectis equitum comitatus, et urbi
Improvisus adest; maculis quem Thracius albis
50 Portat equus, cristâque tegit galea aurea rubrâ.
« Ecquis erit mecum, o juvenes, qui primus in hostem?
En, » ait : et jaculum intorquens emittit in auras,
Principium pugnæ, et campo sese arduus infert.
Clamore excipiunt socii, fremituque sequuntur
Horrisono. Teucrûm mirantur inertia corda :
Non æquo dare se campo, non obvia ferre
Arma viros, sed castra fovere. Hùc turbidus atque hùc
Lustrat equo muros, aditumque per avia quærit.
Ac veluti pleno lupus insidiatus ovili,
60 Cùm fremit ad caulas, ventos perpessus et imbres,
Nocte super mediâ ; tuti sub matribus agni
Balatum exercent : ille asper et improbus irâ,
Sævit in absentes ; collecta fatigat edendi
Ex longo rabies, et siccæ sanguine fauces.
Haud aliter Rutulo, muros et castra tuenti,
Ignescunt iræ, et duris dolor ossibus ardet,
Quâ tentet ratione aditus, et quæ via clausos
Excutiat Teucros vallo, atque effundat in æquor.

* 9

Le début de ce morceau correspond au passage du 8ᵐᵉ. chant qui suit les vers que nous venons de transcrire :

Εκτωρ δ' ἐν πρώτοισι κίε, σθένεϊ βλεμεαίνων·
ὡς δ' ὅτε τίς τε κύων συὸς ἀγρίου ἠὲ λέοντος
ἅπτηται κατόπισθε, ποσίν ταχέεσσι διώκων,
ἰσχία τε γλουτούς τε, ἑλισσόμενόν τε δοκεύει·
ὡς Ἕκτωρ ὤπαζε καρηκομόωντας Ἀχαιούς,
αἰὲν ἀποκτείνων τὸν ὀπίστατον· οἱ δ' ἐφέβοντο.
αὐτὰρ ἐπεὶ διά τε σκόλοπας καὶ τάφρον ἔβησαν
φεύγοντες, πολλοὶ δὲ δάμεν Τρώων ὑπὸ χερσίν·
οἱ μὲν δὴ παρὰ νηυσὶν ἐρητύοντο μένοντες,
ἀλλήλοισί τε κεκλόμενοι, καὶ πᾶσι θεοῖσιν
χεῖρας ἀνίσχοντες, μεγάλ' εὐχετόωντο ἕκαστος.
Ἕκτωρ δ' ἀμφιπεριστρώφα καλλίτριχας ἵππους,
Γοργοῦς ὄμματ' ἔχων ἠδὲ βροτολοιγοῦ Ἄρηος.

Il. VIII, v. 337.

Virgile assimilant l'attaque de Turnus à celle des féciaux romains n'a pas égalé toute l'énergie d'Homère. Quant à la belle comparaison du loup affamé (imitée par Milton, *Paradis*, ch. IV, v. 183), ses traits sont disséminés dans l'Iliade (ch. *XI*, v. 548; *XII*, v. 299; *XVII*, v. 657); mais elle paroît se rapporter plus particulièrement ici à ces vers d'Apollonius sur l'argonaute Polyphème trompé dans la recherche d'Hylas :

Βῆ δὲ μεταΐξας πηγέων σχεδὸν, ἠΰτε τις θὴρ
ἄγριος, ὅν ῥά τε γῆρυς ἀπόπροθεν ἵκετο μήλων,
λιμῷ δ' αἰθόμενος μετανίσσεται, οὐδ' ἐπέκυρσε
ποίμνῃσιν· πρὸ γὰρ αὐτοὶ ἐνὶ σταθμοῖσι νομῆες
ἔλσαν· ὁ δὲ στενάχων βρέμει ἄσπετον, ὄφρα κάμῃσιν.

Argon. I, v. 1243.

L'hésitation de Turnus est celle d'Hector devant les retranchements des Grecs :

Ὡς Ἕκτωρ ἀν' ὅμιλον ἰὼν εἰλίσσεθ', ἑταίρους
τάφρον ἐποτρύνων διαβαινέμεν. οὐδέ οἱ ἵπποι
τόλμων ὠκύποδες· μάλα δὲ χρεμέτιζον, ἐπ' ἄκρῳ
χείλει ἐφεσταότες, ἀπὸ γὰρ δειδίσσετο τάφρος
εὐρεῖ', οὔτ' ἄρ' ὑπερθορέειν σχεδόν οὔτε περῆσαι.

Il. XII, v. 49.

~~~~~~

II.

Classem, quæ lateri castrorum adjuncta latebat,
70 Aggeribus septam circùm et fluvialibus undis,
Invadit, sociosque incendia poscit ovantes,
Atque manum pinu flagranti fervidus implet.
Tùm verò incumbunt : urget præsentia Turni ;
Atque omnis facibus pubes accingitur atris.
Diripuêre focos ; piceum fert fumida lumen
Tæda, et commixtam vulcanus ad astra favillam.
  Quis deus, o Musæ, tàm sæva incendia Teucris
Avertit ? tantos ratibus quis depulit ignes ?
Dicite ; prisca fides facto, sed fama perennis.
80 Tempore quo primùm Phrygiâ formabat in Idâ
Æneas classem, et pelagi petere alta parabat,
Ipsa deûm fertur genitrix Berecynthia magnum
Vocibus his affata Jovem : « Da, nate, petenti,
Quod tua cara parens domito te poscit Olympo.
Pinea silva mihi multos dilecta per annos,
Lucus in arce fuit summâ, quò sacra ferebant,
Nigranti piceâ trabibusque obscurus acernis.
Has ego Dardanio juveni, cùm classis egeret,
Læta dedi ; nunc sollicitam timor anxius urget.
90 Solve metus, atque hoc precibus sine posse parentem,

Ne cursu quassatæ ullo, neu turbine venti
Vincantur; prosit nostris in montibus ortas. »
Filius huic contrà, torquet qui sidera mundi :
« O genitrix, quò fata vocas ? aut quid petis istis ?
Mortali-ne manu factæ immortale carinæ
Fas habeant? certusque incerta pericula lustret
Æneas ? cui tanta deo permissa potestas?
Immò, ubi defunctæ finem portusque tenebunt
Ausonios, olim quæcumque evaserit undis,
100 Dardaniumque ducem Laurentia vexerit arva,
Mortalem eripiam formam, magnique jubebo
Æquoris esse deas : qualis Nereïa Doto
Et Galatea secant spumantem pectore pontum. »
Dixerat : idque ratum Stygii per flumina fratris,
Per pice torrentes atrâque voragine ripas,
Annuit; et totum nutu tremefecit Olympum.

Ergò aderat promissa dies, et tempora Parcæ
Debita complêrant, cùm Turni injuria Matrem
Admonuit, sacris ratibus depellere tædas.
110 Hîc primùm nova lux oculis effulsit, et ingens
Visus ab aurorâ cœlum transcurrere nimbus,
Idæique chori : tùm vox horrenda per auras
Excidit, et Troüm Rutulorumque agmina complet :
« Ne trepidate meas, Teucri, defendere naves,
Neve armate manus : maria antè exurere Turno
Quàm sacras dabitur pinus. Vos ite solutæ,
Ite, deæ pelagi ; genitrix jubet. » Et sua quæque
Continuò puppes abrumpunt vincula ripis,
Delphinûmque modo demersis æquora rostris
120 Ima petunt : hinc virgineæ, mirabile monstrum !
Reddunt se totidem facies, pontoque feruntur,
Quot priùs æratæ steterant ad littora proræ.

Turnus ne pouvant forcer le camp des Troyens tourne ses efforts contre leurs vaisseaux, comme Hector, au 8me. chant de l'Iliade, touche au moment de brûler ceux des Grecs :

Καί νύ κ' ἐνέπρησεν πυρὶ κηλέῳ νῆας ἐΐσας,
εἰ μὴ ἐπὶ φρεσὶ θῆκ' Ἀγαμέμνονι πότνια Ἥρη,
αὐτῷ ποιπνύσαντι, θοῶς ὀτρῦναι Ἀχαιούς.

IL. VIII, v. 217.

La flotte grecque doit son salut à la protection de Junon ; celle des Troyens est préservée par un événement miraculeux qui s'écarte trop des idées reçues pour être goûté de nos jours. Virgile lui-même paroît avoir voulu se prémunir contre la critique, en usant de la même précaution qu'Apollonius, au 4me. chant de son poëme, où les Argonautes portent leur vaisseau à travers les sables d'Afrique :

Μουσάων ὅδε μῦθος· ἐγὼ δ' ὑπακουὸς ἀείδω
Πιερίδων, καὶ τήνδε πανατρεκὲς ἔκλυον ὀμφήν.

Argon. IV, v. 1381.

Le serment qui termine le discours de Jupiter, imité de l'Iliade (*ch. I, v.* 528), est répété au 10me. livre (*v.* 113), où nous citerons les divers rapprochements. Quant à la métamorphose elle-même, elle est racontée par Virgile avec une vivacité d'images qui fait presque oublier la bizarrerie du sujet. D'ailleurs Ovide n'a fait aucune difficulté d'admettre ce prodige. (*Métam. XIV*, *v.* 527), et on en trouve d'aussi extraordinaires dans Apollonius, où le navire Argo fait entendre une voix humaine (*Argon. I, v.* 525), et dans Homère, où Neptune change en rocher le vaisseau phéacien qui a ramené Ulysse :

Αὐτὰρ ἐπεὶ τόγ' ἄκουσε Ποσειδάων ἐνοσίχθων,
βῆ ῥ' ἴμεν ἐς Σχερίην, ὅθι Φαίηκες γεγάασιν,
ἔνθ' ἔμεν'· ἡ δὲ μάλα σχεδὸν ἤλυθε ποντοπόρος νηῦς

ῥίμφα διωκομένη· τῆς δὲ σχεδὸν ἦλθ' Ἐνοσίχθων,
ὅς μιν λᾶαν ἔθηκε, καὶ ἐρρίζωσεν ἔνερθε,
χειρὶ καταπρηνεῖ ἐλάσας· ὁ δὲ νόσφι βεβήκει.

Od. XIII, v. 159.

*

Obstupuére animis Rutuli; conterritus ipse
Turbatis Messapus equis; cunctatur et amnis
Rauca sonans, revocatque pedem Tyberinus ab alto.
At non audaci cessit fiducia Turno;
Ultrò animos tollit dictis, atque increpat ultrò:
« Trojanos hæc monstra petunt : his Jupiter ipse
Auxilium solitum eripuit; non tela, nec ignes
130 Exspectant Rutulos : ergò maria invia Teucris,
Nec spes ulla fugæ; rerum pars altera adempta est.
Terra autem in manibus nostris : tot millia gentes
Arma ferunt Italæ; nil me fatalia terrent,
Si qua Phryges præ se jactant, responsa deorum.
Sat fatis Venerique datum, tetigêre quod arva
Fertilis Ausoniæ Troës : sunt et mea contrà
Fata mihi, ferro sceleratam exscindere gentem,
Conjuge præreptâ; nec solos tangit Atridas
Iste dolor, solisque licet capere arma Mycenis.
140 Sed periisse semel satis est ? peccare fuisset
Antè satis, penitùs modò non genus omne perosos
Fœmineum; quibus hæc medii fiducia valli,
Fossarumque moræ, lethi discrimina parva,
Dant animos : an non viderunt mœnia Trojæ,
Neptuni fabricata manu, considere in ignes ?
Sed vos, o lecti, ferro quis scindere vallum
Apparat, et mecum invadit trepidantia castra ?
Non armis mihi Vulcani, non mille carinis

Est opus in Teucros : addant se protinus omnes
150 Etrusci socios : tenebras et inertia furta
  Palladii, cæsis summæ custodibus arcis,
  Ne timeant ; nec equi cæcâ condemur in alvo.
  Luce palàm certum est igni circumdare muros.
  Haud sibi cum Danais rem faxo et pube Pelasgâ
  Esse putent, decimum quos distulit Hector in annum.
  Nunc adeò, melior quoniam pars acta diei,
  Quod superest, læti benè gestis corpora rebus
  Procurate, viri ; et pugnam sperate parati. »

La consternation générale fait bien ressortir l'héroïsme de Turnus. Son discours à l'armée latine rappelle les belles harangues militaires qu'Homère a semées avec profusion dans l'Iliade, et surtout celles d'Hector à son armée (*Il. VIII*, v. 172 et 496 ; *XII*, v. 230 et 440). Virgile y a joint quelques autres réminiscences qui se reconnoîtront dans l'analyse. Le prince rutule tourne d'abord le prodige contre ses ennemis, en se reposant sur la protection de Jupiter, comme Hector au présage de la foudre :

Τρῶες καὶ Λύκιοι καὶ Δάρδανοι ἀγχιμαχηταί,
ἀνέρες ἔστε, φίλοι, μνήσασθε δὲ θούριδος ἀλκῆς !
γιγνώσκω δ', ὅτι μοι πρόφρων κατένευσε Κρονίων
νίκην καὶ μέγα κῦδος, ἀτὰρ Δαναοῖσί γε πῆμα.
                              Il. VIII, v. 173.

Il peint ensuite l'isolement des Troyens combattant seuls contre toute l'Italie (*Il. XV*, v. 739.) Il oppose à leurs oracles trompeurs ses droits sacrés et irrécusables :

Ἡμεῖς δὲ μεγάλοιο Διὸς πειθώμεθα βουλῇ,
ὃς πᾶσι θνητοῖσι καὶ ἀθανάτοισιν ἀνάσσει.
εἷς οἰωνὸς ἄριστος, ἀμύνεσθαι περὶ πάτρης.
                              Il. XII, v. 241.

Il rappelle les serments qui l'unissent à Lavinie, et répète les paroles d'Achille aux députés d'Agamemnon :

Ἦ μοῦνοι φιλέουσ᾽ ἀλόχους μερόπων ἀνθρώπων
Ἀτρεῖδαι; ἐπεὶ, ὅστις ἀνὴρ ἀγαθὸς καὶ ἐχέφρων,
τὴν αὑτοῦ φιλέει καὶ κήδεται· ὡς καὶ ἐγὼ τὴν
ἐκ θυμοῦ φίλεον, δουρικτητήν περ ἐοῦσαν.

Il. IX, v. 340.

Il renversera facilement les murailles troyennes comme Hector les retranchements des Grecs :

Νήπιοι, οἳ ἄρα δὴ τάδε τείχεα μηχανόωντο,
ἀβλῆχρ᾽, οὐδενόσωρα· τὰ δ᾽ οὐ μένος ἁμὸν ἐρύξει·
ἵπποι δὲ ῥέα τάφρον ὑπερθορέονται ὀρυκτήν.

Il. VIII, v. 177.

Enfin il annonce l'assaut pour le lendemain, et termine son discours comme Hector après sa première victoire :

Ἀλλ᾽ ἤτοι ἐπὶ νυκτὶ φυλάξομεν ἡμέας αὐτούς·
πρωῒ δ᾽ ὑπηοῖοι σὺν τεύχεσι θωρηχθέντες,
νηυσὶν ἔπι γλαφυρῇσιν ἐγείρομεν ὀξὺν ἄρηα.

Il. VIII, v. 529.

*

Intereà vigilum excubiis obsidere portas
160 Cura datur Messapo, et mœnia cingere flammis.
 Bis septem, Rutulo muros qui milite servent,
 Delecti : ast illos centeni quemque sequuntur,
 Purpurei cristis juvenes auroque corusci.
 Discurrunt, variantque vices, fusique per herbam
 Indulgent vino, et vertunt crateras ahenos.
 Collucent ignes ; noctem custodia ducit
 Insomnem ludo.

Hæc super è vallo prospectant Troës, et armis
Alta tenent ; necnon trepidi formidine portas
170 Explorant, pontesque et propugnacula jungunt ;
Tela gerunt : instant Mnestheus acerque Serestus,
Quos pater Æneas, si quandò adversa vocarent,
Rectores juvenum, et rerum dedit esse magistros.
Omnis per muros legio, sortita periclum,
Excubat, exercetque vices, quod cuique tuendum est.

La harangue d'Hector finit également la journée; l'armée victorieuse allume des feux dans la plaine, et les vieillards et les femmes campent sur les remparts de Troie. Cette circonstance a fourni à Homère un de ses plus majestueux tableaux :

Οἱ δὲ, μέγα φρονέοντες, ἐπὶ πτολέμοιο γεφύρῃ
εἴατο παννύχιοι· πυρὰ δέ σφισι καίετο πολλά.
ὡς δ᾽ ὅτ᾽ ἐν οὐρανῷ ἄστρα φαεινὴν ἀμφὶ σελήνην
φαίνετ᾽ ἀριπρεπέα, ὅτε τ᾽ ἔπλετο νήνεμος αἰθήρ·
ἔκ τ᾽ ἔφανεν πᾶσαι σκοπιαὶ καὶ πρώονες ἄκροι,
καὶ νάπαι· οὐρανόθεν δ᾽ ἄρ᾽ ὑπερράγη ἄσπετος αἰθήρ,
πάντα δέ τ᾽ εἴδεται ἄστρα· γέγηθε δέ τε φρένα ποιμήν·
τόσσα μεσηγὺ νεῶν ἠδὲ Ξάνθοιο ῥοάων,
Τρώων καιόντων, πυρὰ φαίνετο Ἰλιόθι πρό.
χίλι᾽ ἄρ᾽ ἐν πεδίῳ πυρὰ καίετο· πὰρ δὲ ἑκάστῳ
εἴατο πεντήκοντα, σέλᾳ πυρὸς αἰθομένοιο.
ἵπποι δὲ κρῖ λευκὸν ἐρεπτόμενοι καὶ ὀλύρας,
ἑσταότες παρ᾽ ὄχεσφιν, ἐΰθρονον ἠῶ μίμνον.

Il. VIII, v. 553.

Virgile se réduisant ici à une stérilité volontaire a substitué à cette peinture celle des gardes avancées des Grecs :

Ἑπτ' ἔσαν ἡγεμόνες φυλάκων, ἑκατὸν δὲ ἑκάστῳ
κοῦροι ἅμα στεῖχον, δολίχ' ἔγχεα χερσὶν ἔχοντες·
κὰδ δὲ μέσον τάφρου καὶ τείχεος ἷζον ἰόντες·
ἔνθα δὲ πῦρ κείαντο, τίθεντο δὲ δόρπον ἕκαστος.

IL. IX, v. 85.

Les derniers vers latins correspondent à cet autre passage d'Homère opposant à la sécurité des Troyens la vigilance des sentinelles grecques :

Οὐδὲ μὲν εὕδοντας φυλάκων ἡγήτορας εὗρον·
ἀλλ' ἐγρηγορτὶ σὺν τεύχεσιν εἴατο πάντες.
ὡς δὲ κύνες περὶ μῆλα δυσωρήσονται ἐν αὐλῇ,
θηρὸς ἀκούσαντες κρατερόφρονος, ὅστε καθ' ὕλην
ἔρχηται δι' ὄρεσφι· πολὺς δ' ὀρυμαγδὸς ἐπ' αὐτῷ
ἀνδρῶν ἠδὲ κυνῶν· ἀπό τέ σφισιν ὕπνος ὄλωλεν·
ὣς τῶν νήδυμος ὕπνος ἀπὸ βλεφάροιϊν ὀλώλει,
νύκτα φυλασσομένοισι κακήν· πεδίονδε γὰρ αἰεὶ
τετράφαθ', ὁππότ' ἐπὶ Τρώων ἀΐοιεν ἰόντων.

IL. X, v. 181.

Ces divers morceaux sont tellement abrégés dans le texte de Virgile qu'il paroît les avoir négligés à dessein pour se hâter d'arriver au plus bel épisode de son poëme, à la mort de Nisus et d'Euryale. Cette composition admirable est tracée, comme on le sait, d'après l'expédition nocturne de Diomède et d'Ulysse au 10me. chant de l'Iliade. Agamemnon et Ménélas, effrayés de la défaite de leurs troupes et de la fatale inaction d'Achille, se lèvent au milieu de la nuit et réveillent les principaux chefs. On tient conseil ; Diomède et Ulysse offrent d'aller reconnoître la position des ennemis. Ils partent, rencontrent Dolon, espion troyen envoyé par Hector, obtiennent de lui des indices importants, le tuent, et pénètrent dans le quartier des Thraces. Ils immolent

Rhésus leur roi, enlèvent ses coursiers, et, protégés par Minerve, reviennent triomphants dans le camp, tandis qu'Apollon réveille les Troyens.

Dans l'imitation de Virgile les principales circonstances sont les mêmes. Nisus et Euryale se dévouent comme Diomède et Ulysse pour sauver leurs compagnons d'armes; ils reçoivent les éloges et les encouragements de leurs chefs, traversent les postes ennemis qu'ils remplissent de carnage, et touchent au moment du succès. Mais quel vif intérêt le poëte latin n'a-t-il pas su répandre sur ses guerriers par l'amitié touchante qui les unit, par l'héroïsme de leur dévouement! Au lieu de triompher comme Diomède et Ulysse, ils sont immolés comme Dolon; mais quelle scène pathétique ne présentent pas leurs derniers instants! Quelle énergie surtout dans la douleur maternelle qui vient terminer ce déchirant tableau! Il est impossible de porter plus loin l'intérêt dramatique; deux grands maîtres l'ont tenté en vain. L'épisode de Cloridan et de Médor dans l'Arioste (*Roland*, *ch. XVIII* et *XIX*.), et celui d'Argant et de Clorinde dans le Tasse (*Jérusalem*, *ch. XII*), sont égaux, mais non supérieurs, au chef-d'œuvre de Virgile.

III.

Nisus erat portæ custos, acerrimus armis,
Hyrtacides: comitem Æneæ quem miserat Ida
Venatrix, jaculo celerem levibusque sagittis;
Et juxtà comes Euryalus, quo pulchrior alter
180 Non fuit Æneadum, Trojana nec induit arma;
Ora puer primâ signans intonsa juventâ.
His amor unus erat, pariterque in bella ruebant;

Tunc quoque communi portam statione tenebant.
Nisus ait. « Dî-ne hunc ardorem mentibus addunt,
Euryale ? an sua cuique deus fit dira cupido ?
Aut pugnam, aut aliquid jamdudùm invadere magnum
Mens agitat mihi, nec placidâ contenta quiete est.
Cernis, quæ Rutulos habeat fiducia rerum :
Lumina rara micant ; somno vinoque soluti
190 Procubuêre ; silent latè loca. Percipe porrò
Quid dubitem, et quæ nunc animo sententia surgat.
Ænean acciri omnes, populusque, patresque,
Exposcunt, mittique viros qui certa reportent.
Si tibi, quæ posco, promittunt, nam mihi facti
Fama sat est, tumulo videor reperire sub illo
Posse viam ad muros et mœnia Pallantea. »
Obstupuit magno laudum perculsus amore
Euryalus ; simul his ardentem affatur amicum :
« Me-ne igitur socium summis adjungere rebus,
200 Nise, fugis ? solum te in tanta pericula mittam ?
Non ita me genitor bellis assuetus Opheltes
Argolicum terrorem inter Trojæque labores
Sublatum erudiit ; nec tecum talia gessi,
Magnanimum Ænean et fata extrema secutus.
Est hic, est animus lucis contemptor, et istum
Qui vitâ benè credat emi, quò tendis, honorem. »
Nisus ad hæc : « Equidem de te nil tale verebar ;
Nec fas ; non : ita me referat tibi magnus ovantem
Jupiter, aut quicumque oculis hæc aspicit æquis.
210 Sed si quis, quæ multa vides discrimine tali,
Si quis in adversum rapiat casusve deusve,
Te superesse velim : tua vitâ dignior ætas.
Sit, qui me raptum pugnâ, pretiove redemptum,
Mandet humo solitâ ; aut, si qua id fortuna vetabit,

Absenti ferat inferias, decoretque sepulcro.
Neu matri miseræ tanti sim causa doloris,
Quæ te sola, puer, multis è matribus ausa,
Prosequitur, magni nec mœnia curat Acestæ. »
Ille autem : « Causas nequicquam nectis inanes;
220 Nec mea jàm mutata loco sententia cedit :
Acceleremus, » ait. Vigiles simul excitat; illi
Succedunt, servantque vices : statione relictâ
Ipse comes Niso graditur, regemque requirunt.

Cette belle peinture de caractères, cette lutte généreuse entre les deux amis manque totalement dans l'épisode d'Homère. Malgré quelques réminiscences partielles du poëte grec (*Od. IV, v.* 712; *Il. VII, v.* 198), l'ensemble du dialogue appartient à Virgile, et lui assure dès le début la supériorité.

L'Arioste et le Tasse ont prêté les mêmes discours et la même résolution à Médor et Cloridan, et à Argant et Clorinde : aux uns pour ensevelir le corps de leur roi (*Roland, ch. XVIII, st.* 165), aux autres pour brûler la machine de guerre des Chrétiens (*Jérusalem, ch. XII, st.* 1.)

*

Cætera per terras omnes animalia somno
Laxabant curas, et corda oblita laborum :
Ductores Teucrûm primi, et delecta juventus
Consilium summis regni de rebus habebant;
Quid facerent, quisve Æneæ jàm nuntius esset.
Stant longis adnixi hastis et scuta tenentes,
230 Castrorum et campi medio. Tùm Nisus et unà
Euryalus confestim alacres admittier orant :
Rem magnam, pretiumque moræ fore. Primus Iulus
Accepit trepidos, ac Nisum dicere jussit.

Tùm sic Hyrtacides : « Audite ô mentibus æquis,
Æneadæ, neve hæc nostris spectentur ab annis,
Quæ ferimus. Rutuli somno vinoque sepulti
Conticuêre ; locum insidiis conspeximus ipsi,
Qui patet in bivio portæ, quæ proxima ponto :
Interrupti ignes, aterque ad sidera fumus
240 Erigitur. Si fortunâ permittitis uti,
Quæsitum Ænean ad mœnia Pallantea,
Mox hîc cum spoliis, ingenti cæde peractâ,
Affore cernetis; nec nos via fallit euntes :
Vidimus obscuris primam sub vallibus urbem
Venatu assiduo, et totum cognovimus amnem. »
  Hîc annis gravis atque animi maturus Alethes :
« Di patrii ! quorum semper sub numine Troja est,
Non tamen omninò Teucros delere paratis,
Cùm tales animos juvenum, et tàm certa tulistis
250 Pectora. » Sic memorans, humeros dextrasque tenebat
Amborum, et vultum lacrymis atque ora rigabat.
« Quæ vobis, quæ digna, viri, pro talibus ausis,
Præmia posse rear solvi ? pulcherrima primùm
Di moresque dabunt vestri ; tùm cætera reddet
Actutùm pius Æneas, atque integer ævi
Ascanius, meriti tanti non immemor unquam. »

C'est ici que commence le récit d'Homère. Le conseil militaire et les discours de Nisus et d'Aléthès se retrouvent dans l'assemblée nocturne des chefs grecs, et dans la proposition de Nestor qui amène l'offre de Diomède :

Τάφρον δ' ἐκδιαβάντες ὀρυκτὴν, ἑδριόωντο
ἐκ καθαρῷ, ὅθι δὴ νεκύων διεφαίνετο χῶρος
πιπτόντων· ὅθεν αὖτις ἀπετράπετ' ὄβριμος Ἕκτωρ,
ὀλλὺς Ἀργείους, ὅτε δὴ περὶ νὺξ ἐκάλυψεν.

ἔνθα καθεζόμενοι, ἔπε' ἀλλήλοισι πίφαυσκον.
τοῖσι δὲ μύθων ἦρχε γερήνιος ἱππότα Νέστωρ·

« Ω φίλοι, οὐκ ἂν δή τις ἀνὴρ πεπίθοιθ' ἑῷ αὐτοῦ
θυμῷ τολμήεντι, μετὰ Τρῶας μεγαθύμους
ἐλθεῖν ; εἴ τινά που δηίων ἕλοι ἐσχατόωντα,
ἤ τινά που καὶ φῆμιν ἐνὶ Τρώεσσι πύθοιτο,
ἅσσα τε μητιόωσι μετὰ σφίσιν· ἢ μεμάασιν
αὖθι μένειν παρὰ νηυσὶν ἀπόπροθεν, ἦε πόλινδε
ἂψ ἀναχωρήσουσιν, ἐπεὶ δαμάσαντό γ' Ἀχαιούς.
ταῦτά κε πάντα πύθοιτο, καὶ ἂψ εἰς ἡμέας ἔλθοι
ἀσκηθής· μέγα κέν οἱ ὑπουράνιον κλέος εἴη
πάντας ἐπ' ἀνθρώπους, καὶ οἱ δόσις ἔσσεται ἐσθλή.
ὅσσοι γὰρ νήεσσιν ἐπικρατέουσιν ἄριστοι,
τῶν πάντων οἱ ἕκαστος ὄιν δώσουσι μέλαιναν,
θῆλυν, ὑπόρρηνον· τῇ μὲν κτέρας οὐδὲν ὁμοῖον·
αἰεὶ δ' ἐν δαίτῃσι καὶ εἰλαπίνῃσι παρέσται. »

Ὡς ἔφαθ'· οἱ δ' ἄρα πάντες ἀκὴν ἐγένοντο σιωπῇ.
τοῖσι δὲ καὶ μετέειπε βοὴν ἀγαθὸς Διομήδης·

« Νέστορ, ἔμ' ὀτρύνει κραδίη καὶ θυμὸς ἀγήνωρ,
ἀνδρῶν δυσμενέων δῦναι στρατὸν ἐγγὺς ἐόντων. »

Il. X, v. 198.

*

« Immò ego vos, cui sola salus genitore reducto,
Excipit Ascanius, per magnos, Nise, Penates,
Assaracique Larem, et canæ penetralia Vestæ,
260 Obtestor : quæcumque mihi fortuna fidesque est,
In vestris pono gremiis ; revocate parentem,
Reddite conspectum : nihil illo triste recepto.
Bina dabo argento perfecta atque aspera signis
Pocula, devictâ genitor quæ cepit Arisbâ ;

Etudes grecq. IIIᵉ Partie.

Et tripodas geminos ; auri duo magna talenta ;
Cratera antiquum, quem dat Sidonia Dido.
Si verò capere Italiam sceptrisque potiri
Contigerit victori, et prædæ ducere sortem :
Vidisti, quo Turnus equo, quibus ibat in armis,
270 Aureus ; ipsum illum, clypeum, cristasque rubentes
Excipiam sorti, jàm nunc tua præmia, Nise.
Prætereà bis sex genitor lectissima matrum
Corpora, captivosque dabit, suaque omnibus arma ;
Insuper, id campi quod rex habet ipse Latinus.
Te verò, mea quem spatiis propioribus ætas
Insequitur, venerande puer, jàm pectore toto
Accipio, et comitem casus complector in omnes.
Nulla meis sine te quæretur gloria rebus :
Seu pacem, seu bella geram ; tibi maxima rerum
280 Verborumque fides. » Contrà quem talia fatur
Euryalus : « Me nulla dies tàm fortibus ausis
Dissimilem arguerit ; tantùm fortuna secunda,
Haud adversa cadat ! Sed te super omnia dona
Unum oro : genitrix Priami de gente vetustâ
Est mihi, quam miseram tenuit non Ilia tellus
Mecum excedentem, non mœnia regis Acestæ.
Hanc ego nunc ignaram hujus quodcumque pericli est,
Inque salutatam linquo ; nox et tua testis
Dextera, quòd nequeam lacrymas perferre parentis.
290 At tu, oro, solare inopem, et succurre relictæ.
Hanc sine me spem ferre tuî : audentior ibo
In casus omnes. » Perculsâ mente dederunt
Dardanidæ lacrymas ; antè omnes pulcher Iulus,
Atque animum patriæ strinxit pietatis imago.
Tùm sic effatur :
« Spondeo digna tuis ingentibus omnia cœptis.

Namque erit ista mihi genitrix, nomenque Creusæ
Solum defuerit, nec partum gratia talem
Parva manet ; casus factum quicumque sequetur ,
300 Per caput hoc juro, per quod pater antè solebat :
Quæ tibi polliceor reduci, rebusque secundis,
Hæc eadem matrique tuæ generique manebunt. »
　　Sic ait illacrymans : humero simul exuit ensem
Auratum , mirâ quem fecerat arte Lycaon
Gnossius, atque habilem vaginâ aptârat eburnâ.
Dat Niso Mnestheus pellem horrentisque leonis
Exuvias : galeam fidus permutat Alethes.
Protinùs armati incedunt ; quos omnis euntes
Primorum manus ad portas juvenumque senumque
310 Prosequitur votis ; necnon et pulcher Iulus,
Antè annos animumque gerens curamque virilem,
Multa patri portanda dabat mandata : sed auræ
Omnia discerpunt, et nubibus irrita donant.

Dans le texte grec, Diomède demande un compagnon d'armes. A ces mots, les deux Ajax, Mérion, Thrasymède, Ménélas, Ulysse se présentent à la fois. Agamemnon craignant pour son frère, s'en rapporte au choix de Diomède qui désigne aussitôt Ulysse (*Il. X*, v. 222 à 253.) Virgile a substitué à ce passage, déjà contenu dans son début, une scène dramatique d'un plus haut intérêt. La joie naïve d'Ascagne, les promesses dont il comble Nisus rappellent les présents qu'Agamemnon fait offrir à Achille dans la députation du 9me. chant :

Ὑμῖν δ' ἐν πάντεσσι περικλυτὰ δῶρ' ὀνομήνω·
ἕπτ' ἀπύρους τρίποδας, δέκα δὲ χρυσοῖο τάλαντα,
αἴθωνας δὲ λέβητας ἐείκοσι, δώδεκα δ' ἵππους
πηγοὺς, ἀθλοφόρους, οἳ ἀέθλια ποσσὶν ἄροντο.
. . . .
ταῦτα μὲν αὐτίκα πάντα παρέσσεται· εἰ δέ κεν αὖτε

ἄστυ μέγα Πριάμοιο θεοὶ δώωσ᾽ ἀλαπάξαι,
νῆα ἅλις χρυσοῦ καὶ χαλκοῦ νηησάσθω,
εἰσελθών, ὅτε κεν δατεώμεθα ληΐδ᾽ Ἀχαιοί,
Τρωϊάδας δὲ γυναῖκας ἐείκοσιν αὐτὸς ἑλέσθω.

Il. IX, v. 121 et 135.

Ascagne ajoute à ces libéralités les chevaux de Turnus, comme Hector promet le char d'Achille aux vœux téméraires de Dolon :

Ἴστω νῦν Ζεὺς αὐτὸς, ἐρίγδουπος πόσις Ἥρης,
μὴ μὲν τοῖς ἵπποισιν ἀνὴρ ἐποχήσεται ἄλλος.

Il. X, v. 329.

Tout le discours du jeune prince à Nisus est traduit, comme on le voit, de l'Iliade ; mais Virgile n'a point eu de modèle dans les paroles d'Ascagne à Euryale, et surtout dans la touchante réponse de ce dernier qui respire tout ce que la piété filiale a de plus tendre et de plus héroïque. Les larmes des Troyens rappellent celles des chefs grecs témoins de la douleur d'Achille :

Ὣς ἔφατο κλαίων· ἐπὶ δὲ στενάχοντο γέροντες,
μνησάμενοι τὰ ἕκαστοι ἐνὶ μεγάροισιν ἔλειπον.

Il. XIX, v. 338.

Quant à l'échange fraternel des armes il se retrouve dans l'épisode de Diomède et d'Ulysse qui reçoivent la même marque d'estime de la part de Thrasymède et de Mérion :

Τυδεΐδῃ μὲν δῶκε μενεπτόλεμος Θρασυμήδης
φάσγανον ἄμφηκες-τὸ δ᾽ ἑὸν παρὰ νηΐ λέλειπτο-
καὶ σάκος· ἀμφὶ δέ οἱ κυνέην κεφαλῆφιν ἔθηκεν
ταυρείην, ἄφαλόν τε καὶ ἄλλοφον, ἥτε καταῖτυξ

κέκληται, ῥύεται δὲ κάρη θαλερῶν αἰζηῶν.
Μηριόνης δ' Ὀδυσῆϊ δίδου βιὸν ἠδὲ φαρέτρην,
καὶ ξίφος· ἀμφὶ δέ οἱ κυνέην κεφαλῆφιν ἔθηκεν,
ῥινοῦ ποιητήν· πολέσιν δ' ἔντοσθεν ἱμᾶσιν
ἐντέτατο στερεῶς· ἔκτοσθε δὲ λευκοὶ ὀδόντες
ἀργιόδοντος ὑὸς θαμέες ἔχον ἔνθα καὶ ἔνθα,
εὖ καὶ ἐπισταμένως· μέσσῃ δ' ἐνὶ πῖλος ἀρήρει.
. . . .
τὼ δ' ἐπεὶ οὖν ὅπλοισιν ἔνι δεινοῖσιν ἐδύτην,
βάν ῥ' ἰέναι, λιπέτην δὲ κατ' αὐτόθι πάντας ἀρίστους.

IL. X, v. 255 et 272.

L'Arioste n'a point imité cette partie de l'épisode de Virgile ; mais dans le Tasse, Clorinde et Argant se présentent également au conseil d'Aladin (*Jérusalem*, ch. *XII*, st. 9.)

★

    Egressi superant fossas, noctisque per umbram
Castra inimica petunt, multis tamen antè futuri
Exitio. Passim vino somnoque per herbam
Corpora fusa vident, arrectos littore currus,
Inter lora rotasque viros, simul arma jacere,
Vina simul. Prior Hyrtacides sic ore locutus :
320 « Euryale, audendum dextrâ ; nunc ipsa vocat res.
Hàc iter est : tu, ne qua manus se attollere nobis
A tergo possit, custodi, et consule longè.
Hæc ego vasta dabo, et lato te limite ducam. »
Sic memorat, vocemque premit : simul ense superbum
Rhamnetem aggreditur, qui fortè tapetibus altis
Extructus, toto proflabat pectore somnum ;
Rex idem, et regi Turno gratissimus augur :
Sed non augurio potuit depellere pestem.
Tres juxtà famulos temerè inter tela jacentes,

530 Armigerumque Remi premit, aurigamque sub ipsis
Nactus equis, ferroque secat pendentia colla.
Tùm caput ipsi aufert domino, truncumque relinquit
Sanguine singultantem ; atro tepefacta cruore
Terra torique madent : necnon Lamyrumque, Lamum-
Et juvenem Sarranum, illâ qui plurima nocte [que
Luserat, insignis facie, multoque jacebat
Membra deo victus : felix, si protinùs illum
Æquâsset nocti ludum, in lucemque tulisset !
Impastus ceu plena leo per ovilia turbans,
540 Suadet enim vesana fames, manditque, trahitque
Molle pecus, mutumque metu ; fremit ore cruento.
Nec minor Euryali cædes : incensus et ipse
Perfurit ; ac multam in medio sine nomine plebem,
Fadumque, Herbesumque subit, Rhœtumque, Abarim-
Ignaros ; Rhœtum, vigilantem et cuncta videntem, [que,
Sed magnum metuens se post cratera tegebat :
Pectore in adverso totum cui cominùs ensem
Condidit assurgenti, et multâ morte recepit.
Purpuream vomit ille animam, et cum sanguine mixta
550 Vina refert moriens. Hic furto fervidus instat ;
Jamque ad Messapi socios tendebat, ubi ignem
Deficere extremum, et religatos ritè videbat
Carpere gramen equos : breviter cùm talia Nisus,
Sensit enim nimiâ cæde atque cupidine ferri :
« Absistamus, ait, nam lux inimica propinquat.
Pœnarum exhaustum satis est ; via facta per hostes. »
Multa virûm solido argento perfecta relinquunt
Armaque, craterasque simul, pulchrosque tapetas.
Euryalus phaleras Rhamnetis, et aurea bullis
560 Cingula, Tiburti Remulo ditissimus olim
Quæ mittit dona, hospitio cùm jungeret absens,

Cædicus, ille suo moriens dat habere nepoti,
Post mortem bello Rutuli pugnâque potiti;
Hæc rapit, atque humeris nequicquam fortibus aptat.
Tùm galeam Messapi habilem cristisque decoram
Induit: excedunt castris, et tuta capessunt.

Diomède et Ulysse s'éloignent des vaisseaux, et reçoivent de Minerve un augure favorable. Au même instant, Dolon, espion troyen, s'avance pour reconnoître la position des Grecs. Arrêté par les deux guerriers, il leur découvre la situation de l'armée d'Hector, les postes occupés par les auxiliaires, et l'arrivée des troupes de Rhésus. Il tombe bientôt après sous les coups de Diomède qui fait un trophée de ses armes, et fond avec Ulysse sur le quartier des Thraces, comme Nisus et Euryale dévastent le camp des Rutules :

Τὼ δὲ βάτην προτέρω, διά τ' ἔντεα καὶ μέλαν αἷμα·
αἶψα δ' ἐπὶ Θρηκῶν ἀνδρῶν τέλος ἷξον ἰόντες.
οἱ δ' εὗδον καμάτῳ ἀδδηκότες, ἔντεα δέ σφιν
καλὰ παρ' αὐτοῖσι χθονὶ κέκλιτο, εὖ κατὰ κόσμον,
τριστοιχεί· παρὰ δέ σφιν ἑκάστῳ δίζυγες ἵπποι.
Ῥῆσος δ' ἐν μέσῳ εὗδε, παρ' αὐτῷ δ' ὠκέες ἵπποι
ἐξ ἐπιδιφριάδος πυμάτης ἱμᾶσι δέδεντο.
τὸν δ' Ὀδυσεὺς προπάροιθεν ἰδὼν Διομήδεϊ δεῖξεν·
« Οὗτός τοι, Διόμηδες, ἀνήρ, οὗτοι δέ τοι ἵπποι,
οὓς νῶϊν πίφαυσκε Δόλων, ὃν ἐπέφνομεν ἡμεῖς.
ἀλλ' ἄγε δή, πρόφερε κρατερὸν μένος· οὐδέ τί σε χρὴ
ἑστάμεναι μέλεον σὺν τεύχεσιν· ἀλλὰ λύ' ἵππους·
ἠὲ σύγ' ἄνδρας ἔναιρε, μελήσουσιν δ' ἐμοὶ ἵπποι. »
Ὣς φάτο· τῷ δ' ἔμπνευσε μένος γλαυκῶπις Ἀθήνη·
κτεῖνε δ' ἐπιστροφάδην, τῶν δὲ στόνος ὤρνυτ' ἀεικής,
ἄορι θεινομένων· ἐρυθαίνετο δ' αἵματι γαῖα.
ὡς δὲ λέων μήλοισιν ἀσημάντοισιν ἐπελθών,

αἴγεσιν ἢ οἴεσσι, κακὰ φρονέων ἐνορούσῃ·
ὣς μὲν Θρήϊκας ἄνδρας ἐπώχετο Τυδέος υἱός,
ὄφρα δυώδεκ᾽ ἔπεφνεν· ἀτὰρ πολύμητις Ὀδυσσεύς,
ὅντινα Τυδείδης ἄορι πλήξειε παραστάς,
τὸν δ᾽ Ὀδυσεὺς μετόπισθε λαβὼν ποδὸς ἐξερύσασκεν,
τὰ φρονέων κατὰ θυμόν, ὅπως καλλίτριχες ἵπποι
ῥεῖα διέλθοιεν, μηδὲ τρομεοίατο θυμῷ,
νεκροῖς ἀμβαίνοντες· ἀήθεσσον γὰρ ἔτ᾽ αὐτῶν.
ἀλλ᾽ ὅτε δὴ βασιλῆα κιχήσατο Τυδέος υἱός,
τὸν τρισκαιδέκατον μελιηδέα θυμὸν ἀπηύρα,
ἀσθμαίνοντα· κακὸν γὰρ ὄναρ κεφαλῆφιν ἐπέστη
τὴν νύκτ᾽, Οἰνείδαο πάϊς, διὰ μῆτιν Ἀθήνης.
τόφρα δ᾽ ἄρ᾽ ὁ τλήμων Ὀδυσεὺς λύε μώνυχας ἵππους,
σὺν δ᾽ ἤειρεν ἱμᾶσι, καὶ ἐξήλαυνεν ὁμίλου,
τόξῳ ἐπιπλήσσων· ἐπεὶ οὐ μάστιγα φαεινὴν
ποικίλου ἐκ δίφροιο νοήσατο χερσὶν ἑλέσθαι·
ῥοίζησεν δ᾽ ἄρα, πιφαύσκων Διομήδεϊ δίῳ.

Αὐτὰρ ὁ μερμήριζε μένων, ὅ τι κύντατον ἔρδοι·
ἢ ὅγε δίφρον ἑλών, ὅθι ποικίλα τεύχε᾽ ἔκειτο,
ῥυμοῦ ἐξερύοι, ἢ ἐκφέροι ὑψόσ᾽ ἀείρας·
ἦ ἔτι τῶν πλεόνων Θρηκῶν ἀπὸ θυμὸν ἕλοιτο.
ἕως ὁ ταῦθ᾽ ὥρμαινε κατὰ φρένα, τόφρα δ᾽ Ἀθήνη
ἐγγύθεν ἱσταμένη προσέφη Διομήδεα δῖον·
« Νόστου δὴ μνῆσαι, μεγαθύμου Τυδέος υἱέ,
νῆας ἔπι γλαφυράς· μὴ καὶ πεφοβημένος ἔλθῃς·
μή πού τις καὶ Τρῶας ἐγείρῃσιν θεὸς ἄλλος. »

Ὣς φάθ᾽· ὁ δὲ ξυνέηκε θεᾶς ὄπα φωνησάσης·
καρπαλίμως δ᾽ ἵππων ἐπεβήσατο· κόψε δ᾽ Ὀδυσσεὺς
τόξῳ· τοὶ δ᾽ ἐπέτοντο θοὰς ἐπὶ νῆας Ἀχαιῶν.

IL. X, v. 469.

Outre l'imitation générale de ces vers, on reconnoît dans le texte latin plusieurs autres réminiscences d'Homère : la mort de Rhamnès (*Il. II, v.* 858), celle de Rémus (*Il. VI, v.* 17), la comparaison du lion (*Il. XII*, v. 299), le baudrier de Rhamnès (*Il. X*, v. 266.) Le tableau de Virgile a été fidèlement reproduit par l'Arioste (*Roland*, ch. *XVIII*, st. 172.) Le Tasse s'est borné à peindre l'embrasement de la tour (*Jérusalem*, ch. *XII*, st. 43.)

★

 Intereà præmissi equites ex urbe Latinâ,
Cætera dùm legio campis instructa moratur,
Ibant, et Turno regi responsa ferebant,
370 Tercentum, scutati omnes, Volscente magistro.
 Jamque propinquabant castris, muroque subibant,
Cùm procul hos lævo flectentes limite cernunt,
Et galea Euryalum sublustri noctis in umbrâ
Prodidit immemorem, radiisque adversa refulsit.
 Haud temerè est visum, conclamat ab agmine Volscens :
State, viri ; quæ causa viæ ? quive estis in armis ?
Quòve tenetis iter ? Nihil illi tendere contrà,
Sed celerare fugam in silvas, et fidere nocti.
 Objiciunt equites sese ad divortia nota
380 Hinc atque hinc, omnemque abitum custode coronant.
 Silva fuit latè dumis atque ilice nigrâ
Horrida, quam densi complêrant undique sentes ;
Rara per occultos ducebat semita calles.
 Euryalum tenebræ ramorum onerosaque præda
Impediunt, fallitque timor regione viarum.
Nisus abit : jamque imprudens evaserat hostes
Atque locos, qui post Albæ de nomine dicti
Albani, tùm rex stabula alta Latinus habebat.
 Ut stetit, et frustrà absentem respexit amicum :
390 « Euryale infelix, quâ te regione reliqui ?
 Quâve sequar ? » Rursùs perplexum iter omne revolvens

Fallacis silvæ, simul et vestigia retrò
Observata legit, dumisque silentibus errat.
Audit equos, audit strepitus, et signa sequentum.
Nec longum in medio tempus, cùm clamor ad aures
Pervenit; ac videt Euryalum, quem jàm manus omnis,
Fraude loci et noctis, subito turbante tumultu,
Oppressum rapit, et conantem plurima frustrà.

Ulysse et Diomède retournent victorieux au camp après avoir enlevé les chevaux de Rhésus. Nisus et Euryale au contraire doivent périr victimes de leur amitié. La poursuite d'Euryale par les cavaliers latins est imitée, autant que le permettaient les circonstances, de celle de Dolon par les deux héros grecs:

Τὼ μὲν ἐπιδραμέτην· ὁ δ' ἄρ' ἔστη δοῦπον ἀκούσας.
ἔλπετο γὰρ κατὰ θυμόν, ἀποστρέφοντας ἑταίρους
ἐκ Τρώων ἰέναι, πάλιν Ἕκτορος ὀτρύναντος.
ἀλλ' ὅτε δή ῥ' ἄπεσαν δουρηνεκές, ἢ καὶ ἔλασσον,
γνῶ ῥ' ἄνδρας δηΐους, λαιψηρὰ δὲ γούνατ' ἐνώμα
φευγέμεναι· τοὶ δ' αἶψα διώκειν ὡρμήθησαν.
ὡς δ' ὅτε καρχαρόδοντε δύω κύνε, εἰδότε θήρης,
ἢ κεμάδ' ἠὲ λαγωὸν ἐπείγετον ἐμμενὲς αἰεί
χῶρον ἀν' ὑλήενθ', ὁ δέ τε προθέῃσι μεμηκώς·
ὣς τὸν Τυδείδης ἠδὲ πτολίπορθος Ὀδυσσεύς
λαοῦ ἀποτμήξαντε, διώκετον ἐμμενὲς αἰεί.
ἀλλ' ὅτε δὴ τάχ' ἔμελλε μιγήσεσθαι φυλάκεσσιν,
φεύγων ἐς νῆας, τότε δὴ μένος ἔμβαλ' Ἀθήνη
Τυδείδῃ, ἵνα μήτις Ἀχαιῶν χαλκοχιτώνων
φθαίη ἐπευξάμενος βαλέειν, ὁ δὲ δεύτερος ἔλθοι.
δουρὶ δ' ἐπαΐσσων προσέφη κρατερὸς Διομήδης·
« Ἠὲ μέν', ἠέ σε δουρὶ κιχήσομαι! οὐδέ σέ φημι
δηρὸν ἐμῆς ἀπὸ χειρὸς ἀλύξειν αἰπὺν ὄλεθρον. »

Ἦ ῥα, καὶ ἔγχος ἀφῆκεν, ἑκὼν δ' ἡμάρτανε φωτός.
δεξιτερὸν δ' ὑπὲρ ὦμον ἐΰξου δουρὸς ἀκωκὴ
ἐν γαίῃ ἐπάγη· ὁ δ' ἄρ' ἔστη, τάρβησέν τε,
βαμβαίνων, ἄραβος δὲ διὰ στόμα γίγνετ' ὀδόντων,
χλωρὸς ὑπαὶ δείους. τὼ δ' ἀσθμαίνοντε κιχήτην,
χειρῶν δ' ἀψάσθην· ὁ δὲ δακρύσας ἔπος ηὔδα.

IL. X, v. 354.

★

    Quid faciat? quâ vi juvenem, quibus audeat armis
400 Eripere? an sese medios moriturus in hostes
    Inferat, et pulchram properet per vulnera mortem?
    Ociùs adducto torquens hastile lacerto,
    Suspiciens altam lunam, sic voce precatur:
    « Tu, dea, tu præsens nostro succurre labori,
    Astrorum decus, et nemorum Latonia custos.
    Si qua tuis unquam pro me pater Hyrtacus aris
    Dona tulit, si qua ipse meis venatibus auxi,
    Suspendive tholo, aut sacra ad fastigia fixi:
    Hunc sine me turbare globum, et rege tela per auras. »
410   Dixerat; et toto connixus corpore ferrum
    Conjicit: hasta volans noctis diverberat umbras,
    Et venit adversi in tergum Sulmonis, ibique
    Frangitur, ac fisso transit præcordia ligno.
    Volvitur ille vomens calidum de pectore flumen
    Frigidus, et longis singultibus ilia pulsat.
    Diversi circumspiciunt: hoc acrior idem
    Ecce aliud summâ telum librabat ab aure;
    Dùm trepidant, iit hasta Tago per tempus utrumque
    Stridens, trajectoque hæsit tepefacta cerebro.

420 Sævit atrox Volscens, nec teli conspicit usquam
Auctorem, nec quò se ardens immittere possit :
« Tu tamen intereà calido mihi sanguine pœnas
Persolves amborum, » inquit. Simul ense recluso
Ibat in Euryalum. Tùm verò exterritus, amens,
Conclamat Nisus, nec se celare tenebris
Ampliùs, aut tantum potuit perferre dolorem :
« Me, me, adsum qui feci : in me convertite ferrum,
O Rutuli ! mea fraus omnis ; nihil iste nec ausus,
Nec potuit : cœlum hoc et conscia sidera testor.
430 Tantùm infelicem nimiùm dilexit amicum. »
Talia dicta dabat : sed viribus ensis adactus
Transabiit costas, et candida pectora rupit.
Volvitur Euryalus letho, pulchrosque per artus
It cruor, inque humeros cervix collapsa recumbit :
Purpureus veluti cùm flos succisus aratro
Languescit moriens ; lassove papavera collo
Demisêre caput, pluviâ cùm fortè gravantur.
   At Nisus ruit in medios, solumque per omnes
Volscentem petit, in solo Volscente moratur.
440 Quem circùm glomerati hostes hinc cominùs atque hinc
Proturbant : instat non seciùs, ac rotat ensem
Fulmineum, donec Rutuli clamantis in ore
Condidit adverso, et moriens animam abstulit hosti.
Tùm super examinem sese projecit amicum
Confossus, placidâque ibi demùm morte quievit.
Fortunati ambo ! si quid mea carmina possunt,
Nulla dies unquam memori vos eximet ævo,
Dùm domus Æneæ Capitoli immobile saxum
Accolet, imperiumque pater Romanus habebit.

L'invocation de Nisus à Diane rappelle celle que Diomède, blessé par Pandarus, fait à Minerve au 5me. chant :

Κλῦθί μοι, αἰγιόχοιο Διὸς τέκος, Ἀτρυτώνη!
εἴποτέ μοι καὶ πατρὶ φίλα φρονέουσα παρέστης
δηΐῳ ἐν πολέμῳ, νῦν αὖτ᾽ ἐμὲ φῖλαι, Ἀθήνη·
δὸς δέ τέ μ᾽ ἄνδρα ἑλεῖν, καὶ ἐς ὁρμὴν ἔγχεος ἐλθεῖν,
ὅς μ᾽ ἔβαλε φθάμενος, καὶ ἐπεύχεται, οὐδέ μέ φησιν
δηρὸν ἔτ᾽ ὄψεσθαι λαμπρὸν φάος ἠελίοιο.

Il. V, v. 115.

On peut encore en rapprocher celle de Chrysès à Apollon, (*Il. I, v.* 37) et celle d'Ulysse à Minerve (*Il. X, v.* 278). Les blessures de Sulmon et de Tagus sont également tirées d'Homère (*Il. XI, v.* 447; *IV, v.* 501.) Quant à l'élan généreux de Nisus qui vient livrer sa tête pour sauver son ami, il rappelle celui d'Hector se précipitant au-devant d'Achille pour venger son frère Polydore :

Ἕκτωρ δ᾽ ὡς ἐνόησε κασίγνητον Πολύδωρον
ἔντερα χερσὶν ἔχοντα, λιαζόμενον προτὶ γαίῃ,
κὰρ ῥά οἱ ὀφθαλμῶν κέχυτ᾽ ἀχλύς· οὐδ᾽ ἄρ᾽ ἔτ᾽ ἔτλη
δηρὸν ἑκὰς στρωφᾶσθ᾽, ἀλλ᾽ ἀντίος ἦλθ᾽ Ἀχιλῆϊ,
ὀξὺ δόρυ κραδάων, φλογὶ εἴκελος.

Il. XX, v. 419.

La charmante comparaison d'Euryale mourant est appliquée par Homère à un fils de Priam,

Μήκων δ᾽ ὡς ἑτέρωσε κάρη βάλεν, ἥτ᾽ ἐνὶ κήπῳ,
καρπῷ βριθομένη, νοτίῃσί τε εἰαρινῇσιν·
ὣς ἑτέρωσ᾽ ἤμυσε κάρη πήληκι βαρυνθέν.

Il. VIII, v. 306.

Apollonius a développé cette image (*Argon. III, v.* 1396), et Catulle en a enrichi son épithalame de *Manlius*. Elle a été reproduite, après Virgile, par Ovide dans la mort d'Hyacinthe (*Métam.* X, v. 190.), par l'Arioste dans celle de Dardinel (*Roland*, ch. XVIII, st. 153), par Voltaire dans celle de Joyeuse (*Henriade*, ch. III, v. 215), et par Klopstock (*Messiade*, ch. VIII, v. 471.) L'Arioste a traduit littéralement toute cette partie de l'épisode de Virgile : l'arrivée de Volscens est remplacée par celle de Zerbin, la blessure d'Euryale par celle de Médor, la mort de Nisus par celle de Cloridan (*Roland*, ch. XVIII, st. 188, à ch. XIX, st. 15.) Le Tasse, s'élevant à la hauteur de l'inspiration chrétienne, a surpassé Virgile dans la mort de Clorinde (*Jérusalem*, ch. XII, st. 47 à 69.)

★

450 Victores prædâ Rutuli spoliisque potiti,
Volscentem exanimum flentes in castra ferebant.
Nec minor in castris luctus, Rhamnete reperto
Exsangui, et primis unâ tot cæde peremptis,
Sarranoque, Numâque : ingens concursus ad ipsa
Corpora, seminecesque viros, tepidâque recentem
Cæde locum, et plenos spumanti sanguine rivos.
Agnoscunt spolia inter se, galeamque nitentem
Messapi, et multo phaleras sudore receptas.
  Et jàm prima novo spargebat lumine terras
460 Tithoni croceum linquens Aurora cubile ;
Jàm sole infuso, jàm rebus luce retectis,
Turnus in arma viros, armis circumdatus ipse,
Suscitat ; æratasque acies in prælia cogit
Quisque suas, variisque acuunt rumoribus iras.
Quin ipsa arrectis, visu miserabile, in hastis
Præfigunt capita, et multo clamore sequuntur,
Euryali et Nisi.

Æneadæ duri murorum in parte sinistrâ
Opposuêre aciem, nam dextera cingitur amni;
470 Ingentesque tenent fossas, et turribus altis
Stant mœsti; simul ora virûm præfixa videbant,
Nota nimis miseris, atroque fluentia tabo.

Ici Virgile revient à l'imitation du 10me. chant, où Homère peint également le tumulte des Troyens, réveillés par Apollon après le départ des deux chefs :

Οὐδ' ἀλαοσκοπίην εἶχ' ἀργυρότοξος Ἀπόλλων,
ὡς ἴδ' Ἀθηναίην μετὰ Τυδέος υἱὸν ἔπουσαν·
τῇ κοτέων, Τρώων κατεδύσατο πουλὺν ὅμιλον,
ὦρσεν δὲ Θρηκῶν βουληφόρον Ἱπποκόωντα,
Ῥήσου ἀνεψιὸν ἐσθλόν. ὁ δ' ἐξ ὕπνου ἀνορούσας,
ὡς ἴδε χῶρον ἐρῆμον, ὅθ' ἔστασαν ὠκέες ἵπποι,
ἄνδρας τ' ἀσπαίροντας ἐν ἀργαλέῃσι φονῇσιν,
ᾤμωξέν τ' ἄρ' ἔπειτα, φίλον τ' ὀνόμηνεν ἑταῖρον.
Τρώων δὲ κλαγγή τε καὶ ἄσπετος ὦρτο κυδοιμός,
θυνόντων ἄμυδις· θηεῦντο δὲ μέρμερα ἔργα,
ὅσσ' ἄνδρες ῥέξαντες ἔβαν κοίλας ἐπὶ νῆας.

IL. X, v. 515.

Turnus s'arme au lever de l'aurore, comme Agamemnon après l'expédition :

Ἠὼς δ' ἐκ λεχέων παρ' ἀγαυοῦ Τιθωνοῖο
ὤρνυθ', ἵν' ἀθανάτοισι φόως φέροι ἠδὲ βροτοῖσιν.
. . . .
Ἀτρείδης δ' ἐβόησεν, ἰδὲ ζώννυσθαι ἄνωγεν
Ἀργείους· ἐν δ' αὐτὸς ἐδύσατο νώροπα χαλκόν.
. . . .
αὐτοὶ δὲ πρυλέες σὺν τεύχεσι θωρηχθέντες
ῥώοντ', ἄσβεστος δὲ βοὴ γένετ' ἠῶθι πρό.

IL. XI, v. 1, 15 et 49.

★

Intereà pavidam volitans pennata per urbem
Nuntia fama ruit, matrisque allabitur aures
Euryali : ac subitus miseræ calor ossa reliquit,
Excussi manibus radii, revolutaque pensa.
Evolat infelix, et fœmineo ululatu,
Scissa comam, muros amens atque agmina cursu
Prima petit : non illa virûm, non illa pericli
480 Telorumque memor ; cœlum dehinc questibus implet :
« Hunc ego te, Euryale, aspicio ? tu-ne illa senectæ
Sera meæ requies ? potuisti linquere solam,
Crudelis ? nec te, sub tanta pericula missum,
Affari extremùm miseræ data copia matri ?
Heu ! terrâ ignotâ, canibus data præda Latinis
Alitibusque, jaces ! nec te, tua funera, mater
Produxi, pressive oculos, aut vulnera lavi,
Veste tegens, tibi quam noctes festina diesque
Urgebam, et telâ curas solabar aniles.
490 Quò sequar ? aut quæ nunc artus avulsaque membra,
Et funus lacerum tellus habet ? hoc mihi de te,
Nate, refers ? hoc sum terrâque marique secuta ?
Figite me, si qua est pietas, in me omnia tela
Conjicite, o Rutuli, me primam absumite ferro !
Aut tu, magne pater divûm, miserere, tuoque
Invisum hoc detrude caput sub Tartara telo,
Quandò aliter nequeo crudelem abrumpere vitam. »
Hoc fletu concussi animi, mœstusque per omnes
It gemitus ; torpent infractæ ad prælia vires.
500 Illam incendentem luctus Idæus et Actor,
Ilionei monitu, et multùm lacrymantis Iuli,
Corripiunt, interque manus sub tecta reponunt.

La vengeance atroce que les Rutules tirent de Nisus et d'Euryale rappelle celle qu'Achille exerce sur les restes d'Hector. Aussi la douleur des Troyens et le désespoir de la mère d'Euryale sont-ils tracés d'après le sublime tableau de la désolation de la famille de Priam (*Il. XXII*, v. 395 à 515.) Virgile a surtout imité l'endroit où Andromaque s'élance sur les murs, lorsqu'elle entend les gémissements d'Hécube :

Ὡς ἔφατο κλαίουσ'· ἄλοχος δ' οὔπω τι πέπυστο
Ἑκτορος· οὐ γάρ οἵ τις ἐτήτυμος ἄγγελος ἐλθὼν
ἤγγειλ', ὅττι ῥά οἱ πόσις ἔκτοθι μίμνε πυλάων·
ἀλλ' ἥγ' ἱστὸν ὕφαινε, μυχῷ δόμου ὑψηλοῖο,
δίπλακα πορφυρέην, ἐν δὲ θρόνα ποικίλ' ἔπασσεν.
κέκλετο δ' ἀμφιπόλοισιν ἐϋπλοκάμοις κατὰ δῶμα,
ἀμφὶ πυρὶ στῆσαι τρίποδα μέγαν, ὄφρα πέλοιτο
Ἑκτορι θερμὰ λοετρὰ μάχης ἐκ νοστήσαντι·
νηπίη! οὐδ' ἐνόησεν, ὅ μιν μάλα τῆλε λοετρῶν
χερσὶν Ἀχιλλῆος δάμασε γλαυκῶπις Ἀθήνη.
κωκυτοῦ δ' ἤκουσε καὶ οἰμωγῆς ἀπὸ πύργου,
τῆς δ' ἐλελίχθη γυῖα, χαμαὶ δέ οἱ ἔκπεσε κερκίς·
ἡ δ' αὖτις δμωῇσιν ἐϋπλοκάμοισι μετηύδα·
« Δεῦτε, δύω μοι ἕπεσθον, ἴδωμ', ὅτιν' ἔργα τέτυκται.
αἰδοίης ἑκυρῆς ὀπὸς ἔκλυον· ἐν δ' ἐμοὶ αὐτῇ
στήθεσι πάλλεται ἦτορ ἀνὰ στόμα, νέρθε δὲ γοῦνα
πήγνυται· ἐγγύς δή τι κακὸν Πριάμοιο τέκεσσιν. »
. . . .
Ὡς φαμένη, μεγάροιο διέσσυτο, μαινάδι ἴση,
παλλομένη κραδίην· ἅμα δ' ἀμφίπολοι κίον αὐτῇ·
αὐτὰρ ἐπεὶ πύργον τε καὶ ἀνδρῶν ἷξεν ὅμιλον
ἔστη παπτήνασ' ἐπὶ τείχεϊ· τὸν δ' ἐνόησεν
ἑλκόμενον πρόσθεν πόλιος· ταχέες δέ μιν ἵπποι
ἕλκον δ' ἀκηδέστως κοίλας ἐπὶ νῆας Ἀχαιῶν.
τὴν δὲ κατ' ὀφθαλμῶν ἐρεβεννὴ νὺξ ἐκάλυψεν·
ἤριπε δ' ἐξοπίσω, ἀπὸ δὲ ψυχὴν ἐκάπυσσεν.
. . . .
ἡ δ' ἐπεὶ οὖν ἄμπνυτο, καὶ ἐς φρένα θυμὸς ἀγέρθη,
ἀμβλήδην γοόωσα, μετὰ Τρωῇσιν ἔειπεν·

Etudes grecq. IIIe Partie.

« Εκτορ, ἐγὼ δύστηνος ! ἰῇ ἄρα γεινόμεθ' αἴσῃ
ἀμφότεροι, σὺ μὲν ἐν Τροίῃ Πριάμου κατὰ δῶμα,
αὐτὰρ ἐγὼ Θήβῃσιν ὑπὸ Πλάκῳ ὑληέσσῃ,
ἐν δόμῳ Ἠετίωνος, ὅ μ' ἔτρεφε τυτθὸν ἐοῦσαν,
δύσμορος αἰνόμορον· ὡς μὴ ὤφελλε τεκέσθαι !
. . . .
νῦν δέ σε μὲν παρὰ νηυσὶ κορωνίσι, νόσφι τοκήων,
αἰόλαι εὐλαὶ ἔδονται, ἐπεί κε κύνες κορέσωνται,
γυμνόν· ἀτάρ τοι εἵματ' ἐνὶ μεγάροισι κέονται,
λεπτά τε καὶ χαρίεντα, τετυγμένα χερσὶ γυναικῶν.
ἀλλ' ἤτοι τάδε πάντα καταφλέξω πυρὶ κηλέῳ,
οὐδὲν σοίγ' ὄφελος, ἐπεὶ οὐκ ἐγκείσεαι αὐτοῖς,
ἀλλὰ πρὸς Τρώων καὶ Τρωϊάδων κλέος εἶναι.

IL. XXII, v. 437, 460, 475 et 508.

Virgile a encore eu sous les yeux les plaintes d'Hécube (*Il. XXII, v.* 431), celles d'Andromaque en recevant le corps d'Hector (*Il. XXIV, v.* 725), et cette exclamation de Pénélope inconsolable de la perte d'Ulysse :

Ἀρτεμι, πότνα θεά, θύγατερ Διός, αἴθε μοι ἤδη
ἰὸν ἐνὶ στήθεσσι βαλοῦσ' ἐκ θυμὸν ἕλοιο
αὐτίκα νῦν· ἢ ἔπειτά μ' ἀναρπάξασα θύελλα
οἴχοιτο προφέρουσα κατ' ἠερόεντα κέλευθα,
ἐν προχοῇς δὲ βάλοι ἀψορρόου ὠκεανοῖο.

OD. XX, v. 61.

Tout à coup la trompette retentit, les Rutules montent à l'assaut, et le fracas des armes remplace les accents de la douleur. Le poëte suit l'essor du chantre d'Achille dans le développement du 12me. chant de l'Iliade, où les Troyens franchissent les retranchements des Grecs.

Dans le récit d'Homère, les troupes troyennes victorieuses s'avancent jusqu'au bord du fossé; bientôt elles descendent de leurs chars, et se partagent en cinq bataillons, commandés par Hector, Pâris, Asius, Enée et Sarpédon. Asius attaque l'une des portes défendue par les géants Polypète et Léontée, qui font de ses troupes un horrible carnage ; Hector, malgré un présage sinistre, marche vers la tour des deux Ajax, tandis que Sarpédon escalade celle de Mnesthée. Celui-ci appelle le grand Ajax à son secours, et Hector profitant de cet instant lance contre la porte un éclat de rocher, la brise et pénètre dans le camp.

———

IV.

At tuba terribilem sonitum procul ære canoro
Increpuit : sequitur clamor, cœlumque remugit.
Accelerant actâ pariter testudine Volsci,
Et fossas implere parant, ac vellere vallum.
Quærunt pars aditum, et scalis ascendere muros,
Quà rara est acies, interlucetque corona
Non tàm spissa viris. Telorum effundere contrà
510 Omne genus Teucri, ac duris detrudere contis,
Assueti longo muros defendere bello.
Saxa quoque infesto volvebant pondere, si quà
Possent tectam aciem perrumpere ; cùm tamen omnes
Ferre libet subter densâ testudine casus.
Nec jàm sufficiunt : nam quà globus imminet ingens,
Immanem Teucri molem volvuntque ruuntque,
Quæ stravit Rutulos latè, armorumque resolvit
Tegmina ; nec curant cæco contendere marte
Ampliùs audaces Rutuli, sed pellere vallo
520 Missilibus certant.

Parte aliâ horrendus visu quassabat Etruscam
Pinum, et fumiferos infert Mezentius ignes.
At Messapus, equûm domitor, Neptunia proles,
Rescindit vallum, et scalas in mœnia poscit.

Les deux premiers vers exprimant le son de la trompette sont imités d'Homère et d'Ennius :

Ὡς δ' ὅτ' ἀριζήλη φωνή, ὅτε τ' ἴαχε σάλπιγξ
ἄστυ περιπλομένων δηΐων ὑπὸ θυμοραϊστέων.

IL. XVIII, v. 219.

At tuba terribili sonitu taratantara dixit.
Ennius.

Tout le reste de la description, reproduit littéralement par le Tasse dans l'attaque de Jérusalem (*ch. XI, st.* 33), est imité du 12me. chant de l'Iliade, où Hector livre l'assaut aux retranchements des Grecs :

Ὡς ἄρα φωνήσας ἡγήσατο· τοὶ δ' ἄμ' ἕποντο
ἠχῇ θεσπεσίῃ· ἐπὶ δὲ Ζεὺς τερπικέραυνος
ὦρσεν ἀπ' Ἰδαίων ὀρέων ἀνέμοιο θύελλαν,
ἥ ῥ' ἰθὺς νηῶν κονίην φέρεν· αὐτὰρ Ἀχαιῶν
θέλγε νόον, Τρωσὶν δὲ καὶ Ἕκτορι κῦδος ὄπαζεν.
τοῦπερ δὴ τεράεσσι πεποιθότες ἠδὲ βίηφιν,
ῥήγνυσθαι μέγα τεῖχος Ἀχαιῶν πειρήτιζον·
κρόσσας μὲν πύργων ἔρυον, καὶ ἔρειπον ἐπάλξεις,
στήλας τε προβλῆτας ἐμόχλεον, ἃς ἄρ' Ἀχαιοὶ
πρώτας ἐν γαίῃ θέσαν ἔμμεναι ἔχματα πύργων,
τὰς οἵγ' αὔερυον, ἔλποντο δὲ τεῖχος Ἀχαιῶν
ῥήξειν. οὐδέ νύ πω Δαναοὶ χάζοντο κελεύθου·
ἀλλ' οἵγε ῥινοῖσι βοῶν φράξαντες ἐπάλξεις,
βάλλον ἀπ' αὐτάων δηΐους ὑπὸ τεῖχος ἰόντας.
. . . .

LIVRE IX.

τῶν δ' ὥστε νιφάδες χιόνος πίπτουσι θαμειαὶ
ἤματι χειμερίῳ, ὅτε τ' ὤρετο μητίετα Ζεὺς
νιφέμεν, ἀνθρώποισι πιφαυσκόμενος τὰ ἃ κῆλα·
κοιμήσας δ' ἀνέμους χέει ἔμπεδον, ὄφρα καλύψῃ
ὑψελῶν ὀρέων κορυφὰς καὶ πρώονας ἄκρους,
καὶ πεδία λωτεῦντα καὶ ἀνδρῶν πίονα ἔργα,
καί τ' ἐφ' ἁλὸς πολιῆς κέχυται λιμέσιν τε καὶ ἀκταῖς,
κῦμα δέ μιν προσπλάζον ἐρύκεται· ἄλλα τε πάντα
εἰλύαται καθύπερθ', ὅτ' ἐπιβρίσῃ Διὸς ὄμβρος·
ὣς τῶν ἀμφοτέρωσε λίθοι πωτῶντο θαμειαί,
αἱ μὲν ἄρ' ἐς Τρῶας, αἱ δ' ἐκ Τρώων ἐς Ἀχαιούς,
βαλλομένων· τὸ δὲ τεῖχος ὕπερ πᾶν δοῦπος ὀρώρει.

IL. XII, v. 251 et 278.

*

Vos, o Calliope, precor, aspirate canenti,
Quas ibi tùm ferro strages, quæ funera Turnus
Ediderit, quem quisque virum demiserit orco;
Et mecum ingentes oras evolvite belli :
Et meministis enim, divæ, et memorare potestis.
530. Turris erat vasto suspectu, et pontibus altis,
Opportuna loco, summis quam viribus omnes
Expugnare Itali, summâque evertere opum vi
Certabant : Troës contrà defendere saxis,
Perque cavas densi tela intorquere fenestras.
Princeps ardentem conjecit lampada Turnus,
Et flammam affixit lateri ; quæ plurima vento
Corripuit tabulas, et postibus hæsit adesis.
Turbati trepidare intùs, frustràque malorum
Velle fugam : dùm se glomerant, retròque residunt
540 In partem quæ peste caret, tùm pondere turris
Procubuit subitò, et cœlum tonat omne fragore.

Semineces ad terram, immani mole secutâ,
Confixique suis telis, et pectora duro
Transfossi ligno veniunt. Vix unus Helenor,
Et Lycus elapsi; quorum primævus Helenor,
Mæonio regi quem serva Lycimnia furtim
Sustulerat, vetitisque ad Trojam miserat armis,
Ense levis nudo, parmâque inglorius albâ.
Isque ubi se Turni media inter millia vidit,
550 Hinc acies, atque hinc acies adstare Latinas :
Ut fera, quæ densâ venantum septa coronâ
Contrà tela furit, seseque haud nescia morti
Injicit, et saltu suprà venabula fertur :
Haud aliter juvenis medios moriturus in hostes
Irruit, et quà tela videt densissima, tendit.
At pedibus longè melior Lycus, inter et hostes,
Inter et arma fugâ muros tenet, altaque certat
Prendere tecta manu, sociûmque attingere dextras.
Quem Turnus, pariter cursu teloque secutus,
560 Increpat his victor : « Nostrasne evadere, demens,
Sperâsti te posse manus? » Simul arripit ipsum
Pendentem, et magnâ muri cum parte revellit.
Qualis ubi aut leporem, aut candenti corpore cycnum
Sustulit alta petens pedibus Jovis armiger uncis;
Quæsitum aut matri multis balatibus agnum
Martius à stabulis rapuit lupus. Undique clamor
Tollitur : invadunt, et fossas aggere complent;
Ardentes tædas alii ad fastigia jactant.

L'invocation qui ouvre ce morceau correspond aux vers d'Homère sur Hector :

Ενθα τίνα πρῶτον, τίνα δ' ὕστατον ἐξενάριξεν
Εκτωρ Πριαμίδης, ὅτε οἱ Ζεὺς κῦδος ἔδωκεν;
IL. XI, v. 299.

L'embrasement de la tour, imité par le Tasse dans l'expédition de Clorinde et d'Argant (*Jérusalem*, ch. XII, st. 44), paroît correspondre aux deux passages de l'Iliade où Hector attaque et brûle le vaisseau de Protésilas (*Il. XV*, v. 704; *XVI*, v. 112.)

Le portrait d'Hélénor, fils d'une esclave, est tracé sur celui de Bucolion :

Βουκολίων δ' ἦν υἱὸς ἀγαυοῦ Λαομέδοντος,
πρεσβύτατος γενεῇ, σκότιον δέ ἑ γείνατο μήτηρ.

IL. VI, v. 23.

La comparaison qui peint son noble dévouement est appliquée par Homère à Hector :

Αὐτὰρ ὅγ', ὡς τὸ πρόσθεν, ἐμάρνατο ἶσος ἀέλλῃ.
ὡς δ' ὅτ' ἂν ἐν κύνεσσι καὶ ἀνδράσι θηρευτῆσιν
κάπριος ἠὲ λέων στρέφεται, σθένεϊ βλεμεαίνων·
οἱ δέ τε πυργηδὸν σφέας αὐτοὺς ἀρτύναντες
ἀντίοι ἵστανται, καὶ ἀκοντίζουσι θαμειὰς
αἰχμὰς ἐκ χειρῶν· τοῦ δ' οὔποτε κυδάλιμον κῆρ
ταρβεῖ, οὐδὲ φοβεῖται· ἀγηνορίη δέ μιν ἔκτα.

IL. XII, v. 40.

Ces vers ont été reproduits par l'Arioste (*Roland*, ch. XIV, st. 120.) La victoire de Turnus sur Lycus rappelle l'exploit de Sarpédon, dans l'attaque des retranchements :

Ἀλλ' ὅγε Θεστορίδην Ἀλκμάονα δουρὶ τυχήσας
νύξ', ἐκ δ' ἔσπασεν ἔγχος· ὁ δ' ἑσπόμενος πέσε δουρὶ
πρηνής, ἀμφὶ δέ οἱ βράχε τεύχεα ποικίλα χαλκῷ.
Σαρπηδὼν δ' ἄρ' ἔπαλξιν ἑλὼν χερσὶ στιβαρῇσιν,
ἕλχ'· ἡ δ' ἕσπετο πᾶσα διαμπερές, αὐτὰρ ὕπερθεν
τεῖχος ἐγυμνώθη, πολέεσσι δὲ θῆκε κέλευθον.

IL. XII, v. 394.

La dernière comparaison, également imitée par l'Arioste (*Roland, ch. XI, st.* 20), se retrouve sous différentes formes dans l'Iliade (*ch. XV, v.* 690; *XVII, v.* 674), et surtout dans la peinture d'Hector se précipitant sur Achille :

Οἴμησεν δὲ ἀλείς, ὥστ' αἰετὸς ὑψιπετήεις,
ὅστ' εἶσιν πεδίονδε διὰ νεφέων ἐρεβεννῶν,
ἁρπάξων ἢ ἄρν' ἀμαλὴν, ἢ πτῶκα λαγωόν·
ὣς Ἕκτωρ οἴμησε, τινάσσων φάσγανον ὀξύ.
Il. XXII. v. 308.

    Ilioneus saxo atque ingenti fragmine montis
570 Lucetium, portæ subeuntem, ignesque ferentem,
Emathiona Liger, Corynæum sternit Asylas,
Hic jaculo bonus, hic longè fallente sagittâ;
Ortygium Cæneus, victorem Cænea Turnus,
Turnus Ityn, Cloniumque, Dioxippum, Promolumque,
Et Sagarim, et summis stantem pro turribus Idam;
Privernum Capys : hunc primò levis hasta Themillæ
Strinxerat; ille manum projecto tegmine demens
Ad vulnus tulit : ergò alis allapsa sagitta,
Et lævo affixa est lateri manus, abditaque intùs
580 Spiramenta animæ lethali vulnere rupit.
    Stabat in egregiis Arcentis filius armis,
Pictus acu chlamydem, et ferrugine clarus Iberâ,
Insignis facie, genitor quem miserat Arcens,
Eductum Matris luco, Symæthia circùm
Flumina, pinguis ubi et placabilis ara Palici :
Stridentem fundam, positis Mezentius hastis,
Ipse ter adductâ circùm caput egit habenâ;
Et media adversi liquefacto tempora plumbo
Diffidit, ac multâ porrectum extendit arenâ,

Ces tableaux de combats réciproques reviennent très-souvent dans Homère (*Il. VI*, v. 29; *XII*, v. 182; *XIV*, v. 511; *XV*, v. 328). Les blessures de Lucétius, de Priverne et d'Arcens correspondent à celles de Calétor, d'Hélénus et de Cébrion:

Ενθ' υἷα Κλυτίοιο Καλήτορα φαίδιμος Αἴας
πῦρ ἐς νῆα φέροντα, κατὰ στῆθος βάλε δουρί.
δούπησεν δὲ πεσών, δαλὸς δέ οἱ ἔκπεσε χειρός.

Il. XV, v. 419.

Ἀτρείδης δ' ἄρα χεῖρα, βοὴν ἀγαθὸς Μενέλαος,
τὴν βάλεν, ᾗ ῥ' ἔχε τόξον ἔϋξοον· ἐν δ' ἄρα τόξῳ
ἀντικρὺ διὰ χειρὸς ἐλήλατο χάλκεον ἔγχος.

Il. XIII, v. 593.

Οὐδ' ἀλίωσε βέλος· βάλε δ' Ἕκτορος ἡνιοχῆα,
Κεβριόνην, νόθον υἱὸν ἀγακλῆος Πριάμοιο,
ἵππων ἡνί' ἔχοντα, μετώπιον ὀξέϊ λᾶϊ.

Il. XVI, v. 737.

V.

590 Tum primùm bello celerem intendisse sagittam
Dicitur, antè feras solitus terrere fugaces,
Ascanius, fortemque manu fudisse Numanum,
Cui Remulo cognomen erat, Turnique minorem
Germanam nuper thalamo sociatus habebat.
Is primam antè aciem digna atque indigna relatu
Vociferans, tumidusque novo præcordia regno
Ibat, et ingenti sese clamore ferebat:
« Non pudet obsidione iterùm valloque teneri,
Bis capti Phryges, et marti prætendere muros?
600 En; qui nostra sibi bello connubia poscunt!

Quis deus Italiam, quæ vos dementia adegit?
Non hîc Atridæ, nec fandi fictor Ulysses.
Durum à stirpe genus : natos ad flumina primùm
Deferimus, sævoque gelu duramus et undis.
Venatu invigilant pueri, silvasque fatigant;
Flectere ludus equos, et spicula tendere cornu.
At patiens operum, parvoque assueta juventus,
Aut rastris terram domat, aut quatit oppida bello.
Omne ævum ferro teritur, versâque juvencûm
610 Terga fatigamus hastâ ; nec tarda senectus
Debilitat vires animi, mutatque vigorem :
Canitiem galeâ premimus, semperque recentes
Convectare juvat prædas, et vivere rapto.
Vobis picta croco et fulgenti murice vestis,
Desidiæ cordi : juvat indulgere choreis;
Et tunicæ manicas, et habent redimicula mitræ.
O verè Phrygiæ, neque enim Phryges ! ite per alta
Dindyma, ubi assuetis biforem dat tibia cantum;
Tympana vos buxusque vocant Berecynthia Matris
620 Idææ : sinite arma viris, et cedite ferro. »

L'épisode de Numanus a le double avantage d'interrompre un instant les scènes meurtrières, et d'ennoblir le caractère d'Ascagne destiné à régner un jour sur les Troyens. Le discours du guerrier rutule, imité par le Tasse dans celui d'Argillan (*Jérusalem*, ch. IX, st. 76), contient plusieurs réminiscences d'Homère; le premier vers est tiré des paroles d'Hector après l'apparition d'Achille :

Ἦ οὔπω κεκόρησθε ἐελμένοι ἔνδοθι πύργων;
Il. XVIII, v. 287.

Le tableau des mœurs de l'Italie appartient en entier à Virgile. Les Celtes observoient les mêmes usages, suivant cette ancienne épigramme :

Θαρσαλέοι Κελτοὶ ποταμῷ ζηλήμονι Ῥήνῳ
τέκνα ταλαντεύουσι, καὶ οὐ πάρος εἰσὶ τοκῆες
πρὶν παῖδ' ἀθρήσωσι λελουμένον ὕδατι σεμνῷ.

Anthologie, liv. I.

La mollesse que Numanus reproche aux Troyens est celle des sujets d'Alcinoüs :

Οὐ γὰρ πυγμάχοι εἰμὲν ἀμύμονες, οὐδὲ παλαισταί,
ἀλλὰ ποσὶ κραιπνῶς θέομεν, καὶ νηυσὶν ἄριστοι·
αἰεὶ δ' ἡμῖν δαίς τε φίλη, κίθαρίς τε, χοροί τε,
εἵματά τ' ἐξημοιβὰ, λοετρά τε θερμὰ, καὶ εὐναί.

Od. VIII, v. 246.

Ses invectives sont celles de Thersite :

Ὦ πέπονες, κάκ' ἐλέγχε', Ἀχαιΐδες, οὐκ ἔτ' Ἀχαιοί!

Il. II, v. 235.

L'image des fêtes de Cybèle se trouve dans un des hymnes attribués à Homère :

Μητέρα μοι πάντων τε θεῶν πάντων τ' ἀνθρώπων
ὕμνει, Μοῦσα λιγεῖα, Διὸς θύγατερ μεγάλοιο·
ᾗ κροτάλων τυπάνων τ' ἰαχὴ, σύν τε βρόμος αὐλῶν
εὔαδεν, ἠδὲ λύκων κλαγγὴ χαροπῶν τε λεόντων,
οὔρεά τ' ἠχήεντα, καὶ ὑλήεντες ἔναυλοι.

Hymne à Cybèle.

Lucrèce a bien rendu l'harmonie de ces vers :

Tympana tenta tonant palmis, et cymbala circùm
Concava, raucisonoque minantur cornua cantu,
Et Phrygio stimulat numero cava tibia mentes.

Poëme de la Nature, livre II, v. 618.

★

Talia jactantem dictis, ac dira canentem,
Non tulit Ascanius, nervoque obversus equino
Contendit telum, diversaque brachia ducens,
Constitit antè Jovem supplex per vota precatus :
« Jupiter omnipotens, audacibus annue cœptis !
Ipse tibi ad tua templa feram solemnia dona,
Et statuam antè aras auratâ fronte juvencum
Candentem, pariterque caput cum matre ferentem,
Jàm cornu petat, et pedibus qui spargat arenam. »
630 Audiit, et cœli Genitor de parte serenâ
Intonuit lævum : sonat unà lethifer arcus,
Et fugit horrendùm stridens elapsa sagitta,
Perque caput Remuli venit, et cava tempora ferro
Trajicit. « I, verbis virtutem illude superbis :
Bis capti Phryges hæc Rutulis responsa remittunt. »
Hæc tantùm Ascanius. Teucri clamore sequuntur,
Lætitiâque fremunt, animosque ad sidera tollunt.

Ce premier trait lancé par Ascagne correspond au trait fatal de Pandarus, qui décida du sort d'Ilion :

Αὐτὰρ ὁ σύλα πῶμα φαρέτρης, ἐκ δ' ἕλετ' ἰὸν
ἄβλητα, πτερόεντα, μελαινέων ἕρμ' ὀδυνάων·
αἶψα δ' ἐπὶ νευρῇ κατεκόσμει πικρὸν ὀϊστόν,
εὔχετο δ' Ἀπόλλωνι Λυκηγενέϊ, κλυτοτόξῳ,
ἀρνῶν πρωτογόνων ῥέξειν κλειτὴν ἑκατόμβην,
οἴκαδε νοστήσας ἱερῆς εἰς ἄστυ Ζελείης.
ἕλκε δ' ὁμοῦ γλυφίδας τε λαβὼν καὶ νεῦρα βόεια·
νευρὴν μὲν μαζῷ πέλασεν, τόξῳ δὲ σίδηρον,
αὐτὰρ ἐπειδὴ κυκλοτερὲς μέγα τόξον ἔτεινεν,
λίγξε βιός, νευρὴ δὲ μέγ' ἴαχεν, ἆλτο δ' ὀϊστὸς
ὀξυβελής, καθ' ὅμιλον ἐπιπτέσθαι μενεαίνων.
Il. IV, v. 116.

Ces vers n'ont été égalés ni dans l'imitation de Virgile, ni dans celle d'Apollonius (*Argon. III*, *v.* 278.) L'invocation d'Ascagne à Jupiter rappelle aussi celle de Diomède (*Il. X*, *v.* 291.); et ses reproches à Numanus ceux de Ménélas à un Troyen mourant :

Λείψετέ θην οὕτω γε νέας Δαναῶν ταχυπώλων,
Τρῶες ὑπερφίαλοι, δεινῆς ἀκόρητοι ἀϋτῆς!

Il. XIII, v. 620.

★

  Æthereâ tùm fortè plagâ crinitus Apollo
Desuper Ausonias acies urbemque videbat,
640 Nube sedens, atque his victorem affatur Iulum :
« Macte novâ virtute, puer : sic itur ad astra,
Dis genite, et geniture deos : jure omnia bella
Gente sub Assaraci fato ventura resident ;
Nec te Troja capit. » Simul hæc effatus, ab alto
Æthere se mittit, spirantes dimovet auras,
Ascaniumque petit. Formâ tùm vertitur oris
Antiquum in Buten : hic Dardanio Anchisæ
Armiger antè fuit, fidusque ad limina custos,
Tùm comitem Ascanio pater addidit. Ibat Apollo
650 Omnia longævo similis, vocemque, coloremque,
Et crines albos, et sæva sonoribus arma ;
Atque his ardentem dictis affatur Iulum :
« Sit satis, Æneada, telis impunè Numanum
Oppetiisse tuis : primam hanc tibi magnus Apollo
Concedit laudem, et paribus non invidet armis ;
Cætera parce, puer, bello. » Sic orsus Apollo
Mortales medio aspectus sermone reliquit,
Et procul in tenuem ex oculis evanuit auram.

Agnovêre deum proceres divinaque tela
660 Dardanidæ, pharetramque fugâ sensêre sonantem:
Ergò avidum pugnæ dictis ac numine Phœbi
Ascanium prohibent ; ipsi in certamina rursùs
Succedunt, animasque in aperta pericula mittunt.

Apollon, divinité tutélaire de la famille des Jules, consacre par son suffrage la victoire du jeune héros. Sa première exclamation sur Ascagne rappelle l'exhortation de Nestor à Télémaque : Ἄλκιμος ἔσσ', ἵνα τίς σε καὶ ὀψιγόνων εὖ εἴπῃ (*Od. III*, *v.* 200), et ce mot de Philippe à Alexandre : Μακεδονία γάρ σε οὐ χωρεῖ. La métamorphose du dieu correspond à l'apparition du songe à Agamemnon (*Il. II*, *v.* 56), et à celle d'Apollon à Enée :

Αἰνείαν ὤτρυνε, δέμας Περίφαντι ἐοικώς,
κήρυκι Ἠπυτίδῃ, ὅς οἱ παρὰ πατρὶ γέροντι
κηρύσσων γήρασκε, φίλα φρεσὶ μήδεα εἰδώς·
τῷ μιν ἐεισάμενος προσέφη Διὸς υἱὸς Ἀπόλλων·

Il. XVII, v. 323.

Enfin le retentissement de l'arc céleste, qui détermine la retraite d'Ascagne, est tiré du 1er. chant :

Ἔκλαγξαν δ' ἄρ' ὀϊστοὶ ἐπ' ὤμων χωομένοιο.

Il. I, v. 46.

L'exemple d'Ascagne encourage les assiégés, et renouvelle l'ardeur du combat qui est surtout imité ici des attaques d'Asius et d'Hector.

VI.

It clamor totis per propugnacula muris ;
Intendunt acres arcus, amentaque torquent.
Sternitur omne solum telis ; tùm scuta cavæque
Dant sonitum flictu galeæ, pugna aspera surgit.
Quantus ab occasu veniens pluvialibus hœdis
Verberat imber humum ; quàm multâ grandine nimbi
670 In vada præcipitant, cùm Jupiter horridus austris
Torquet aquosam hyemem, et cœlo cava nubila rumpit.
Pandarus et Bitias, Idæo Alcanore creti,
Quos Jovis eduxit luco silvestris Hiera,
Abietibus juvenes patriis et montibus æquos,
Portam, quæ ducis imperio commissa, recludunt,
Freti armis, ultròque invitant mœnibus hostem.
Ipsi intùs dextrâ ac lævâ pro turribus adstant
Armati ferro, et cristis capita alta corusci :
Quales aëriæ liquentia flumina circùm,
680 Sive Padi ripis, Athesim seu propter amœnum,
Consurgunt geminæ quercus, intonsaque cœlo
Attollunt capita, et sublimi vertice nutant.
Irrumpunt, aditus Rutuli ut vidêre patentes.
Continuò Quercens, et pulcher Equicolus armis,
Et præceps animi Tmarus, et mavortius Hæmon,
Agminibus totis aut versi terga dedêre,
Aut ipso portæ posuêre in limine vitam.
Tùm magis increscunt animis discordibus iræ,
Et jàm collecti Troës glomerantur eòdem,
690 Et conferre manum, et procurrere longiùs audent.

Dans le récit d'Homère les deux chefs des Lapithes, Poly-
pète et Léontée, ouvrent la porte du camp confiée à leur

garde, non par une vaine arrogance comme Pandarus et Bitias, mais pour sauver les Grecs fugitifs; le troyen Asius s'y précipite à la tête de ses troupes, et essuie une sanglante défaite :

Εἴσατο γὰρ νηῶν ἐπ᾽ ἀριστερά, τῆπερ Ἀχαιοὶ
ἐκ πεδίου νίσσοντο σὺν ἵπποισιν καὶ ὄχεσφιν·
τῇ ῥ᾽ ἵππους τε καὶ ἅρμα διήλασεν, οὐδὲ πύλῃσιν
εὗρ᾽ ἐπικεκλιμένας σανίδας καὶ **μακρὸν** ὀχῆα·
ἀλλ᾽ ἀναπεπταμένας ἔχον ἀνέρες, εἴ τιν᾽ ἑταίρων
ἐκ πολέμου φεύγοντα σαώσειαν μετὰ νῆας.
τῇ ῥ᾽ ἰθὺς φρονέων ἵππους ἔχε· τοὶ δ᾽ ἅμ᾽ ἕποντο,
ὀξέα κεκλήγοντες· ἔφαντο γὰρ οὐκέτ᾽ Ἀχαιοὺς
σχήσεσθ᾽, ἀλλ᾽ ἐν νηυσὶ μελαίνῃσιν πεσέεσθαι.
νήπιοι! ἐν δὲ πύλῃσι δύ᾽ ἀνέρας εὗρον ἀρίστους,
υἷας ὑπερθύμους Λαπιθάων αἰχμητάων·
τὸν μέν, Πειριθόου υἷα, κρατερὸν Πολυποίτην,
τὸν δέ, Λεοντῆα, βροτολοιγῷ ἶσον Ἄρηϊ.
τὼ μὲν ἄρα προπάροιθε πυλάων ὑψηλάων
ἕστασαν, ὡς ὅτε τε δρύες οὔρεσιν ὑψικάρηνοι,
αἵτ᾽ ἄνεμον μίμνουσι καὶ ὑετὸν ἤματα πάντα,
ῥίζῃσιν μεγάλῃσι διηνεκέεσσ᾽ ἀραρυῖαι·
ὣς ἄρα τὼ χείρεσσι πεποιθότες ἠδὲ βίηφιν,
μίμνον ἐπερχόμενον μέγαν Ἄσιον, οὐδ᾽ ἐφέβοντο.
οἱ δ᾽ ἰθὺς πρὸς τεῖχος ἐύδμητον, βόας αὔας
ὑψόσ᾽ ἀνασχόμενοι, ἔκιον μεγάλῳ ἀλαλητῷ,
Ἄσιον ἀμφὶ ἄνακτα καὶ Ἰαμενὸν καὶ Ὀρέστην,
Ἀσιάδην τ᾽ Ἀδάμαντα, Θόωνά τε, Οἰνόμαόν τε.
οἱ δ᾽ ἤτοι εἵως μὲν ἐϋκνήμιδας Ἀχαιοὺς
ὤρνυον, ἔνδον ἐόντες, ἀμύνεσθαι περὶ νηῶν·
αὐτὰρ ἐπειδὴ τεῖχος ἐπεσσυμένους ἐνόησαν
Τρῶας, ἀτὰρ Δαναῶν γένετο ἰαχή τε **φόβος** τε,
ἐκ δὲ τὼ ἀΐξαντε, πυλάων πρόσθε μαχέσθην,
ἀγροτέροισι σύεσσιν ἐοικότε, τώτ᾽ ἐν ὄρεσσιν
ἀνδρῶν ἠδὲ κυνῶν δέχαται κολοσυρτὸν ἰόντα,

δοχμώ τ' ἀΐσσοντε περὶ σφίσιν ἄγνυτον ὕλην,
πρυμνὴν ἐκτάμνοντε, ὑπαὶ δέ τε κόμπος ὀδόντων
γίγνεται, εἰσόκε τίς τε βαλὼν ἐκ θυμὸν ἕληται·
ὣς τῶν κόμπει χαλκὸς ἐπὶ στήθεσσι φαεινός,
ἄντην βαλλομένων· μάλα γὰρ κρατερῶς ἐμάχοντο,
λαοῖσιν καθύπερθε πεποιθότες ἠδὲ βίηφιν.
οἱ δ' ἄρα χερμαδίοισιν ἐϋδμήτων ἀπὸ πύργων
βάλλον, ἀμυνόμενοι σφῶν τ' αὐτῶν καὶ κλισιάων,
νηῶν τ' ὠκυπόρων· νιφάδες δ' ὡς πίπτον ἔραζε,
ἅς τ' ἄνεμος ζαὴς, νέφεα σκιόεντα δονήσας,
ταρφειὰς κατέχευεν ἐπὶ χθονὶ πουλυβοτείρῃ.
ὣς τῶν ἐκ χειρῶν βέλεα ῥέον ἠμὲν Ἀχαιῶν,
ἠδὲ καὶ ἐκ Τρώων· κόρυθες δ' ἀμφ' αὖον ἀΰτευν,
βαλλόμεναι μυλάκεσσι, καὶ ἀσπίδες ὀμφαλόεσσαι.

IL. XII, v. 118.

★

Ductori Turno, diversâ in parte furenti
Turbantique viros, perfertur nuntius, hostem
Fervere cæde novâ, et portas præbere patentes.
Deserit inceptum, atque immani concitus irâ.
Dardaniam ruit ad portam, fratresque superbos.
Et primùm Antiphaten, is enim se primus agebat,
Thebanâ de matre nothum Sarpedonis alti,
Conjecto sternit jaculo : volat Itala cornus
Aera per tenuem, stomachoque infixa sub altum
700 Pectus abit ; reddit specus atri vulneris undam
Spumantem, et fixo ferrum in pulmone tepescit.
Tùm Meropem atque Erymantha manu, tùm sternit
    Aphydnum :
Tùm Bitian ardentem oculis animisque frementem,
Non jaculo, neque enim jaculo vitam ille dedisset :

Études grecq. IIIe Partie.

Sed magnum stridens contorta falarica venit
Fulminis acta modo, quam nec duo taurea terga
Nec duplici squamâ lorica fidelis et auro
Sustinuit. Collapsa ruunt immania membra,
Dat tellus gemitum, et clypeum super intonat ingens
Qualis in Euboïco Baiarum littore quondam
Saxea pila cadit, magnis quam molibus antè
Constructam jaciunt ponto ; sic illa ruinam
Prona trahit, penitùsque vadis illisa recumbit ;
Miscent se maria, et nigræ attolluntur arenæ,
Tùm sonitu Prochyta alta tremit, durumque cubile
Inarime Jovis imperiis imposta Typhœo.

Turnus profite ici de la témérité des deux Troyens, comme Hector du départ d'Ajax occupé à repousser Sarpédon :

Ὥς μὲν τῶν ἐπὶ ἶσα μάχη τέτατο πτόλεμός τε,
πρίν γ' ὅτε δὴ Ζεὺς κῦδος ὑπέρτερον Ἕκτορι δῶκεν,
Πριαμίδῃ, ὃς πρῶτος ἐσήλατο τεῖχος Ἀχαιῶν.

IL. XII, v. 436.

Antiphate, la première victime de Turnus, périt dans l'Iliade de la main de Léontée :

Ἀντιφάτην μὲν πρῶτον, ἐπαΐξας δι' ὁμίλου,
πλῆξ' αὐτοσχεδίην· ὁ δ' ἄρ' ὕπτιος οὔδει ἐρείσθη.

IL. XII, v. 191.

Mais sa blessure correspond ici plus exactement à celle de Cléobule (*Il. XVI, v.* 330.) La mort de Bitias rappelle la chute d'Hector sur qui Ajax fait voler une pierre énorme :

Τὸν μὲν ἔπειτ' ἀπιόντα μέγας Τελαμώνιος Αἴας
χερμαδίῳ, τά ῥα πολλά, θοάων ἔχματα νηῶν,
πὰρ ποσὶ μαρναμένων ἐκυλίνδετο· τῶν ἓν ἀείρας,

στῆθος βεβλήκει ὑπὲρ ἄντυγος, ἀγχόθι δειρῆς·
στρόμβον δ' ὡς ἔσσευε βαλών, περὶ δ' ἔδραμε πάντῃ.
ὡς δ' ὅθ' ὑπὸ πληγῆς πατρὸς Διὸς ἐξερίπῃ δρῦς
πρόρριζος, δεινὴ δὲ θεείου γίγνεται ὀδμὴ
ἐξ αὐτῆς· τὸν δ' οὔπερ ἔχει θράσος, ὅς κεν ἴδηται,
ἐγγὺς ἐών· χαλεπὸς δὲ Διὸς μεγάλοιο κεραυνός·
ὣς ἔπεσ' Ἕκτορος ὦκα χαμαὶ μένος ἐν κονίῃσιν.
χειρὸς δ' ἔκβαλεν ἔγχος, ἐπ' αὐτῷ δ' ἀσπὶς ἑάφθη,
καὶ κόρυς· ἀμφὶ δέ οἱ βράχε τεύχεα ποικίλα χαλκῷ.

IL. XIV, v. 409.

La comparaison employée par Virgile consacre une particularité de son temps où le rivage de Baies étoit couvert de maisons de campagne, construites sur des môles au milieu du golfe. Homère peint le même effet dans une proportion infiniment plus petite, lorsqu'Iris plonge vers le palais de Thétis :

Ἡ δὲ, μολυβδαίνῃ ἰκέλη, ἐς βυσσὸν ὄρουσεν,
ἥτε κατ' ἀγραύλοιο βοὸς κέρας ἐμβεβαυῖα,
ἔρχεται ὠμηστῇσιν ἐπ' ἰχθύσι κῆρα φέρουσα.

IL. XXIV, v.

Les îles de Prochyta (*Procida*) et d'Inarimé (*Ischia*) sont situées à peu de distance de Cumes, vis-à-vis le promontoire de Misène. Les poëtes latins ont fait de cette dernière île le tombeau de Typhée, par une fausse interprétation d'Homère qui raconte que Jupiter foudroya ce géant sur le mont Arimé en Cilicie :

Γαῖα δ' ὑπεστενάχιζε, Διῒ ὣς τερπικεραύνῳ
χωομένῳ, ὅτε τ' ἀμφὶ Τυφωέϊ γαῖαν ἱμάσσῃ
εἰν Ἀρίμοις, ὅθι φασὶ Τυφωέος ἔμμεναι εὐνάς.

IL. II, v. 781.

La mort de Bitias amène celle de Pandarus; les Troyens fuient, et Turnus s'élance dans le camp comme Hector à la fin du 12.me chant de l'Iliade.

VII.

Hîc Mars armipotens animum viresque Latinis
Addidit, et stimulos acres sub pectore vertit,
Immisitque fugam Teucris atrumque timorem.
720 Undique conveniunt, quoniam data copia pugnæ,
Bellatorque animo deus incidit.
  Pandarus, ut fuso germanum corpore cernit,
Et quo sit fortuna loco, qui casus agat res:
Portam vi multâ converso cardine torquet,
Obnixus latis humeris, multosque suorum,
Mœnibus exclusos, duro in certamine linquit;
Ast alios secum includit, recipitque ruentes:
Demens! qui Rutulum in medio non agmine regem
Videat irrumpentem, ultròque incluserit urbi,
730 Immanem veluti pecora inter inertia tigrim.
  Continuò nova lux oculis effulsit, et arma
Horrendum sonuêre; tremunt in vertice cristæ
Sanguineæ, clypeoque micantia fulgura mittit.
Agnoscunt faciem invisam atque immania membra
Turbati subitò Æneadæ: tùm Pandarus ingens
Emicat, et mortis fraternæ fervidus irâ
Effatur: « Non hæc dotalis regia Amatæ,
Nec muris cohibet patriis media Ardea Turnum.
Castra inimica vides; nulla hinc exire potestas. »
740 Olli subridens sedato pectore Turnus:

« Incipe, si qua animo virtus, et consere dextram;
Hîc etiam inventum Priamo narrabis Achillem. »
Dixerat : ille rudem nodis et cortice crudo
Intorquet summis adnixus viribus hastam.
Excepêre auræ vulnus : Saturnia Juno
Detorsit veniens, portæque infigitur hasta.
« At non hoc telum, mea quod vi dextera versat,
Effugies ; neque enim is teli nec vulneris auctor. »
Sic ait, et sublatum altè consurgit in ensem,
750 Et mediam ferro gemina inter tempora frontem
Dividit, impubesque immani vulnere malas.
Fit sonus, ingenti concussa est pondere tellus ;
Collapsos artus atque arma cruenta cerebro
Sternit humi moriens, atque illi partibus æquis
Hùc caput atque illùc humero ex utroque pependit.

Les dieux changent la face du combat, comme dans ce passage de l'Iliade :

Ἄψ δ' αὖτις Τρώεσσιν Ὀλύμπιος ἐν μένος ὦρσεν·
οἱ δ' ἰθὺς τάφροιο βαθείης ὦσαν Ἀχαιούς.

Il. VIII, v. 335.

L'irruption de Turnus dans le camp troyen est due à l'imprudence de Pandarus. Dans l'Iliade, Hector franchit les retranchements des Grecs en brisant la porte avec une pierre énorme. (Voyez Enéide II, v. 479) :

Ῥῆξε δ' ἀπ' ἀμφοτέρους θαιρούς· πέσε δὲ λίθος εἴσω
βριθοσύνῃ, μέγα δ' ἀμφὶ πύλαι μύκον· οὐδ' ἄρ' ὀχῆες
ἐσχεθέτην, σανίδες δὲ διέτμαγεν ἄλλυδις ἄλλῃ
λᾶος ὑπὸ ῥιπῆς· ὁ δ' ἄρ' ἔσθορε φαίδιμος Ἕκτωρ,
νυκτὶ θοῇ ἀτάλαντος ὑπώπια· λάμπε δὲ χαλκῷ

σμερδαλέῳ, τὸν ἔεστο περὶ χροΐ· δοιὰ δὲ χερσὶν
δοῦρ' ἔχεν. οὐκ ἄν τίς μιν ἐρυκάκοι ἀντιβολήσας,
νόσφι Θεῶν, ὅτ' ἐσᾶλτο πύλας· πυρὶ δ' ὄσσε δεδήει.

Il. XII, v. 459.

Hector est suivi de ses troupes : Turnus foud seul sur les Troyens. Cet isolement du héros l'élève à la hauteur d'Achille qu'Homère représente, aux chants 20 et 21 de l'Iliade, dispersant une armée entière. Son combat contre Pandarus peut s'assimiler en partie à celui d'Achille et d'Hector après la mort de Polydore ; Minerve y repousse, comme Junon, le trait destiné au héros qu'elle protège :

Ἦ, καὶ ὑπόδρα ἰδὼν προσεφώνεεν Ἕκτορα δῖον·
« Ἆσσον ἴθ', ὥς κεν θᾶσσον ὀλέθρου πείραθ' ἵκηαι ! »
Τὸν δ' οὐ ταρβήσας προσέφη κορυθαίολος Ἕκτωρ·
« Πελείδη, μὴ δή μ' ἐπέεσσί γε, νηπύτιον ὥς,
ἔλπεο δειδίξεσθαι· ἐπεὶ σάφα οἶδα καὶ αὐτός,
ἠμὲν κερτομίας ἠδ' αἴσυλα μυθήσασθαι.
οἶδα δ', ὅτι σὺ μὲν ἐσθλός, ἐγὼ δὲ σέθεν πολὺ χείρων.
ἀλλ' ἤτοι μὲν ταῦτα θεῶν ἐν γούνασι κεῖται,
αἴ κέ σε χειρότερός περ ἐὼν ἀπὸ θυμὸν ἕλωμαι,
δουρὶ βαλών· ἐπειὴ καὶ ἐμὸν βέλος ὀξὺ πάροιθεν. »
Ἦ ῥα, καὶ ἀμπεπαλὼν προΐει δόρυ, καὶ τό γ' Ἀθήνη
πνοιῇ Ἀχιλλῆος πάλιν ἔτραπε κυδαλίμοιο,
ἦκα μάλα ψύξασα· τὸ δ' ἂψ ἵκεθ' Ἕκτορα δῖον,
αὐτοῦ δὲ προπάροιθε ποδῶν πέσεν. αὐτὰρ Ἀχιλλεὺς
ἐμμεμαὼς ἐπόρουσε, κατακτάμεναι μενεαίνων.

Il. XX, v. 428.

La mort de Pandarus, imitée par le Tasse (*Jérusalem*, ch. XX, st. 39), et par Klopstock (*Messiade*, ch. XI, v. 763), correspond à celle d'Iphition tué par Achille dans le même chant :

Τὸν δ' ἰθὺς μεμαῶτα βάλ' ἔγχεϊ δῖος Ἀχιλλεὺς
μέσσην κὰκ κεφαλήν· ἡ δ' ἄνδιχα πᾶσα κεάσθη.
IL. XX, v. 386.

Virgile a aussi eu sous les yeux ces vers d'Apollonius sur la victoire de Castor :

Ἧλασ' ἐπεσσύμενον κεφαλῆς ὕπερ· ἡ δ' ἑκάτερθεν
ἔνθα καὶ ἔνθ' ὤμοισιν ἐπ' ἀμφοτέροις ἐκεάσθη.
Argon. II, v. 103.

★

 Diffugiunt versi trepidâ formidine Troës ;
 Et, si continuò victorem ea cura subisset,
 Rumpere claustra manu, sociosque immittere portis,
 Ultimus ille dies bello gentique fuisset.
760 Sed furor ardentem cædisque insana cupido
 Egit in adversos.
 Principiò Phalarim, et succiso poplite Gygen
 Excipit ; hinc raptas fugientibus ingerit hastas
 In tergum : Juno vires animumque ministrat.
 Addit Halyn comitem, et confixâ Phegea parmâ.
 Ignaros deindè in muris, martemque cientes, Ique ;
 Alcandrumque, Haliumque, Noemonaque, Prytanim-
 Lyncea tendentem contrà, sociosque vocantem
 Vibranti gladio connixus ab aggere dexter
770 Occupat : huic uno dejectum cominùs ictu
 Cum galeâ longè jacuit caput. Indè ferarum
 Vastatorem Amycum, quo non felicior alter
 Ungere tela manu, ferrumque armare veneno,
 Et Clytium Æoliden, et amicum Cretea Musis :
 Cretea Musarum comitem, cui carmina semper
 Et citharæ cordi, numerosque intendere nervis,
 Semper equos, atque arma virûm, pugnasque canebat.

Les Grecs doivent leur salut à la protection de Neptune (*Il. XIII*, v. 10); les Troyens à la précipitation de Turnus, dont tous les exploits correspondent ici à ceux des héros d'Homère. Phalaris et Gygès périssent sous ses coups comme Déiochus sous ceux de Pâris :

Δηΐοχον δὲ Πάρις βάλε νείατον ὦμον ὄπισθεν,
φεύγοντ᾽ ἐν προμάχοισι, διὰ πρὸ δὲ χαλκὸν ἔλασσεν.
Il. XV, v. 341.

Alcandre, Halius, Noëmon, Prytanis sont tués par Ulysse au 5ᵐᵉ. chant :

Ενθ᾽ ὅγε Κοίρανον εἷλεν, Ἀλάστορά τε, Χρομίον τε,
Ἄλκανδρόν θ᾽, Ἅλιόν τε, Νοήμονά τε, Πρύτανίν τε.
Il. V, v. 677.

La blessure de Lyncée rappelle celle de Deucalion tué par Achille :

Δευκαλίωνα δ᾽ ἔπειθ᾽, ἵνα τε ξυνέχουσι τένοντες
ἀγκῶνος, τῇ τόνγε φίλης διὰ χειρὸς ἔπειρεν
αἰχμῇ χαλκείῃ· ὁ δέ μιν μένε χεῖρα βαρυνθείς,
πρόσθ᾽ ὁρόων θάνατον· ὁ δὲ φασγάνῳ αὐχένα θείνας.
τῆλ᾽ αὐτῇ πήληκι κάρη βάλε· μυελὸς αὖτε
σφονδυλίων ἔκπαλθ᾽· ὁ δ᾽ ἐπὶ χθονὶ κεῖτο τανυσθείς.
Il. XX, v. 478.

Le chasseur Amycus représente Scamandrius tué par Ménélas :

Υἱὸν δὲ Στροφίοιο Σκαμάνδριον, αἵμονα θήρης,
Ἀτρείδης Μενέλαος ἕλ᾽ ἔγχεϊ ὀξυόεντι,
ἐσθλὸν θηρητῆρα· δίδαξε γὰρ Ἄρτεμις αὐτή
βάλλειν ἄγρια πάντα, τά τε τρέφει οὔρεσιν ὕλη.
ἀλλ᾽ οὔ οἱ τότε γε χραῖσμ᾽ Ἄρτεμις ἰοχέαιρα,
οὐδὲ ἐκηβολίαι, ᾗσιν τὸ πρίν γ᾽ ἐκέκαστο.
Il. V, v. 49.

Le poëte Crétée, dans lequel les commentateurs ont cru reconnoître Horace, fait retentir sa lyre dans le tumulte des armes, comme Achille à l'arrivée des députés d'Agamemnon :

Τὸν δ' εὗρον φρένα τερπόμενον φόρμιγγι λιγείῃ,
. . . .
τῇ ὅγε θυμὸν ἔτερπεν, ἄειδε δ' ἄρα κλέα ἀνδρῶν.

IL. IX, v. 186 et 189.

*

Tandem ductores, auditâ cæde suorum,
Conveniunt Teucri, Mnestheus acerque Serestus;
780 Palantesque vident socios, hostemque receptum.
Et Mnestheus : Quò deindè fugam? quò tenditis? inquit.
Quos alios muros, quæ jàm ultrà mœnia habetis?
Unus homo, et vestris, o cives, undique sæptus
Aggeribus, tantas strages impunè per urbem
Ediderit? juvenum primos tot miserit orco?
Non infelicis patriæ, veterumque deorum,
Et magni Æneæ segnes miseretque pudetque? »
Talibus accensi firmantur, et agmine denso
Consistunt. Turnus paulatim excedere pugnâ,
790 Et fluvium petere, ac partem quæ cingitur amni.
Acriùs hoc Teucri clamore incumbere magno,
Et glomerare manum. Ceu sævum turba leonem
Cùm telis premit infensis; at territus ille,
Asper, acerba tuens, retrò redit, et neque terga
Ira dare aut virtus patitur, nec tendere contrà;
Ille quidem hoc cupiens, potis est per tela virosque :
Haud aliter retrò dubius vestigia Turnus
Improperata refert, et mens exæstuat irâ.
Quin etiam bis tùm medios invaserat hostes,
800 Bis conversa fugâ per muros agmina vertit.

Sed manus è castris properè coït omnis in unum ;
Nec contrà vires audet Saturnia Juno
Sufficere : aëriam cœlo nam Jupiter Irim
Demisit, germanæ haud mollia jussa ferentem,
Ni Turnus cedat Teucrorum mœnibus altis.
Ergò nec clypeo juvenis subsistere tantùm,
Nec dextrâ valet : injectis sic undique telis
Obruitur. Strepit assiduo cava tempora circùm
Tinnitu galea, et saxis solida æra fatiscunt ;
810 Discussæque jubæ capiti , nec sufficit umbo
Ictibus ; ingeminant hastis et Troës , et ipse
Fulmineus Mnestheus : tùm toto corpore sudor
Liquitur , et piceum , nec respirare potestas ,
Flumen agit , fessos quatit æger anhelitus artus.
Tùm demùm præceps saltu sese omnibus armis
In fluvium dedit : ille suo cum gurgite flavo
Accepit venientem , ac mollibus extulit undis,
Et lætum sociis , ablutâ cæde , remisit.

Enfin Virgile couronne ce livre par la retraite de Turnus dans laquelle il a réuni les deux célèbres retraites d'Ajax, aux chants 11 et 16 de l'Iliade. Les paroles de Mnesthée aux Troyens, imitées par l'Arioste dans celles de Charlemagne (*Roland*, *ch. XVII*, *st.* 7), rappellent l'exhortation d'Ajax défendant les vaisseaux contre Hector :

Ὦ φίλοι, ἥρωες Δαναοί, θεράποντες Ἄρηος,
ἀνέρες ἔστε, φίλοι, μνήσασθε δὲ θούριδος ἀλκῆς !
ἠέ τινάς φαμεν εἶναι ἀοσσητῆρας ὀπίσσω,
ἠέ τι τεῖχος ἄρειον, ὅ κ' ἀνδράσι λοιγὸν ἀμύναι,
οὐ μέν τι σχεδόν ἐστι πόλις πύργοις ἀραρυῖα,
ᾗ κ' ἀπαμυναίμεσθ' ἑτεραλκέα δῆμον ἔχοντες·

ἀλλ' ἐν γὰρ Τρώων πεδίῳ πύκα θωρηκτάων,
πόντῳ κεκλιμένοι, ἑκὰς ἥμεθα πατρίδος αἴης.
τῷ ἐν χερσὶ φόως, οὐ μειλιχίη πολέμοιο.

Il. XV, v. 733.

Turnus commence enfin à céder, comme Ajax au 11ᵐᵉ. chant, après la fuite de tous les chefs :

Ζεὺς δὲ πατὴρ Αἴανθ' ὑψίζυγος ἐν φόβον ὦρσεν·
στῆ δὲ ταφών, ὄπιθεν δὲ σάκος βάλεν ἑπταβόειον,
τρέσσε δὲ παπτήνας ἐφ' ὁμίλου, θηρὶ ἐοικώς,
ἐντροπαλιζόμενος, ὀλίγον γόνυ γουνὸς ἀμείβων.
ὡς δ' αἴθωνα λέοντα βοῶν ἀπὸ μεσσαύλοιο
ἐσσεύοντο κύνες τε καὶ ἀνέρες ἀγροιῶται,
οἵτε μιν οὐκ εἰῶσι βοῶν ἐκ πῖαρ ἑλέσθαι,
πάννυχοι ἐγρήσσοντες· ὁ δὲ κρειῶν ἐρατίζων,
ἰθύει, ἀλλ' οὔτι πρήσσει· θαμέες γὰρ ἄκοντες
ἀντίοι ἀΐσσουσι θρασειάων ἀπὸ χειρῶν,
καιόμεναί τε δεταί, τάστε τρεῖ, ἐσσυμενός περ·
ἠῶθεν δ' ἀπονόσφιν ἔβη τετιηότι θυμῷ·
ὣς Αἴας τότ' ἀπὸ Τρώων τετιημένος ἦτορ
ἤϊε, πόλλ' ἀέκων· περὶ γὰρ δίε νηυσὶν Ἀχαιῶν.

Il. XI, v. 544.

Les menaces de Jupiter à Junon, qui veut seconder la valeur de Turnus, rappellent le message d'Iris à Junon et Minerve (*Il. VIII, v.* 399.) Enfin la retraite du héros accablé par le nombre représente celle d'Ajax au 16ᵐᵉ. chant, où les Troyens mettent le feu aux vaisseaux :

Αἴας δ' οὐκέτ' ἔμιμνε· βιάζετο γὰρ βελέεσσιν·
δάμνα μιν Ζηνός τε νόος, καὶ Τρῶες ἀγαυοί,
βάλλοντες· δεινὴν δὲ περὶ κροτάφοισι φαεινὴ
πήληξ βαλλομένη καναχὴν ἔχε· βάλλετο δ' αἰεὶ
κὰπ φάλαρ' εὐποίηθ'· ὁ δ' ἀριστερὸν ὦμον ἔκαμνεν,

ἔμπεδον αἰὲν ἔχων σάκος αἰόλον· οὐδ' ἐδύναντο
ἀμφ' αὐτῷ πελεμίξαι, ἐρείδοντες βελέεσσιν.
αἰεὶ δ' ἀργαλέῳ ἔχετ' ἄσθματι· κὰδ δέ οἱ ἱδρὼς
πάντοθεν ἐκ μελέων πολὺς ἔρρεεν, οὐδέ πῃ εἶχεν
ἀμπνεῦσαι, πάντῃ δὲ κακὸν κακῷ ἐστήρικτο.
Il. XVI, v. 102.

Ces vers ont été traduits avant Virgile par Ennius, dans la description du combat que le tribun Cœlius soutint seul contre les Istriens :

> Undique conveniunt, velut imber, tela tribuno :
> Configunt parmam ; tinnit hastilibus umbo ;
> Ærato sonitu galeæ ; sed nec pote quisquam
> Undique nitendo corpus discerpere ferro.
> Semper abundantes hastas frangitque quatitque.
> Totum sudor habet corpus ; multùmque laborat,
> Nec respirandi fit copia : præpete ferro
> Istri tela manu jacientes sollicitabant.
> Occumbunt multi letho ferróque lapique,
> Aut intrà muros aut extrà præcipe casu.
> *Annales*, liv. XV.

Ce tableau a été reproduit par l'Arioste dans la retraite de Rodomont (*Roland*, ch. *XVIII*, st. 8 à 23), et par Voltaire dans celle de d'Aumale (*Henriade*, ch. *IV*, v. 79.)

ÉNÉIDE.

LIVRE DIXIÈME.

SOMMAIRE.

Mort de Mézence.

I. Conseil des dieux.
II. Dénombrement des Etrusques.
III. Retour d'Enée.
IV. Exploits de Pallas.
V. Mort de Pallas.
VI. Vengeance d'Enée.
VII. Retraite de Turnus.
VIII. Exploits de Mézence.
IX. Mort de Lausus et de Mézence.

Les imitations de ce livre se rapportent à la totalité de l'Iliade, et surtout aux chants 16, 20 et 21.

ÉNÉIDE.

LIVRE DIXIÈME.

I.

Panditur intereà domus omnipotentis Olympi,
Conciliumque vocat divûm pater atque hominum rex
Sideream in sedem, terras undè arduus omnes,
Castraque Dardanidûm aspectat, populosque Latinos.
Considunt tectis bipatentibus; incipit ipse:

Tandis que les Latins se préparent à renouveler leur attaque, le conseil des dieux se réunit dans l'Olympe autour du trône de Jupiter. C'est ainsi qu'Homère ouvre par une assemblée céleste les chants 4, 8, et 20 de l'Iliade, et les chants 1 et 5 de l'Odyssée. Le début de Virgile est imité du 8me. chant de l'Iliade :

Ἠὼς μὲν κροκόπεπλος ἐκίδνατο πᾶσαν ἐπ' αἶαν·
Ζεὺς δὲ θεῶν ἀγορὴν ποιήσατο τερπικέραυνος
ἀκροτάτῃ κορυφῇ πολυδειράδος Οὐλύμποιο.
αὐτὸς δέ σφ' ἀγόρευε, θεοὶ δ' ὑπὸ πάντες ἄκουον·

IL. VIII, v. 1.

✶

« Cœlicolæ magni, quianam sententia vobis
Versa retrò, tantùmque animis certatis iniquis?
Abnueram bello Italiam concurrere Teucris;
Quæ contrà vetitum discordia? quis metus, aut hos,
10 Aut hos arma sequi, ferrumque lacessere suasit?
Adveniet justum pugnæ, ne arcessite, tempus,
Cùm fera Carthago Romanis arcibus olim
Exitium magnum atque Alpes immittet apertas:
Tùm certare odiis, tùm res rapuisse licebit;
Nunc sinite, et placitum læti componite fœdus. »
Jupiter hæc paucis : at non Venus aurea contrà
Pauca refert.
« O pater, o hominum divûmque æterna potestas!
Namque aliud quid sit, quod jàm implorare queamus?
20 Cernis ut insultent Rutuli, Turnusque feratur
Per medios insignis equis, tumidusque secundo
Marte ruat? non clausa tegunt jàm mœnia Teucros :
Quin intrà portas atque ipsis prælia miscent
Aggeribus murorum, et inundant sanguine fossæ.
Æneas ignarus abest. Nunquamne levari
Obsidione sines? muris iterùm imminet hostis
Nascentis Trojæ, nec non exercitus alter;
Atque iterùm in Teucros Ætolis surgit ab Arpis
Tydides : equidem, credo, mea vulnera restant,
30 Et tua progenies mortalia demoror arma!
Si sine pace tuâ atque invito numine Troes
Italiam petiêre, luant peccata, neque illos
Juveris auxilio : sin tot responsa secuti
Quæ superi manesque dabant, cur nunc tua quisquam
Flectere jussa potest, aut cur nova condere fata?
Quid repetam exustas Erycino in littore classes?
Quid tempestatum regem, ventosque furentes

Æoliâ excitos, aut actam nubibus Irim ?
Nunc etiam manes, hæc intentata manebat
40 Sors rerum, movet; et superis immissa repentè
Alecto, medias Italûm bacchata per urbes.
Nil super imperio moveor ; speravimus ista,
Dùm fortuna fuit : vincant, quos vincere mavis.
Si nulla est regio, Teucris quam det tua conjux
Dura : per eversæ, genitor, fumantia Trojæ
Excidia obtestor, liceat dimittere ab armis
Incolumem Ascanium, liceat superesse nepotem.
Æneas procul ignotis jactetur in undis,
Et, quamcumque viam dederit fortuna, sequatur:
50 Hunc tegere, et diræ valeam subducere pugnæ.
Est Amathus; est celsa mihi Paphos, atque Cythera,
Idaliæque domus ; positis inglorius armis
Exigat hìc ævum : magnâ ditione jubeto
Carthago premat Ausoniam ; nihil urbibus indè
Obstabit Tyriis. Quid pestem evadere belli
Juvit, et Argolicos medium fugisse per ignes,
Totque maris vastæque exhausta pericula terræ,
Dùm Latium Teucri recidivaque Pergama quærunt ?
Non satiùs cineres patriæ insedisse supremos,
60 Atque solum quo Troja fuit? Xanthum et Simoenta
Redde, oro, miseris, iterùmque revolvere casus
Da, pater, Iliacos Teucris! » Tùm regia Juno
Acta furore gravi : « Quid me alta silentia cogis
Rumpere, et obductum verbis vulgare dolorem ?
Ænean hominum quisquam divûmque subegit
Bella sequi, aut hostem regi se inferre Latino ?
Italiam petiit fatis auctoribus ; esto,
Cassandræ impulsus furiis : nùm linquere castra
Hortati sumus, aut vitam committere ventis?

Etudes grecq. IIIe Partie.

Num puero summam belli, num credere muros,
Tyrrhenamve fidem, aut gentes agitare quietas?
Quis deus in fraudem, quæ dura potentia nostri
Egit? ubi hîc Juno, demissave nubibus Iris?
Indignum est Italos Trojam circumdare flammis
Nascentem, et patriâ Turnum consistere terrâ,
Cui Pilumnus avus, cui diva Venilia mater!
Quid face Trojanos atrâ vim ferre Latinis,
Arva aliena jugo premere, atque avertere prædas?
Quid, soceros legere, et gremiis abducere pactas,
Pacem orare manu, præfigere puppibus arma?
Tu potes Ænean manibus subducere Graiûm,
Proque viro nebulam et ventos obtendere inanes,
Et potes in totidem classem convertere nymphas:
Nos aliquid Rutulos contrà juvisse, nefandum est!
Æneas ignarus abest : ignarus et absit.
Est Paphos, Idaliumque tibi, sunt alta Cythera :
Quid gravidam bellis urbem et corda aspera tentas?
Nosne tibi fluxas Phrygiæ res vertere fundo
Conamur? nos? an miseros qui Troas Achivis
Objecit? quæ causa fuit consurgere in arma
Europamque Asiamque, et fœdera solvere furto?
Me duce Dardanius Spartam expugnavit adulter?
Aut ego tela dedi, fovive cupidine bella?
Tùm decuit metuisse tuis : nunc sera querelis
Haud justis assurgis, et irrita jurgia jactas. »

Talibus orabat Juno, cunctique fremebant
Cœlicolæ assensu vario : ceu flamina prima
Cùm deprensa fremunt silvis, et cæca volutant
Murmura, venturos nautis prudentia ventos.
Tùm pater omnipotens, rerum cui summa potestas,
Infit : eo dicente, deûm domus alta silescit,

Et tremefacta solo tellus, silet arduus æther;
Tùm zephyri posuêre; premit placida æquora pontus.
« Accipite ergò animis, atque hæc mea figite dicta.
Quandoquidem Ausonios conjungi fœdere Teucris
Haud licitum, nec vestra capit discordia finem :
Quæ cuique est fortuna hodiè, quam quisque secat spem,
Tros Rutulusve fuat, nullo discrimine habebo ;
Seu fatis Italûm castra obsidione tenentur,
110 Sive errore malo Trojæ, monitisque sinistris.
Nec Rutulos solvo : sua cuique exorsa laborem
Fortunamque ferent; rex Jupiter omnibus idem.
Fata viam invenient. » Stygii per flumina fratris,
Per pice torrentes atrâque voragine ripas
Annuit, et totum nutu tremefecit Olympum.
Hic finis fandi : solio tùm Jupiter aureo
Surgit, cœlicolæ medium quem ad limina ducunt.

Cette réunion imposante des puissances immortelles délibérant sur le sort des humains est, comme nous venons de le voir, une conception épique dont Homère a fait un fréquent usage. Virgile l'a reproduite ici avec toute la supériorité de son siècle. Si les héros d'Homère ressemblent à des dieux, ses dieux sont souvent moins que des hommes; ceux de Virgile au contraire conservent même au milieu de leurs excès l'empreinte ineffaçable de leur haute origine. Son Jupiter a le calme et la modération qui distinguent le législateur suprême : celui d'Homère est le conquérant du ciel; son bras est sans cesse armé de la foudre, toutes ses paroles sont des arrêts de mort. Cette différence devient surtout sensible lorsqu'on rapproche du début de Virgile le discours majestueux mais terrible de Jupiter dans l'assemblée du 8me. chant :

Κέκλυτέ μευ, πάντες τε θεοί, πᾶσαί τε θέαιναι,
ὄφρ᾽ εἴπω, τά με θυμὸς ἐνὶ στήθεσσι κελεύει.
μήτε τις οὖν θήλεια θεὸς τόγε, μήτε τις ἄρσην
πειράτω διακέρσαι ἐμὸν ἔπος· ἀλλ᾽ ἅμα πάντες
αἰνεῖτ᾽, ὄφρα τάχιστα τελευτήσω τάδε ἔργα.
ὃν δ᾽ ἂν ἐγὼν ἀπάνευθε θεῶν ἐθέλοντα νοήσω
ἐλθόντ᾽ ἢ Τρώεσσιν ἀρηγέμεν ἢ Δαναοῖσιν,
πληγεὶς οὐ κατὰ κόσμον ἐλεύσεται Οὔλυμπόνδε·
ἤ μιν ἑλὼν ῥίψω ἐς Τάρταρον ἠερόεντα,
τῆλε μάλ᾽, ἧχι βάθιστον ὑπὸ χθονός ἐστι βέρεθρον·
ἔνθα σιδήρειαί τε πύλαι καὶ χάλκεος οὐδός,
τόσσον ἔνερθ᾽ ἀΐδεω, ὅσον οὐρανός ἐστ᾽ ἀπὸ γαίης·
γνώσετ᾽ ἔπειθ᾽ ὅσον εἰμὶ θεῶν κάρτιστος ἁπάντων.
εἰ δ᾽, ἄγε, πειρήσασθε, θεοί, ἵνα εἴδετε πάντες.
σειρὴν χρυσείην ἐξ οὐρανόθεν κρεμάσαντες,
πάντες δ᾽ ἐξάπτεσθε θεοί, πᾶσαί τε θέαιναι·
ἀλλ᾽ οὐκ ἂν ἐρύσαιτ᾽ ἐξ οὐρανόθεν πεδίονδε
Ζῆν᾽, ὕπατον μήστωρ, οὐδ᾽ εἰ μάλα πολλὰ κάμοιτε.
ἀλλ᾽ ὅτε δὴ καὶ ἐγὼ πρόφρων ἐθέλοιμι ἐρύσσαι,
αὐτῇ σὺν γαίῃ ἐρύσαιμ᾽, αὐτῇ τε θαλάσσῃ·
σειρὴν μέν κεν ἔπειτα περὶ ῥίον Οὐλύμποιο
δησαίμην· τὰ δέ κ᾽ αὖτε μετήορα πάντα γένοιτο·
τόσσον ἐγὼ περί τ᾽ εἰμὶ θεῶν, περί τ᾽ εἴμ᾽ ἀνθρώπων.

IL. VIII, v. 5.

Les discours de Vénus et de Junon n'ont point de modèles dans Homère. On retrouve à la vérité l'idée primitive de l'un dans les prières de Thétis et de Minerve en faveur d'Achille et d'Ulysse. (*Il. I*, v. 502; *VIII*, v. 30;) (*Od. I*, v. 44; *V*, v. 5), l'autre est conforme au caractère de Junon, tracé dans tout le cours de l'Iliade; mais les développements oratoires, et surtout le langage à la fois noble et énergique qui règne dans les deux compositions appartiennent au génie et au temps de Virgile, et attestent le progrès de la civilisation. La dissidence d'opinions qui agite le conseil céleste se retrouve dans ce passage d'Homère où Junon annonce aux dieux la mort du fils de Mars :

Ἡ μὲν ἄρ᾽ ὣς εἰποῦσα καθέζετο πότνια Ἥρη·
ὤχθησαν δ᾽ ἀνὰ δῶμα Διὸς θεοί.

IL. XV, v. 100.

Virgile a ajouté à ces vers une élégante comparaison empruntée de Catulle, et imitée après lui par le Tasse (*ch. III, st.* 6), Milton (*ch. II, v.* 284) et Klopstock (*ch. I, v.* 145) :

 Hîc qualis flatu placidum mare matutino
 Horrificans zephyrus proclivas incitat undas,
 Aurorâ exoriente vagi sub lumina solis ;
 Quæ tardè primùm clementi flamine pulsæ
 Procedunt, leni resonant plangore cachinni ;
 Pòst vento crescente, magis magis increbrescunt,
 Purpureâque procul nantes à luce refulgent :
 Sic tùm vestibuli linquentes regia tecta
 A se quisque vago passim pede discedebant.

Thétis et Pélée, v. 269.

Le silence solennel qui renaît tout à coup lorsque Jupiter fait entendre sa voix est une imitation de ces vers d'Ennius, dont Klopstock a fait un emploi sublime (*Messiade, ch. I, v.* 58 ; *III, v.* 40) :

 Mundus cœli vastus constitit silentio,
 Et Neptunus sævus undis asperis pausam dedit ;
 Sol equis iter repressit ungulis volantibus ;
 Constitêre amnes perennes, arbores vento vacant.

Tragédie de Scipion.

La décision du maître des dieux est conforme à celle qu'il prend dans l'Iliade après la victoire d'Hector (*Il. XIII, v.* 1.).

Le serment redoutable par lequel il sanctionne sa volonté est exprimé, comme on le sait, dans ces vers immortels d'Homère qui ont produit le Jupiter de Phidias :

Ἦ, καὶ κυανέῃσιν ἐπ' ὀφρύσι νεῦσε Κρονίων·
ἀμβρόσιαι δ' ἄρα χαῖται ἐπερρώσαντο ἄνακτος
κρατὸς ἀπ' ἀθανάτοιο· μέγαν δ' ἐλέλιξεν Ὄλυμπον.
Il. I, v. 528.

Voici la traduction de Catulle :

Annuit invicto cœlestum numine rector,
Quo tunc et tellus atque horrida contremuerunt
Æquora, concussitque micantia sidera mundus.
Thétis et Pélée, v. 204

Les imitations les plus remarquables après les vers de Virgile (déjà employés au neuvième livre, v. 104), sont celles d'Horace, (*liv. III, ode 1*), d'Ovide (*ch. I, v.* 179), du Tasse (*ch. XIII, st.* 74), de Milton (*ch. II, v.* 351) et de Klopstock (*ch. V, v.* 323 et 822.) Ces deux derniers poëtes ont reproduit en entier le tableau de l'assemblée céleste, opposée à celle des puissances infernales (*Paradis, ch. II et III*) *Messiade, ch. I et II*). Autant le poëte anglais surpasse son rival dans la peinture des réprouvés, autant Klopstock excelle dans le magnifique développement de la rédemption du genre humain.

II.

Interea Rutuli portis circùm omnibus instant
Sternere cæde viros, et mœnia cingere flammis:
120 At legio Æneadûm vallis obsessa tenetur;
Nec spes ulla fugæ : miseri stant turribus altis
Nequicquam, et rarâ muros cinxère coronâ.

Asius Imbracides, Hicetaoniusque Thymœtes,
Assaracique duo, et senior cum Castore Thymbris,
Prima acies : hos germani Sarpedonis ambo,
Et Clarus, et Themon, Lyciâ comitantur ab altâ.
Fert ingens toto connixus corpore saxum,
Haud partem exiguam montis, Lyrnessius Acmon,
Nec Clytio genitore minor, nec fratre Menestheo.
130 Hi jaculis, illi certant defendere saxis,
Molirique ignem, nervoque aptare sagittas.
Ipse inter medios, Veneris justissima cura,
Dardanius caput ecce puer detectus honestum,
Qualis gemma micat, fulvum quæ dividit aurum,
Aut collo decus, aut capiti ; vel quale per artem
Inclusum buxo, aut Oriciâ terebintho
Lucet ebur : fusos cervix cui lactea crines
Accipit, et molli subnectit circulus auro.
Te quoque magnanimæ viderunt, Ismare, gentes
140 Vulnera dirigere, et calamos armare veneno,
Mœoniâ generose domo : ubi pinguia culta
Exercentque viri, Pactolusque irrigat auro.
Affuit et Mnestheus, quem pulsi pristina Turni
Aggere murorum sublimem gloria tollit ;
Et Capys : hinc nomen Campanæ ducitur urbi.

Le poëte reporte ses regards sur le Latium, et peint le triomphe des Rutules, le désespoir et la détresse des Troyens, renfermés comme les Grecs, au 12me. chant de l'Iliade, dans leurs murs voués à la destruction :

Ὡς ἄρ' ἔμελλον ὄπισθε Ποσειδάων καὶ Ἀπόλλων
θησέμεναι· τότε δ' ἀμφὶ μάχη ἐνοπήτε δεδήει
τεῖχος ἐΰδμητον· κανάχιζε δὲ δούρατα πύργων

βαλλόμεν'. Ἀργεῖοι δὲ, Διὸς μάστιγι δαμέντες,
νηυσὶν ἔπι γλαφυρῇσιν ἐελμένοι ἰσχανόωντο,
Ἕκτορα δειδιότες, κρατερὸν μήστωρα φόβοιο.

Il. XII, v. 34.

Virgile caractérise ensuite les principaux chefs troyens, dont les noms sont puisés, non dans le texte d'Homère, mais dans la généalogie des familles romaines qui se vantoient de descendre d'eux. A leur tête brille le fils d'Enée, la gloire de la famille d'Auguste, désigné par une comparaison gracieuse qui rappelle le portrait d'Astyanax (*Il. VI, v.* 400.)

Cependant Tarchon, roi d'Agylle, a conclu une alliance avec Enée. L'armée étrusque s'avance sur le Tibre, et le poëte en fait le dénombrement, comme il a donné au septième livre celui des Latins alliés de Turnus. Ce second tableau n'est pas moins curieux que le premier par les notions historiques qu'il renferme : il nous présente l'état de l'ancienne Etrurie, ses villes, ses chefs et ses peuplades ; son appareil maritime lui donne un nouveau degré d'intérêt en substituant aux détails des costumes et des armures la description pittoresque des vaisseaux. On peut rapprocher de cette revue celle des Troyens au 2me. chant de l'Iliade (*v.* 816 à 877), qu'Homère a distribués dans l'ordre suivant :

Pays.	Chefs.
Troie.	Hector.
Dardanum	Enée, Archiloque et Açamas.
Zélée.	Pandarus.
Térée.	Adraste et Amphius.
Sestos.	Asius.
Larisse	Hippothoüs et Pyléus.
Thrace	Acamas et Piroüs.
Ciconie	Euphême.
Péonie	Pyrechmès.
Paphlagonie	Pylémène.

Alybé	Odius et Epistrophus.
Mysie	Chromis et Ennomus.
Phrygie	Phorcys et Ascagne.
Méonie	Mesthlès et Antiphus.
Carie	Nastès et Amphimaque.
Lycie	Sarpédon et Glaucus.

Cette armée, comme on peut le voir au 8me. chant de l'Iliade (*v.* 562), se compose d'environ cinquante mille hommes.

★

    Illi inter sese duri certamina belli
Contulerant : mediâ Æneas freta nocte secabat.
Namque, ut ab Evandro castris ingressus Etruscis,
Regem adit, et regi memorat nomenque genusque ;
150 Quidve petat, quidve ipse ferat ; Mezentius arma
Quæ sibi conciliet, violentaque pectora Turni,
Edocet ; humanis quæ sit fiducia rebus
Admonet, immiscetque preces : haud fit mora, Tarcho
Jungit opes, fœdusque ferit ; tùm libera fati
Classem conscendit jussis gens Lydia divûm,
Externo commissa duci. Æneïa puppis
Prima tenet, rostro Phrygios subjuncta leones ;
Imminet Ida super, profugis gratissima Teucris.
Hîc magnus sedet Æneas, secumque volutat
160 Eventus belli varios ; Pallasque sinistro
Affixus lateri, jàm quærit sidera, opacæ
Noctis iter, jàm quæ passus terrâque marique.
    Pandite nunc Helicona, deæ, cantusque movete,
Quæ manus intereà Tuscis comitetur ab oris
Ænean, armetque rates, pelagoque vehatur.

Massicus æratâ princeps secat æquora Tigri ;
Sub quo mille manûs juvenum, qui mœnia Clusi
Quique urbem liquêre Cosas ; queis tela, sagittæ,
Corytique leves humeris, et lethifer arcus.
170 Unà torvus Abas : huic totum insignibus armis
Agmen, et aurato fulgebat Apolline puppis.
Sexcentos illi dederat Populonia mater
Expertos belli juvenes ; ast Ilva trecentos,
Insula inexhaustis Chalybum generosa metallis.
Tertius, ille hominum divûmque interpres Asylas,
Cui pecudum fibræ, cœli cui sidera parent,
Et linguæ volucrum, et præsagi fulminis ignes :
Mille rapit densos acie, atque horrentibus hastis ;
Hos parere jubent Alpheæ ab origine Pisæ,
180 Urbs Etrusca solo. Sequitur pulcherrimus Astur,
Astur equo fidens et versicoloribus armis :
Tercentum adjiciunt, mens omnibus una sequendi,
Qui Cærete domo, qui sunt Minionis in arvis,
Et Pyrgi veteres, intempestæque Graviscæ.

Non ego te, Ligurum ductor fortissime bello,
Transierim, Cinyra ; et paucis comitate Cupavo,
Cujus olorinæ surgunt de vertice pennæ ;
Crimen amor vestrum, formæque insigne paternæ.
Namque ferunt luctu Cycnum Phaëtontis amati,
190 Populeas inter frondes umbramque sororum
Dùm canit, et mœstum musâ solatur amorem,
Canentem molli plumâ duxisse senectam,
Linquentem terras, et sidera voce sequentem.
Filius æquales comitatus classe catervas,
Ingentem remis Centaurum promovet : ille
Instat aquæ, saxumque undis immane minatur
Arduus, et longâ sulcat maria alta carinâ.

Ille etiam patriis agmen ciet Ocnus ab oris,
Fatidicæ Mantûs et Tusci filius amnis,
200 Qui muros, matrisque dedit tibi, Mantua, nomen;
Mantua dives avis, sed non genus omnibus unum :
Gens illi triplex, populi sub gente quaterni;
Ipsa caput populis, Tusco de sanguine vires.
Hinc quoque quingentos in se Mezentius armat,
Quos patre Benaco, velatus arundine glaucâ,
Mincius infestâ ducebat in æquora pinu.
It gravis Aulestes, centenâque arbore fluctum
Verberat assurgens ; spumant vada marmore verso.
Hunc vehit immanis Triton, et cœrula conchâ
210 Exterrens freta : cui laterum tenùs hispida nanti
Frons hominem præfert, in pristin desinit alvus,
Spumea semifero sub pectore murmurat unda.
Tot lecti proceres ter denis navibus ibant
Subsidio Trojæ, et campos salis ære secabant.

A la tête de la flotte s'avance Enée accompagné du jeune Pallas qui doit vaincre et mourir comme Patrocle. Ils sont suivis des trente vaisseaux de Tarchon, commandés sous lui par huit chefs.

Massicus conduit les habitants de Clusium (*Chiusi*), et de Cose (*Orbitello*). Abas, ceux de Populonie (*Piombino*) et de l'île d'*Elbe*. Asylas ceux de *Pise*, colonie éléenne. Astur ceux de Céré (*Cerveteri*), de Pyrge et de Gravisque, villes détruites, situées jadis sur les bords du *Mugnone*. Après eux viennent les Liguriens, commandés par Cinyras, et par Cupavon, fils de Cycnus. Ils habitent l'embouchure de l'Eridan, où s'élève le tombeau de Phaëton baigné sans cesse des larmes de ses trois sœurs, suivant cette description d'Apollonius :

Ενθα ποτ' αιθαλόεντι τυπεὶς πρὸς στέρνα κεραυνῷ
ἡμιδαὴς Φαέθων πέσεν ἅρματος Ἡελίοιο

λίμνης ἐς προχοὰς πολυβενθέος· ἡ δ' ἔτι νῦν περ
τραύματος αἰθομένοιο βαρὺν ἀνεκήκιεν ἀτμόν.
οὐδέ τις ὕδωρ κεῖνο διὰ πτερὰ κοῦφα τανύσσας
οἰωνὸς δύναται βαλέειν ὕπερ· ἀλλὰ μεσηγὺ
φλογμῷ ἐπιθρώσκει πεποτημένος. ἀμφὶ δὲ κοῦραι
Ἡλιάδες, ταναῆσιν ἐλιγμέναι αἰγείροισι,
μύρονται κινυρὸν μέλεαι γόον· ἐκ δὲ φαεινὰς
ἠλέκτρου λιβάδας βλεφάρων προχέουσιν ἔραζε.

Argon. IV, v. 597.

Ocnus, fils du Tibre et de la nymphe Manto, conduit les peuples de *Mantoue*, voisins du *Menzo* et du lac de *Garda*, et divisés en trois tribus, comme les Rhodiens de l'Iliade :

Τριχθὰ δὲ ᾤκηθεν καταφυλαδὸν, ἠδὲ φίληθεν
ἐκ Διός, ὅστε θεοῖσι καὶ ἀνθρώποισιν ἀνάσσει·
καί σφιν θεσπέσιον πλοῦτον κατέχευε Κρονίων.

Il. II, v. 668.

La marche est fermée par Aulète, frère d'Ocnus et fondateur de *Pérouse*, dont le vaisseau porte un énorme Triton. L'élégante peinture de Virgile est abrégée de celle d'Apollonius, qui représente le dieu marin lui-même traînant le navire Argo vers la mer.

Ὡς ὅγ' ἐπισχόμενος γλαφυρῆς ὁλκήϊον Ἀργοῦς
ἦγ' ἅλαδε προτέρωσε. δέμας δέ οἱ ἐξ ὑπάτοιο
κράατος, ἀμφί τε νῶτα καὶ ἰξύας ἔς τ' ἐπὶ νηδὺν,
ἄντικρυς μακάρεσσι φυὴν ἔκπαγλον ἔϊκτο·
αὐτὰρ ὑπὲκ λαγόνων δίκρη ῥά οἱ ἔνθα καὶ ἔνθα
κήτεος ὁλκαίη μηκύνετο· κόπτε δ' ἀκάνθαις
ἄκρον ὕδωρ, αἵ τε σκολιοῖς ἐπὶ νειόθι κέντροις,
μήνης ὡς κεράεσσιν ἐειδόμεναι, διχόωντο.

Argon. IV, v. 1609.

III.

Jamque dies cœlo concesserat, almaque curru
Noctivago Phœbe medium pulsabat Olympum.
Æneas, neque enim membris dat cura quietem,
Ipse sedens clavumque regit, velisque ministrat.
Atque illi, medio in spatio, chorus ecce suarum
220 Occurrit comitum, nymphæ, quas alma Cybele
Numen habere maris, nymphasque è navibus esse
Jusserat: innabant pariter, fluctusque secabant,
Quot priùs æratæ steterant ad littora proræ.
Agnoscunt longè regem, lustrantque choreis.
Quarum quæ fandi doctissima, Cymodocea,
Ponè sequens dextrâ puppim tenet, ipsaque dorso
Eminet, ac lævâ tacitis subremigat undis;
Tùm sic ignarum alloquitur: « Vigilasne, deûm gens,
Ænea ? vigila, et velis immitte rudentes.
230 Nos sumus Idææ sacro de vertice pinus,
Nunc pelagi nymphæ, classis tua : perfidus ut nos
Præcipites ferro Rutulus flammâque premebat,
Rupimus invitæ tua vincula, teque per æquor
Quærimus : hanc genitrix faciem miserata refecit,
Et dedit esse deas, ævumque agitare sub undis.
At puer Ascanius muro fossisque tenetur
Tela inter media, atque horrentes marte Latinos.
Jàm loca jussa tenet forti permixtus Etrusco
Arcas eques : medias illis opponere turmas,
240 Ne castris jungant, certa est sententia Turno.
Surge, age, et aurorâ socios veniente vocari
Primus in arma jube, et clypeum cape, quem dedit ipse
Invictum Ignipotens, atque oras ambiit auro.

Crastina lux, mea si non irrita dicta putâris,
Ingentes Rutulæ spectabit cædis acervos. »
Dixerat ; et dextrâ discedens impulit altam,
Haud ignara modi, puppim : fugit illa per undas,
Ocior et jaculo et ventos æquante sagittâ ;
Indè aliæ celerant cursus. Stupet inscius ipse
250 Tros Anchisiades ; animos tamen omine tollit ;
Tùm breviter supera aspectans convexa precatur :
« Alma parens Idæa deûm, cui Dindyma cordi,
Turrigeræque urbes, bijugique ad fræna leones :
Tu mihi nunc pugnæ princeps, tu ritè propinques
Augurium, Phrygibusque adsis pede, diva, secundo ! »

Cette apparition des nouvelles nymphes de Cybèle, qui viennent hâter le retour de leur prince, rappelle un passage remarquable d'Apollonius où Thétis suivie des Néréides conduit le navire Argo à travers Charybde et Scylla (Voyez Enéide V, 594) :

Ενθα σφιν κοῦραι Νηρηΐδες ἄλλοθεν ἄλλαι
ἤντεον· ἡ δ' ὄπιθε πτέρυγος θίγε πηδαλίοιο
δῖα Θέτις· πλαγκτῇσι δ' ἐνὶ σπιλάδεσσιν ἔρυσσαν.
ὡς δ' ὁπόταν δελφῖνες ὑπὲξ ἁλὸς εὐδιόωντες
σπερχομένην ἀγεληδὸν ἑλίσσωνται περὶ νῆα,
ἄλλοτε μὲν προπάροιθεν ὁρώμενοι, ἄλλοτ' ὄπισθεν,
ἄλλοτε παρβολάδην, ναύτῃσι δὲ χάρμα τέτυκται·
ὡς αἱ ὑπεκπροθέουσαι ἐπήτριμοι εἱλίσσοντο
Αργώῃ περὶ νηΐ, Θέτις δ' ἴθυνε κελεύθους.

Argon. IV, v. 930.

Le retour d'Enée correspond à celui d'Achille ; aussi le message de Cymodocé peut-il se comparer à celui d'Iris exhortant Achille à sauver le corps de Patrocle (*Il. XVIII, v.* 170). L'invocation d'Enée à Cybèle rappelle l'hymne d'Homère transcrit au neuvième livre, v. 617.

★

Tantùm effatus ; et intereà revoluta ruebat
Maturâ jàm luce dies, noctemque fugârat.
Principiò sociis edicit, signa sequantur,
Atque animos aptent armis, pugnæque parent se.
260 Jamque in conspectu Teucros habet et sua castra,
Stans celsâ in puppi : clypeum tùm deindè sinistrâ
Extulit ardentem. Clamorem ad sidera tollunt
Dardanidæ è muris ; spes addita suscitat iras.
Tela manu jaciunt : quales sub nubibus atris
Strymoniæ dant signa grues, atque æthera tranant
Cùm sonitu, fugiuntque notos clamore secundo.
At Rutulo regi ducibusque ea mira videri
Ausoniis, donec versas ad littora puppes
Respiciunt, totumque allabi classibus æquor.
270 Ardet apex capiti, cristisque à vertice flamma
Funditur, et vastos umbo vomit aureus ignes :
Non secùs ac liquidâ si quandò nocte cometæ
Sanguinei lugubre rubent, aut Sirius ardor ;
Ille sitim morbosque ferens mortalibus ægris,
Nascitur, et lævo contristat lumine cœlum.

Haud tamen audaci Turno fiducia cessit
Littora præripere, et venientes pellere terrâ.
Ultrò animos tollit dictis, atque increpat ultrò :
« Quod votis optâstis, adest perfringere dextrâ ;
280 In manibus mars ipse, viri : nunc conjugis esto
Quisque suæ tectique memor ; nunc magna referto
Facta, patrum laudes. Ultrò occurramus ad undam,
Dùm trepidi egressique labant vestigia prima.
Audentes fortuna juvat. »
Hæc ait, et secum versat, quos ducere contrà,
Vel quibus obsessos possit concredere muros.

Cette courte mais brillante description du retour victorieux d'Énée se compose de plusieurs réminiscences d'Homère. On y reconnoît l'image du bouclier d'Achille (*Il. XIX*, v. 373); la comparaison des grues (*Il. III*, v. 3), et celle de Sirius (*Il. XXII*, v. 26), imitées par le Tasse et par Milton (*Jérusalem, ch. VII*, st. 52; *XX*, st. 2) (*Paradis, ch. I*, v. 594; *II*, v. 708). Mais l'ensemble de la composition correspond ici plus particulièrement au majestueux tableau de l'apparition d'Achille qui, d'après le conseil d'Iris, se présente sans armes sur les remparts :

Ἡ μὲν ἄρ' ὣς εἰποῦσ' ἀπέβη πόδας ὠκέα Ἶρις.
αὐτὰρ Ἀχιλλεὺς ὦρτο Διΐ φίλος· ἀμφὶ δ' Ἀθήνη
ὤμοις ἰφθίμοισι βάλ' αἰγίδα θυσσανόεσσαν·
ἀμφὶ δέ οἱ κεφαλῇ νέφος ἔστεφε δῖα θεάων
χρύσεον, ἐκ δ' αὐτοῦ δαῖε φλόγα παμφανόωσαν.
ὡς δ' ὅτε καπνὸς ἰὼν ἐξ ἄστεος αἰθέρ' ἵκηται,
τηλόθεν ἐκ νήσου, τὴν δήϊοι ἀμφιμάχονται,
οἵτε πανημέριοι στυγερῷ κρίνονται ἄρηϊ
ἄστεος ἐκ σφετέρου· ἅμα δ' ἠελίῳ καταδύντι
πυρσοί τε φλεγέθουσιν ἐπήτριμοι, ὑψόσε δ' αὐγὴ
γίγνεται ἀΐσσουσα, περικτιόνεσσιν ἰδέσθαι,
αἴ κέν πως σὺν νηυσὶν ἄρης ἀλκτῆρες ἵκωνται·
ὣς ἀπ' Ἀχιλλῆος κεφαλῆς σέλας αἰθέρ' ἵκανεν.
στῆ δ' ἐπὶ τάφρον ἰὼν ἀπὸ τείχεος· οὐδ' ἐς Ἀχαιοὺς
μίσγετο· μητρὸς γὰρ πυκινὴν ὠπίζετ' ἐφετμήν.
ἔνθα στὰς ἤϋσ'· ἀπάτερθε δὲ Παλλὰς Ἀθήνη
φθέγξατ'· ἀτὰρ Τρώεσσιν ἐν ἄσπετον ὦρσε κυδοιμόν.
ὡς δ' ὅτ' ἀριζήλη φωνή, ὅτε τ' ἴαχε σάλπιγξ
ἄστυ περιπλομένων δηΐων ὕπο θυμοραϊστέων.
ὣς τότ' ἀριζήλη φωνὴ γένετ' Αἰακίδαο.
οἱ δ' ὡς οὖν ἄϊον ὄπα χάλκεον Αἰακίδαο
πᾶσιν ὀρίνθη θυμός· ἀτὰρ καλλίτριχες ἵπποι
ἂψ ὄχεα τρόπεον· ὄσσοντο γὰρ ἄλγεα θυμῷ.

ἡνίοχοι δ' ἔκπληγεν, ἐπεὶ ἴδον ἀκάματον πῦρ
δεινὸν ὑπὲρ κεφαλῆς μεγαθύμου Πηλείωνος
δαιόμενον· τὸ δὲ δαῖε θεὰ γλαυκῶπις Ἀθήνη.
τρὶς μὲν ὑπὲρ τάφρου μεγάλ' ἴαχε δῖος Ἀχιλλεύς·
τρὶς δὲ κυκήθησαν Τρῶες, κλειτοί τ' ἐπίκουροι.

Il. XVIII, v. 202.

L'exhortation de Turnus à ses troupes contient quelques traits du discours de Nestor (*Il. XV, v.* 661) et de celui de Minerve (*Od. VII, v.* 50); mais sa noble audace, ranimée encore par la vue du danger, est celle qui respire dans ces paroles d'Hector après l'apparition de son rival :

Εἰ δ' ἐτεὸν παρὰ ναῦφιν ἀνέστη δῖος Ἀχιλλεύς,
ἄλγιον, αἴ κ' ἐθέλῃσι, τῷ ἔσσεται· οὔ μιν ἔγωγε
φεύξομαι ἐκ πολέμοιο δυσηχέος, ἀλλὰ μάλ' ἄντην
στήσομαι, ἤ κε φέρῃσι μέγα κράτος, ἤ κε φεροίμην.
ξυνὸς Ἐνυάλιος, καί τε κτανέοντα κατέκτα.

Il. XVIII, v. 305.

★

  Intereà Æneas socios de puppibus altis
Pontibus exponit : multi servare recursus
Languentis pelagi, et brevibus se credere saltu ;
290 Per remos alii. Speculatus littora Tarcho,
  Quà vada non sperat, nec fracta remurmurat unda,
Sed mare inoffensum crescenti allabitur æstu,
Advertit subitò proras, sociosque precatur :
« Nunc, o lecta manus, validis incumbite remis ;
Tollite, ferte rates, inimicam findite rostris
Hanc terram, sulcumque sibi premat ipsa carina.
Frangere nec tali puppim statione recuso,
Arreptâ tellure semel. » Quæ talia postquam

Effatus Tarcho, socii consurgere tonsis,
300 Spumantesque rates arvis inferre Latinis ;
Donec rostra tenent siccum, et sedêre carinæ
Omnes innocuæ : sed non puppis tua, Tarcho.
Namque, inflicta vadis dorso dùm pendet iniquo,
Anceps, sustentata diù, fluctusque fatigat,
Solvitur, atque viros mediis exponit in undis ;
Fragmina remorum quos et fluitantia transtra
Impediunt, retrahitque pedem simul unda relabens.
Nec Turnum segnis retinet mora : sed rapit acer
Totam aciem in Teucros, et contrà in littore sistit.
310 Signa canunt. Primus turmas invasit agrestes
Æneas, omen pugnæ, stravitque Latinos,
Occiso Therone, virûm qui maximus ultrò
Ænean petit : huic gladio perque ærea suta,
Per tunicam squalentem auro, latus haurit apertum.
Indè Lichan ferit, exsectum jàm matre peremptâ,
Et tibi, Phœbe, sacrum : casus evadere ferri
Quòd licuit parvo. Nec longè Cissea durum,
Immanemque Gyan, sternentes agmina clavâ,
Dejecit letho : nihil illos Herculis arma,
320 Nil validæ juvêre manus, genitorque Melampus,
Alcidæ comes, usque graves dùm terra labores
Præbuit. Ecce Pharo, voces dùm jactat inertes,
Intorquens jaculum clamanti sistit in ore.
Tu quoque, flaventem primâ lanugine malas
Dùm sequeris Clytium, infelix ! nova gaudia, Cydon,
Dardaniâ stratus dextrâ, securus amorum,
Qui juvenum tibi semper erant, miserande, jaceres ;
Ni fratrum stipata cohors foret obvia, Phorci
Progenies : septem numero, septenaque tela
330 Conjiciunt ; partim galeâ clypeoque resultant

Irrita, deflexit partim stringentia corpus
Alma Venus. Fidum Æneas affatur Achaten :
« Suggere tela mihi, non ullum dextera frustrà
Torserit in Rutulos, steterunt quæ in corpore Graiûm
Iliacis campis. » Tùm magnam corripit hastam ,
Et jacit : illa volans clypei transverberat æra
Mœonis, et thoraca simul cum pectore rumpit.
Huic frater subit Alcanor, fratremque ruentem
Sustentat dextrâ : trajecto missa lacerto
340 Protinùs hasta fugit, servatque cruenta tenorem ;
Dexteraque ex humero nervis moribunda pependit.
Tùm Numitor, jaculo fratris de corpore rapto,
Æneam petiit : sed non et figere contrà
Est licitum, magnique femur perstrinxit Achatæ.
  Hic Curibus, fidens primævo corpore , Clausus
Advenit, et rigidâ Dryopen ferit eminùs hastâ
Sub mentum graviter pressâ, pariterque loquenti
Vocem animamque rapit, trajecto gutture ; at ille
Fronte ferit terram, et crassum vomit ore cruorem.
350 Tres quoque Threïcios Boreæ de gente supremâ,
Et tres, quos Idas pater et patria Ismara mittit,
Per varios sternit casus. Accurrit Halesus ,
Auruncæque manus ; subit et Neptunia proles
Insignis Messapus equis : expellere tendunt
Nunc hi, nunc illi ; certatur limine in ipso
Ausoniæ : magno discordes æthere venti
Prælia ceu tollunt, animis et viribus æquis :
Non ipsi inter se, non nubila, non mare cedunt ;
Anceps pugna diù, stant obnixi omnia contrà.
360 Haud aliter Trojanæ acies, aciesque Latinæ
Concurrunt ; hæret pede pes, densusque viro vir.

Après avoir donné une description pittoresque du débarquement d'Enée et de Tarchon, le poëte entonne la trompette des combats, et chante les exploits du héros troyen. Théron périt le premier sous ses coups comme OEnomaüs sous ceux d'Idoménée :

Ἰδομενεὺς δ' ἄρα Οἰνόμαον βάλε γαστέρα μέσσην·
ῥῆξε δὲ θώρηκος γύαλον, διὰ δ' ἔντερα χαλκὸς
ἤφυσ'· ὁ δ' ἐν κονίῃσι πεσὼν, ἕλε γαῖαν ἀγοστῷ.

Il. XIII, v. 506.

Lichas, sa seconde victime, qui dut la vie à un fer libérateur, rappelle par son aventure l'origine du nom de César.

Cissée et Gyas portent les mêmes armes que le terrible Aréithoüs :

Τεύχε' ἔχων ὤμοισιν Ἀρηϊθόοιο ἄνακτος,
δίου Ἀρηϊθόου, τὸν ἐπίκλησιν κορυνήτην
ἄνδρες κίκλησκον, καλλίζωνοί τε γυναῖκες·
οὕνεκ' ἄρ' οὐ τόξοισι μαχέσκετο, δουρί τε μακρῷ,
ἀλλὰ σιδηρείῃ κορύνῃ ῥήγνυσκε φάλαγγας.

Il. VII, v. 137.

Pharus périt comme Dolon :

Φθεγγομένου δ' ἄρα τοῦγε κάρη κονίῃσιν ἐμίχθη.

Il. X, v. 457.

Les traits des sept fils de Phorcus, volant à la défense de Cydon, représentent ceux dont les Troyens accablent Ajax dans sa retraite :

Αὐτὸς δὲ Τρώων καὶ Ἀχαιῶν θῦνε μεσηγὺ
ἱστάμενος· τὰ δὲ δοῦρα θρασειάων ἀπὸ χειρῶν,
ἄλλα μὲν ἐν σάκεϊ μεγάλῳ πάγεν, ὅρμενα πρόσσω·
πολλὰ δὲ καὶ μεσσηγὺ, πάρος χρόα λευκὸν ἐπαυρεῖν,
ἐν γαίῃ ἵσταντο, λιλαιόμενα χροὸς ἆσαι.

Il. XI, v. 570.

Vénus détourne d'Enée le coup mortel comme dans son combat contre Diomède (*Il. V, v.* 314.)

Les blessures de Méon, d'Alcanor et d'Achate rappellent celles de Déicoon, de Teucer et de Gorgythion :

Τόν ῥα κατ' ἀσπίδα δουρὶ βάλε κρείων Ἀγαμέμνων·
ἡ δ' οὐκ ἔγχος ἔρυτο, διὰ πρὸ δὲ εἴσατο χαλκός·
νειαίρῃ δ' ἐν γαστρὶ διὰ ζωστῆρος ἔλασσεν.

Il. V, v. 537.

Ῥῆξε δέ οἱ νευρήν· νάρκησε δὲ χεὶρ ἐπὶ καρπῷ·
στῆ δὲ γνὺξ ἐριπών, τόξον δέ οἱ ἔκπεσε χειρός.

Il. VIII, v. 328.

Ἦ ῥα, καὶ ἄλλον ὀϊστὸν ἀπὸ νευρῆφιν ἴαλλεν
Ἕκτορος ἀντικρύ, βαλέειν δέ ἑ ἵετο θυμός,
καὶ τοῦ μέν ῥ' ἀφάμαρθ'· ὁ δ' ἀμύμονα Γοργυθίωνα,
υἱὸν ἐὺν Πριάμοιο, κατὰ στῆθος βάλεν ἰῷ.

Il. VIII, v. 300.

Enfin Clausus, Halesus et Messape arrivent au secours des Latins, à la tête des Sabins, des Aurunces et des Falisques. La mort de Dryope sous les coups du premier correspond à celle d'Euphorbe immolé par Ménélas :

Ἂψ δ' ἀναχαζομένοιο, κατὰ στομάχοιο θέμεθλα
νύξ', ἐπὶ δ' αὐτὸς ἔρεισε, βαρείῃ χειρὶ πιθήσας·
ἀντικρὺ δ' ἁπαλοῖο δι' αὐχένος ἤλυθ' ἀκωκή.

Il. XVII, v. 47.

La lutte indécise des deux partis rappelle celle des Grecs contre les Lyciens (*Il. XII, v.* 417). On y reconnoît aussi cette comparaison d'Hector, imitée par le Tasse et par Milton (*Jérusalem, ch. IX, st.* 52), (*Paradis, ch. X, v.* 289) :

Τοὺς ἄρ᾽ ὅγ᾽ ἡγεμόνας Δαναῶν ἕλεν, αὐτὰρ ἔπειτα
πληθύν· ὡς ὁπότε νέφεα Ζέφυρος στυφελίξῃ
ἀργέσταο Νότοιο, βαθείῃ λαίλαπι τύπτων·
πολλὸν δὲ τρόφι κῦμα κυλίνδεται, ὑψόσε δ᾽ ἄχνη
σκίδναται ἐξ ἀνέμοιο πολυπλάγκτοιο ἰωῆς.

IL. XI, v. 304.

Et ces vers du 13me· chant :

Φράξαντες δόρυ δουρί, σάκος σάκεϊ προθελύμνῳ·
ἀσπὶς ἄρ᾽ ἀσπίδ᾽ ἔρειδε, κόρυς κόρυν, ἀνέρα δ᾽ ἀνήρ.

IL. XIII, v. 130.

déjà traduits par Furius Antias :

Pressatur pede pes, mucro mucrone, viro vir.

Annales, *liv. IV*.

~~~~~~

IV.

At parte ex aliâ, quâ saxa rotantia latè
Impulerat torrens arbustaque diruta ripis,
Arcadas, insuetos acies inferre pedestres,
Ut vidit Pallas Latio dare terga sequaci,
Aspera queis natura loci dimittere quandò
Suasit equos ; unum quod rebus restat egenis,
Nunc prece, nunc dictis virtutem accendit amaris :
« Quò fugitis socii ? per vos et fortia facta,
370 Per ducis Evandri nomen, devictaque bella,
Spemque meam, patriæ quæ nunc subit æmula laudi,
Fidite ne pedibus : ferro rumpenda per hostes
Est via, quâ globus ille virûm densissimus urget ;
Hâc vos et Pallanta ducem patria alta reposcit.
Numina nulla premunt : mortali urgemur ab hoste

Mortales ; totidem nobis animæque manusque.
Ecce, maris magno claudit nos objice pontus,
Deest jàm terra fugæ : pelagus Trojamne petemus? »
Hæc ait, et medius densos prorumpit in hostes.
380 Obvius huic primùm, fatis adductus iniquis,
Fit Lagus : hunc, magno vellit dùm pondere saxum,
Intorto figit telo, discrimina costis
Per medium quà spina dabat, hastamque receptat
Ossibus hærentem. Quem non super occupat Hisbo,
Ille quidem hoc sperans : nam Pallas antè ruentem,
Dùm furit, incautum crudeli morte sodalis,
Excipit, atque ensem tumido in pulmone recondit.
Hinc Sthenelum petit, et Rhœti de gente vetustâ
Anchemolum, thalamos ausum incestare novercæ.
390 Vos etiam gemini Rutulis cecidistis in arvis,
Daucia, Laride Thymberque, simillima proles,
Indiscreta suis, gratusque parentibus error.
At nunc dura dedit vobis discrimina Pallas :
Nam tibi, Thymbre, caput Evandrius abstulit ensis ;
Te decisa suum, Laride, dextera quærit,
Semianimesque micant digiti, ferrumque retractant.

Après avoir assuré le succès d'Enée, le poëte change le lieu de la scène pour nous montrer dans tout son éclat le jeune héros dévoué à la mort. La noble indignation qui respire dans le discours de Pallas rappelle les reproches d'Ajax à l'armée grecque :

Αἴας δ' αὖθ' ἑτέρωθεν ἐκέκλετο οἷς ἑτάροισιν·
« Αἰδὼς, Ἀργεῖοι ! νῦν ἄρκιον, ἢ ἀπολέσθαι,
ἠὲ σαωθῆναι, καὶ ἀπώσασθαι κακὰ νηῶν.
ἢ ἔλπεσθ', ἢν νῆας ἕλῃ κορυθαίολος Ἕκτωρ,
ἐμβαδὸν ἵξεσθαι ἣν πατρίδα γαῖαν ἕκαστος ;

ἢ οὐκ ὀτρύνοντος ἀκούετε λαὸν ἅπαντα
Ἕκτορος, ὃς δὴ νῆας ἐνιπρῆσαι μενεαίνει;
Il. XV, v. 501.

On reconnoît aussi dans les vers latins les paroles d'Ajax à la fin du même chant (*Il. XV, v.* 735), et cette exclamation d'Agénor s'élançant contre Achille :

Καὶ γάρ θην τούτῳ τρωτὸς χρὼς ὀξέϊ χαλκῷ,
ἐν δὲ ἴα ψυχή, θνητὸν δέ ἕ φασ᾽ ἄνθρωποι.
Il. XXI, v. 568.

Les blessures de Lagus et d'Hisbon correspondent à celles de Thoon et d'Asius, tués par Antiloque et Idoménée :

Ἀντίλοχος δὲ Θόωνα μεταστρεφθέντα δοκεύσας,
οὔτασ᾽ ἐπαΐξας. ἀπὸ δὲ φλέβα πᾶσαν ἔκερσεν,
ἥτ᾽ ἀνὰ νῶτα θέουσα διαμπερὲς, αὐχέν᾽ ἱκάνει·
τὴν ἀπὸ πᾶσαν ἔκερσεν· ὁ δ᾽ ὕπτιος ἐν κονίῃσιν
κάππεσεν, ἄμφω χεῖρε φίλοις ἑτάροισι πετάσσας.
Il. XIII, v. 545.

Ὣς εἰπὼν, ποδὸς ἕλκε κατὰ κρατερὴν ὑσμίνην
ἥρως Ἰδομενεύς· τῷ δ᾽ Ἄσιος ἦλθεν ἀμύντωρ,
πεζὸς πρόσθ᾽ ἵππων· τὼ δὲ πνείοντε κατ᾽ ὤμων
αἰὲν ἔχ᾽ ἡνίοχος θεράπων· ὁ δὲ ἵετο θυμῷ
Ἰδομενῆα βαλεῖν· ὁ δέ μιν φθάμενος βάλε δουρὶ
λαιμὸν ὑπ᾽ ἀνθερεῶνα, διὰ πρὸ δὲ χαλκὸν ἔλασσεν.
Il. XIII, v. 383.

Le crime d'Anchemole, fils de Rhétus roi des Marses, étoit fameux dans l'histoire d'Italie. Les blessures des deux frères Laride et Thymber, (imitées par le Tasse, *Jérusalem*, ch. IX, st. 34 et 69) se retrouvent dans ces vers d'Homère et d'Ennius :

Αὐχένα μέσσον ἔλασσεν, ἀπήραξεν δὲ χαμᾶζε,
αὐτῇ σὺν πήληκι, κάρη.
Il. XIV, v. 497.

Φασγάνῳ ἀΐξας, ἀπὸ δ' ἔξεσε χεῖρα βαρεῖαν·
αἱματόεσσα δὲ χεὶρ πεδίῳ πέσε.
Il. V, v. 81.

Oscitat in campis caput à cervice revulsum,
Semianimesque micant oculi, lucemque requirunt.
Ennius.

*

Arcadas accensos monitu, et præclara tuentes
Facta viri, mixtus dolor et pudor armat in hostes.
Tùm Pallas bijugis fugientem Rhœtea præter
400 Trajicit : hoc spatium tantùmque moræ fuit Ilo;
Ilo namque procul validam direxerat hastam,
Quam medius Rhœteus intercipit, optime Teuthra,
Te fugiens, fratremque Tyren, curruque volutus
Cædit semianimis Rutulorum calcibus arva.
Ac velut, optato ventis æstate coortis,
Dispersa immittit silvis incendia pastor ;
Correptis subitò mediis, extenditur unà
Horrida per latos acies vulcania campos ;
Ille sedens victor flammas despectat ovantes :
410 Non aliter sociûm virtus coït omnis in unum,
Teque juvat, Palla. Sed bellis acer Halesus
Tendit in adversos, seque in sua colligit arma.
Hic mactat Ladona, Pheretaque, Demodocumque;
Strymonio dextram fulgenti deripit ense,
Elatam in jugulum ; saxo ferit ora Thoantis,
Ossaque dispergit cerebro permixta cruento.

Fata canens silvis genitor celârat Halesum :
Ut senior letho canentia lumina solvit,
Injecêre manum Parcæ, telisque sacrârunt
420 Evandri. Quem sic Pallas petit antè precatus :
« Da nunc, Tybri pater, ferro quod missile libro,
Fortunam atque viam duri per pectus Halesi,
Hæc arma exuviasque viri tua quercus habebit. »
Audiit illa deus : dùm texit Imaona Halesus,
Arcadio infelix telo dat pectus inermum.

Les paroles et l'exemple de Pallas raniment l'ardeur des Arcadiens :

Ὡς εἰπὼν, ὤτρυνε μένος καὶ θυμὸν ἑκάστου.
μᾶλλον δὲ στίχες ἄρθεν, ἐπεὶ βασιλῆος ἄκουσαν.

IL. XVI, v. 210.

Rhétée périt comme Scamandrius sous les coups de Ménélas :

Υἱὸν δὲ Στροφίοιο Σκαμάνδριον, αἵμονα θήρης,
. . . .
πρόσθεν ἕθεν φεύγοντα, μετάφρενον οὔτασε δουρὶ
ὤμων μεσσηγύς, διὰ δὲ στήθεσφιν ἔλασσεν.

IL. V, v. 49 et 56.

La comparaison de l'incendie est appliquée par Homère aux exploits d'Achille (*Il. XX, v.* 490) et à ceux d'Agamemnon :

Ὡς δ' ὅτε πῦρ ἀΐδηλον ἐν ἀξύλῳ ἐμπέσῃ ὕλη·
πάντῃ τ' εἰλυφόων ἄνεμος φέρει, οἱ δέ τε θάμνοι
πρόρριζοι πίπτουσιν ἐπειγόμενοι πυρὸς ὁρμῇ·
ὣς ἄρ' ὑπ' Ἀτρείδῃ Ἀγαμέμνονι πίπτε κάρηνα
Τρώων φευγόντων, πολλοὶ δ' ἐριαύχενες ἵπποι
κείν' ὄχεα κροτάλιζον ἀνὰ πτολέμοιο γεφύρας.

IL. XI, v. 155.

Halésus qui, fier du nombre de ses victimes, ose seul résister à Pallas, est puni d'avoir méprisé l'autorité paternelle, comme les deux fils de Mérope tués par Diomède :

Ενθ' ἑλέτην δίφρον τε καὶ ἀνέρε δήμου ἀρίστω,
υἷε δύω Μέροπος Περκωσίου, ὃς περὶ πάντων
ᾔδεε μαντοσύνας, οὐδὲ οὓς παῖδας ἔασκεν
στείχειν εἰς πόλεμον φθισήνορα· τὼ δέ οἱ οὔτι
πειθέσθην· κῆρες γὰρ ἄγον μέλανος θανάτοιο.
τοὺς μὲν Τυδείδης δουρικλειτὸς Διομήδης,
θυμοῦ καὶ ψυχῆς κεκαδών, κλυτὰ τεύχε' ἀπηύρα.

IL. XI, v. 328.

*

 At non cæde viri tantâ perterrita Lausus,
Pars ingens belli, sinit agmina : primus Abantem
Oppositum interimit, pugnæ nodumque moramque.
Sternitur Arcadiæ proles, sternuntur Etrusci ;
430 Et vos, o Graiis imperdita corpora, Teucri.
 Agmina concurrunt ducibusque et viribus æquis ;
Extremi addensent acies, nec turba moveri
Tela manusque sinit. Hinc Pallas instat et urget ;
Hinc contrà Lausus : nec multùm discrepat ætas :
Egregii formâ, sed queis fortuna negârat
In patriam reditus. Ipsos concurrere passus
Haud tamen inter se magni regnator Olympi ;
Mox illos sua fata manent majore sub hoste.

Lausus rallie les bataillons intimidés par la mort d'Halésus ; il tue Abas chef des Etrusques (voyez v. 170) et marche à la rencontre de Pallas. Tous deux, égaux en âge et égaux en valeur, doivent périr sur une terre étrangère, et subir le sort d'Achille et de Patrocle :

Ἄμφω γὰρ πέπρωται ὁμοίην γαῖαν ἐρεῦσαι
αὐτοῦ ἐνὶ Τροίῃ.
Il. XVIII, v. 329.

Le danger du fils de Mézence détermine le retour de Turnus, et hâte le combat fatal qui doit entraîner la perte de Pallas. Le poëte n'a rien négligé pour rendre les derniers instants de ce prince aussi glorieux qu'attendrissants. Sa mort, par ses conséquences, correspond à celle de Patrocle, immolé par Hector au 16me. chant l'Iliade, mais Virgile l'a assimilée ici pour les détails à celle de Sarpédon, tué par Patrocle dans le même chant. En ornant le récit d'Homère de ces traits de sentiment qui caractérisent son génie, il a fait de cette narration simple et concise une des plus belles de l'antiquité.

V.

Interea soror alma monet succurrere Lauso
440 Turnum, qui volucri curru medium secat agmen.
Ut vidit socios : « Tempus desistere pugnâ ;
Solus ego in Pallanta feror, soli mihi Pallas
Debetur : cuperem ipse parens spectator adesset. »
Hæc ait ; et socii cesserunt æquore jusso.
At Rutulûm abscessu juvenis, tùm jussa superba
Miratus, stupet in Turno, corpusque per ingens
Lumina volvit, obitque truci procul omnia visu ;
Talibus et dictis et contrà dicta tyranni :
« Aut spoliis ego jàm raptis laudabor opimis,
450 Aut letho insigni : sorti pater æquus utrique est.
Tolle minas. » Fatus, medium procedit in æquor.
Frigidus Arcadibus coït in præcordia sanguis.
Desiluit Turnus bijugis ; pedes apparat ire
Cominùs : utque leo, speculâ cùm vidit ab altâ

Stare procul campis meditantem prælia taurum,
Advolat : haud alia est Turni venientis imago.
Hunc ubi contiguum missæ fore credidit hastæ,
Ire prior Pallas, si quâ fors adjuvet ausum
Viribus imparibus, magnumque ita ad æthera fatur :
460 « Per patris hospitium, et mensas quas advena adisti,
Te precor, Alcide, cœptis ingentibus adsis !
Cernat semineci sibi me rapere arma cruenta,
Victoremque ferant morientia lumina Turni. »
Audiit Alcides juvenem, magnumque sub imo
Corde premit gemitum, lacrymasque effudit inanes.
Tùm genitor natum dictis affatur amicis :
« Stat sua cuique dies ; breve et irreparabile tempus
Omnibus est vitæ : sed famam extendere factis,
Hoc virtutis opus. Trojæ sub mœnibus altis
470 Tot nati cecidère deûm ; quin occidit unà
Sarpedon, mea progenies : etiam sua Turnum
Fata vocant, metasque dati pervenit ad ævi. »
Sic ait, atque oculos Rutulorum rejicit arvis.

Sarpédon voyant les Lyciens fuir en désordre devant Patrocle, s'avance seul contre lui, comme Turnus contre Pallas, mais il doit périr comme ce dernier, victime de son courage, et Jupiter gémit d'avance sur son trépas.

Σαρπηδὼν δ' ὡς οὖν ἴδ' ἀμιτροχίτωνας ἑταίρους
χέρσ' ὑπὸ Πατρόκλοιο Μενοιτιάδαο δαμέντας,
κέκλετ' ἄρ' ἀντιθέοισι καθαπτόμενος Λυκίοισιν·
« Αἰδώς, ὦ Λύκιοι, πόσε φεύγετε; νῦν θοοὶ ἔστε !
ἀντήσω γὰρ ἐγὼ τοῦδ' ἀνέρος, ὄφρα δαείω,
ὅστις ὅδε κρατέει· καὶ δὴ κακὰ πολλὰ ἔοργεν
Τρῶας· ἐπεὶ πολλῶν τε καὶ ἐσθλῶν γούνατ' ἔλυσεν. »

Ἧ ῥα, καὶ ἐξ ὀχέων σὺν τεύχεσιν ἆλτο χαμᾶζε.
Πάτροκλος δ' ἑτέρωθεν, ἐπεὶ ἴδεν, ἔκθορε δίφρου.
οἱ δ', ὥστ' αἰγυπιοὶ γαμψώνυχες, ἀγκυλοχεῖλαι,
πέτρῃ ἐφ' ὑψηλῇ μεγάλα κλάζοντε μάχωνται,
ὣς οἱ κεκλήγοντες ἐπ' ἀλλήλοισιν ὄρουσαν.

Τοὺς δὲ ἰδὼν ἐλέησε Κρόνου παῖς ἀγκυλομήτεω,
Ἥρην δὲ προσέειπε κασιγνήτην ἄλοχόν τε·
« Ὤ μοι ἐγών, ὅτε μοι Σαρπηδόνα, φίλτατον ἀνδρῶν,
μοῖρ' ὑπὸ Πατρόκλοιο Μενοιτιάδαο δαμῆναι!
διχθὰ δέ μοι κραδίη μέμονε, φρεσὶν ὁρμαίνοντι,
ἤ μιν ζωὸν ἐόντα μάχης ἄπο δακρυοέσσης
θείω ἀναρπάξας Λυκίης ἐν πίονι δήμῳ,
ἦ ἤδη ὑπὸ χερσὶ Μενοιτιάδαο δαμάσσω. »

Τὸν δ' ἠμείβετ' ἔπειτα βοῶπις πότνια Ἥρη·
« Αἰνότατε Κρονίδη, ποῖον τὸν μῦθον ἔειπες!
ἄνδρα θνητὸν ἐόντα, πάλαι πεπρωμένον αἴσῃ,
ἂψ ἐθέλεις θανάτοιο δυσηχέος ἐξαναλῦσαι;
ἔρδ'! ἀτὰρ οὔ τοι πάντες ἐπαινέομεν θεοὶ ἄλλοι.
ἄλλο δέ τοι ἐρέω, σὺ δ' ἐνὶ φρεσὶ βάλλεο σῇσιν·
αἴ κε ζῶν πέμψῃς Σαρπηδόνα ὅνδε δόμονδε,
φράζεο, μή τις ἔπειτα θεῶν ἐθέλῃσι καὶ ἄλλος
πέμπειν ὃν φίλον υἱὸν ἀπὸ κρατερῆς ὑσμίνης.
πολλοὶ γὰρ περὶ ἄστυ μέγα Πριάμοιο μάχονται
υἱέες ἀθανάτων, τοῖσιν κότον αἰνὸν ἐνήσεις.
. . . .

Ὣς ἔφατ'· οὐδ' ἀπίθησε πατὴρ ἀνδρῶν τε θεῶν τε,
αἱματοέσσας δὲ ψιάδας κατέχευεν ἔραζε,
παῖδα φίλον τιμῶν, τόν οἱ Πάτροκλος ἔμελλεν
φθίσειν ἐν Τροίῃ ἐριβώλακι, τηλόθι πάτρης.

Il. XVI, v. 419 et 458.

On reconnoît la même marche dans les deux compositions, mais Virgile a embelli le texte original par la réponse magnanime de Pallas, par la comparaison du lion et du taureau, par l'invocation de Pallas à Hercule, imitée de celle de Ménélas (*Il. III*, *v*. 340), et par les paroles pleines de dignité qu'il met dans la bouche de Jupiter.

★

At Pallas magnis emittit viribus hastam,
Vaginâque cavâ fulgentem deripit ensem.
Illa volans, humeris surgunt quâ tegmina summa,
Incidit, atque viam clypei molita per oras,
Tandem etiam magno strinxit de corpore Turni.
Hîc Turnus ferro præfixum robur acuto
480 In Pallanta diu librans jacit, atque ita fatur :
« Aspice, num magè sit nostrum penetrabile telum. »
Dixerat ; at clypeum, tot ferri terga, tot æris,
Cùm pellis toties obeat circumdata tauri,
Vibranti medium cuspis transverberat ictu,
Loricæque moras et pectus perforat ingens.
Ille rapit calidum frustrà de vulnere telum,
Unâ eâdemque viâ sanguisque animusque sequuntur.
Corruit in vulnus, sonitum super arma dedêre,
Et terram hostilem moriens petit ore cruento.
490 Quem Turnus super assistens :
« Arcades, hæc, inquit, memores mea dicta referte
Evandro : qualem meruit, Pallanta remitto.
Quisquis honos tumuli, quicquid solamen humandi est,
Largior : haud illi stabunt Æneïa parvo
Hospitia. » Et lævo pressit pede, talia fatus,
Examinum, rapiens immania pondera baltei,
Impressumque nefas, unâ sub nocte jugali
Cæsa manus juvenum fœdè thalamique cruenti ;
Quæ Clonus Eurytides multo cælaverat auro :
500 Quo nunc Turnus ovat spolio gaudetque potitus.

Nescia mens hominum fati sortisque futuræ,
Et servare modum, rebus sublata secundis!
Turno tempus erit, magno cùm optaverit emptum
Intactum Pallanta, et cùm spolia ista diemque
Oderit! At socii multo gemitu lacrymisque
Impositum scuto referunt Pallanta frequentes.
O dolor, atque decus magnum rediture parenti!
Hæc te prima dies bello dedit, hæc eadem aufert,
Cùm tamen ingentes Rutulorum linquis acervos.

Les deux guerriers d'Homère commencent également leur combat : le javelot de Patrocle va frapper Thrasymèle, écuyer de Sarpédon ; celui-ci blesse un des chevaux de Patrocle, il lance à son ennemi un second trait qui s'égare, et reçoit enfin le coup mortel :

Τὼ δ' αὖτις συνίτην ἔριδος πέρι θυμοβόροιο.
ἔνθ' αὖ Σαρπηδὼν μὲν ἀπήμβροτε δουρὶ φαεινῷ·
Πατρόκλου δ' ὑπὲρ ὦμον ἀριστερὸν ἤλυθ' ἀκωκὴ
ἔγχεος, οὐδ' ἔβαλ' αὐτόν· ὁ δ' ὕστερος ὤρνυτο χαλκῷ
Πάτροκλος· τοῦ δ' οὐχ ἅλιον βέλος ἔκφυγε χειρός,
ἀλλ' ἔβαλ', ἔνθ' ἄρα τε φρένες ἔρχαται ἀμφ' ἁδινὸν κῆρ.
ἤριπε δ', ὡς ὅτε τις δρῦς ἤριπεν, ἢ ἀχερωῒς
ἠὲ πίτυς βλωθρή, τήν τ' οὔρεσι τέκτονες ἄνδρες
ἐξέταμον πελέκεσσι νεήκεσι, νήϊον εἶναι·
ὣς ὁ πρόσθ' ἵππων καὶ δίφρου κεῖτο τανυσθείς,
βεβρυχώς, κόνιος δεδραγμένος αἱματοέσσης.
ἠΰτε ταῦρον ἔπεφνε λέων, ἀγέληφι μετελθών,
αἴθωνα, μεγάθυμον, ἐν εἰλιπόδεσσι βόεσσιν,
ὤλετό τε στενάχων ὑπὸ γαμφηλῇσι λέοντος·
ὣς ὑπὸ Πατρόκλῳ Λυκίων ἀγὸς ἀσπιστάων
κτεινόμενος μενέαινε, φίλον δ' ὀνόμηνεν ἑταῖρον.
. . . .

Ὣς ἄρα μιν εἰπόντα τέλος θανάτοιο κάλυψεν,
ὀφθαλμοὺς, ῥῖνάς θ'. ὁ δὲ λὰξ ἐν στήθεσι βαίνων,
ἐκ χροὸς ἕλκε δόρυ· ποτὶ δὲ φρένες αὐτῷ ἕποντο·
τοῖο δ' ἅμα ψυχήν τε καὶ ἔγχεος ἐξέρυσ' αἰχμήν.

IL. XVI, v. 476 et 502.

Sarpédon mourant exhorte Glaucus à le venger; son discours est remplacé dans Virgile par les paroles insultantes de Turnus. Le cruel vainqueur s'empare ensuite du baudrier de sa victime, comme Hector se revêt de l'armure d'Achille après sa victoire sur Patrocle. Ces deux trophées doivent leur être également funestes, et Virgile répète ici la prédiction de Jupiter :

Τὸν δ' ὡς οὖν ἀπάνευθεν ἴδεν νεφεληγερέτα Ζεύς
τεύχεσι Πηλείδαο κορυσσόμενον θείοιο,
κινήσας ῥα κάρη, προτὶ ὃν μυθήσατο θυμόν·
« Ἀ δείλ'! οὐδέ τί τοι θάνατος καταθύμιός ἐστιν,
ὅς δή τοι σχεδόν ἐστι· σὺ δ' ἄμβροτα τεύχεα δύνεις
ἀνδρὸς ἀριστῆος, τόντε τρομέουσι καὶ ἄλλοι.
τοῦ δὴ ἑταῖρον ἔπεφνες ἐνηέα τε κρατερόν τε·
τεύχεα δ' οὐ κατὰ κόσμον ἀπὸ κρατός τε καὶ ὤμων
εἵλευ. ἀτάρ τοι νῦν γε μέγα κράτος ἐγγυαλίξω,
τῶν ποινήν, ὅ τοι οὔτι μάχης ἐκ νοστήσαντι
δέξεται Ἀνδρομάχη κλυτὰ τεύχεα Πηλείωνος. »

IL. XVII, v. 198.

La réflexion du poëte sur la douleur d'Evandre rappelle celle d'Homère sur la mort d'Harpalion :

Τὸν μὲν Παφλαγόνες μεγαλήτορες ἀμφεπένοντο·
ἐς δίφρον δ' ἀνέσαντες ἄγον προτὶ Ἴλιον ἱρήν,
ἀχνύμενοι· μετὰ δέ σφι πατὴρ κίε, δάκρυα λείβων·
ποινὴ δ' οὔτις παιδὸς ἐγίγνετο τεθνηῶτος.

IL. XIII, v. 656.

Etudes grecq. IIIe Partie.

Fénélon a imité toute cette narration dans la mort de Pisistrate fils de Nestor, tué par Adraste dans la guerre de Salente (*Télémaque, liv. XX.*)

VI.

510 Nec jàm fama mali tanti, sed certior auctor
Advolat Æneæ, tenui discrimine lethi
Esse suos, tempus versis succurrere Teucris.
Proxima quæque metit gladio, latumque per agmen
Ardens limitem agit ferro; te, Turne, superbum
Cæde novâ quærens. Pallas, Evander, in ipsis
Omnia sunt oculis; mensæ, quas advena primas
Tunc adiit, dextræque datæ. Sulmone creatos
Quatuor hic juvenes, totidem quos educat Ufens,
Viventes rapit, inferias quos immolet umbris,
520 Captivoque rogi perfundat sanguine flammas.
Indè Mago procul infensam cùm tenderet hastam,
Ille astu subit, ac tremebunda supervolat hasta;
Et genua amplectens effatur talia supplex :
« Per patrios manes, per spes surgentis Iuli,
Te precor, hanc animam serves natoque, patrique.
Est domus alta ; jacent penitùs defossa talenta
Cœlati argenti; sunt auri pondera facti
Infectique mihi : non hìc victoria Teucrûm
Vertitur, aut anima una dabit discrimina tanta. »
530 Dixerat ; Æneas contrà cui talia reddit :
« Argenti atque auri memoras quæ multa talenta,
Gnatis parce tuis : belli commercia Turnus
Sustulit ista prior, jàm tùm Pallante perempto.
Hoc patris Anchisæ manes, hoc sentit Iulus. »

Sic fatus, galeam lævâ tenet, atque reflexâ
Cervice orantis capulo tenùs applicat ensem.
Nec procul Hæmonides, Phœbi Triviæque sacerdos,
Infula cui sacrâ redimibat tempora vittâ,
Totus collucens veste atque insignibus armis:
540 Quem congressus agit campo, lapsumque superstans
Immolat, ingentique umbrâ tegit; arma Serestus
Lecta refert humeris, tibi, rex Gradive, tropæum.

Enée apprend la mort de Pallas, et s'élance sur les Rutules. C'est Achille vengeant la mort de Patrocle; la douleur du prince troyen n'est ni moins vive ni moins terrible, et la plupart de ses exploits correspondent à ceux du fier vainqueur d'Hector. Il cherche comme lui Turnus dans la mêlée :

Ὡς οἱ μὲν θεοὶ ἄντα θεῶν ἴσαν· αὐτὰρ Ἀχιλλεὺς
Ἕκτορος ἄντα μάλιστα λιλαίετο δῦναι ὅμιλον.
IL. XX, v. 75.

L'idée de son bonheur passé et de sa perte irréparable déchire son cœur comme celui d'Achille :

Κλαῖε, φίλου ἑτάρου μεμνημένος, οὐδέ μιν ὕπνος
ᾕρει πανδαμάτωρ· ἀλλ' ἐστρέφετ' ἔνθα καὶ ἔνθα,
Πατρόκλου ποθέων ἁδροτῆτά τε καὶ μένος ἠΰ·
ἠδ' ὁπόσα τολύπευσε σὺν αὐτῷ, καὶ πάθεν ἄλγεα,
ἀνδρῶν τε πτολέμους, ἀλεγεινά τε κύματα πείρων·
τῶν μιμνησκόμενος, θαλερὸν κατὰ δάκρυον εἶβεν.
IL. XXIV, v. 4.

Egaré par le désespoir, il prépare comme le héros grec un sanglant sacrifice funèbre :

Ζωοὺς ἐκ ποταμοῖο δυώδεκα λέξατο κούρους,
ποινὴν Πατρόκλοιο Μενοιτιάδαο θανόντος.

τοὺς ἐξῆγε θύραζε τεθηπότας, ἠΰτε νεβρούς,
δῆσε δ' ὀπίσσω χεῖρας ἐϋτμήτοισιν ἱμᾶσιν,
τοὺς αὐτοὶ φορέεσκον ἐπὶ στρεπτοῖσι χιτῶσιν·
δῶκε δ' ἑταίροισιν κατάγειν κοίλας ἐπὶ νῆας.

Il. XXI, v. 27.

Il rejette les prières de Magus comme Achille repousse celles de Lycaon fils de Priam, dans la belle scène du 21me. chant (*v.* 34 *à* 135), dont nous ne citerons ici que les vers imités :

Ἤτοι ὁ μὲν δόρυ μακρὸν ἀνέσχετο δῖος Ἀχιλλεύς,
οὐτάμεναι μεμαώς· ὁ δ' ὑπέδραμε καὶ λάβε γούνων,
κύψας· ἐγχείη δ' ἄρ' ὑπὲρ νώτου ἐνὶ γαίῃ
ἔστη, ἱεμένη χροὸς ἄμεναι ἀνδρομέοιο.
αὐτὰρ ὁ τῇ ἑτέρῃ μὲν ἑλὼν ἐλλίσσετο γούνων
τῇ δ' ἑτέρῃ ἔχεν ἔγχος ἀκαχμένον, οὐδὲ μεθίει·
καί μιν φωνήσας ἔπεα πτερόεντα προσηύδα.

Il. XXI, v. 67.

Le poëte latin a remplacé les paroles de Lycaon par celles du Troyen Adraste à Ménélas :

Ζώγρει, Ἀτρέος υἱέ, σὺ δ' ἄξια δέξαι ἄποινα.
πολλὰ δ' ἐν ἀφνειοῦ πατρὸς κειμήλια κεῖται,
χαλκός τε, χρυσός τε, πολύκμητός τε σίδηρος·
τῶν κέν τοι χαρίσαιτο πατὴρ ἀπερείσι' ἄποινα,
εἴ κεν ἐμὲ ζωὸν πεπύθοιτ' ἐπὶ νηυσὶν Ἀχαιῶν.

Il. VI, v. 46.

Mais le refus inflexible d'Enée correspond à celui d'Achille :

Ὣς ἄρα μιν Πριάμοιο προσηύδα φαίδιμος υἱός,
λισσόμενος ἐπέεσσιν· ἀμείλικτον δ' ὄπ' ἄκουσεν·
« Νήπιε, μή μοι ἄποινα πιφαύσκεο, μηδ' ἀγόρευε!
πρὶν μὲν γὰρ Πάτροκλον ἐπισπεῖν αἴσιμον ἦμαρ,
τόφρα τί μοι πεφιδέσθαι ἐνὶ φρεσὶ φίλτερον ἦεν

Τρώων, καὶ πολλοὺς ζωοὺς ἕλον, ἠδ' ἐπέρασσα·
νῦν δ' οὐκ ἔσθ' ὅστις θάνατον φύγῃ, ὅν κε θεός γε
Ἰλίου προπάροιθεν ἐμῆς ἐν χερσὶ βάλῃσιν,
καὶ πάντων Τρώων, πέρι δ' αὖ Πριάμοιό γε παίδων.
. . . .
Ὣς φάτο· τοῦ δ' αὐτοῦ λύτο γούνατα καὶ φίλον ἦτορ·
ἔγχος μέν ῥ' ἀφέηκεν, ὁ δ' ἕζετο χεῖρε πετάσσας
ἀμφοτέρας. Ἀχιλεὺς δέ, ἐρυσσάμενος ξίφος ὀξύ,
τύψε κατὰ κληῖδα παρ' αὐχένα· πᾶν δέ οἱ εἴσω
δῦ ξίφος ἄμφηκες· ὁ δ' ἄρα πρηνὴς ἐπὶ γαίῃ
κεῖτο ταθείς· ἐκ δ' αἷμα μέλαν ῥέε, δεῦε δὲ γαῖαν.

Il. XXI, v. 97 et 114.

Enée forme un trophée des armes d'Hémonide, comme Ulysse consacre à Minerve celles de Dolon (*Il. X*, *v.* 570.)

★

Instaurant acies Vulcani stirpe creatus
Cæculus, et veniens Marsorum montibus Umbro.
Dardanides contra furit. Anxuris ense sinistram,
Et totum clypei ferro dejecerat orbem ;
Dixerat ille aliquid magnum, vimque affore verbo
Crediderat, cœloque animum fortasse ferebat,
Canitiemque sibi et longos promiserat annos.
550 Tarquitus exsultans contrà fulgentibus armis,
Silvicolæ Fauno Dryope quem nympha creârat,
Obvius ardenti sese obtulit : ille reductâ
Loricam clypeique ingens onus impedit hastâ ;
Tùm caput orantis nequicquam, et multa parantis
Dicere, deturbat terræ, truncumque tepentem
Provolvens, super hæc inimico pectore fatur :
« Istic nunc, metuende, jace : non te optima mater

Condet humi, patriove onerabit membra sepulcro :
Alitibus linquêre feris, aut gurgite mersum
560 Unda feret, piscesque impasti vulnera lambent. »
Protinùs Antæum et Lycam, prima agmina Turni,
Persequitur, fortemque Numam, fulvumque Camer-
Magnanimo Volscente satum, ditissimus agri   [tem,
Qui fuit Ausonidûm, et tacitis regnavit Amyclis.
Ægæon qualis, centum cui brachia dicunt
Centenasque manus, quinquaginta oribus ignem
Pectoribusque arsisse, Jovi cùm fulmina contrà
Tot paribus streperet clypeis, tot stringeret enses :
Sic toto Æneas desævit in æquore victor,
570 Ut semel intepuit mucro. Quin ecce Nyphæi
Quadrijuges in equos adversaque pectora tendit ;
Atque illi longè gradientem et dira frementem
Ut videre, metu versi retróque ruentes,
Effunduntque ducem, rapiuntque ad littora currus.

Cæculus et Umbron, à la tête des Herniques et des Marses, cherchent en vain à rétablir le combat. Enée abat la main d'Anxur (*Il. V, v.* 81) et renverse l'orgueilleux Tarquitus en lui adressant à sa mort les invectives d'Achille à Lycaon :

Τὸν δ' Ἀχιλεὺς ποταμόνδε, λαϐὼν ποδὸς, ἧκε φέρεσθαι,
καί οἱ ἐπευχόμενος ἔπεα πτερόεντ' ἀγόρευεν·
« Ἐνταυθοῖ νῦν κεῖσο μετ' ἰχθύσιν, οἵ σ' ὠτειλὴν
αἷμ' ἀπολιχμήσονται ἀκηδέες· οὐδέ σε μήτηρ
ἐνθεμένη λεχέεσσι γοήσεται· ἀλλὰ Σκάμανδρος
οἴσει δινήεις εἴσω ἁλὸς εὐρέα κόλπον.
Θρώσκων τις κατὰ κῦμα μέλαιναν φρῖχ' ὑπαΐξει
ἰχθύς, ὅς κε φάγῃσι Λυκάονος ἀργέτα δημόν. »

Ἰl. XXI, v. 120.

LIVRE X.

Ulysse tient le même langage à Socus (*Il. XI*, v. 450.) Le riche Camerte, qu'Énée immole ensuite, rappelle le Thesssalien Bathyclée tué par Glaucus au 16.ᵐᵉ chant :

Ετράπετ', έκτεινεν δὲ Βαθυκλῆα μεγάθυμον,
Χάλκωνος φίλον υἱόν, ὃς Ἑλλάδι οἰκία ναίων,
ὄλβῳ τε πλούτῳ τε μετέπρεπε Μυρμιδόνεσσιν.

Il. XVI, v. 594.

Égéon ou Briarée, à qui Virgile compare le héros troyen, est représenté par Homère et Hésiode comme un des géants défenseurs de Jupiter (*Il. I*, v. 402), (*Théogonie* v. 149); mais le portrait qu'il en fait ici correspond plutôt à celui de Typhée :

Οπλότατον τέκε παῖδα Τυφωέα Γαῖα πελώρη,
Ταρτάρου ἐν φιλότητι, διὰ χρυσεῆν Ἀφροδίτην.
οὗ χεῖρες μὲν ἔασιν ἐπ' ἰσχύϊ ἔρματ' ἔχουσαι,
καὶ πόδες ἀκάματοι κρατεροῦ θεοῦ· ἐκ δὲ οἱ ὤμων
ἦν ἑκατὸν κεφαλαὶ ὄφιος, δεινοῖο δράκοντος,
γλώσσῃσι δνοφερῇσι λελειχμότες, ἐκ δὲ οἱ ὄσσων
θεσπεσίης κεφαλῇσιν ὑπ' ὀφρύσι πῦρ ἀμάρυσσε.

Théog. v. 821.

Le malheur de Nyphée rappelle celui d'Adraste renversé comme lui de son char :

Ἄδρηστον δ' ἄρ' ἔπειτα βοὴν ἀγαθὸς Μενέλαος
ζωὸν ἔλ'· ἵππω γάρ οἱ ἀτυζομένω πεδίοιο,
ὄζῳ ἔνι βλαφθέντε μυρικίνῳ, ἀγκύλον ἅρμα
ἄξαντ' ἐν πρώτῳ ῥυμῷ, αὐτὼ μὲν ἐσήτην
πρὸς πόλιν, ᾗπερ οἱ ἄλλοι ἀτυζόμενοι φοβέοντο·
αὐτὸς δ' ἐκ δίφροιο παρὰ τροχὸν ἐξεκυλίσθη.

Il. VI, v. 37.

Intereà bijugis infert se Lucagus albis
In medios, fraterque Liger : sed frater habenis
Flectit equos, strictum rotat acer Lucagus ensem.
Haud tulit Æneas tanto fervore furentes ;
Irruit, adversâque ingens apparuit hastâ.
580 Cui Liger :
« Non Diomedis equos, non currus cernis Achillis,
Aut Phrygiæ campos : nunc belli finis et ævi
His dabitur terris. » Vesano talia latè
Dicta volant Ligeri : sed non et Troïus heros
Dicta parat contrà ; jaculum nam torquet in hostem.
Lucagus ut pronus pendens in verbera telo
Admonuit bijugos ; projecto dùm pede lævo
Aptat se pugnæ, subit oras hasta per imas
Fulgentis clypei, tùm lævum perforat inguen.
590 Excussus curru moribundus volvitur arvis.
Quem pius Æneas dictis affatur amaris :
« Lucage, nulla tuos currus fuga segnis equorum
Prodidit, aut vanæ vertêre ex hostibus umbræ ;
Ipse rotis saliens juga deseris. » Hæc ita fatus,
Arripuit bijugos. Frater tendebat inermes
Infelix palmas, curru delapsus eodem :
« Per te, per qui te talem genuêre parentes,
Vir Trojane, sine hanc animam, et miserere precantis! »
Pluribus oranti Æneas: « Haud talia dudùm
600 Dicta dabas; morere, et fratrem ne desere frater. »
Tùm latebras animæ pectus mucrone recludit.
Talia per campos edebat funera ductor
Dardanius, torrentis aquæ vel turbinis atri
More furens : tandem erumpunt, et castra relinquunt
Ascanius puer, et nequicquam obsessa juventus.

L'aventure de ces deux frères placés sur le même char, combattant et mourant ensemble, peut s'assimiler à plusieurs passages de l'Iliade : au combat de Diomède contre Phégée et Idée (*Il. V*, *v.* 9), et contre Echemmon et Chromis (*Il. V*, *v.* 159); à celui d'Agamemnon contre Isus et Antiphus (*Il. XI*, *v.* 101), et contre Pisandre et Hippolochus :

Αὐτὰρ ὁ Πείσανδρόν τε καὶ Ἱππόλοχον μενεχάρμην,
υἱέας Ἀντιμάχοιο δαΐφρονος, ὅς ῥα μάλιστα,
χρυσὸν Ἀλεξάνδροιο δεδεγμένος, ἀγλαὰ δῶρα,
οὐκ εἴασχ᾽ Ἑλένην δόμεναι ξανθῷ Μενελάῳ·
τοῦπερ δὴ δύο παῖδε λάβε κρείων Ἀγαμέμνων,
εἰν ἑνὶ δίφρῳ ἐόντας, ὁμοῦ δ᾽ ἔχον ὠκέας ἵππους·
ἐκ γάρ σφεας χειρῶν φύγον ἡνία σιγαλόεντα,
τὼ δὲ κυκηθήτην· ὁ δ᾽ ἐναντίον ὦρτο, λέων ὣς,
Ἀτρείδης· τὼ δ᾽ αὖτ᾽ ἐκ δίφρου γουναζέσθην·
« Ζώγρει, Ἀτρέος υἱέ, σὺ δ᾽ ἄξια δέξαι ἄποινα·
πολλὰ δ᾽ ἐν Ἀντιμάχοιο δόμοις κειμήλια κεῖται,
χαλκός τε, χρυσός τε, πολύκμητός τε σίδηρος·
τῶν κέν τοι χαρίσαιτο πατὴρ ἀπερείσι᾽ ἄποινα,
εἰ νῶϊ ζωοὺς πεπύθοιτ᾽ ἐπὶ νηυσὶν Ἀχαιῶν. »
Ὣς τώγε κλαίοντε προσαυδήτην βασιλῆα
μειλιχίοις ἐπέεσσιν· ἀμείλικτον δ᾽ ὄπ᾽ ἄκουσαν·
« Εἰ μὲν δ᾽ Ἀντιμάχοιο δαΐφρονος υἱέες ἐστὸν,
ὅς ποτ᾽ ἐνὶ Τρώων ἀγορῇ Μενέλαον ἄνωγεν,
ἀγγελίην ἐλθόντα σὺν ἀντιθέῳ Ὀδυσῆϊ,
αὖθι κατακτεῖναι, μηδ᾽ ἐξέμεν ἂψ ἐς Ἀχαιούς·
νῦν μὲν δὴ τοῦ πατρὸς ἀεικέα τίσετε λώβην. »
Ἦ, καὶ Πείσανδρον μὲν ἀφ᾽ ἵππων ὦσε χαμᾶζε,
δουρὶ βαλὼν πρὸς στῆθος· ὁ δ᾽ ὕπτιος οὔδει ἐρείσθη.
Ἱππόλοχος δ᾽ ἀπόρουσε, τὸν αὖ χαμαὶ ἐξενάριξεν,
χεῖρας ἀπὸ ξίφεϊ τμήξας, ἀπό τ᾽ αὐχένα κόψας·
ὅλμον δ᾽ ὥς, ἔσσευε κυλίνδεσθαι δι᾽ ὁμίλου.

τοὺς μὲν ἔασ᾽· ὁ δ᾽, ὅθι πλεῖσται κλονέοντο φάλαγγες,
τῇ ῥ᾽ ἐνόρουσ᾽, ἅμα δ᾽ ἄλλοι ἐϋκνήμιδες Ἀχαιοί.

IL. XI, v. 122.

VII.

Junonem intereà compellat Jupiter ultrò :
« O germana mihi atque eadem gratissima conjux,
Ut rebare, Venus, nec te sententia fallit,
Trojanas sustentat opes ; non vivida bello
610 Dextra viris, animusque ferox, patiensque pericli. »
Cui Juno summissa. « Quid, o pulcherrime conjux,
Sollicitas ægram et tua tristia dicta timentem ?
Si mihi, quæ quondam fuerat quamque esse decebat,
Vis in amore foret, non hoc mihi namque negares
Omnipotens, quin et pugnæ subducere Turnum,
Et Dauno possem incolumem servare parenti.
Nunc pereat, Teucrisque pio det sanguine pœnas :
Ille tamen nostrâ deducit origine nomen,
Pilumnusque illi quartus pater ; et tua largâ
620 Sæpè manu multisque oneravit limina donis. »
Cui rex ætherei breviter sic fatur Olympi :
« Si mora præsentis lethi, tempusque caduco
Oratur juveni, meque hoc ita ponere sentis,
Tolle fugâ Turnum, atque instantibus eripe fatis :
Hactenùs indulsisse vacat. Sin altior istis
Sub precibus venia ulla latet, totumque moveri
Mutarive putas bellum, spes pascis inanes. »
Cui Juno illacrymans. « Quid si, quod voce gravaris,
Mente dares, atque hæc Turno rata vita maneret!

630 Nunc manet insontem gravis exitus, aut ego veri
 Vana feror ; quod ut o potiùs formidine falsâ
 Ludar, et in melius tua, qui potes, orsa reflectas ! »

 Les succès continuels d'Enée le rapprochent de plus en plus de Turnus, et bientôt les deux rivaux doivent se trouver en présence. Leur combat mettroit fin au poëme, si Virgile n'avoit su par une ingénieuse fiction retarder cet instant décisif en éloignant Turnus du champ de bataille. Il imite ainsi la sage précaution d'Homère qui ne peint les exploits d'Hector que pendant l'absence d'Achille, et qui le fait rentrer dans la foule à l'apparition du fils de Thétis, jusqu'au moment où il en sort pour périr sous ses coups, comme Turnus à la fin du douzième livre. Le discours ironique de Jupiter à Junon rappelle celui qu'il lui adresse au 4me. chant de l'Iliade, en lui montrant Vénus veillant sur les jours de Pâris :

Οἱ δὲ θεοὶ πὰρ Ζηνὶ καθήμενοι ἠγορόωντο,
χρυσέῳ ἐν δαπέδῳ, μετὰ δέ σφισι πότνια Ἥβη
νέκταρ ἐῳνοχόει· τοὶ δὲ χρυσέοις δεπάεσσιν
δειδέχατ' ἀλλήλους, Τρώων πόλιν εἰσορόωντες.
αὐτίκ' ἐπειρᾶτο Κρονίδης ἐρεθιζέμεν Ἥρην
κερτομίοις ἐπέεσσι, παραβλήδην ἀγορεύων·
« Δοιαὶ μὲν Μενελάῳ ἀρηγόνες εἰσὶ θεάων,
Ἥρη τ' Ἀργείη καὶ ἀλαλκομενηῒς Ἀθήνη.
ἀλλ' ἤτοι ταὶ νόσφι καθήμεναι, εἰσορόωσαι
τέρπεσθον· τῷ δ' αὖτε φιλομμειδὴς Ἀφροδίτη
αἰεὶ παρμέμβλωκε, καὶ αὐτοῦ κῆρας ἀμύνει·
καὶ νῦν ἐξεσάωσεν ὀϊόμενον θανέεσθαι.

       IL. IV, v. 1.

 La réponse de Junon dans Homère s'éloigne tout à fait du texte latin (*Il. IV*, *v*. 20.) Les motifs qu'elle allègue ici en faveur de Turnus rappellent ceux d'Apollon réclamant la sépulture d'Hector :

Σχέτλιοί ἐστε, θεοί, δηλήμονες! οὔ νύ ποθ' ὑμῖν
Ἔκτωρ μηρί' ἔκηε βοῶν αἰγῶν τε τελείων;
τὸν νῦν οὐκ ἔτλητε, νέκυν περ ἐόντα, σαῶσαι.

Il. XXIV, v. 33.

Jupiter consent à sa demande comme ici à celle de Junon (*Il. XXIV, v.* 64).

★

Hæc ubi dicta dedit, cœlo se protinùs alto
Misit, agens hyemem nimbo succincta per auras,
Iliacamque aciem et Laurentia castra petivit.
Tùm dea nube cavâ tenuem sine viribus umbram,
In faciem Æneæ, visu mirabile monstrum,
Dardaniis ornat telis, clypeumque, jubasque
Divini assimulat capitis; dat inania verba,
640 Dat sine mente sonum, gressusque effingit euntis:
Morte obitâ quales fama est volitare figuras,
Aut quæ sopitos deludunt somnia sensus.
At primas læta antè acies exsultat imago,
Irritatque virum telis, et voce lacessit.
Instat cui Turnus, stridentemque eminùs hastam
Conjicit: illa dato vertit vestigia tergo.
Tùm verò Æneam aversum ut cedere Turnus
Credidit, atque animo spem turbidus hausit inanem:
« Quò fugis, Ænea? thalamos ne desere pactos!
650 Hâc dabitur dextrâ tellus quæsita per undas. »
Talia vociferans sequitur, strictumque coruscat
Mucronem, nec ferre videt sua gaudia ventos.

La déesse crée un fantôme d'Enée, comme Apollon au 5ᵐᵉ. chant de l'Iliade, où il dérobe le héros à la fureur de Diomède (fiction reproduite par le Tasse dans le combat d'Argant et de Raymond, *Jérusalem*, ch. *VII*, st. 99):

Αὐτὰρ ὁ εἴδωλον τεῦξ᾽ ἀργυρότοξος Ἀπόλλων,
αὐτῷ τ᾽ Αἰνείᾳ ἴκελον καὶ τεύχεσι τοῖον·
ἀμφὶ δ᾽ ἄρ᾽ εἰδώλῳ Τρῶες καὶ δῖοι Ἀχαιοὶ
δῄουν ἀλλήλων ἀμφὶ στήθεσσι βοείας
ἀσπίδας εὐκύκλους, λαισήϊά τε πτερόεντα.

Il. V, v. 449.

Turnus s'élance sur le faux Enée comme Achille, au 20me. chant, menace Hector enlevé par Apollon :

Τρὶς μὲν ἔπειτ᾽ ἐπόρουσε ποδάρκης δῖος Ἀχιλλεὺς
ἔγχεϊ χαλκείῳ· τρὶς δ᾽ ἠέρα τύψε βαθεῖαν.
ἀλλ᾽ ὅτε δὴ τὸ τέταρτον ἐπέσσυτο, δαίμονι ἶσος,
δεινὰ δ᾽ ὁμοκλήσας ἔπεα πτερόεντα προσηύδα·
« Ἐξ αὖ νῦν ἔφυγες θάνατον, κύον! ἤ τέ τοι ἄγχι
ἦλθε κακόν· νῦν αὖτέ σ᾽ ἐρύσσατο Φοῖβος Ἀπόλλων,
ᾧ μέλλεις εὔχεσθαι, ἰὼν ἐς δοῦπον ἀκόντων. »

Il. XX, v. 445.

*

    Fortè ratis, celsi conjuncta crepidine saxi,
Expositis stabat scalis, et ponte parato,
Quâ rex Clusinis advectus Osinius oris.
Hùc sese trepida Æneæ fugientis imago
Conjicit in latebras ; nec Turnus segnior instat,
Exsuperatque moras, et pontes transilit altos.
Vix proram attigerat : rumpit Saturnia funem,
660 Avulsamque rapit revolûta per æquora navem.
    Illum autem Æneas absentem in prælia poscit ;
Obvia multa virûm demittit corpora morti.
Tunc levis haud ultrà latebras jàm quærit imago,
Sed sublime volans nubi se immiscuit atræ ;
Cùm Turnum medio intereà fert æquore turbo.
Respicit ignarus rerum, ingratusque salutis,

Et duplices cum voce manus ad sidera tendit :
« Omnipotens genitor, tanton'me crimine dignum
Duxisti, et tales voluisti expendere pœnas ?
670 Quò feror ? undè abii ? quæ me fuga, quemve reducet?
Laurentesne iterùm muros aut castra videbo ?
Quid manus illa virûm, qui me meaque arma secuti ?
Quosque, nefas ! omnes infandâ in morte reliqui ?
Et nunc palantes video, gemitumque cadentûm
Accipio. Quid agam ? aut quæ jàm satis ima dehiscat
Terra mihi ? vos, o potiùs miserescite, venti !
In rupes, in saxa, volens vos Turnus adoro,
Ferte ratem, sævisque vadis immittite syrtis,
Quò neque me Rutuli, nec conscia fama sequatur ! »
680 Hæc memorans, animo nunc hùc, nunc fluctuat illùc :
An sese mucrone ob tantum dedecus amens
Induat, et crudum per costas exigat ensem ;
Fluctibus an jaciat mediis, et littora nando
Curva petat, Teucrûmque iterùm se reddat in arma.
Ter conatus utramque viam : ter maxima Juno
Continuit, juvenemque animo miserata repressit.
Labitur alta secans fluctuque æstuque secundo,
Et patris antiquam Dauni defertur ad urbem.

L'impétuosité avec laquelle Turnus poursuit le fantôme rappelle celle d'Achille poursuivant Apollon, caché sous les traits d'Agénor (*Il. XXI, v.* 600.) La disparition de la nuée s'évaporant dans les airs offre quelque rapport avec la belle image de Mars remontant dans l'Olympe pour échapper à Diomède :

Οἵη δ' ἐκ νεφέων ἐρεϐεννὴ φαίνεται ἀήρ,
καύματος ἐξ ἀνέμοιο δυσαέος ὀρνυμένοιο·
τοῖος Τυδείδῃ Διομήδεϊ χάλκεος Ἄρης
φαίνεθ', ὁμοῦ νεφέεσσιν ἰὼν εἰς οὐρανὸν εὐρύν.

IL. V. v. 864.

Les plaintes éloquentes de Turnus, ce généreux désespoir du courage enchaîné par la nécessité, se retrouvent dans la prière d'Achille entouré des flots du Scamandre :

Πηλείδης δ' ᾤμωξεν, ἰδὼν εἰς οὐρανὸν εὐρύν·
« Ζεῦ πάτερ, ὡς οὔτις με θεῶν ἐλεεινὸν ὑπέστη
ἐκ ποταμοῖο σαῶσαι! ἔπειτα δὲ καί τι πάθοιμι.
ἄλλος δ' οὔτις μοι τόσον αἴτιος οὐρανιώνων,
ἀλλὰ φίλη μήτηρ, ἥ με ψεύδεσσιν ἔθελγεν·
ἥ μ' ἔφατο Τρώων ὑπὸ τείχει θωρηκτάων
λαιψηροῖς ὀλέεσθαι Ἀπόλλωνος βελέεσσιν.
ὥς μ' ὄφελ' Ἕκτωρ κτεῖναι, ὃς ἐνθάδε γ' ἔτραφ' ἄριστος·
τῷ κ' ἀγαθὸς μὲν ἔπεφν', ἀγαθὸν δέ κεν ἐξενάριξεν.
νῦν δέ με λευγαλέῳ θανάτῳ εἵμαρτο ἁλῶναι,
ἐρχθέντ' ἐν μεγάλῳ ποταμῷ, ὡς παῖδα συφορβόν,
ὅν ῥά τ' ἔναυλος ἀποέρσῃ χειμῶνι περῶντα. »

IL. XXI, v. 272.

La situation de Turnus s'éloignant de Laurente offre aussi beaucoup de rapport avec celle d'Ulysse et de ses compagnons repoussés loin d'Ithaque par les vents sortis de l'outre d'Éole :

Ἀσκὸν μὲν λῦσαν, ἄνεμοι δ' ἐκ πάντες ὄρουσαν·
τοὺς δ' αἶψ' ἁρπάξασα φέρεν πόντονδε θύελλα
κλαίοντας, γαίης ἄπο πατρίδος· αὐτὰρ ἔγωγε
ἐγρόμενος, κατὰ θυμὸν ἀμύμονα μερμήριξα,
ἠὲ πεσὼν ἐκ νηὸς ἀποφθίμην ἐνὶ πόντῳ,
ἦ ἀκέων τλαίην, καὶ ἔτι ζωοῖσι μετείην.
ἀλλ' ἔτλην καὶ ἔμεινα· καλυψάμενος δ' ἐνὶ νηῒ
κείμην· αἱ δ' ἐφέροντο κακῇ ἀνέμοιο θυέλλῃ
αὖτις ἐπ' Αἰολίην νῆσον· στενάχοντο δ' ἑταῖροι.

OD. X, v. 47.

VIII.

At Jovis intereà monitis Mezentius ardens
690 Succedit pugnæ, Teucrosque invadit ovantes.
Concurrunt Tyrrhenæ acies, atque omnibus uni
Uni odiisque viro telisque frequentibus instant.
Ille, velut rupes, vastum quæ prodit in æquor,
Obvia ventorum furiis expostaque ponto,
Vim cunctam atque minas perfert cœlique marisque,
Ipsa immota manens : prolem Dolichaonis Hebrum
Sternit humi, cum quo Latagum, Palmumque fugacem ;
Sed Latagum saxo atque ingenti fragmine montis
Occupat os faciemque adversam : poplite Palmum
700 Succiso volvi segnem sinit; armaque Lauso
Donat habere humeris, et vertice figere cristas.
Necnon Evanthen Phrygium, Paridisque Mimanta
Æqualem comitemque, unâ quem nocte Theano
In lucem genitori Amyco dedit, et face prægnans
Cisseis regina Parin : Paris urbe paternâ
Occubat, ignarum Laurens habet ora Mimanta.
Ac velut ille canum morsu de montibus altis
Actus aper, multos Vesulus quem pinifer annos
Defendit, multosve palus Laurentia silvâ
710 Pavit arundineâ : postquam inter retia ventum est,
Substitit, infremuitque ferox, et inhorruit armos ;
Nec cuiquam irasci propiusve accedere virtus,
Sed jaculis tutisque procul clamoribus instant ;
Ille autem impavidus partes cunctatur in omnes,
Dentibus infrendens, et tergo decutit hastas :
Haud aliter, justæ quibus est Mezentius iræ,
Non ulli est animus stricto concurrere ferro ;
Missilibus longè, et vasto clamore lacessunt.

LIVRE X.

Le cruel Mézence succède à Turnus dans le commandement de l'armée latine : les dieux lui accordent un instant de gloire pour rendre sa punition plus terrible. Le caractère de ce guerrier impie, d'après lequel l'Arioste a tracé celui de Rodomont, le Tasse celui d'Argant, et Voltaire celui de d'Aumale, est une conception d'autant plus heureuse qu'elle repose sur une base historique : car on lit dans Caton, cité par Macrobe, que Mézence força ses sujets à lui rendre les honneurs divins. Le récit de ses exploits est une espèce de centon homérique composé avec beaucoup d'art. La comparaison du rocher, imitée par le Tasse dans le combat de Soliman (*Jérusalem, ch. IX, st. 31*), est appliquée par Homère à l'élite des Grecs (voyez Enéide VII, v. 586) :

Ἴσχον γὰρ πυργηδὸν ἀρηρότες, ἠύτε πέτρη
ἠλίβατος, μεγάλη, πολιῆς ἁλὸς ἐγγὺς ἐοῦσα,
ἥτε μένει λιγέων ἀνέμων λαιψηρὰ κέλευθα,
κύματά τε τροφόεντα, τάτε προσερεύγεται αὐτήν·
ὣς Δαναοὶ Τρῶας μένον ἔμπεδον, οὐδ' ἐφέβοντο.

IL. XV, v. 618.

La mort de Latagus et de Palmus rappelle celle d'Erymas et de Démuchus, tués par Idoménée et Achille :

Ἰδομενεὺς δ' Ἐρύμαντα κατὰ στόμα νηλέϊ χαλκῷ
νύξε· τὸ δ' ἀντικρὺ δόρυ χάλκεον ἐξεπέρησεν
νέρθεν ὑπ' ἐγκεφάλοιο· κέασσε δ' ἄρ' ὀστέα λευκά·

IL. XVI, v. 345.

Δημοῦχον δὲ Φιλητορίδην, ἠΰν τε μέγαν τε,
κὰγ γόνυ δουρὶ βαλὼν ἠρύκακε· τὸν μὲν ἔπειτα
οὐτάζων ξίφεϊ μεγάλῳ, ἐξαίνυτο θυμόν.

IL. XX, v. 457.

Le rapport établi par Virgile entre Mimas et Pâris correspond au rapprochement d'Hector avec Polydamas :

Études grecq. III.ᵉ Partie.

Τοῖσι δὲ Πουλυδάμας πεπνυμένος ἦρχ' ἀγορεύειν,
Πανθοίδης· ὁ γὰρ οἶος ὅρα πρόσσω καὶ ὀπίσσω·
Ἕκτορος δ' ἦεν ἑταῖρος, ἰῇ δ' ἐν νυκτὶ γένοντο,
ἀλλ' ὁ μὲν ἄρ' μύθοισιν, ὁ δ' ἔγχεϊ πολλὸν ἐνίκα.

IL. XVIII, v. 249.

La riche comparaison du sanglier est également empruntée d'Homère qui l'a diversifiée dans cinq ou six passages (*Il. XI*, *v.* 414; *XII*, *v.* 41; *XIII*, *v.* 470; *XVII*, *v.* 281 et 725). Hésiode l'a aussi employée (*Bouclier d'Hercule*, *v.* 386). L'imitation de Virgile se compose de l'ensemble de ces tableaux, dont nous citerons les trois plus remarquables, appliqués à Ulysse, Idoménée et Hercule :

Ὡς δ' ὅτε κάπριον ἀμφὶ κύνες θαλεροί τ' αἰζηοί
σεύωνται, ὁ δέ τ' εἶσι βαθείης ἐκ ξυλόχοιο,
θήγων λευκὸν ὀδόντα μετὰ γναμπτῆσι γένυσσιν·
ἀμφὶ δέ τ' ἀΐσσονται· ὑπαὶ δέ τε κόμπος ὀδόντων
γίγνεται· οἱ δὲ μένουσιν ἄφαρ, δεινόν περ ἐόντα·
ὣς ῥα τότ' ἀμφ' Ὀδυσῆα, Διῒ φίλον, ἐσσεύοντο.

IL. XI, v. 414.

Ἀλλ' οὐκ Ἰδομενῆα φόβος λάβε, τηλύγετον ὥς,
ἀλλ' ἔμεν', ὡς ὅτε τις σῦς οὔρεσιν ἀλκὶ πεποιθώς,
ὅστε μένει κολοσυρτὸν ἐπερχόμενον πολὺν ἀνδρῶν
χώρῳ ἐν οἰοπόλῳ, φρίσσει δέ τε νῶτον ὕπερθεν·
ὀφθαλμὼ δ' ἄρα οἱ πυρὶ λάμπετον· αὐτὰρ ὀδόντας
θήγει, ἀλέξασθαι μεμαὼς κύνας ἠδὲ καὶ ἄνδρας.

IL. XIII, v. 470.

Οἷος δ' ἐν βήσσης ὄρεος χαλεπὸς προϊδέσθαι
κάπρος χαυλιόδων φρονέει θυμῷ μαχέσασθαι,
ἀνδράσι θηρευτῇς, θήγει δέ τε λευκὸν ὀδόντα

δοχμωθείς, ἀφρὸς δὲ περὶ στόμα μαστιχόωντι
λείβεται, ὅσσε δέ οἱ πυρὶ λαμπετόωντι ἔϊκτην,
ὀρθάς δ' ἐν λοφιῇ φρίσσει τρίχας ἀμφί τε δειρήν·
τῷ ἴκελος Διὸς υἱὸς ἀφ' ἱππείου θόρε δίφρου.

Bouclier d'Hercule, v. 386.

*

    Venerat antiquis Corythi de finibus Acron,
720 Graius homo, infectos linquens profugus hymenæos.
    Hunc ubi miscentem longè media agmina vidit,
    Purpureum pennis et pactæ conjugis ostro :
    Impastus stabula alta leo ceu sæpè peragrans,
    Suadet enim vesana fames, si fortè fugacem
    Conspexit capream, aut surgentem in cornua cervum,
    Gaudet hians immane, comasque arrexit, et hæret
    Visceribus super incumbens; lavit improba teter
    Ora cruor :
    Sic ruit in densos alacer Mezentius hostes.
730 Sternitur infelix Acron, et calcibus atram
    Tundit humum exspirans, infractaque tela cruentat.
    Atque idem fugientem haud est dignatus Oroden
    Sternere, nec jactâ cæcum dare cuspide vulnus :
    Obvius adversoque occurrit, seque viro vir
    Contulit, haud furto melior, sed fortibus armis.
    Tùm super abjectum posito pede nixus et hastâ :
    « Pars belli haud temnenda, viri, jacet altus Orodes! »
    Conclamant socii lætum pæana secuti.
    Ille autem exspirans. « Non me, quicumque es, inulto,
740 Victor, nec longum lætabere : te quoque fata
    Prospectant paria, atque eadem mox arva tenebis. »
    Ad quem subridens mixtâ Mezentius irâ :

« Nunc morere : ast de me divûm pater atque hominum
Viderit. » Hoc dicens, eduxit corpore telum; [rex
Olli dura quies oculos et ferreus urget
Somnus, in æternam clauduntur lumina noctem.

Le sort d'Acron rappelle celui du Troyen Iphidamas, fiancé
à la fille du roi de Thrace :

Ἰφιδάμας Ἀντηνορίδης, ἠΰς τε μέγας τε,
ὃς τράφη ἐν Θρῄκῃ ἐριβώλακι, μητέρι μήλων·
Κισσῆς τόνγ᾽ ἔθρεψε δόμοις ἔνι τυτθὸν ἐόντα,
μητροπάτωρ, ὃς τίκτε Θεανὼ καλλιπάρηον.
αὐτὰρ ἐπεί ῥ᾽ ἥβης ἐρικυδέος ἵκετο μέτρον,
αὐτοῦ μιν κατέρυκε, δίδου ὅγε θυγατέρα ἥν·
γήμας δ᾽, ἐκ θαλάμοιο μετὰ κλέος ἵκετ᾽ Ἀχαιῶν.

Il. XI, v. 221.

La comparaison du lion (reproduite par Milton, *Paradis*,
ch. *IV*, v. 402) est appliquée dans l'Iliade à Ménélas apercevant Pâris :

Τὸν δ᾽ ὡς οὖν ἐνόησεν ἀρηΐφιλος Μενέλαος,
ἐρχόμενον προπάροιθεν ὁμίλου, μακρὰ βιβῶντα,
ὥστε λέων ἐχάρη, μεγάλῳ ἐπὶ σώματι κύρσας,
εὑρὼν ἢ ἔλαφον κεραὸν ἢ ἄγριον αἶγα,
πεινάων· μάλα γάρ τε κατεσθίει, εἴπερ ἂν αὐτὸν
σεύωνται ταχέες τε κύνες, θαλεροί τ᾽ αἰζηοί.

Il. III, v. 21.

On retrouve les autres détails dans les portraits de Sarpédon
et d'Automédon (*Il. XII, v.* 299; *XVII, v.* 540.) et surtout dans celui d'Ulysse :

Πᾶν δ᾽ ἄρα οἱ στῆθός τε, παρήϊά τ᾽ ἀμφοτέρωθεν
αἱματόεντα πέλει· δεινὸς δ᾽ εἰς ὦπα ἰδέσθαι.

Od. XXII, v. 404.

L'exclamation de Mézence sur Orode rappelle celle de Pandarus sur Diomède :

Ὄρνυσθε, Τρῶες μεγάθυμοι, κέντορες ἵππων !
βέβληται γὰρ ἄριστος Ἀχαιῶν.

Il. V, v. 102.

Mais le reste du récit correspond exactement aux derniers moments de Patrocle et d'Hector. Patrocle prédit à son vainqueur la vengeance prochaine d'Achille :

Οὔ θην οὐδ' αὐτὸς δηρὸν βέῃ, ἀλλά τοι ἤδη
ἄγχι παρέστηκεν θάνατος καὶ μοῖρα κραταιή,
χερσὶ δαμέντ' Ἀχιλῆος ἀμύμονος Αἰακίδαο.

Il. XVI, v. 852.

Achille répond à Hector qui lui annonce la même destinée :

Τέθναθι· κῆρα δ' ἐγὼ τότε δέξομαι, ὁππότε κεν δὴ
Ζεὺς ἐθέλῃ τελέσαι, ἠδ' ἀθάνατοι θεοὶ ἄλλοι.

Il. XXII, v. 365.

Le Tasse a traduit ce passage (*Jérusalem*, ch. III, st. 45 ; IX, st. 80) ainsi que les deux derniers vers qui peignent dans l'Iliade la mort d'Iphidamas :

Ὣς ὁ μὲν αὖθι πεσὼν κοιμήσατο χάλκεον ὕπνον,
οἰκτρός, ἀπὸ μνηστῆς ἀλόχου, ἀστοῖσιν ἀρήγων.

Il. XI, v. 241.

*

Cædicus Alcathoüm obtruncat, Sacrator Hydaspen ;
Partheniumque Rapo, et prædurum viribus Orsen ;
Messapus Cloniumque, Lycaoniumque Ericeten :
750 Illum infrænis equi lapsu tellure jacentem,

Hunc peditem pedes : et Lycius processerat Agis,
Quem tamen haud expers Valerus virtutis avitæ
Dejicit ; Athronium Salius, Saliumque Nealces,
Insignis jaculo et longè fallente sagittâ.
Jàm gravis æquabat luctus et mutua Mavors
Funera : cædebant pariter, pariterque ruebant
Victores victique ; neque his fuga nota, neque illis.
Di Jovis in tectis iram miserantur inanem
Amborum, et tantos mortalibus esse labores.
760 Hinc Venus, hinc contrà spectat Saturnia Juno ;
Pallida Tisiphone media inter millia sævit.

Les Latins secondent l'ardeur belliqueuse de Mézence, et les succès se partagent entre les deux partis. L'imposante image des dieux de l'Olympe contemplant la fureur inutile des mortels, est une imitation trop abrégée d'un des plus beaux passages de l'Iliade, où Homère commence le récit de la troisième bataille des Grecs et des Troyens :

Οἱ δ', ὥστ' ἀμητῆρες ἐναντίοι ἀλλήλοισιν
ὄγμον ἐλαύνωσιν, ἀνδρὸς μάκαρος κατ' ἄρουραν,
πυρῶν ἢ κριθῶν· τὰ δὲ δράγματα ταρφέα πίπτει·
ὣς Τρῶες καὶ Ἀχαιοὶ ἐπ' ἀλλήλοισι θορόντες
δῄουν, οὐδ' ἕτεροι μνώοντ' ὀλοοῖο φόβοιο·
ἴσας δ' ὑσμίνη κεφαλὰς ἔχον · οἱ δὲ, λύκοι ὣς,
θῦνον. Ἔρις δ' ἄρ' ἔχαιρε πολύστονος εἰσορόωσα·
οἴη γάρ ῥα θεῶν παρετύγχανε μαρναμένοισιν.
οἱ δ' ἄλλοι οὔ σφιν πάρεσαν θεοί, ἀλλὰ ἕκηλοι
σφοῖσιν ἐνὶ μεγάροισι καθείατο, ἧχι ἑκάστῳ
δώματα καλὰ τέτυκτο κατὰ πτύχας Οὐλύμποιο·
πάντες δ' ᾐτιόωντο κελαινεφέα Κρονίωνα,
οὕνεκ' ἄρα Τρώεσσιν ἐβούλετο κῦδος ὀρέξαι.
τῶν μὲν ἄρ' οὐκ ἀλέγιζε πατήρ· ὁ δὲ νόσφι λιασθείς,

τῶν ἄλλων ἀπάνευθε καθέζετο, κύδεϊ γαίων,
εἰσορόων Τρώων τε πόλιν καὶ νῆας Ἀχαιῶν,
χαλκοῦ τε στεροπήν, ὀλλύντας τ', ὀλλυμένους τε.

IL. XI, v. 67.

Voyez encore la lutte de Jupiter et de Neptune, combattant pour les deux armées (*Il. XIII, v.* 345).

IX.

At verò ingentem quatiens Mezentius hastam
Turbidus ingreditur campo : quàm magnus Orion,
Cùm pedes incedit medii per maxima Nerei
Stagna viam scindens, humero supereminet undas ;
Aut, summis referens annosam montibus ornum,
Ingrediturque solo, et caput inter nubila condit :
Talis se vastis infert Mezentius armis.
Huic contrà Æneas, speculatus in agmine longo,
770 Obvius ire parat : manet imperterritus ille,
Hostem magnanimum opperiens, et mole suâ stat;
Atque oculis spatium emensus, quantum satis hastæ :
« Dextra mihi deus, et telum quod missile libro,
Nunc adsint ! voveo prædonis corpore raptis
Indutum spoliis ipsum te, Lause, tropæum
Æneæ. » Dixit, stridentemque eminùs hastam
Jecit ; at illa volans clypeo est excussa, proculque
Egregium Anthoren latus inter et ilia figit :
Herculis Anthoren comitem, qui missus ab Argis
780 Hæserat Evandro, atque Italâ consederat urbe.
Sternitur infelix alieno vulnere, cœlumque
Aspicit, et dulces moriens reminiscitur Argos.

Tùm pius Æneas hastam jacit : illa per orbem
Ære cavum triplici, per linea terga, tribusque
Transiit intextum tauris opus, imaque sedit
Inguine; sed vires haud pertulit. Ociùs ensem
Æneas, viso Tyrrheni sanguine lætus,
Eripit à femore, et trepidanti fervidus instat.

Le terrible combat de Mézence et d'Enée, reproduit par le Tasse dans celui d'Argant et de Tancrède (*Jérusalem, ch. VI, st. 23*), par Fénélon dans celui d'Adraste et de Télémaque (*Livre XX*), par Voltaire dans celui d'Aumale et de Turenne (*Henriade, ch. X, v. 95*) est tracé en grande partie dans le texte latin d'après les trois luttes d'Hector et d'Ajax (*Il. VII, v. 206; XIV, v. 402; XV, v. 415.*) La comparaison du prince étrusque avec Orion traversant les mers est fondée sur une notion astronomique relative au coucher de cette constellation : Ὠρίων ὅτ᾽ ἐπ᾽ Ὠκεανῷ πόδας ἴσχει, (Théocrite, *Idylle VII, v. 54.*). Homère représente le géant Orion comme un chasseur infatigable poursuivant encore dans les enfers des fantômes d'animaux :

Τὸν δὲ μέτ᾽, Ὠρίωνα πελώριον εἰσενόησα
θῆρας ὁμοῦ εἰλεῦντα κατ᾽ ἀσφοδελὸν λειμῶνα,
τοὺς αὐτὸς κατέπεφνεν ἐν οἰοπόλοισιν ὄρεσσι,
χερσὶν ἔχων ῥόπαλον πάγχάλκεον, αἰὲν ἀαγές.

Od. XI, v. 571.

Author est frappé du trait destiné à Enée, comme Lycophron reçoit, au 15ᵐᵉ. chant de l'Iliade, le javelot d'Hector dirigé contre Ajax :

Ὣς εἰπὼν, Αἴαντος ἀκόντισε δουρὶ φαεινῷ.
τοῦ μὲν ἅμαρθ᾽· ὁ δ᾽ ἔπειτα Λυκόφρονα, Μάστορος υἱόν,
Αἴαντος θεράποντα, Κυθήριον, ὅς ῥα παρ᾽ αὐτῷ
ναῖ᾽, ἐπεὶ ἄνδρα κατέκτα Κυθήροισι ζαθέοισιν,

τόν ῥ᾿ ἔβαλεν κεφαλὴν ὑπὲρ οὔατος ὀξέϊ χαλκῷ,
ἑσταότ᾿ ἄγχ᾿ Αἴαντος· ὁ δ᾿ ὕπτιος ἐν κονίῃσιν
νηὸς ἄπο πρύμνης χαμάδις πέσε· λύντο δὲ γυῖα.

IL. XV, v. 429.

Mézence est blessé comme Hector au 7ᵐᵉ. chant :

. . . . δεύτερος αὖτε
Αἴας διογενὴς προΐει δολιχόσκιον ἔγχος,
καὶ βάλε Πριαμίδαο κατ᾿ ἀσπίδα πάντοσ᾿ ἐΐσην.
διὰ μὲν ἀσπίδος ἦλθε φαεινῆς ὄβριμον ἔγχος,
καὶ διὰ θώρηκος πολυδαιδάλου ἠρήρειστο·
ἀντικρὺ δὲ παραὶ λαπάρην διάμησε χιτῶνα
ἔγχος· ὁ δ᾿ ἐκλίνθη, καὶ ἀλεύατο κῆρα μέλαιναν.

IL. VII, v. 248.

★

Ingemuit cari graviter genitoris amore,
790 Ut vidit, Lausus, lacrymæque per ora volutæ.
Hic mortis duræ casum tuaque optima facta,
Si qua fidem tanto est operi latura vetustas,
Non equidem, nec te, juvenis memorande, silebo.
Ille pedem referens, et inutilis, inque ligatus
Cedebat, clypeoque inimicum hastile trahebat.
Prorupit juvenis, seseque immiscuit armis ;
Jamque assurgentis dextrâ plagamque ferentis
Æneæ subiit mucronem, ipsumque morando
Sustinuit : socii magno clamore sequuntur,
800 Dum genitor nati parmâ protectus abiret ;
Telaque conjiciunt, proturbantque eminùs hostem
Missilibus : furit Æneas, tectusque tenet se.
Ac velut, effusâ si quandò grandine nimbi
Præcipitant, omnis campis diffugit arator,
Omnis et agricola, et tutâ latet arce viator,

Aut amnis ripis, aut alti fornice saxi,
Dùm pluit in terris; ut possint, sole reducto,
Exercere diem : sic obrutus undique telis
Æneas nubem belli, dùm detonet, omnem
810 Sustinet; et Lausum increpitat, Lausoque minatur:
« Quó moriture ruis, majoraque viribus audes ?
Fallit te incautum pietas tua. » Nec minùs ille
Exsultat demens ; sævæ jamque altiùs iræ
Dardanio surgunt ductori, extremaque Lauso
Parcæ fila legunt : validum namque exigit ensem
Per medium Æneas juvenem, totumque recondit.
Transiit et parmam mucro, levia arma minacis,
Et tunicam, molli mater quam neverat auro,
Implevitque sinum sanguis : tùm vita per auras
820 Concessit moesta ad manes, corpusque reliquit.
At verò ut vultum vidit morientis et ora,
Ora modis Anchisiades pallentia miris :
Ingemuit miserans graviter, dextramque tetendit,
Et mentem patriæ subiit pietatis imago.
« Quid tibi nunc, miserande puer, pro laudibus istis,
Quid pius Æneas tantâ dabit indole dignum ?
Arma, quibus lætatus, habe tua, teque parentum
Manibus et cineri, si qua est ea cura, remitto.
Hoc tamen infelix miseram solabere mortem :
830 Æneæ magni dextrâ cadis. » Increpat ultrò
Cunctantes socios, et terrâ sublevat ipsum,
Sanguine turpantem comptos de more capillos.

Le dévouement héroïque de Lausus, qui ajoute tant de charme à la composition de Virgile, rappelle le trait du jeune Scipion à la bataille du Tésin, et la mort d'Antiloque pour Nestor célébrée dans les chants de Pindare (*Pythique VI*, *v.* 28.)

La situation de Mézence sauvé par Lausus correspond à celle de Sarpédon blessé par Tlépolème (*Il. V*, *v.* 663), et surtout à celle d'Hector dérobé par les chefs troyens à la vengeance d'Ajax :

Ὡς ἔπεσ᾽ Ἕκτορος ὦκα χαμαὶ μένος ἐν κονίῃσιν.
χειρὸς δ᾽ ἔκβαλεν ἔγχος, ἐπ᾽ αὐτῷ δ᾽ ἀσπὶς ἑάφθη,
καὶ κόρυς· ἀμφὶ δέ οἱ βράχε τεύχεα ποικίλα χαλκῷ.
οἱ δὲ μέγα ἰάχοντες ἐπέδραμον υἷες Ἀχαιῶν,
ἐλπόμενοι ἐρύεσθαι, ἀκόντιζον δὲ θαμειὰς
αἰχμάς· ἀλλ᾽ οὔτις ἐδυνήσατο ποιμένα λαῶν
οὐτάσαι, οὐδὲ βαλεῖν· πρὶν γὰρ περίβησαν ἄριστοι,
Πουλυδάμας τε καὶ Αἰνείας καὶ δῖος Ἀγήνωρ,
Σαρπηδών τ᾽ ἀρχὸς Λυκίων, καὶ Γλαῦκος ἀμύμων·
τῶν δ᾽ ἄλλων οὔτις εὖ ἀκήδεσεν, ἀλλὰ πάροιθεν
ἀσπίδας εὐκύκλους σχέθον αὐτοῦ. τὸν δ᾽ ἄρ᾽ ἑταῖροι
χερσὶν ἀείραντες φέρον ἐκ πόνου, ὄφρ᾽ ἵκετ᾽ ἵππους
ὠκέας, οἵ οἱ ὄπισθε μάχης ἠδὲ πτολέμοιο
ἔστασαν, ἡνίοχόν τε καὶ ἅρματα ποικίλ᾽ ἔχοντες·
οἳ τόνγε προτὶ ἄστυ φέρον βαρέα στενάχοντα.

Il. XIV, v. 418.

L'image d'Enée assailli par les bataillons ennemis, et se couvrant de son bouclier comme un voyageur surpris par la tempête, paroît imitée du passage d'Apollonius où les Argonautes sont attaqués par les oiseaux de Mars :

Ὡς δ᾽ ὁπότε Κρονίδης πυκινὴν ἐφέηκε χάλαζαν
ἐκ νεφέων ἀνά τ᾽ ἄστυ καὶ οἰκία, τοὶ δ᾽ ὑπὸ τοῖσιν
ἐνναέται κόναβον τεγέων ὕπερ εἰσαΐοντες
ἧνται ἀκήν, ἐπεὶ οὔ σφε κατέλλαβε χείματος ὥρη
ἀπροφάτως, ἀλλὰ πρὶν καρτύναντο μέλαθρα·
ὣς πυκινὰ πτερὰ τοῖσιν ἐφίεσαν ἀΐσσοντες.

Argon. II, v. 1084.

On y reconnoît aussi les vers d'Homère sur Hector (*Il. XVI, v. 358.*) Le sentiment de compassion que Virgile prête à Enée, et qui contraste admirablement avec l'inhumanité de Turnus (v. 443), n'existe chez aucun des guerriers de l'Iliade. Achille laisse à Eétion son armure (*Il. VI, v. 416*), mais il est loin de gémir sur son sort.

Le portrait de Lausus mourant offre quelque rapport avec celui d'Euphorbe, tombant sous les coups de Ménélas :

Ἀντικρὺ δ' ἀπαλοῖο δι' αὐχένος ἤλυθ' ἀκωκή·
δούπησεν δὲ πεσών, ἀράβησε δὲ τεύχε' ἐπ' αὐτῷ.
αἵματί οἱ δεύοντο κόμαι, Χαρίτεσσιν ὁμοῖαι,
πλοχμοί θ', οἳ χρυσῷ τε καὶ ἀργύρῳ ἐσφήκωντο.

IL. XVII, v. 49.

*

Intereà genitor Tyberini ad fluminis undam
Vulnera siccabat lymphis, corpusque levabat
Arboris acclinis trunco : procul ærea ramis
Dependet galea, et prato gravia arma quiescunt.
Stant lecti circùm juvenes ; ipse æger, anhelans
Colla fovet, fusus propexam in pectore barbam.
Multa super Lauso rogitat, multosque remittit
840 Qui revocent, mœstique ferant mandata parentis.
At Lausum socii exanimem super arma ferebant
Flentes, ingentem, atque ingenti vulnere victum.
Agnovit longè gemitum præsaga mali mens ;
Canitiem immundo deformat pulvere, et ambas
Ad cœlum tendit palmas, et corpore inhæret :
« Tantane me tenuit vivendi nate, voluptas,
Ut pro me hostili paterer succedere dextræ,
Quem genui ? tua-ne hæc genitor per vulnera servor ;

Morte tuâ vivens? heu! nunc misero mihi demùm
850 Exsilium infelix, nunc altè vulnus adactum!
Idem ego, nate, tuum maculavi crimine nomen,
Pulsus ob invidiam solio sceptrisque paternis;
Debueram patriæ pœnas, odiisque meorum;
Omnes per mortes animam sontem ipse dedissem.
Nunc vivo, neque adhùc homines lucemque relinquo!
Sed linquam. » Simul hæc dicens attollit in ægrum
Se femur, et, quamquam vis alto vulnere tardat,
Haud dejectus, equum duci jubet: hoc decus illi,
Hoc solamen erat, bellis hoc victor abibat
860 Omnibus; alloquitur mœrentem et talibus infit:
« Rhœbe, diù, res si qua diù mortalibus ulla est,
Viximus: aut hodiè victor spolia illa cruenta
Et caput Æneæ referes, Lausique dolorum
Ultor eris mecum; aut, aperit si nulla viam vis,
Occumbes pariter: neque enim, fortissime, credo
Jussa aliena pati, et dominos dignabere Teucros. »

La mort de Lausus amène celle de Mézence, décrite par le poëte avec une frappante vérité. Il représente d'abord le guerrier vaincu transporté sur les bords du Tibre, comme Sarpédon (*Il. V*, v. 692) et Hector, sont déposés sur ceux du Scamandre:

Ἀλλ' ὅτε δὴ πόρον ἷξον ἐϋρρεῖος ποταμοῖο,
Ξάνθου δινήεντος, ὃν ἀθάνατος τέκετο Ζεύς,
ἔνθα μιν ἐξ ἵππων πέλασαν χθονί, κὰδ δέ οἱ ὕδωρ
χεῦαν· ὁ δ' ἀμπνύνθη, καὶ ἀνέδρακεν ὀφθαλμοῖσιν·
ἑζόμενος δ' ἐπὶ γοῦνα, κελαινεφὲς αἷμ' ἀπέμεσσεν·
αὖτις δ' ἐξοπίσω πλῆτο χθονί, τὼ δέ οἱ ὄσσε
νὺξ ἐκάλυψε μέλαινα· βέλος δ' ἔτι θυμὸν ἐδάμνα.

Il. XIV, v. 433.

Les pressentiments de Mézence sur le sort de son fils, son désespoir à la vue de ses restes chéris, son appel au trépas se retrouvent en partie dans les plaintes d'Achille sur Patrocle (*Il. XVIII*, v. 1 à 27); mais l'effrayante peinture du remords se réveillant dans le cœur d'un tyran, et le rendant pour ses ennemis mêmes un objet de pitié, est une idée dramatique qui n'appartient qu'à Virgile et qui fait honneur à son génie. L'exhortation de Mézence à son cheval, au fidèle compagnon de ses malheurs, a été injustement critiquée : elle est fondée sur un sentiment naturel, plus encore que sur l'exemple d'Homère, qui prête des discours semblables à Achille et à Hector :

Σμερδαλέον δ' ἵπποισιν ἐκέκλετο πατρὸς ἑοῖο·
« Ξάνθε τε καὶ Βαλίε, τηλεκλυτὰ τέκνα Ποδάργης,
ἄλλως δὴ φράζεσθε σαωσέμεν ἡνιοχῆα
ἂψ Δαναῶν ἐς ὅμιλον, ἐπεί χ' ἕωμεν πολέμοιο·
μηδ', ὡς Πάτροκλον, λίπετ' αὐτοῦ τεθνηῶτα!

Il. XIX, v. 399.

Ὡς εἰπὼν, ἵπποισιν ἐκέκλετο, φώνησέν τε·
Ξάνθε τε καὶ σὺ Πόδαργε, καὶ Αἴθων, Λάμπε τε δῖε,
νῦν μοι τὴν κομιδὴν ἀποτίνετον, ἣν μάλα πολλὴν
Ἀνδρομάχη, θυγάτηρ μεγαλήτορος Ἠετίωνος,
ὑμῖν πὰρ προτέροισι μελίφρονα πυρὸν ἔθηκεν,
οἶνόν τ' ἐγκεράσασα πιεῖν, ὅτε θυμὸς ἀνώγοι,
ἢ ἐμοί, ὅσπερ οἱ θαλερὸς πόσις εὔχομαι εἶναι.
ἀλλ' ἐφομαρτεῖτον καὶ σπεύδετον, αἴ κε λάβωμεν
ἀσπίδα Νεστορέην, τῆς νῦν κλέος οὐρανὸν ἵκει.

Il. VIII, v. 184.

Le serment de Mézence aux mânes de Lausus rappelle aussi ceux des deux héros (*Il. VIII*, v. 532 ; *XVIII*, v. 334).

★

Dixit ; et exceptus tergo consueta locavit
Membra, manusque ambas jaculis oneravit acutis,
Ære caput fulgens cristâque hirsutus equinâ.
870 Sic cursum in medios rapidus dedit : æstuat ingens
Imo in corde pudor, mixtoque insania luctu.
Atque hîc Ænean magnâ ter voce vocavit.
Æneas agnovit eum, lætusque precatur :
« Sic pater ille deûm faciat, sic altus Apollo,
Incipias conferre manum. »
Tantùm effatus, et infestâ subit obvius hastâ.
Ille autem : « Quid me erepto, sævissime, nato,
Terres ? hæc via sola fuit quâ perdere posses.
Nec mortem horremus, nec divûm parcimus ulli.
880 Desine ; jàm venio moriturus, et hæc tibi porto
Dona priùs. » Dixit, telumque intorsit in hostem,
Indè aliud, super atque aliud figitque, volatque
Ingenti gyro : sed sustinet aureus umbo.
Ter circùm adstantem lævos equitavit in orbes,
Tela manu jaciens ; ter secum Troïus heros
Immanem ærato circumfert tegmine silvam.
Indè ubi tot traxisse moras, tot spicula tædet
Vellere, et urgetur pugnâ congressus iniquâ,
Multa movens animo, jam tandem erumpit, et inter
890 Bellatoris equi cava tempora conjicit hastam.
Tollit se arrectum quadrupes, et calcibus auras
Verberat, effusumque equitem super ipse secutus
Implicat, ejectoque incumbit cernuus armo.
Clamore incendunt cœlum Troësque Latinique.
Advolat Æneas, vaginâque eripit ensem,
Et super hæc : » Ubi nunc Mezentius acer, et illa
Effera vis animi« ? Contrà Tyrrhenus, ut auras
Suspiciens hausit cœlum, mentemque recepit :

« Hostis amare, quid increpitas, mortemque minaris?
900 Nullum in cæde nefas, nec sic ad prælia veni;
Nec tecum meus hæc pepigit mihi fœdera Lausus.
Unum hoc, per, si qua est victis venia hostibus, oro :
Corpus humo patiare tegi ; scio acerba meorum
Circumstare odia : hunc, oro, defende furorem,
Et me consortem nati concede sepulcro. »
Hæc loquitur, juguloque haud inscius accipit ensem,
Undantique animam diffundit in arma cruore.

Mézence remplit le personnage d'Hector dans tout le cours de la narration; mais Enée quitte ici le rôle d'Ajax pour prendre celui d'Achille, sur qui Hector veut venger dans l'Iliade la mort de son frère Polydore. Les récits des deux poëtes se correspondent exactement :

Ἕκτωρ δ' ὡς ἐνόησε κασίγνητον Πολύδωρον,
ἔντερα χερσὶν ἔχοντα, λιαζόμενον προτὶ γαίῃ,
κάρ ῥά οἱ ὀφθαλμῶν κέχυτ' ἀχλύς· οὐδ' ἄρ' ἔτ' ἔτλη
δηρὸν ἑκὰς στρωφᾶσθ', ἀλλ' ἀντίος ἦλθ' Ἀχιλῆϊ,
ὀξὺ δόρυ κραδάων, φλογὶ εἴκελος. αὐτὰρ Ἀχιλλεὺς
ὡς εἶδ', ὡς ἀνέπαλτο, καὶ εὐχόμενος ἔπος ηὔδα·
« Ἐγγὺς ἀνήρ, ὃς ἐμόν γε μάλιστ' ἐσεμάσσατο θυμόν,
ὅς μοι ἑταῖρον ἔπεφνε τετιμένον· οὐδ' ἄρ' ἔτι δὴν
ἀλλήλους πτώσσοιμεν ἀνὰ πτολέμοιο γεφύρας. »
Ἦ, καὶ ὑπόδρα ἰδὼν προσεφώνεεν Ἕκτορα δῖον·
« Ἆσσον ἴθ', ὥς κεν θᾶσσον ὀλέθρου πείραθ' ἵκηαι! »
Τὸν δ' οὐ ταρβήσας προσέφη κορυθαίολος Ἕκτωρ·
« Πηλείδη, μὴ δή μ' ἐπέεσσί γε, νηπύτιον ὥς,
ἔλπεο δειδίξεσθαι· ἐπεὶ σάφα οἶδα καὶ αὐτός,
ἠμὲν κερτομίας ἠδ' αἴσυλα μυθήσασθαι.
οἶδα δ', ὅτι σὺ μὲν ἐσθλός, ἐγὼ δὲ σέθεν πολὺ χείρων.
ἀλλ' ἤτοι μὲν ταῦτα θεῶν ἐν γούνασι κεῖται,

αἴ κέ σε χειρότερός περ ἐὼν ἀπὸ θυμὸν ἕλωμαι,
δουρὶ βαλών· ἐπειὴ καί ἐμὸν βέλος ὀξὺ πάροιθεν.

IL. XX, v. 419.

La tactique savante du Tyrrhénien qui accable à la fois Enée d'une grêle de traits étoit inconnue aux guerriers d'Homère : Astéropée est le seul d'entre eux qui lance en même temps deux javelots à Achille (*Il. XXI, v.* 162); mais la blessure qu'Enée fait à Rhébus est imitée de celle du cheval de Nestor :

Νέστωρ δ' οἶος ἔμιμνε γερήνιος, οὖρος Ἀχαιῶν,
οὔτι ἑκών, ἀλλ᾽ ἵππος ἐτείρετο· τὸν βάλεν ἰῷ
δῖος Ἀλέξανδρος, Ἑλένης πόσις ἠϋκόμοιο,
ἄκρην κὰκ κορυφήν, ὅθι τε πρῶται τρίχες ἵππων
κρανίῳ ἐμπεφύασι, μάλιστα δὲ καιριόν ἐστιν.
ἀλγήσας δ' ἀνέπαλτο, βέλος δ' εἰς ἐγκέφαλον δῦ·
σὺν δ' ἵππους ἐτάραξε, κυλινδόμενος περὶ χαλκῷ.

IL. VIII, v. 80.

La chute de Mézence et sa dernière prière correspondent à la mort d'Hector :

Ἤριπε δ' ἐν κονίης· ὁ δ' ἐπεύξατο δῖος Ἀχιλλεύς·
« Ἕκτορ, ἀτάρ που ἔφης, Πατροκλῆ' ἐξεναρίζων,
σῶς ἔσσεσθ', ἐμὲ δ' οὐδὲν ὀπίζεο νόσφιν ἐόντα.
. . . .
Τὸν δ' ὀλιγοδρανέων προσέφη κορυθαίολος Ἕκτωρ·
λίσσομ' ὑπὲρ ψυχῆς, καὶ γούνων, σῶν τε τοκήων·
μή με ἔα παρὰ νηυσὶ κύνας καταδάψαι Ἀχαιῶν·
ἀλλὰ σὺ μὲν χαλκόν τε ἅλις χρυσόν τε δέδεξο,
δῶρα, τά τοι δώσουσι πατὴρ καὶ πότνια μήτηρ·
σῶμα δὲ οἴκαδ' ἐμὸν δόμεναι πάλιν, ὄφρα πυρός με
Τρῶες καὶ Τρώων ἄλοχοι λελάχωσι θανόντα.

IL. XXII, v. 330 et 337.

Enfin il reçoit le coup mortel, et son âme s'échappe avec on sang :

Οὖτα κατὰ λαπάρην, διὰ δ' ἔντερα χαλκὸς ἄφυσσεν
δηώσας· ψυχὴ δὲ κατ' οὐταμένην ὠτειλὴν
ἔσσυτ' ἐπειγομένη· τὸν δὲ σκότος ὄσσε κάλυψεν.
Il. XIV, 517.

Nous observerons cependant, pour l'exactitude historique, qu'Enée loin de tuer Mézence périt dans le combat qu'il livra à ce prince, trois ans après son arrivée en Italie.

ÉNÉIDE.

LIVRE ONZIÈME.

SOMMAIRE.

Mort de Camille.

I. POMPE FUNÈBRE DE PALLAS.
II. SÉPULTURE DES GUERRIERS.
III. CONSEIL DE LATINUS.
IV. PRÉPARATIFS DE DÉFENSE.
V. HISTOIRE DE CAMILLE.
VI. COMBAT DE CAVALERIE.
VII. EXPLOITS DE CAMILLE.
VIII. MORT DE CAMILLE.
IX. DÉROUTE DES LATINS.

Imité, comme le précédent, de différentes parties de l'Iliade, et surtout des chants 7 et 16.

ÉNÉIDE.
LIVRE ONZIÈME.

I.

Oceanum intereà surgens Aurora reliquit.
Æneas, quamquam et sociis dare tempus humandis
Præcipitant curæ, turbataque funere mens est,
Vota deûm primo victor solvebat Eoo.
Ingentem quercum decisis undique ramis
Constituit tumulo, fulgentiaque induit arma,
Mezentî ducis exuvias; tibi, magne, tropæum,
Bellipotens: aptat rorantes sanguine cristas,
Telaque trunca viri, et bis sex thoraca petitum
10 Perfossumque locis, clypeumque ex ære sinistræ
Subligat, atque ensem collo suspendit eburnum.

Enée vainqueur de Mézence consacre à Mars les premières dépouilles opimes, il harangue ses troupes, et prépare avec magnificence le cortége funèbre de Pallas. La plupart de ces détails se retrouvent aux chants 22 et 23 de l'Iliade, où Achille vainqueur d'Hector rend les derniers honneurs à Patrocle. Le plus ancien modèle du trophée militaire, devenu depuis d'un usage général chez les Grecs, est celui qu'Ulysse et Diomède érigent avec les armes de Dolon:

Τοῦ δ' ἀπὸ μὲν κτιδέην κυνέην κεφαλῆφιν ἕλοντο,
καὶ λυκέην καὶ τόξα παλίντονα καὶ δόρυ μακρόν·
καὶ τά γ' Ἀθηναίῃ ληΐτιδι δῖος Ὀδυσσεὺς
ὑψόσ' ἀνέσχεθε χειρί, καὶ εὐχόμενος ἔπος ηὔδα.
Il. X, v. 458.

★

Tùm socios, namque omnis eum stipata tegebat
Turba ducum, sic incipiens hortatur ovantes:
« Maxima res effecta, viri ; timor omnis abesto,
Quod superest : hæc sunt spolia, et de rege superbo
Primitiæ, manibusque meis Mezentius hic est.
Nunc iter ad regem nobis murosque Latinos.
Arma parate animis, et spe præsumite bellum ;
Ne qua mora ignaros, ubi primùm vellere signa
20 Annuerint superi, pubemque educere castris,
Impediat, segnesve metu sententia tardet.
Intereà socios inhumataque corpora terræ
Mandemus, qui solus honos Acheronte sub imo est.
Ite, ait : egregias animas, quæ sanguine nobis
Hanc patria peperêre suo, decorate supremis
Muneribus, mœstamque Evandri primus ad urbem
Mittatur Pallas, quem non virtutis egentem
Abstulit atra dies, et funere mersit acerbo. »

Le fonds de cette harangue qui offre d'ailleurs plusieurs autres réminiscences d'Homère (*Il. II, v.* 381; *VII, v.* 327; *XXIV, v.* 214) et qui se termine par la même formule que le célèbre discours de Périclès, se trouve dans les paroles qu'Achille adresse aux Grecs après sa victoire sur Hector :

Τὸν δ' ἐπεὶ ἐξενάριξε ποδάρκης δῖος Ἀχιλλεύς,
στὰς ἐν Ἀχαιοῖσιν ἔπεα πτερόεντ' ἀγόρευεν·

LIVRE XI.   263

« Ω φίλοι, Ἀργείων ἡγήτορες ἠδὲ μέδοντες,
ἐπειδὴ τόνδ' ἄνδρα θεοὶ δαμάσασθαι ἔδωκαν,
ὃς κακὰ πόλλ' ἔρρεξε, ὅσ' οὐ σύμπαντες οἱ ἄλλοι·
εἰ , ἄγετ', ἀμφὶ πόλιν σὺν τεύχεσι πειρηθῶμεν,
ὄφρα κ' ἔτι γνῶμεν Τρώων νόον, ὅντιν' ἔχουσιν·
ἢ καταλείψουσιν πόλιν ἄκρην, τοῦδε πεσόντος,
ἠὲ μένειν μεμάασι, καὶ Ἕκτορος οὐκέτ' ἐόντος.
ἀλλὰ τίη μοι ταῦτα φίλος διελέξατο θυμός;
κεῖται πὰρ νήεσσι νέκυς ἄκλαυτος, ἄθαπτος,
Πάτροκλος· τοῦ δ' οὐκ ἐπιλήσομαι, ὄφρ' ἂν ἔγωγε
ζωοῖσιν μετέω, καί μοι φίλα γούνατ' ὀρώρῃ.
εἰ δὲ θανόντων περ καταλήθοντ' εἰν ἀΐδαο,
αὐτὰρ ἐγὼ καὶ κεῖθι φίλου μεμνήσομ' ἑταίρου.
νῦν δ' ἄγ', ἀείδοντες παιήονα, κοῦροι Ἀχαιῶν,
νηυσὶν ἔπι γλαφυρῇσι νεώμεθα, τόνδε δ' ἄγωμεν.
ἠράμεθα μέγα κῦδος· ἐπέφνομεν Ἕκτορα δῖον,
ᾧ Τρῶες κατὰ ἄστυ, θεῷ ὣς, εὐχετόωντο. »

IL. XXII, v. 376.

*

 Sic ait illacrymans, recipitque ad limina gressum,
30 Corpus ubi exanimi positum Pallantis Acœtes
 Servabat senior, qui Parrhasio Evandro
 Armiger antè fuit; sed non felicibus æquè
 Tùm comes auspiciis caro datus ibat alumno.
 Circùm omnes famulûmque manus Trojanaque turba,
 Et mœstum Iliades crinem de more solutæ.
 Ut verò Æneas foribus sese intulit altis,
 Ingentem gemitum tunsis ad sidera tollunt
 Pectoribus, mœstoque immugit regia luctu.
 Ipse caput nivei fultum Pallantis et ora
40 Ut vidit, levique patens in pectore vulnus
 Cuspidis Ausoniæ, lacrymis ita fatur obortis :

« Te-ne, inquit, miserande puer, cùm læta veniret,
Invidit fortuna mihi, ne regna videres
Nostra, neque ad sedes victor *aherere paternas?
Non hæc Evandro de te promissa parenti
Discedens dederam, cùm me complexus euntem
Mitteret in magnum imperium, metuensque moneret
Acres esse viros, cum durâ prælia gente.
Et nunc ille quidem spe multùm captus inani,
50 Fors et vota facit, cumulatque altaria donis :
Nos juvenem exanimum, et nil jàm cœlestibus ullis
Debentem, vano mœsti comitamur honore.
Infelix, nati funus crudele videbis !
Hi nostri reditus, exspectatique triumphi !
Hæc mea magna fides ! At non, Evandre, pudendis
Vulneribus pulsum aspicies, nec sospite dirum
Optabis nato funus pater : hei mihi ; quantum
Præsidium Ausonia, et quantum tu perdis, Iüle ! »

Cette scène lugubre et attendrissante est particulièrement
appropriée au caractère du héros troyen et à la triste situation
d'Evandre. Cependant on y retrouve plusieurs traits de la
douleur d'Achille, qui répand tant d'intérêt sur les derniers
chants de l'Iliade :

Ἀσπασίως Πάτροκλον ὑπ' ἐκ βελέων ἐρύσαντες,
κάτθεσαν ἐν λεχέεσσι· φίλοι δ' ἀμφέσταν ἑταῖροι
μυρόμενοι· μετὰ δέ σφι ποδώκης εἵπετ' Ἀχιλλεύς,
δάκρυα θερμὰ χέων, ἐπεὶ εἴσιδε πιστὸν ἑταῖρον,
κείμενον ἐν φέρτρῳ, δεδαϊγμένον ὀξέϊ χαλκῷ·
τόν ῥ' ἤτοι μὲν ἔπεμπε σὺν ἵπποισιν καὶ ὄχεσφιν
ἐς πόλεμον, οὐδ' αὖτις ἐδέξατο νοστήσαντα.
. . . .
ὡς ὁ βαρυστενάχων μετεφώνεε Μυρμιδόνεσσιν·
« Ὦ πόποι, ἦ ῥ' ἅλιον ἔπος ἔκβαλον ἥματι κείνῳ,

Θαρσύνων ἥρωα Μενοίτιον ἐν μεγάροισιν·
φῆν δέ οἱ εἰς Ὀπόεντα περικλυτὸν υἱὸν ἀπάξειν,
Ἴλιον ἐκπέρσαντα, λαχόντα τε ληΐδος αἶσαν.
ἀλλ' οὐ Ζεὺς ἄνδρεσσι νοήματα πάντα τελευτᾷ. »

IL. XVIII, v. 232 et 323.

La sollicitude qu'exprime Enée sur l'avenir de son fils, privé désormais d'un si digne défenseur, se retrouve aussi dans ce regret d'Achille sur Pyrrhus privé de Patrocle :

Πρὶν μὲν γάρ μοι θυμὸς ἐνὶ στήθεσσιν ἐώλπει,
οἶον ἐμὲ φθίσεσθαι ἀπ' Ἄργεος ἱπποβότοιο
αὐτοῦ ἐνὶ Τροίῃ, σὲ δέ τε Φθίηνδε νέεσθαι,
ὡς ἄν μοι τὸν παῖδα θοῇ ἐνὶ νηῒ μελαίνῃ
Σκυρόθεν ἐξαγάγοις, καί οἱ δείξειας ἕκαστα,
κτῆσιν ἐμὴν, δμῶάς τε, καὶ ὑψερεφὲς μέγα δῶμα.

IL. XIX, v. 328.

*

    Hæc ubi deflevit, tolli miserabile corpus
60 Imperat, et toto lectos ex agmine mittit
    Mille viros, qui supremum comitentur honorem,
    Intersintque patris lacrymis : solatia luctûs
    Exigua ingentis, misero sed debita patri.
    Haud segnes alii crates et molle feretrum
    Arbuteis texunt virgis et vimine querno,
    Exstructosque toros obtentu frondis inumbrant.
    Hîc juvenem agresti sublimem in stramine ponunt :
    Qualem virgineo demessum pollice florem
    Seu mollis violæ, seu languentis hyacinthi,
70 Cui neque fulgor adhùc necdùm sua forma recessit,
    Non jàm mater alit tellus viresque ministrat.

Tùm geminas vestes auroque ostroque rigentes
Extulit Æneas, quas illi læta laborum
Ipsa suis quondam manibus Sidonia Dido
Fecerat, et tenui telas discreverat auro.
Harum unam juveni supremum mœstus honorem
Induit, arsurasque comas obnubit amictu;
Multaque præterea Laurentis præmia pugnæ
Aggerat, et longo prædam jubet ordine duci.
80 Addit equos et tela, quibus spoliaverat hostem.
Vinxerat et post terga manus, quos mitteret umbris
Inferias, cæso sparsuros sanguine flammam;
Indutosque jubet truncos hostilibus armis
Ipsos ferre duces, inimicaque nomina figi.
Ducitur infelix ævo confectus Acœtes,
Pectora nunc fœdans pugnis, nunc unguibus ora,
Sternitur et toto projectus corpore terræ.
Ducunt et Rutulo perfusos sanguine currus;
Pòst bellator equus, positis insignibus, Æthon
90 It lacrymans, guttisque humectat grandibus ora.
Hastam alii galeamque ferunt : nam cætera Turnus
Victor habet; tùm mœsta phalanx Teucrique sequuntur
Tyrrhenique duces, et versis Arcades armis.
Postquam omnis longè comitum processerat ordo,
Substitit Æneas, gemituque hæc addidit alto :
« Nos alias hinc ad lacrymas eadem horrida belli
Fata vocant : salve æternùm mihi, maxime Palla,
Æternùmque vale. » Nec plura effatus, ad altos
Tendebat muros, gressumque in castra ferebat.

Virgile après avoir décrit successivement les funérailles de Polydore, d'Anchise et de Misène (liv. III, V *et* VI) sait trouver des couleurs encore plus suaves et plus mélancoliques pour peindre les honneurs rendus au jeune héros. Les premiers vers correspondent en partie à la marche des compagnons d'Achille escortant les restes de Patrocle :

Αὐτίκα Μυρμιδόνεσσι φιλοπτολέμοισι κέλευσεν,
χαλκὸν ζώννυσθαι, ζεῦξαι δ' ὑπ' ὄχεσφιν ἕκαστον
ἵππους· οἱ δ' ὤρνυντο, καὶ ἐν τεύχεσσιν ἔδυνον.
ἂν δ' ἔβαν ἐν δίφροισι παραιβάται, ἡνίοχοί τε·
πρόσθε μὲν ἱππῆες, μετὰ δὲ νέφος εἴπετο πεζῶν,
μυρίοι· ἐν δὲ μέσοισι φέρον Πάτροκλον ἑταῖροι.
θριξὶ δὲ πάντα νέκυν καταείνυον, ἃς ἐπέβαλλον
κειρόμενοι· ὄπιθεν δὲ κάρη ἔχε δῖος Ἀχιλλεύς,
ἀχνύμενος· ἕταρον γὰρ ἀμύμονα πέμπ' ἄϊδόσδε.

Il. XXIII, v. 129.

On trouve aussi des détails analogues dans les funérailles d'Hector (*Il. XXIV, v.* 719.) La charmante comparaison de l'hyacinte a été imitée par tous les poëtes modernes. Nous en rapprocherons ici la peinture de l'olivier, la plus gracieuse qu'ait produite le pinceau d'Homère ;

Οἷον δὲ τρέφει ἔρνος ἀνὴρ ἐριθηλὲς ἐλαίης
χώρῳ ἐν οἰοπόλῳ, ὅθ' ἅλις ἀναβέβρυχεν ὕδωρ,
καλὸν, τηλεθάον· τὸ δέ τε πνοιαὶ δονέουσιν
παντοίων ἀνέμων, καί τε βρύει ἄνθεϊ λευκῷ·
ἐλθὼν δ' ἐξαπίνης ἄνεμος σὺν λαίλαπι πολλῇ
βόθρου τ' ἐξέστρεψε, καὶ ἐξετάνυσσ' ἐπὶ γαίῃ.

Il. XVII, v. 53.

Les chevaux, les armes, les victimes humaines, les trophées réunis autour du corps de Pallas, se retrouvent également dans les funérailles de Patrocle (*Il. XXIII, v.* 165 à 176.) Les larmes de son coursier fidèle rappellent la douleur des chevaux d'Achille restés immobiles sur le champ de bataille, déplorant la mort de leur écuyer :

Τὼ δ' οὔτ' ἂψ ἐπὶ νῆας ἐπὶ πλατὺν Ἑλλήσποντον
ἠθελέτην ἰέναι, οὔτ' ἐς πόλεμον μετ' Ἀχαιούς·
ἀλλ' ὥστε στήλη μένει ἔμπεδον, ἥτ' ἐπὶ τύμβῳ
ἀνέρος ἑστήκει τεθνηότος ἠὲ γυναικός,
ὣς μένον ἀσφαλέως περικαλλέα δίφρον ἔχοντες,
οὔδει ἐνισκίμψαντε καρήατα· δάκρυα δέ σφιν
θερμὰ κατὰ βλεφάρων χαμάδις ῥέε μυρομένοισιν.
IL. XVII, v. 432.

L'armure incomplète de Pallas, à qui Turnus n'a laissé que son casque et sa lance, représente l'armure d'Achille enlevée par Hector :

Κεῖται Πάτροκλος· νέκυος δὲ δὴ ἀμφιμάχονται
γυμνοῦ· ἀτὰρ τά γε τεύχε' ἔχει κορυθαίολος Ἕκτωρ.
IL. XVIII, v. 20.

Enfin les derniers adieux d'Enée correspondent à ceux d'Achille à son ami :

Ὤμωξέν τ' ἄρ' ἔπειτα, φίλον δ' ὀνόμηνεν ἑταῖρον·
« Χαῖρέ μοι, ὦ Πάτροκλε, καὶ εἰν Ἀΐδαο δόμοισιν! »
IL. XXIII, v. 178.

Le Tasse a imité la plupart de ces détails dans les funérailles de Dudon (*Jérusalem*, ch. III, st. 67 à 73), et Fénélon dans celles de Pisistrate (*Télémaque*, liv. XXI.)

II.

100 JAMQUE oratores aderant ex urbe Latinâ,
  Velati ramis oleæ, veniamque rogantes :
  Corpora, per campos ferro quæ fusa jacebant,
  Redderet, ac tumulo sineret succedere terræ ;

Nullum cum victis certamen et æthere cassis;
Parceret hospitibus quondam socerisque vocatis.
Quos bonus Æneas, haud aspernanda precantes,
Prosequitur veniâ, et verbis hæc insuper addit:
«Quænam vos tanto fortuna indigna, Latini,
Implicuit bello, qui nos fugiatis amicos?
110 Pacemne exanimis et martis sorte peremptis
Oratis? equidem et vivis concedere vellem.
Nec veni, nisi fata locum sedemque dedissent;
Nec bellum cum gente gero : rex nostra reliquit
Hospitia, et Turni potiùs se credidit armis.
Æquius huic Turnum fuerat se opponere morti.
Si bellum finire manu, si pellere Teucros
Apparat, his mecum decuit concurrere telis;
Vixet, cui vitam deus aut sua dextra dedisset.
Nunc ite, et miseris supponite civibus ignem.»
120   Dixerat Æneas : olli obstupuêre silentes,
Conversique oculos inter se atque ora tenebant.
Tùm senior, semperque odiis et crimine Drances
Infensus juveni Turno, sic ore vicissim
Orsa refert : « O famâ ingens, ingentior armis,
Vir Trojane, quibus cœlo te laudibus æquem?
Justitiæ-ne priùs mirer, belli-ne laborum?
Nos verò hæc patriam grati referemus ad urbem;
Et te, si qua viam dederit fortuna, Latino
Jungemus regi : quærat sibi fœdera Turnus.
130 Quin et fatales murorum attollere moles,
Saxaque subvectare humeris Trojana juvabit.»
Dixerat hæc, unoque omnes eadem ore fremebant.
Bis senos pepigêre dies, et, pace sequestrâ,
Per silvas Teucri, mixtique impunè Latini,
Erravêre jugis : ferro sonat icta bipenni

Fraxinus ; evertunt actas ad sidera pinus;
Robora nec cuneis, et olentem scindere cedrum,
Nec plaustris cessant vectare gementibus ornos.

Cette députation solennelle des Latins est imitée du·7.me. chant de l'Iliade, où le héraut Idée est envoyé par Priam pour proposer une trêve aux assiégeants. On remarque dans le discours du Troyen le même sentiment de haine contre Pâris qui anime Drancès contre Turnus, et la réponse d'Agamemnon, confirmée par tous les chefs réunis, est noble et ferme comme celle d'Enée :

Ἠῶθεν δ' Ἰδαῖος ἔϐη κοίλας ἐπὶ νῆας.
τοὺς δ' εὗρ' εἰν ἀγορῇ Δαναοὺς, θεράποντας Ἄρηος,
νηῒ παρὰ πρύμνῃ Ἀγαμέμνονος· αὐτὰρ ὁ τοῖσιν
στὰς ἐν μέσσοισιν, μετεφώνεεν ἠπύτα κῆρυξ·
« Ἀτρείδη τε καὶ ἄλλοι ἀριστῆες Παναχαιῶν,
ἠνώγει Πρίαμός τε καὶ ἄλλοι Τρῶες ἀγανοί,
εἰπεῖν, αἴ κέ περ ὔμμι φίλον καὶ ἡδὺ γένοιτο,
μῦθον Ἀλεξάνδροιο, τοῦ εἵνεκα νεῖκος ὄρωρεν·
κτήματα μὲν, ὅσ' Ἀλέξανδρος κοίλης ἐπὶ νηυσὶν
ἠγάγετο Τροίηνδ'—ὡς πρὶν ὤφελλ' ἀπολέσθαι!—
πάντ' ἐθέλει δόμεναι, καὶ ἔτ' οἴκοθεν ἄλλ' ἐπιθεῖναι·
κουριδίην δ' ἄλοχον Μενελάου κυδαλίμοιο
οὔ φησιν δώσειν· ἦ μὴν Τρῶές γε κέλονται.
καὶ δὲ τόδ' ἠνώγεον εἰπεῖν ἔπος, αἴ κ' ἐθέλητε
παύσασθαι πολέμοιο δυσηχέος, εἰσόκε νεκροὺς
κήομεν· ὕστερον αὖτε μαχησόμεθ', εἰσόκε δαίμων
ἄμμε διακρίνῃ, δώῃ δ' ἑτέροισί γε νίκην. »
Ὣς ἔφαθ'· οἱ δ' ἄρα πάντες ἀκὴν ἐγένοντο σιωπῇ.
ὀψὲ δὲ δὴ μετέειπε βοὴν ἀγαθὸς Διομήδης·
« Μήτ' ἄρ τις νῦν κτήματ' Ἀλεξάνδροιο δεχέσθω,
μήθ' Ἑλένην· γνωτὸν δὲ, καὶ ὃς μάλα νήπιός ἐστιν,
ὡς ἤδη Τρώεσσιν ὀλέθρου πείρατ' ἐφῆπται. »

Ὣς ἔφαθ'· οἱ δ' ἄρα πάντες ἐπίαχον υἷες Ἀχαιῶν,
μῦθον ἀγασσάμενοι Διομήδεος ἱπποδάμοιο.
καὶ τότ' ἄρ' Ἰδαῖον προσέφη κρείων Ἀγαμέμνων·
« Ἰδαῖ', ἤτοι μῦθον Ἀχαιῶν αὐτὸς ἀκούεις,
ὥς τοι ὑποκρίνονται· ἐμοὶ δ' ἐπιανδάνει οὕτως,
ἀμφὶ δὲ νεκροῖσιν, κατακκέμεν οὔτι μεγαίρω·
οὐ γάρ τις φειδὼ νεκύων κατατεθνηώτων
γίγνετ', ἐπεί κε θάνωσι, πυρὸς μειλισσέμεν ὦκα.
ὅρκια δὲ Ζεὺς ἴστω, ἐρίγδουπος πόσις Ἥρης. »
Ὣς εἰπὼν, τὸ σκῆπτρον ἀνέσχεθε πᾶσι θεοῖσιν·
ἄψορρον δ' Ἰδαῖος ἔβη προτὶ Ἴλιον ἱρήν.
οἱ δ' ἔατ' εἰν ἀγορῇ Τρῶες καὶ Δαρδανίωνες,
πάντες ὁμηγερέες, ποτιδέγμενοι ὁππότ' ἄρ' ἔλθοι
Ἰδαῖος· ὁ δ' ἄρ' ἦλθε καὶ ἀγγελίην ἀπέειπεν,
στὰς ἐν μέσσοισιν. τοὶ δ' ὡπλίζοντο μάλ' ὦκα,
ἀμφότερον, νέκυάς τ' ἀγέμεν, ἕτεροι δὲ μεθ' ὕλην·
Ἀργεῖοι δ' ἑτέρωθεν ἐϋσσέλμων ἀπὸ νηῶν
ὤτρυνον, νέκυάς τ' ἀγέμεν, ἕτεροι δὲ μεθ' ὕλην.
IL. VII, v. 381.

Virgile, appropriant aux circonstances l'imitation du texte grec, y a ajouté le défi d'Enée à Turnus qui correspond à celui de Pâris à Ménélas (*Il. III, v.* 67), et qui a le double avantage de préparer le dénoûment du poëme et de justifier la victoire de son héros. On reconnoît aussi dans la durée de la trêve le délai qu'Achille accorde à Priam en lui rendant le corps d'Hector (*Il. XXIV, v.* 660.) C'est également dans ce dernier passage qu'est puisé le tableau suivant.

*

Et jàm Fama volans, tanti prænuntia luctûs,
140 Evandrum, Evandrique domos, et mœnia complet,
Quæ modò victorem Latio Pallanta ferebat.

Arcades ad portas ruere, et de more vetusto
Funereas rapuêre faces: lucet via longo
Ordine flammarum, et latè discriminat agros.
Contrà turba Phrygum veniens plangentia jungunt
Agmina; quæ postquam matres succedere tectis
Viderunt, mœstam incendunt clamoribus urbem.
At non Evandrum potis est vis ulla tenere :
Sed venit in medios ; feretro Pallanta reposto
150 Procumbit super, atque hæret lacrymansque gemensque
Et via vix tandem voci laxata dolore est :
« Non hæc, o Palla, dederas promissa parenti,
Cautiùs ut sævo velles te credere marti.
Haud ignarus eram, quantùm nova gloria in armis,
Et prædulce decus primo certamine posset.
Primitiæ juvenis miseræ! bellique propinqui
Dura rudimenta! et nulli exaudita deorum
Vota precesque meæ! tuque, o sanctissima conjux,
Felix morte tuâ, neque in hunc servata dolorem!
160 Contrà ego vivendo vici mea fata, superstes
Restarem ut genitor. Troûm socia arma secutum
Obruerent Rutuli telis; animam ipse dedissem;
Atque hæc pompa domum me, non Pallanta, referret.
Nec vos arguerim, Teucri, nec fœdera, nec quas
Junximus hospitio dextras : sors ista senectæ
Debita erat nostræ : quòd si immatura manebat
Mors natum, cæsis Volscorum millibus antè,
Ducentem in Latium Teucros, cecidisse juvabit.
Quin ego non alio digner te funere, Palla,
170 Quàm pius Æneas, et quàm magni Phryges, et quàm
Tyrrhenique duces, Tyrrhenûm exercitus omnis.
Magna tropæa ferunt, quos dat tua dextera letho :
Tu quoque nunc stares immanis truncus in armis,

Esset par ætas, et idem si robur ab annis,
Turne! Sed infelix Teucros quid demoror armis?
Vadite, et hæc memores regi mandata referte:
Quòd vitam moror invisam, Pallante perempto,
Dextera causa tua est, Turnum gnatoque patrique
Quam debere vides : meritis vacat hic tibi solus
180 Fortunæque locus; non vitæ gaudia quæro,
Nec fas, sed nato manes perferre sub imos. »

Au 24me. chant de l'Iliade, Priam accompagné d'Idée ramène le corps d'Hector vers les murs de Troie. Cassandre l'aperçoit la première, et appelle tous les habitants qui s'empressent autour de ces restes chéris comme les Arcadiens entourent ceux de Pallas :

Ἠὼς δὲ κροκόπεπλος ἐκίδνατο πᾶσαν ἐπ' αἶαν·
οἱ δ' εἰς ἄστυ ἔλων οἰμωγῇ τε στοναχῇ τε
ἵππους, ἡμίονοι δὲ νέκυν φέρον. οὐδέ τις ἄλλος
ἔγνω πρόσθ' ἀνδρῶν καλλιζώνων τε γυναικῶν·
ἀλλ' ἄρα Κασσάνδρη, ἰκέλη χρυσέῃ Ἀφροδίτῃ,
Πέργαμον εἰσαναβᾶσα, φίλον πατέρ' εἰσενόησεν,
ἑσταότ' ἐν δίφρῳ, κήρυκά τε ἀστυβοώτην·
τὸν δ' ἄρ' ἐφ' ἡμιόνων ἴδε κείμενον ἐν λεχέεσσιν·
κώκυσέν τ' ἄρ' ἔπειτα, γέγωνέ τε πᾶν κατὰ ἄστυ·
« Ὄψεσθε, Τρῶες καὶ Τρῳάδες Ἕκτορ' ἰόντες,
εἴποτε καὶ ζώοντι μάχης ἐκ νοστήσαντι
χαίρετ'· ἐπεὶ μέγα χάρμα πόλει τ' ἦν, παντί τε δήμῳ. »
Ὣς ἔφατ'· οὐδέ τις αὐτόθ' ἐνὶ πτόλεϊ λίπετ' ἀνήρ,
οὐδὲ γυνή· πάντας γὰρ ἀάσχετον ἵκετο πένθος·
ἀγχοῦ δὲ ξύμβληντο πυλάων νεκρὸν ἄγοντι.
πρῶται τόνγ' ἄλοχός τε φίλη καὶ πότνια μήτηρ
τιλλέσθην, ἐπ' ἄμαξαν εὔτροχον ἀΐξασαι,
ἁπτόμεναι κεφαλῆς· κλαίων ἀμφίσταθ' ὅμιλος.

Il. XXIV, v. 695.

Le portrait d'Evandre rappelle celui de Priam voyant son fils traîné par les chevaux d'Achille (*Il. XXII*, v. 412); mais le discours du prince arcadien n'a point de modèle dans Homère : les plaintes d'Andromaque, d'Hécube et d'Hélène (*Il. XXIV*, v. 723) sont d'un genre trop différent pour lui être comparées. Il offre plus de rapport avec les regrets de Pélée sur Pyrrhus, dans Euripide (*Andromaque*, v. 1178), et avec ceux d'Hécube sur Astyanax (*Troyennes*, v. 1164); mais il est généralement supérieur à tous ces morceaux par l'heureuse alliance de l'héroïsme avec la sensibilité paternelle. Fénélon l'a imité dans les plaintes de Nestor sur Pisistrate (*Télémaque*, liv. XX.)

★

Aurora intereà miseris mortalibus almam
Extulerat lucem, referens opera atque labores.
Jàm pater Æneas, jàm curvo in littore Tarcho
Constituêre pyras; hùc corpora quisque suorum
More tulêre patrum, subjectisque ignibus atris
Conditur in tenebras altum caligine cœlum.
Ter circùm accensos cincti fulgentibus armis .
Decurrêre rogos ; ter mœstum funeris ignem
190 Lustravêre in equis, ululatusque ore dedêre.
Spargitur et tellus lacrymis, spargentur et arma ;
It cœlo clamorque virûm, clangorque tubarum.
Hinc alii spolia occisis derepta Latinis
Conjiciunt igni, galeas, ensesque decoros,
Frænaque, ferventesque rotas ; pars, munera nota,
Ipsorum clypeos, et non felicia tela.
Multa boum circà mactantur corpora morti ;
Setigerosque sues, raptasque ex omnibus agris
In flammam jugulant pecudes : tùm littore toto
200 Ardentes spectant socios, semiustaque servant

Busta, neque avelli possunt, nox humida donec
Invertit cœlum stellis fulgentibus aptum.
  Nec minùs et miseri diversâ in parte Latini
Innumeras struxêre pyras, et corpora partim
Multa virûm terræ infodiunt, avectaque partim
Finitimos tollunt in agros, urbique remittunt.
Cætera, confusæque ingentem cædis acervum,
  Nec numero nec honore cremant ; tunc undique vasti
Certatim crebris collucent ignibus agri.
210 Tertia lux gelidam cœlo dimoverat umbram :
Mœrentes altum cinerem et confusa ruebant
Ossa focis, tepidoque onerabant aggere terræ.

Les premiers détails de cette scène lugubre sont conformes
à ceux que donne Homère sur les funérailles de Patrocle :

Οἱ δὲ τρὶς περὶ νεκρὸν ἐΰτριχας ἤλασαν ἵππους,
μυρόμενοι· μετὰ δέ σφι Θέτις γόου ἵμερον ὦρσεν.
δεύοντο ψάμαθοι, δεύοντο δὲ τεύχεα φωτῶν
δάκρυσι· τοῖον γὰρ πόθεον μήστωρα φόβοιο.
. . . .
πολλοὶ μὲν βόες ἀργοὶ ὀρέχθεον ἀμφὶ σιδήρῳ,
σφαζόμενοι, πολλοὶ δ᾽ ὄϊες καὶ μηκάδες αἶγες·
πολλοὶ δ᾽ ἀργιόδοντες ὕες, θαλέθοντες ἀλοιφῇ,
εὑόμενοι τανύοντο διὰ φλογὸς Ἡφαίστοιο·
πάντῃ δ᾽ ἀμφὶ νέκυν κοτυλήρυτον ἔρρεεν αἷμα.
Il. XXIII, v. 13 et 30.

Le reste du tableau de Virgile correspond à celui du 7.me
chant, où le poëte grec montre les deux armées brûlant leurs
morts sur le champ de bataille :

Ἠέλιος μὲν ἔπειτα νέον προσέβαλλεν ἀρούρας,
ἐξ ἀκαλαρρείταο βαθυρρόου Ὠκεανοῖο
οὐρανὸν εἰσανιών· οἱ δ᾽ ἤντεον ἀλλήλοισιν.

ἔνθα διαγνῶναι χαλεπῶς ἦν ἄνδρα ἕκαστον·
ἀλλ' ὕδατι νίζοντες ἄπο βρότον αἱματόεντα,
δάκρυα θερμὰ χέοντες, ἁμαξάων ἐπάειραν.
οὐδ' εἴα κλαίειν Πρίαμος μέγας· οἱ δὲ σιωπῇ
νεκροὺς πυρκαϊῆς ἐπενήνεον, ἀχνύμενοι κῆρ·
ἐν δὲ πυρὶ πρήσαντες, ἔβαν προτὶ Ἴλιον ἱρήν.
ὣς δ' αὕτως ἑτέρωθεν ἐϋκνήμιδες Ἀχαιοὶ
νεκροὺς πυρκαϊῆς ἐπενήνεον, ἀχνύμενοι κῆρ·
ἐν δὲ πυρὶ πρήσαντες, ἔβαν κοίλας ἐπὶ νῆας.

IL. VII, v. 421.

Cependant des cris de douleur retentissent de toutes parts dans Laurente. Le désespoir des mères, le réveil des factions, l'affligeante nouvelle du refus de Diomède forcent Latinus à convoquer une assemblée générale, imitée avec une grande supériorité du conseil tenu dans le palais de Priam, au milieu du 7ᵐᵉ. chant.

III.

Jam verò in tectis prædivitis urbe Latini
Præcipuus fragor, et longè pars maxima luctûs.
Hîc matres, miseræque nurus, hîc cara sororum
Pectora mœrentum, puerique parentibus orbi
Dirum exsecrantur bellum, Turnique hymenæos :
Ipsum armis, ipsumque jubent decernere ferro,
Qui regnum Italiæ et primos sibi poscat honores.
220 Ingravat hæc sævus Drances, solumque vocari
Testatur, solum posci in certamina Turnum.
Multa simul contrà variis sententia dictis
Pro Turno, et magnum reginæ nomen obumbrat ;
Multa virum meritis sustentat fama tropæis.

Hos inter motus, medio flagrante tumultu,
Ecce super mœsti magnâ Diomedis ab urbe
Legati responsa ferunt : nihil omnibus actum
Tantorum impensis operum ; nil dona neque aurum,
Nec magnas valuisse preces ; alia arma Latinis
230 Quærenda, aut pacem Trojano ab rege petendam.
 Deficit ingenti luctu rex ipse Latinus.
Fatalem Æneam manifesto numine ferri
Admonet ira deûm, tumulique antè ora recentes.
Ergo concilium magnum, primosque suorum
Imperio accitos, alta intrà limina cogit.
Olli convenêre, fluuntque ad regia plenis
Tecta viis : sedet in mediis et maximus ævo,
Et primus sceptris, haud lætà fronte, Latinus.
Atque hîc legatos Ætolâ ex urbe remissos,
240 Quæ referant, fari jubet, et responsa reposcit
Ordine cuncta suo ; tùm facta silentia linguis,
Et Venulus dicto parens ita farier infit :

Les cris des femmes latines rappellent la désolation de Troie au moment où Iris entre dans le palais de Priam :

Ἶξεν δ' ἐς Πριάμοιο· κίχεν δ' ἐνοπήν τε γόον τε.
παῖδες μὲν, πατέρ' ἀμφὶ καθήμενοι ἔνδοθεν αὐλῆς,
δάκρυσιν εἵματ' ἔφυρον· ὁ δ' ἐν μέσσοισι γεραιὸς
ἐντυπὰς ἐν χλαίνῃ κεκαλυμμένος· ἀμφὶ δὲ πολλὴ
κόπρος ἔην κεφαλῇ τε καὶ αὐχένι τοῖο γέροντος,
τήν ῥα κυλινδόμενος καταμήσατο χερσὶν ἑῇσιν.
Θυγατέρες δ' ἀνὰ δώματ' ἰδὲ νυοὶ ὠδύροντο,
 ὧν μιμνησκόμεναι, οἳ δὴ πολέες τε καὶ ἐσθλοὶ
χερσὶν ὑπ' Ἀργείων κέατο ψυχὰς ὀλέσαντες.

        IL. XXIV, v. 160.

La haine qui se réveille de toutes parts contre Turnus est celle que les Troyens ont vouée à Pâris (*Il. III*, *v.* 453), mais la réunion du grand conseil des Latins est imitée, comme nous venons de le dire, de celui de Priam, qui précède immédiatement l'ambassade d'Idée et la célébration des funérailles :

Τρώων αὖτ' ἀγορὴ γένετ' Ἰλίου ἐν πόλει ἄκρῃ,
δεινὴ, τετρηχυῖα, παρὰ Πριάμοιο θύρῃσιν.
IL. VII, v. 345.

Le récit d'Homère, dans cette partie de son poëme, est simple et dépourvu de tout ornement. Il avoit donné assez de preuves de son talent oratoire dans la querelle d'Agamemnon et d'Achille au 1er. chant, dans l'assemblée générale des Grecs au 2me., dans la députation à Achille au 9me., et dans cette foule de discours qui embellissent tous les chants de l'Iliade. Ici il s'est contenté d'un exposé succinct des opinions d'Anténor, de Pâris et de Priam. Virgile s'est emparé de cette idée imparfaite, il l'a développée avec art, et l'a revêtue de toute la pompe de l'éloquence romaine. Les brusques réparties d'Anténor et de Pâris ont fait place aux brillants discours de Drancès et de Turnus, les paroles timides de Priam à la sage proposition de Latinus, et la séance a été motivée par l'éloquent rapport de Vénulus transmettant au roi la réponse de Diomède :

★

« Vidimus, o cives, Diomedem Argivaque castra,
Atque iter emensi casus superavimus omnes,
Contigimusque manum quâ concidit Ilia tellus.
Ille urbem Argyripam, patriæ cognomine gentis,
Victor Gargani condebat Iapygis arvis.
Postquam introgressi, et coram data copia fandi :

Munera præferimus, nomen patriamque docemus,
250 Qui bellum intulerint, quæ causa attraxerit Arpos.
Auditis ille hæc placido sic reddidit ore :
« O fortunatæ gentes, Saturnia regna,
Antiqui Ausonii, quæ vos fortuna quietos
Sollicitat, suadetque ignota lacessere bella?
Quicumque Iliacos ferro violavimus agros,
Mitto ea quæ muris bellando exhausta sub altis,
Quos Simois premat ille viros, infanda per orbem
Supplicia, et scelerum pœnas expendimus omnes,
Vel Priamo miseranda manus! Scit triste Minervæ
260 Sidus, et Euboicæ cautes, ultorque Caphereus.
Militiâ ex illâ diversum ad littus adacti,
Atrides Protei Menelaüs ad usque columnas
Exsulat, Ætnæos vidit Cyclopas Ulysses.
Regna Neoptolemi referam, versosque penates
Idomenei? Libyco-ne habitantes littore Loeros?
Ipse Mycenæus magnorum ductor Achivûm
Conjugis infandæ prima intrà limina dextrâ
Oppetiit : devictam Asiam subsedit adulter.
Invidisse deos, patriis ut redditus oris
270 Conjugium optatum et pulchram Calydona viderem!
Nunc etiam horribili visu portenta sequuntur,
Et socii amissi petierunt æthera pennis,
Fluminibusque vagantur aves, heu dira meorum
Supplicia! et scopulos lacrymosis vocibus implent.
Hæc adeò ex illo mihi jàm speranda fuerunt
Tempore, cùm ferro cœlestia corpora demens
Appetii, et Veneris violavi vulnere dextram.
Ne verò, ne me ad tales impellite pugnas.
Nec mihi cum Teucris ullum post eruta bellum
280 Pergama, nec veterum memini lætorve malorum.

Munera, quæ patriis ad me portâstis ab oris,
Vertite ad Ænean : stetimus tela aspera contrà,
Contulimusque manus ; experto credite, quantus
In clypeum assurgat, quo turbine torqueat hastam.
Si duo præstereà tales Idæa tulisset
Terra viros, ultrò Inachias venisset ad urbes
Dardanus, et versis lugeret Græcia fatis.
Quicquid apud duræ cessatum est mœnia Trojæ,
Hectoris Æneæque manu victoria Graiûm
290 Hæsit, et in decimum vestigia rettulit annum.
Ambo animis, ambo insignes præstantibus armis,
Hic pietate prior. Coëant in fœdera dextræ,
Quà datur : ast, armis concurrant arma, cavete. »
« Et responsa simul quæ sint, rex optime, regis
Audisti, et quæ sit magno sententia bello. »

L'établissement de Diomède dans la ville d'Argos Hippium, ou Arpi, située dans la portion de l'Apulie qui lui fut cédée par Daunus, est une tradition italienne inconnue au chantre de l'Iliade; mais la réponse du héros aux députés de Latinus est totalement homérique. Les suites funestes de la guerre de Troie, sur lesquelles il fonde son juste refus, sont détaillées de la même manière dans le récit de Nestor à Télémaque :

Ω φίλ', ἐπεί μ' ἔμνησας ὀϊζύος, ἣν ἐν ἐκείνῳ
δήμῳ ἀνέτλημεν μένος ἄσχετοι υἷες Ἀχαιῶν,
ἢ μὲν ὅσα ξὺν νηυσὶν ἐπ' ἠεροειδέα πόντον
πλαζόμενοι κατὰ ληΐδ', ὅπη ἄρξειεν Ἀχιλλεύς,
ἠδ' ὅσα καὶ περὶ ἄστυ μέγα Πριάμοιο ἄνακτος
μαρνάμεθ'· ἔνθα δ' ἔπειτα κατέκταθεν, ὅσσοι ἄριστοι.
. . . .
αὐτὰρ ἐπεὶ Πριάμοιο πόλιν διεπέρσαμεν αἰπήν,
βῆμεν δ' ἐν νήεσσι, θεὸς δ' ἐκέδασσεν Ἀχαιούς·
καὶ τότε δὴ Ζεὺς λυγρὸν ἐνὶ φρεσὶ μήδετο νόστον

Ἀργείοις· ἐπεὶ οὔτι νοήμονες, οὐδὲ δίκαιοι,
πάντες ἔσαν· τῷ σφέων πολέες κακὸν οἶτον ἐπέσπον,
μήνιος ἐξ ὀλοῆς Γλαυκώπιδος ὀβριμοπάτρης.

Od. III, v. 103 et 130.

Homère raconte le voyage de Ménélas en Egypte et le naufrage d'Ajax au 4me. chant de l'Odyssée (*v.* 83 *et* 499); le séjour d'Ulysse chez les Cyclopes est décrit au 9me. (*v.* 106); mais l'établissement des Locriens en Afrique, le meurtre de Pyrrhus, et l'exil d'Idoménée ne sont point consignés dans son récit, où il rapporte au contraire l'heureux retour de ces deux derniers princes en même temps que le meurtre d'Agamemnon :

Εὖ μὲν Μυρμιδόνας φάσ' ἐλθέμεν ἐγχεσιμώρους,
οὓς ἄγ' Ἀχιλλῆος μεγαθύμου φαίδιμος υἱός·
εὖ δὲ Φιλοκτήτην, Ποιάντιον ἀγλαὸν υἱόν·
πάντας δ' Ἰδομενεὺς Κρήτην εἰσήγαγ' ἑταίρους,
οἳ φύγον ἐκ πολέμου, πόντος δέ οἱ οὔτιν' ἀπηύρα.
Ἀτρείδην δὲ καὶ αὐτοὶ ἀκούετε νόσφιν ἐόντες,
ὥς τ' ἦλθ', ὥς τ' Αἴγισθος ἐμήσατο λυγρὸν ὄλεθρον.

Od. III, v. 188.

Le poëte grec ne parle pas non plus de l'exil de Diomède, qu'il fait aborder à Argos (*Od. III, v.* 180); cependant il semble faire allusion à ses malheurs domestiques dans ces paroles que prononce sur lui Dioné après la blessure de Vénus :

Νήπιος, οὐδὲ τὸ οἶδε κατὰ φρένα Τυδέος υἱός,
ὅττι μάλ' οὐ δηναιὸς ὃς ἀθανάτοισι μάχηται,
οὐδέ τί μιν παῖδες ποτὶ γούνασι παππάζουσιν,
ἐλθόντ' ἐκ πολέμοιο καὶ αἰνῆς δηϊοτῆτος.

Il. V, v. 406.

La fuite de ce prince à laquelle l'obligèrent les désordres de sa femme Egialé, son établissement en Italie, et la métamorphose de ses compagnons en cygnes sont rapportés d'une manière circonstanciée dans la prédiction de Lycophron :

Ὁ δ' Ἀργυρίππαν, Δαυνίων παγκληρίαν,
παρ' Αὐσονῖτιν Φυλαμὸν δομήσεται·
πικρὰν ἑταίρων ἐπτερωμένην ἰδὼν
οἰωνόμικτον μοῖραν, οἳ θαλασσίαν
δίαιταν αἰνήσουσι πορκέων δίκην,
κύκνοισιν ἰνδαλθέντες εὐγλήνοις δομήν.

Cassandre, v. 592.

Enée combat contre Diomède au 5me. chant de l'Iliade (*v.* 297), et contre Achille au 20me. (*v.* 158); partout Homère le nomme à côté d'Hector, et les déclare ensemble les plus vaillants des Troyens (*Il. V, v.* 467; *VI, v.* 77), comme dans cette exclamation d'Automédon :

Τῆδε γὰρ ἔβρισαν πόλεμον κάτα δακρυόεντα
Εκτωρ, Αἰνείας θ', οἳ Τρώων εἰσὶν ἄριστοι.

Il. XVII, v. 592.

Diomède affirme de lui ce qu'Agamemnon dit de Nestor (*Il. II, v.* 371), et finit par conseiller la paix en considération de sa piété, qui lui assure la protection des dieux (*Il. XX, v.* 297.) L'ambassade de Vénulus a été reproduite par Ovide (*Métam. XIV, v.* 457.)

★

Vix ea legati, variusque per ora cucurrit
Ausonidûm turbata fremor : ceu, saxa morantur
Cùm rapidos amnes, clauso fit gurgite murmur,
Vicinæque fremunt ripæ crepitantibus undis.

300 Ut primùm placati animi, et trepida ora quiêrunt,
Præfatus divos, solio rex infit ab alto :
« Antè equidem summâ de re statuisse, Latini,
Et vellem, et fuerat melius; non tempore tali
Cogere concilium, cùm muros obsidet hostis.
Bellum importunum, cives, cum gente deorum,
Invictisque viris gerimus, quos nulla fatigant
Prælia, nec victi possunt absistere ferro.
Spem si quam accitis Ætolûm habuistis in armis,
Ponite : spes sibi quisque; sed hæc quàm angusta, vide-
310 Cætera quâ rerum jaceant perculsa ruinâ, [tis.
Antè oculos interque manus sunt omnia vestras.
Nec quemquam incuso; potuit quæ plurima virtus
Esse, fuit : toto certatum est corpore regni.
Nunc adeò, quæ sit dubiæ sententia menti
Expediam, et paucis, animos adhibete, docebo.
Est antiquus ager Tusco mihi proximus amni,
Longus in occasum, fines super usque Sicanos.
Aurunci Rutulique serunt, et vomere duros
Exercent colles, atque horum asperrima pascunt.
320 Hæc omnis regio, et celsi plaga pinea montis,
Cedat amicitiæ Teucrorum, et fœderis æquas
Dicamus leges, sociosque in regna vocemus;
Considant, si tantus amor, et mœnia condant.
Sin alios fines aliamque capessere gentem
Est animus, possuntque solo decedere nostro,
Bis denas Italo texamus robore naves,
Seu plures complere valent; jacet omnis ad undam
Materies : ipsi numerumque modumque carinis
Præcipiant; nos æra, manus, navalia demus.
330 Prætereà, qui dicta ferant et fœdera firment,
Centum oratores primâ de gente Latinos

Ire placet, pacisque manu prætendere ramos,
Munera portantes aurique eborisque talenta,
Et sellam regni trabeamque insignia nostri.
Consulite in medium, et rebus succurrite fessis. »

Ἤτοι ὅγ᾽ ὣς εἰπὼν κατ᾽ ἄρ᾽ ἕζετο. τοῖσι δ᾽ ἀνέστη
Δαρδανίδης Πρίαμος, θεόφιν μήστωρ ἀτάλαντος·
ὅ σφιν ἐϋφρονέων ἀγορήσατο, καὶ μετέειπεν·
Il. VII, v. 365.

Le discours de Priam dans Homère n'a de commun avec celui de Latinus que la foiblesse trop confiante qui caractérise ces deux princes. Toutefois le chef des Latins maintient mieux que Priam la dignité royale. Les traits sous lesquels il peint l'ardeur infatigable des Troyens rappellent l'exclamation de Ménélas. (*Il. XIII, v.* 634.); le territoire qu'il leur destine, et qui formait son domaine particulier selon l'usage des temps héroïques (*Il. XII, v.* 313), paroît être la plage maritime où fut construite depuis la ville de Lavinium. Il conclut par la proposition d'envoyer une ambassade à Enée, comme Priam députe Idée vers les Atrides:

Ἠῶθεν δ᾽ Ἰδαῖος ἴτω κοίλας ἐπὶ νῆας,
εἰπέμεν Ἀτρείδῃς, Ἀγαμέμνονι καὶ Μενελάῳ,
μῦθον Ἀλεξάνδροιο, τοῦ εἵνεκα νεῖκος ὄρωρεν.
Il. VII, v. 372.

★

Tum Drances idem infensus, quem gloria Turni
Obliquâ invidiâ stimulisque agitabat amaris,
Largus opum, et linguâ melior, sed frigida bello
Dextera, consiliis habitus non futilis auctor,
340 Seditione potens : genus huic materna superbum

Nobilitas dabat, incertum de patre ferebat ;
Surgit, et his onerat dictis, atque aggerat iras :
« Rem nulli obscuram, nostræ nec vocis egentem,
Consulis, o bone rex : cuncti se scire fatentur
Quid fortuna ferat populi; sed dicere mussant.
Det libertatem fandi, flatusque remittat,
Cujus ob auspicium infaustum moresque sinistros,
Dicam equidem, licèt arma mihi mortemque minetur,
Lumina tot cecidisse ducum, totamque videmus
350 Consedisse urbem luctu : dùm Troïa tentat
Castra fugæ fidens, et cœlum territat armis.
Unum etiam donis istis, quæ plurima mitti
Dardanidis dicique jubes, unum, optime regum,
Adjicias; nec te ullius violentia vincat,
Quin natam egregio genero dignisque hymenæis
Des pater, et pacem hanc æterno fœdere jungas.
Quòd si tantus habet mentes et pectora terror,
Ipsum obtestemur, veniamque oremus ab ipso :
Cedat, jus proprium regi patriæque remittat.
360 Quid miseros toties in aperta pericula cives
Projicis, o Latio caput horum et causa malorum ?
Nulla salus bello ; pacem te poscimus omnes,
Turne : simul pacis solum inviolabile pignus.
Primus ego, invisum quem tu tibi fingis, et esse
Nil moror, en supplex venio : miserere tuorum ;
Pone animos, et pulsus abi ; sat funera fusi
Vidimus, ingentes et desolavimus agros.
Aut, si fama movet, si tantum pectore robur
Concipis, et si adeò dotalis regia cordi est,
370 Aude, atque adversum fidens fer pectus in hostem.
Scilicet, ut Turno contingat regia conjux,
Nos, animæ viles, inhumata infletaque turba,.

Sternamur campis? Et jàm tu, si qua tibi vis,
Si patrii quid martis habes, illum aspice contrà
Qui vocat. »

Τοῖσιν δ' Ἀντήνωρ πεπνυμένος ἦρχ' ἀγορεύειν·
« Κέκλυτέ μευ, Τρῶες καὶ Δάρδανοι ἠδ' ἐπίκουροι,
ὄφρ' εἴπω. τά με θυμὸς ἐνὶ στήθεσσι κελεύει.
δεῦτ' ἄγετ', Ἀργείην Ἑλένην καὶ κτήμαθ' ἅμ' αὐτῇ
δώομεν Ἀτρείδῃσιν ἄγειν· νῦν δ' ὅρκια πιστὰ
ψευσάμενοι μαχόμεσθα· τῷ οὔ νύ τι κέρδιον ἡμῖν
ἔλπομαι ἐκτελέεσθαι, ἵνα μὴ ῥέξομεν ὧδε. »

IL. VII, v. 347.

Le portrait de Drancès est tracé d'une manière si exacte et même si minutieuse que tous les commentateurs ont supposé au poëte une intention particulière, et que presque tous se sont accordés à reconnoître dans le calomniateur de Turnus, Cicéron accusateur d'Antoine. Il nous répugne d'adopter une conjecture qui feroit peu d'honneur à la loyauté de Virgile : nous aimons mieux croire qu'il n'a voulu reproduire ici que le Thersite d'Homère (*Il. II, v.* 211) dépouillé de sa difformité, mais conservant son audace et sa basse jalousie. Le fonds du discours de Drancès, dégagé de ses invectives, correspond comme nous le voyons à celui d'Anténor. On reconnoît aussi dans ses reproches à Turnus quelques-unes des paroles d'Hector à Pâris, que son frère accuse avec plus de justice d'avoir causé la perte des Troyens :

Δύσπαρι, εἶδος ἄριστε, γυναιμανές, ἠπεροπευτά!
αἴθ' ὄφελες ἄγονός τ' ἔμεναι, ἄγαμός τ' ἀπολέσθαι.
καί κε τὸ βουλοίμην, καί κεν πολὺ κέρδιον ἦεν,
ἢ οὕτω λώβην τ' ἔμεναι καὶ ὑπόψιον ἄλλων.
ἦ που καγχαλόωσι καρηκομόωντες Ἀχαιοί,
φάντες ἀριστῆα πρόμον ἔμμεναι, οὕνεκα καλὸν
εἶδος ἔπ'· ἀλλ' οὐκ ἔστι βίη φρεσίν, οὐδέ τις ἀλκή.

ἢ τοιόσδε ἐών, ἐν ποντοπόροισι νέεσσιν
πόντον ἐπιπλώσας, ἑτάρους ἐρίηρας ἀγείρας
μιχθεὶς ἀλλοδαποῖσι, γυναῖκ᾽ εὐειδέ᾽ ἀνῆγες
ἐξ ἀπίης γαίης, νυὸν ἀνδρῶν αἰχμητάων·
πατρί τε σῷ μέγα πῆμα, πόληΐ τε, παντί τε δήμῳ,
δυσμενέσιν μὲν χάρμα, κατηφείην δὲ σοὶ αὐτῷ;
οὐκ ἂν δὴ μείνειας ἀρηΐφιλον Μενέλαον;
γνοίης χ᾽, οἵου φωτὸς ἔχεις θαλερὴν παράκοιτιν.
οὐκ ἄν τοι χραίσμῃ κίθαρις, τά τε δῶρ᾽ Ἀφροδίτης,
ἥ τε κόμη, τό τε εἶδος, ὅτ᾽ ἐν κονίῃσι μιγείης.
ἀλλὰ μάλα Τρῶες δειδήμονες· ἦ τέ κεν ἤδη
λάϊνον ἕσσο χιτῶνα, κακῶν ἕνεχ᾽ ὅσσα ἔοργας.

Il. III, v. 39.

 Talibus exarsit dictis violentia Turni ;
 Dat gemitum, rumpitque has imo pectore voces :
 « Larga quidem, Drance, tibi semper copia fandi,
 Tunc cùm bella manus poscunt, patribusque vocatis
380 Primus ades : sed non replenda est curia verbis,
 Quæ tutò tibi magna volant, dùm distinet hostem
 Agger murorum, nec inundant sanguine fossæ.
 Proindè tona eloquio, solitum tibi, meque timoris
 Argue tu, Drance : quandò tot stragis acervos
 Teucrorum tua dextra dedit, passimque tropæis
 Insignis agros. Possit quid vivida virtus,
 Experiare licet; nec longè scilicet hostes
 Quærendi nobis : circumstant undique muros.
 Imus in adversos ? quid cessas ? an tibi mavors
390 Ventosâ in linguâ pedibusque fugacibus istis
 Semper erit ?
 Pulsus ego ? aut quisquam meritò, fœdissime, pulsum
 Arguet, Iliaco tumidum qui crescere Tybrim
 Sanguine, et Evandri totam cum stirpe videbit

Procubuisse domum, atque exutos Arcadas armis?
Haud ita me experti Bitias et Pandarus ingens,
Et quos mille die victor sub Tartara misi,
Inclusus muris, hostilique aggere sæptus.
Nulla salus bello? capiti cane talia demens
400 Dardanio, rebusque tuis; proindè omnia magno
Ne cessa turbare metu, atque extollere vires
Gentis bis victæ, contrà premere arma Latini.
Nunc et Myrmidonum proceres Phrygia arma tremis·
Nunc et Tydides, et Larissæus Achilles;   [cunt;
Amnis et Hadriacas retrò fugit Aufidus undas.
Vel cùm se pavidum contrà mea jurgia fingit
Artificis scelus, et formidine crimen acerbat.
Numquam animam talem dextrâ hâc, absiste moveri,
Amittes : habitet tecum, et sit pectore in isto.
410 « Nunc ad te, et tua magna, pater, consulta revertor.
Si nullam nostris ultrà spem ponis in armis,
Si tàm deserti sumus, et semel agmine verso
Funditùs occidimus, neque habet fortuna regressum :
Oremus pacem, et dextras tendamus inermes.
Quamquam, o! si solitæ quicquam virtutis adesset,
Ille mihi antè alios fortunatusque laborum,
Egregiusque animi, qui, ne quid tale videret,
Procubuit moriens, et humum semel ore momordit.
Sin et opes nobis, et adhùc intacta juventus,
420 Auxilioque urbes Italæ populique supersunt;
Sin et Trojanis cum multo gloria venit
Sanguine, suntque illis sua funera, parque per omnes
Tempestas : cur indecores in limine primo
Deficimus? cur antè tubam tremor occupat artus?
Multa dies variusque labor mutabilis ævi
Rettulit in melius ; multos alterna revisens

Lusit, et in solido rursus fortuna locavit.
Non erit auxilio nobis Ætolus et Arpi:
At Messapus erit, felixque Tolumnius, et quos
430 Tot populi misêre duces; nec parva sequetur
Gloria delectos Latio et Laurentibus agris.
Est et Volscorum egregiâ de gente Camilla,
Agmen agens equitum et florentes ære catervas.
Quod si me solum Teucri in certamina poscunt,
Idque placet, tantùmque bonis communibus obsto,
Non adeò has exosa manus victoria fugit,
Ut tantâ quicquam pro spe tentare recusem.
Ibo animis contrà, vel magnum præstet Achillem
Factaque Vulcani manibus paria induat arma
440 Ille licèt: vobis animam hanc, soceroque Latino,
Turnus ego, haud ulli veterum virtute secundus,
Devoveo: solum Æneas vocat? et vocet, oro.
Nec Drances potiùs, sive est hæc ira deorum,
Morte luat; sive est virtus et gloria, tollat. »

Ἤτοι ὅγ᾽ ὣς εἰπὼν κατ᾽ ἄρ᾽ ἕζετο. τοῖσι δ᾽ ἀνέστη
δῖος Ἀλέξανδρος, Ἑλένης πόσις ἠυκόμοιο·
ὅς μιν ἀμειβόμενος ἔπεα πτερόεντα προσηύδα·
« Ἀντῆνορ, σὺ μὲν οὐκέτ᾽ ἐμοὶ φίλα ταῦτ᾽ ἀγορεύεις·
οἶσθα καὶ ἄλλον μῦθον ἀμείνονα τοῦδε νοῆσαι.
εἰ δ᾽ ἐτεὸν δὴ τοῦτον ἀπὸ σπουδῆς ἀγορεύεις,
ἐξ ἄρα δή τοι ἔπειτα θεοὶ φρένας ὤλεσαν αὐταί.
αὐτὰρ ἐγὼ Τρώεσσι μεθ᾽ ἱπποδάμοις ἀγορεύσω·
ἀντικρὺ δ᾽ ἀπόφημι, γυναῖκα μὲν οὐκ ἀποδώσω·
κτήματα δ᾽, ὅσσ᾽ ἀγόμην ἐξ Ἄργεος ἡμέτερον δῶ,
πάντ᾽ ἐθέλω δόμεναι, καὶ ἔτ᾽ οἴκοθεν ἄλλ᾽ ἐπιθεῖναι. »

Il. VII, v. 354.

Ceux qui ont assimilé Drancès à Cicéron ont cru reconnoître Antoine dans Turnus, le rival d'Auguste dans celui

Etudes grecq. III.e Partie.

d'Enée; mais autant Drancès est inférieur au prince des orateurs romains, autant le généreux courage de Turnus l'emporte sur l'astucieuse ambition d'Antoine. Cette hypothèse nous paroît donc encore moins soutenable que la précédente. Le discours de Turnus est un parfait modèle d'éloquence délibérative : il correspond pour l'idée principale au refus de Pâris, mais il est rempli d'une foule de traits qui peignent la grande âme d'un héros. Son profond mépris pour Drancès rappelle ces reproches d'Ulysse à Thersite :

Θερσίτ' ἀκριτόμυθε, λιγύς περ ἐὼν ἀγορητὴς,
ἴσχεο, μηδ' ἔθελ' οἶος ἐριζέμεναι βασιλεῦσιν·
οὐ γὰρ ἐγὼ σέο φημὶ χερειότερον βροτὸν ἄλλον
ἔμμεναι, ὅσσοι ἄμ' Ἀτρείδης ὑπὸ Ἴλιον ἦλθον.

Il. II, v. 246.

L'horreur avec laquelle Turnus repousse la pensée de la fuite, les preuves frappantes qu'il donne de sa victoire se retrouvent dans ce bel éloge de Diomède, qu'Homère a placé avec plus de convenance encore dans la bouche de Nestor :

Εἴπερ γάρ σ' Ἕκτωρ γε κακὸν καὶ ἀνάλκιδα φήσει,
ἀλλ' οὐ πείσονται Τρῶες καὶ Δαρδανίωνες,
καὶ Τρώων ἄλοχοι μεγαθύμων, ἀσπιστάων,
τάων ἐν κονίῃσι βάλες θαλεροὺς παρακοίτας.

Il. VIII, v. 153.

Il rejette les prédictions sinistres sur la tête même de son détracteur, d'après ces paroles d'un amant de Pénélope au vieillard Halitherse :

Ὦ γέρον, εἰ δ' ἄγε νῦν μαντεύεο σοῖσι τέκεσσιν,
οἴκαδ' ἰὼν, μήπου τι κακὸν πάσχωσιν ὀπίσσω·
ταῦτα δ' ἐγὼ σέο πολλὸν ἀμείνων μαντεύεσθαι.

Od. II, v. 178.

L'abandonnant ensuite à sa honte, il répond au discours de Latinus. Il paroît d'abord céder à la crainte générale, mais il reprend bientôt sa noble indépendance. Il représente au roi les retours fréquents de la fortune, d'après cette maxime de l'Iliade : νίκη δ' ἐπαμείβεται ἄνδρας (*Il. VI, v.* 339.); il lui fait l'énumération des ressources qui lui restent après le refus de Diomède : πάρ ἔμοιγε καὶ ἄλλοι, οἵ κέ με τιμήσουσι (*Il. I, v.* 174), et finit par s'offrir seul pour combattre son rival, selon la proposition de Pâris répondant aux réprimandes d'Hector :

Νῦν αὖτ' εἴ μ' ἐθέλεις πολεμίζειν ἠδὲ μάχεσθαι,
ἄλλους μὲν κάθισον Τρῶας καὶ πάντας Ἀχαιούς·
αὐτὰρ ἔμ' ἐν μέσσῳ καὶ ἀρηίφιλον Μενέλαον
συμβάλετ' ἀμφ' Ἑλένῃ καὶ κτήμασι πᾶσι μάχεσθαι.

IL. III, v. 67.

Il s'écrie enfin dans l'ardeur de son courage comme Hector marchant au devant d'Achille :

Τῷ δ' ἐγὼ ἀντίος εἶμι, καὶ εἰ πυρὶ χεῖρας ἔοικεν,
εἰ πυρὶ χεῖρας ἔοικε, μένος δ' αἴθωνι σιδήρῳ.

IL. XX, v. 371.

Le conseil de Latinus a été reproduit par le Tasse dans celui d'Aladin (*Jérusalem,* ch. *X,* st. 34), par Fénélon dans celui des rois alliés (*Télémaque, liv. XXI*), par Voltaire dans celui des ligueurs (*Henriade,* ch. *VI*) et par Klopstock dans celui de Caïphe (*Messiade,* ch. *IV.*)

~~~~~~

IV.

ILLI hæc inter se dubiis de rebus agebant
Certantes : castra Æneas aciemque movebat.
Nuntius ingenti per regia tecta tumultu

Ecce ruit, magnisque urbem terroribus implet :
Instructos acie Tyberino à flumine Teucros,
450 Tyrrhenamque manum totis descendere campis.
Extemplò turbati animi, concussaque vulgi
Pectora, et arrectæ stimulis haud mollibus iræ.
Arma manu trepidi poscunt, fremit arma juventus,
Flent mœsti mussantque patres ; hìc undique clamor
Dissensu vario magnus se tollit in auras :
Haud secùs atque alto in luco cùm fortè catervæ
Consedêre avium, piscosove amne Padusæ
Dant sonitum rauci per stagna loquacia cycni.
« Immò, ait, o cives, arrepto tempore, Turnus,
460 Cogite concilium, et pacem laudate sedentes,
Illi armis in regna ruant. » Nec plura locutus
Corripuit sese, et tectis citus extulit altis.
« Tu, Voluse, armari Volscorum edice maniplis ;
Duc, ait, et Rutulos : equitem Messapus in armis,
Et cum fratre Coras, latis diffundite campis.
Pars aditus urbis firment, turresque capessant ;
Cætera, quà jusso, mecum manus inferat arma. »

Un incident imprévu rompt tout à coup l'assemblée, et réveille l'attention du lecteur. Le signal d'alarme est donné, comme au 2$^\text{me}$. chant de l'Iliade, où Iris annonce à Priam l'approche menaçante de l'armée grecque, et intime elle-même à Hector les ordres donnés ici par Turnus :

Τρωσὶν δ' ἄγγελος ἦλθε ποδήνεμος ὠκέα Ἶρις
πὰρ Διὸς αἰγιόχοιο σὺν ἀγγελίῃ ἀλεγεινῇ.
οἱ δ' ἀγορὰς ἀγόρευον ἐπὶ Πριάμοιο θύρῃσιν.
πάντες ὁμηγερέες, ἠμὲν νέοι, ἠδὲ γέροντες.
ἀγχοῦ δ' ἱσταμένη προσέφη πόδας ὠκέα Ἶρις·
. . . .

« Ὦ γέρον, αἰεί τοι μῦθοι φίλοι ἄκριτοί εἰσιν,
ὥς ποτ' ἐπ' εἰρήνης· πόλεμος δ' ἀλίαστος ὄρωρεν.
ἦ μὲν δὴ μάλα πολλὰ μάχας εἰσήλυθον ἀνδρῶν,
ἀλλ' οὔπω τοιόνδε τοσόνδε τε λαὸν ὄπωπα·
λίην γὰρ φύλλοισιν ἐοικότες ἢ ψαμάθοισιν,
ἔρχονται πεδίοιο, μαχησόμενοι περὶ ἄστυ.
Ἕκτορ, σοὶ δὲ μάλιστ' ἐπιτέλλομαι ὧδέ γε ῥέξαι·
πολλοὶ γὰρ κατὰ ἄστυ μέγα Πριάμου ἐπίκουροι,
ἄλλη δ' ἄλλων γλῶσσα πολυσπερέων ἀνθρώπων·
τοῖσιν ἕκαστος ἀνὴρ σημαινέτω, οἷσί περ ἄρχει,
τῶν δ' ἐξηγείσθω, κοσμησάμενος πολιήτας. »
  Ὣς ἔφαθ'· Ἕκτωρ δ' οὔτι θεᾶς ἔπος ἠγνοίησεν,
αἶψα δ' ἔλυσ' ἀγορήν· ἐπὶ τεύχεα δ' ἐσσεύοντο.
πᾶσαι δ' ὠΐγνυντο πύλαι, ἐκ δ' ἔσσυτο λαός,
πεζοί θ', ἱππῆές τε· πολὺς δ' ὀρυμαγδὸς ὀρώρει.

IL. II, v. 786 et 796.

*

  Ilicet in muros totâ discurritur urbe.
  Concilium ipse pater et magna incepta Latinus
470 Deserit, ac tristi turbatus tempore differt;
  Multaque se incusat, qui non acceperit ultrò
Dardanium Aenean, generumque asciverit urbi.
Præfodiunt alii portas, aut saxa sudesque
Subjiciunt : bello dat signum rauca cruentum
Buccina. Tùm muros variâ cinxêre coronâ
Matronæ puerique : vocat labor ultimus omnes.
Necnon ad templum, summasque ad Palladis arces
Subvehitur magnâ matrum regina catervâ,
Dona ferens ; juxtàque comes Lavinia virgo,
480 Causa mali tanti, atque oculos dejecta decoros.
  Succedunt matres, et templum thure vaporant,

Et mœstas alto fundunt de limine voces :
« Armipotens belli præses, Tritonia virgo,
Frange manu telum Phrygii prædonis, et ipsum
Pronum sterne solo, portisque effunde sub altis! »

Le tumulte qui règne dans la ville, les préparatifs de défense (imités par l'Arioste, le Tasse et Voltaire dans les siéges de Paris et de Jérusalem : *Roland, ch. XIV, st.* 110; *Henriade, ch. VI, v.* 356; *Jérusalem, ch. XI, st.* 26) rappellent les ordres d'Etéocle aux Thébains dans la tragédie d'Eschyle :

Ἀλλ' ἔς τ' ἐπάλξεις καὶ πύλας πυργωμάτων
ὁρμᾶσθε πάντες, σοῦσθε σὺν παντευχίᾳ,
πληροῦτε θωρακεῖα, κἀπὶ σέλμασι
πύργων στάθητε, καὶ πυλῶν ἐπ' ἐξόδοις
μίμνοντες, εὖ θαρσεῖτε, μηδ' ἐπηλύδων
ταρβεῖτ' ἄγαν ὅμιλον· εὖ τελεῖ θεός.

Les Sept Chefs, v. 30.

La procession solennelle au temple de Minerve est tirée littéralement du 6ᵐᵉ. chant de l'Iliade, où Hécube et Théano suivies des dames troyennes déposent un voile précieux aux pieds de la déesse :

Αἱ δ' ὀλολυγῇ πᾶσαι Ἀθήνῃ χεῖρας ἀνέσχον.
ἡ δ' ἄρα πέπλον ἑλοῦσα Θεανὼ καλλιπάρῃος,
θῆκεν Ἀθηναίης ἐπὶ γούνασιν ἠϋκόμοιο·
εὐχομένη δ' ἠρᾶτο Διὸς κούρῃ μεγάλοιο·
« Πότνι' Ἀθηναίη, ἐρυσίπτολι, δῖα θεάων,
ἆξον δὴ ἔγχος Διομήδεος, ἠδὲ καὶ αὐτὸν
πρηνέα δὸς πεσέειν Σκαιῶν προπάροιθε πυλάων·
ὄφρα τοι αὐτίκα νῦν δυοκαίδεκα βοῦς ἐνὶ νηῷ,
ἤνις, ἠκέστας, ἱερεύσομεν, αἴ κ' ἐλεήσῃς
ἄστυ τε καὶ Τρώων ἀλόχους καὶ νήπια τέκνα. »

Il. VI, v. 301.

★

Cingitur ipse furens certatim in prælia Turnus :
Jamque adeò Rutulum thoraca indutus ahenis
Horrebat squamis, surasque incluserat auro,
Tempora nudus adhuc, laterique accinxerat ensem,
490 Fulgebatque altâ decurrens aureus arce ;
Exsultatque animis, et spe jàm præcipit hostem.
Qualis, ubi abruptis fugit præsepia vinclis,
Tandem liber equus, campoque potitus aperto :
Aut ille in pastus armentaque tendit equarum ;
Aut assuetus aquæ perfundi flumine noto
Emicat, arrectisque fremit cervicibus alté
Luxurians, luduntque jubæ per colla, per armos.

L'armure de Turnus rappelle celle de Pâris se préparant à combattre Ménélas :

Αὐτὰρ ὅγ' ἀμφ' ὤμοισιν ἐδύσατο τεύχεα καλὰ
δῖος Ἀλέξανδρος, Ἑλένης πόσις ἠϋκόμοιο.
κνημῖδας μὲν πρῶτα περὶ κνήμῃσιν ἔθηκεν
καλὰς, ἀργυρέοισιν ἐπισφυρίοις ἀραρυίας·
δεύτερον αὖ θώρηκα περὶ στήθεσσιν ἔδυνεν
οἷο κασιγνήτοιο Λυκάονος· ἥρμοσε δ' αὐτῷ·
ἀμφὶ δ' ἄρ' ὤμοισιν βάλετο ξίφος ἀργυρόηλον
χάλκεον· αὐτὰρ ἔπειτα σάκος μέγα τε στιβαρόν τε·
κρατὶ δ' ἐπ' ἰφθίμῳ κυνέην εὔτυκτον ἔθηκεν,
ἵππουριν· δεινὸν δὲ λόφος καθύπερθεν ἔνευεν·
εἵλετο δ' ἄλκιμον ἔγχος, ὅ οἱ παλάμηφιν ἀρήρει.

Il. III, v. 328.

C'est encore à l'amant d'Hélène que se rapporte dans Homère la comparaison du coursier, dont Virgile a fait ici une application plus juste, mais dont il n'a pas égalé toute la pompe et l'harmonie :

Οὐδὲ Πάρις δήθυνεν ἐν ὑψηλοῖσι δόμοισιν·
ἀλλ᾽ ὅγ᾽, ἐπεὶ κατέδυ κλυτὰ τεύχεα ποικίλα χαλκῷ,
σεύατ᾽ ἔπειτ᾽ ἀνὰ ἄστυ, ποσὶ κραιπνοῖσι πεποιθώς.
ὡς δ᾽ ὅτε τις στατὸς ἵππος, ἀκοστήσας ἐπὶ φάτνῃ,
δεσμὸν ἀπορρήξας θείῃ πεδίοιο κροαίνων,
εἰωθὼς λούεσθαι ἐϋρρεῖος ποταμοῖο,
κυδιόων· ὑψοῦ δὲ κάρη ἔχει, ἀμφὶ δὲ χαῖται
ὤμοις ἀΐσσονται· ὁ δ᾽ ἀγλαΐηφι πεποιθώς,
ῥίμφα ἑ γοῦνα φέρει μετά τ᾽ ἤθεα καὶ νομὸν ἵππων·
ὣς υἱὸς Πριάμοιο Πάρις κατὰ Περγάμου ἄκρης
τεύχεσι παμφαίνων, ὥστ᾽ ἠλέκτωρ, ἐβεβήκει.

Iᴌ. VI, v. 503.

Ces beaux vers sont répétés au 15ᵐᵉ. chant (*v.* 263) dans le retour d'Hector au combat. Ils ont été imités après Virgile par le Tasse et Milton (*Jérusalem, ch. IX, st.* 75) (*Paradis, ch. IV, v.* 857), et avant lui par Apollonius de Rhodes et Ennius :

Ὡς δ᾽ ὅτ᾽ ἀρήϊος ἵππος ἐελδόμενος πολέμοιο
σκαρθμῷ ἐπιχρεμέθων κρούει πέδον, αὐτὰρ ὕπερθε
κυδιόων ὀρθοῖσιν ἐπ᾽ οὔασιν αὐχέν᾽ ἀείρει·
τοῖος ἄρ᾽ Αἰσονίδης ἐπαγαίετο κάρτεϊ γυίων.

Argon. III, v. 1259.

Et tunc, sicut equus, qui de præsepibus actus
Vincla suis magnis animis abrumpit, et inde
Fert sese campi per cærula, lætaque prata,
Celso pectore : sæpè jubam quassat simul altam ;
Spiritus ex animâ calidâ spumas agit albas.

Annales, liv. II.

★

Obvia cui, Volscorum acie comitante, Camilla
Occurrit, portisque ab equo regina sub ipsis

500 Desiluit : quam tota cohors imitata relictis
Ad terram defluxit equis ; tùm talia fatur :
« Turne, sui meritò si qua est fiducia forti,
Audeo, et Æneadum promitto occurrere turmæ,
Solaque Tyrrhenos equites ire obvia contrà.
Me sine prima manu tentare pericula belli :
Tu pedes ad muros subsiste, et moenia serva. »
Turnus ad hæc, oculos horrendâ in virgine fixus :
« O decus Italiæ, virgo, quas dicere grates,
Quasve referre parem ? sed nunc, est omnia quando
510 Iste animus suprà, mecum partire laborem.
Æneas, ut fama fidem missique reportant
Exploratores, equitum levia improbus arma
Præmisit, quaterent campos ; ipse ardua montis
Per deserta jugo properans adventat ad urbem.
Furta paro belli convexo in tramite silvæ,
Ut bivias armato obsidam milite fauces :
Tu Tyrrhenum equitem collatis excipe signis.
Tecum acer Messapus erit, turmæque Latinæ,
Tiburtique manus ; ducis et tu concipe curam. »
520 Sic ait, et paribus Messapum in prælia dictis
Hortatur, sociosque duces, et pergit in hostem.
Est curvo anfractu vallis, accommoda fraudi
Armorumque dolis, quam densis frondibus atrum
Urget utrinque latus, tenuis quò semita ducit,
Angustæque ferunt fauces aditusque maligni.
Hanc super, in speculis summoque in vertice montis,
Planities ignota jacet tutique receptus,
Seu dextrâ lævâque velis occurrere pugnæ,
Sive instare jugis, et grandia volvere saxa.
530 Huc juvenis notâ fertur regione viarum,
Arripuitque locum, et silvis insedit iniquis.

Le poëte varie ici sa narration en introduisant un nouveau personnage qui doit en faire un des plus beaux ornements. La guerrière Camille n'a point de modèle parmi les combattants d'Homère, quoique le nom des Amazones soit cité plusieurs fois dans l'Iliade (*ch. III, v.* 189; *VI, v.* 186); mais les exploits de Penthésilée, fille de Mars, qui vint au secours de Priam après la mort d'Hector, ont été célébrés par les poëtes cycliques, et surtout par Leschès et Arctinus, rhapsodes contemporains d'Homère. Nous possédons une copie assez exacte de leurs tableaux, combinés avec l'imitation de Virgile, dans les vers de Quintus de Smyrne qui a consacré à Penthésilée le 1er. chant de ses *Paralipomènes*. L'arrivée de l'héroïne à Troie offre même une ressemblance frappante avec l'entrevue de Turnus et de Camille, dont cet auteur a sans doute profité. On remarque d'ailleurs dans les vers de Virgile quelques imitations éloignées de l'Iliade. Les Volsques descendent de leurs chevaux comme les Troyens à l'exemple d'Hector :

Αὐτίκα δ' ἐξ ὀχέων σὺν τεύχεσιν ἆλτο χαμᾶζε·
οὐδὲ μὲν ἄλλοι Τρῶες ἐφ' ἵππων ἠγερέθοντο,
ἀλλ' ἀπὸ πάντες ὄρουσαν, ἐπεὶ ἴδον Ἕκτορα δῖον.
IL. XII, v. 81.

Camille offre d'attaquer Enée, comme Ajax veut combattre Hector :

. . . . μενοινώω δὲ καὶ οἶος
Ἕκτορι Πριαμίδῃ ἄμοτον μεμαῶτι μάχεσθαι.
IL. XIII, v. 79.

On reconnoît aussi dans Camille le portrait d'Atalante telle qu'elle est représentée par Apollonius dans son entrevue avec Jason (*Argon. I, v.* 769) et celui de la nymphe Cyrène (*Pindare, Pythique IX*), consacrée comme elle au culte de Diane.

V.

Velocem intereà superis in sedibus Opim,
Unam ex virginibus sociis sacrâque catervâ,
Compellabat, et has tristi Latonia voces
Ore dabat : « Graditur bellum ad crudele Camilla,
O virgo, et nostris nequicquam cingitur armis,
Cara mihi antè alias : neque enim novus iste Dianæ
Venit amor, subitâque animum dulcedine movit.

« Pulsus ob invidiam regno, viresque superbas,
540 Priverno antiquâ Metabus cùm excederet urbe,
Infantem, fugiens media inter prælia belli,
Sustulit exsilio comitem, matrisque vocavit
Nomine Casmillæ, mutatâ parte, Camillam.
Ipse, sinu præ se portans, juga longa petebat
Solorum nemorum ; tela undique sæva premebant,
Et circumfuso volitabant milite Volsci.
Ecce, fugæ medio, summis Amasenus abundans
Spumabat ripis, tantus se nubibus imber
Ruperat : ille innare parans, infantis amore
550 Tardatur, caroque oneri timet; omnia secum
Versanti, subitò vix hæc sententia sedit.
Telum immane, manu validâ quod fortè gerebat
Bellator, solidum nodis et robore cocto,
Huic natam, libro et silvestri subere clausam,
Implicat, atque habilem mediæ circumligat hastæ.
Quam dextrâ ingenti librans, ita ad æthera fatur :
« Alma, tibi hanc, nemorum cultrix Latonia virgo,
Ipse pater famulam voveo ; tua prima per auras
Tela tenens supplex hostem fugit : accipe, testor,
560 Diva tuam, quæ nunc dubiis committitur auris! »
Dixit, et adducto contortum hastile lacerto

Immittit : sonuêre undæ ; rapidum super amnem
Infelix fugit in jaculo stridente Camilla.
At Metabus, magnâ propiùs jàm urgente catervâ,
Dat sese fluvio, atque hastam cum virgine victor
Gramineo donum Triviæ de cespite vellit.

« Non illum tectis ullæ, non mœnibus urbes
Accepêre, neque ipse manus feritate dedisset :
Pastorum et solis exegit montibus ævum.
570 Hîc natam, in dumis interque horrentia lustra,
Armentalis equæ mammis et lacte ferino
Nutribat, teneris immulgens ubera labris.
Utque pedum primis infans vestigia plantis
Institerat, jaculó palmas oneravit acuto,
Spiculaque ex humero parvæ suspendit et arcum.
Pro crinali auro, pro longæ tegmine pallæ,
Tigridis exuviæ per dorsum à vertice pendent.
Tela manu jàm tùm tenerâ puerilia torsit,
Et fundam tereti circùm caput egit habenâ,
580 Strymoniamque gruem, aut album dejecit olorem.
Multæ illam frustrà Tyrrhena per oppida matres
Optavêre nurum : solâ contenta Dianâ,
Æternum telorum et virginitatis amorem
Intemerata colit. Vellem haud correpta fuisset
Militiâ tali, conata lacessere Teucros :
Cara mihi comitumque foret nunc una mearum.

« Verùm age, quandoquidem fatis urgetur acerbis,
Labere, nympha, polo, finesque invise Latinos,
Tristis ubi infausto committitur omine pugna.
590 Hæc cape, et ultricem pharetrâ depromo sagittam :
Hâc, quicumque sacrum violârit vulnere corpus,
Tros Italusve, mihi pariter det sanguine pœnas.
Pòst ego nube cavâ miserandæ corpus et arma

LIVRE XI.   301

Inspoliata feram tumulo, patriæque reponam. »
Dixit: at illa leves cœli demissa per auras
Insonuit, nigro circumdata turbine corpus.

Avant de chanter la gloire et la mort de l'héroïne, le poëte met dans la bouche de sa divinité protectrice le touchant récit de ses premières années. La sollicitude de Diane pour Camille rappelle celle de Jupiter pour Sarpédon dévoué au fer de Patrocle (*Il. XVI, v.* 431.) La tyrannie de Métabus roi de Priverne, la révolte de ses sujets et la conservation miraculeuse de sa fille sont des traditions de l'antique Italie, consignées par Caton dans son livre des *Origines*. L'éducation de la jeune guerrière (littéralement imitée par le Tasse dans l'histoire de Clorinde, *Jérusalem*, ch. *XII, st.* 21) peut s'assimiler, comme nous l'avons dit, à celle de Cyrène fille du fleuve Pénée, telle qu'elle est racontée par Pindare:

Θρέψατο παῖδα Κυράναν·
ἁ μὲν οὔθ' ἱστῶν παλιμβά-
μους ἐφίλασεν ὁδοὺς,
οὔτε δείπνων οἰκοριᾶν
μεθ' ἑταιρᾶν τέρψιας.
ἀλλ' ἀκόντεσσίν τε χαλκέοις
φασγάνῳ τε μαρναμένα,
κεραΐζειν ἀγρίους
θῆρας· ἦ πολλάν τε καὶ ἀσύχιον
βουσὶν εἰράναν παρέχοισα πατρῴαις·
τὸν δὲ σύγκοιτον γλυκὺν
παῦρον ἐπὶ γλεφάροις
ὕπνον ἀναλίσκοισα ῥέποντα πρὸς ἀῶ.
κίχε νιν λέοντί ποτ' εὐρυφαρέτρας
ὀμβρίμῳ μούναν παλαίοισαν ἄτερ ἐγ-
χέων ἑκάεργος Ἀπόλλων.
                          Pythique IX, v. 32.

L'ordre que reçoit Opis de veiller sur Camille est celui que Jupiter donne à Apollon pour la sépulture de Sarpédon :

Εἰ δ', ἄγε νῦν, φίλε Φοῖβε, κελαινεφὲς αἷμα κάθηρον,
ἐλθὼν ἐκ βελέων Σαρπηδόνα, καί μιν ἔπειτα
πολλὸν ἀπόπρο φέρων, λοῦσον ποταμοῖο ῥοῇσιν,
χρῖσόν τ' ἀμβροσίῃ, περὶ δ' ἄμβροτα εἵματα ἕσσον·
πέμπε δέ μιν πομποῖσιν ἅμα κραιπνοῖσι φέρεσθαι,
Ὕπνῳ καὶ Θανάτῳ διδυμάοσιν, οἵ ῥά μιν ὦκα
θήσουσ' ἐν Λυκίης εὐρείης πίονι δήμῳ.
ἔνθα ἑ ταρχύσουσι κασίγνητοί τε, ἔται τε,
τύμβῳ τε, στήλῃ τε· τὸ γὰρ γέρας ἐστὶ θανόντων.

Il. XVI, v. 667.

~~~~~~~

VI.

At manus intereà muris Trojana propinquat,
Etruscique duces, equitumque exercitus omnis,
Compositi numero in turmas : fremit æquore toto
600 Insultans sonipes, et pressis pugnat habenis
Huc obversus et huc ; tùm latè ferreus hastis
Horret ager, campique armis sublimibus ardent.
Nec non Messapus contrà, celeresque Latini,
Et cum fratre Coras, et virginis ala Camillæ
Adversi campo apparent, hastasque reductis
Protendunt longè dextris, et spicula vibrant ;
Adventusque virûm, fremitusque ardescit equorum.
Jamque intrà jactum teli progressus uterque
Substiterat : subitò erumpunt clamore, frementesque
610 Exhortantur equos ; fundunt simul undique tela
Crebra, nivis ritu, cœlumque obtexitur umbrâ.

LIVRE XI.   303

Le combat commence : Enée conduit les Troyens à travers les montagnes, où l'attend l'embuscade de Turnus, tandis que Tarchon paroît dans la plaine à la tête de la cavalerie étrusque, contre laquelle s'avance l'escadron de Camille. Cette rencontre de deux grands corps de cavalerie est un spectacle qu'Homère n'a pu décrire, puisque l'on ne connoissoit de son temps que les luttes pédestres et curules. Cependant nous pouvons rapprocher du texte latin, pour la variété et la pompe du coup d'œil, la marche imposante des phalanges grecques et troyennes après la rupture du traité :

Ὡς δ' ὅτ' ἐν αἰγιαλῷ πολυηχέϊ κῦμα θαλάσσης
ὄρνυτ' ἐπασσύτερον, Ζεφύρου ὑποκινήσαντος·
πόντῳ μὲν τὰ πρῶτα κορύσσεται, αὐτὰρ ἔπειτα
χέρσῳ ῥηγνύμενον μεγάλα βρέμει, ἀμφὶ δέ τ' ἄκρας
κυρτὸν ἐὸν κορυφοῦται, ἀποπτύει δ' ἁλὸς ἄχνην·
ὣς τότ' ἐπασσύτεραι Δαναῶν κίνυντο φάλαγγες
νωλεμέως πόλεμόνδε. κέλευε δὲ οἷσιν ἕκαστος
ἡγεμόνων· οἱ δ' ἄλλοι ἀκὴν ἴσαν, οὐδέ κε φαίης
τόσσον λαὸν ἕπεσθαι ἔχοντ' ἐν στήθεσιν αὐδήν,
σιγῇ δειδιότες σημάντορας· ἀμφὶ δὲ πᾶσιν
τεύχεα ποικίλ' ἔλαμπε, τὰ εἱμένοι ἐστιχόωντο.
Τρῶες δ', ὥστ' ὄϊες πολυπάμονος ἀνδρὸς ἐν αὐλῇ
μυρίαι ἑστήκασιν ἀμελγόμεναι γάλα λευκόν,
ἀζηχὲς μεμακυῖαι, ἀκούουσαι ὄπα ἀρνῶν·
ὣς Τρώων ἀλαλητὸς ἀνὰ στρατὸν εὐρὺν ὀρώρει.
οὐ γὰρ πάντων ἦεν ὁμὸς θρόος, οὐδ' ἴα γῆρυς,
ἀλλὰ γλῶσσ' ἐμέμικτο· πολύκλητοι δ' ἔσαν ἄνδρες.
ὦρσε δὲ τοὺς μὲν Ἄρης, τοὺς δὲ γλαυκῶπις Ἀθήνη,
Δεῖμός τ' ἠδὲ Φόβος, καὶ Ἔρις ἄμοτον μεμαυῖα,
Ἄρεος ἀνδροφόνοιο κασιγνήτη ἑτάρη τε·
ἥτ' ὀλίγη μὲν πρῶτα κορύσσεται, αὐτὰρ ἔπειτα
οὐρανῷ ἐστήριξε κάρη, καὶ ἐπὶ χθονὶ βαίνει.

ἤ σφιν καὶ τότε νεῖκος ὁμοίϊον ἔμβαλε μέσσῳ,
ἐρχομένη καθ' ὅμιλον, ὀφέλλουσα στόνον ἀνδρῶν.
Il. IV, v. 422.

Euripide a égalé Homère dans l'attaque de Thèbes par Adraste (*Phéniciennes*, *v.* 1106), et dans le combat de Thésée contre Créon (*Suppliantes*, *v.* 652.) Les plus belles imitations de Virgile sont celles du Tasse, de Milton et de Voltaire (*Jérusalem*, *ch. XX, st.* 28), (*Paradis*, *ch. I*, *v.* 544) (*Henriade*, *ch. HI*, *v.* 177.)

 Continuò adversis Tyrrhenus et acer Aconteus
Connixi incurrunt hastis, primique ruinam
Dant sonitu ingenti, perfractaque quadrupedantum
Pectora pectoribus rumpunt. Excussus Aconteus
Fulminis in morem, aut tormento ponderis acti,
Præcipitat longè, et vitam dispergit in auras.
Extemplò turbatæ acies, versique Latini
Rejiciunt parmas, et equos ad mœnia vertunt;
620 Troës agunt: princeps turmas inducit Asylas.
Jamque propinquabant portis, rursùsque Latini
Clamorem tollunt, et mollia colla reflectunt;
Hi fugiunt, penitùsque datis referuntur habenis.
Qualis, ubi alterno procurrens gurgite pontus
Nunc ruit ad terras, scopulosque superjacit undam
Spumeus, extremamque sinu perfundit arenam:
Nunc rapidus retrò, atque æstu revoluta resorbens
Saxa fugit, littusque vado labente relinquit.
 Bis Tusci Rutulos egêre ad mœnia versos;
630 Bis rejecti armis respectant terga tegentes.

Tertia sed postquam congressi in prælia, totas
Implicuére inter se acies, legitque virum vir:
Tùm verò et gemitus morientum, et sanguine in alto
Armaque, corporaque, et permixti cæde virorum
Semianimes volvuntur equi ; pugna aspera surgit.

Le choc de Tyrrhénus et d'Acontée correspond à celui de Pénélée et de Lycon :

Πηνέλεως δὲ Λύκων τε συνέδραμον· ἔγχεσι μὲν γὰρ
ἤμβροτον ἀλλήλων, μέλεον δ᾽ ἠκόντισαν ἄμφω·
τὼ δ᾽ αὖτις ξιφέεσσι συνέδραμον. ἔνθα Λύκων μὲν
ἱπποκόμου κόρυθος φάλον ἤλασεν· ἀμφὶ δὲ καυλὸν
φάσγανον ἐῤῥαίσθη· ὁ δ᾽ ὑπ᾽ οὔατος αὐχένα θεῖνεν
Πηνέλεως, πᾶν δ᾽ εἴσω ἔδυ ξίφος, ἔσχεθε δ᾽ οἷον
δέρμα· παρηέρθη δὲ κάρη, ὑπέλυντο δὲ γυῖα.

Il. XVI, v. 335.

La comparaison qui peint si vivement la poursuite alternative des Etrusques et des Latins rappelle ce passage de l'Iliade représentant l'agitation des Grecs :

Ὡς δ᾽ ἄνεμοι δύο πόντον ὀρίνετον ἰχθυόεντα,
Βορέης καὶ Ζέφυρος, τώτε Θρήκηθεν ἄητον,
ἐλθόντ᾽ ἐξαπίνης· ἄμυδις δέ τε κῦμα κελαινὸν
κορθύεται· πολλὸν δὲ παρὲξ ἅλα φῦκος ἔχευαν·
ὣς ἐδαΐζετο θυμὸς ἐνὶ στήθεσσιν Ἀχαιῶν.

Il. IX, v. 4.

On trouve encore deux comparaisons analogues (*Il. XI,* v. 304; *XIV, v.* 16.) Quant au tableau de la mêlée (reproduit par Milton, *Paradis, ch. VI, v.* 202), il suit immédiatement dans Homère celui de la marche des deux armées :

Études grecq. IIIe Partie.

Οἱ δ' ὅτε δή ῥ' ἐς χῶρον ἕνα ξυνιόντες ἵκοντο,
σύν ῥ' ἔβαλον ῥινούς, σὺν δ' ἔγχεα καὶ μένε' ἀνδρῶν
χαλκεοθωρήκων· ἀτὰρ ἀσπίδες ὀμφαλόεσσαι
ἔπληντ' ἀλλήλῃσι, πολὺς δ' ὀρυμαγδὸς ὀρώρει.
ἔνθα δ' ἅμ' οἰμωγή τε καὶ εὐχωλὴ πέλεν ἀνδρῶν,
ὀλλύντων τε καὶ ὀλλυμένων· ῥέε δ' αἵματι γαῖα.
IL. IV, v. 446.

*

Orsilochus Remuli, quandò ipsum horrebat adire,
Hastam intorsit equo, ferrumque sub aure reliquit:
Quo sonipes ictu furit arduus, altaque jactat
Vulneris impatiens arrecto pectore crura ;
640 Volvitur ille excussus humi. Catillus Iolan,
Ingentemque animis, ingentem corpore et armis
Dejicit Herminium, nudo cui vertice fulva
Cæsaries, nudique humeri : nec vulnera terrent ;
Tantus in arma patet : latos huic hasta per armos
Acta tremit, duplicatque virum transfixa dolore.
Funditur ater ubique cruor ; dant funera ferro
Certantes, pulchramque petunt per vulnera mortem.

Orsiloque tue le cheval de Rémulus comme Pâris celui de Nestor (*Il. VIII, v.* 80), et Sarpédon celui de Patrocle :

Σαρπηδὼν δ' αὐτοῦ μὲν ἀπήμβροτε δουρὶ φαεινῷ,
δεύτερος ὁρμηθείς· ὁ δὲ Πήδασον οὔτασεν ἵππον
ἔγχεϊ δεξιὸν ὦμον· ὁ δ' ἔβραχε θυμὸν ἀΐσθων,
κὰδ δ' ἔπεσ' ἐν κονίῃσι μακών, ἀπὸ δ' ἔπτατο θυμός.
IL. XVI, v. 466.

La blessure d'Herminius, qui plie sous le fer de Catille, rappelle celle de Pisandre tué par Ménélas :

Ἰδνώθη δὲ πεσών· ὁ δὲ λὰξ ἐν στήθεσι βαίνων,
τεύχεά τ' ἐξενάριξε, καὶ εὐχόμενος ἔπος ηὔδα.

IL. XIII, v. 618.

VII.

At medias inter cædes exsultat Amazon,
Unum exserta latus pugnæ, pharetrata Camilla :
650 Et nunc lenta manu spargens hastilia denset,
Nunc validam dextrâ rapit indefessa bipennem;
Aureus ex humero sonat arcus, et arma Dianæ.
Illa etiam, si quandò in tergum pulsa recessit,
Spicula converso fugientia dirigit arcu.
At circùm lectæ comites, Larinaque virgo,
Tullaque, et æratam quatiens Tarpeia securim,
Italides; quas ipsa decus sibi dia Camilla
Delegit, pacisque bonæ bellique ministras.
Quales Threïciæ cùm flumina Thermodontis
660 Pulsant, et pictis bellantur Amazones armis;
Seu circùm Hippolyten, seu cùm se Martia curru
Penthesilea refert, magnoque ululante tumultu
Fœminea exsultant lunatis agmina peltis.

La dernière journée de Camille est celle de son plus beau triomphe. En éloignant les deux rivaux du champ de bataille, le poëte a sauvé la gloire de Turnus, il a épargné à Énée une victoire odieuse, et concentré tout l'intérêt sur l'héroïne. Le groupe de Camille et de ses compagnes est tracé sans doute sur celui de Penthésilée et des Amazones, tel qu'il fut représenté par les chantres du siége de Troie, et plus tard par Quintus de Smyrne, qui a joint leurs richesses à celles de

20

l'Enéide. Son tableau plus vaste, plus détaillé et non moins gracieux que celui de Virgile peut fournir d'utiles rapprochements (*Paralipomènes*, v. 18, 33, 175, 335, etc.) L'Arioste a reproduit le portrait de Camille dans ceux de Bradamante et de Marphise (*Roland*, ch. *II* et *XIX*), et le Tasse dans celui de Clorinde semant l'épouvante parmi les Chrétiens (*Jérusalem*, ch. *IX*, st. 68 ; *XI*, st. 41.)

*

Quem telo primum, quem postremum, aspera virgo,
Dejicis? aut quot humi morientia corpora fundis ?
Eunæum Clytio primum patre, cujus apertum
Adversi longâ transverberat abiete pectus :
Sanguinis ille vomens rivos cadit, atque cruentam
Mandit humum, moriensque suo se in vulnere versat.
670 Tùm Lirim, Pagasumque super : quorum alter habenas
Suffosso revolutus equo dùm colligit, alter
Dùm subit, ac dextram labenti tendit inermem,
Præcipites pariterque ruunt. His addit Amastrum
Hippotaden ; sequiturque incumbens eminùs hastâ,
Tereaque Harpalycumque, et Demophoonta Chromim-
Quotque emissa manu contorsit spicula virgo, [que ;
Tot Phrygii cecidêre viri. Procul Ornytus armis
Ignotis et equo venator Iapyge fertur ;
Cui pellis latos humeros erepta juvenco
680 Pugnatori operit, caput ingens oris hiatus
Et malæ texêre lupi cum dentibus albis,
Agrestisque manus armat sparus : ipse catérvis
Vertitur in mediis, et toto vertice suprà est.
Hunc illa exceptum, neque enim labor agmine verso,
Trajicit, et super hæc inimico pectore fatur :

« Silvis te, Tyrrhene, feras agitare putisti ?
Advenit qui vestra dies muliebribus armis
Verba redargueret : nomen tamen haud leve patrum
Manibus hoc referes, telo cecidisse Camillæ. »
690 Protinùs Orsilochum et Buten, duo maxima Teucrûm
Corpora ; sed Buten adversum cuspide fixit
Loricam galeamque inter, quà colla sedentis
Lucent, et lævo dependet parma lacerto :
Orsilochum fugiens, magnumque agitata per orbem
Eludit gyro interior, sequiturque sequentem ;
Tùm validam perque arma viro perque ossa securim,
Altior insurgens, oranti et multa precanti
Congeminat : vulnus calido rigat ora cerebro.

L'invocation qui précède les exploits de Camille rappelle ces vers d'Homère sur Patrocle :

Ενθα τίνα πρῶτον, τίνα δ' ὕστατον ἐξενάριξας,
Πατρόκλεις, ὅτε δή σε θεοί θάνατόνδε κάλεσσαν ;
IL. XVI, v. 692.

La blessure d'Eunéus est celle de Pronoüs tué par Patrocle :

Ενθ' ἤτοι Πρόνοον πρῶτον βάλε δουρὶ φαεινῷ,
στέρνον γυμνωθέντα παρ' ἀσπίδα, λῦσε δὲ γυῖα.
IL. XVI, v. 399.

Liris et Pagasus périssent comme Pisandre et Hippolochus sous les coups d'Agamemnon :

Η, καὶ Πείσανδρον μὲν ἀφ' ἵππων ὦσε χαμᾶζε,
δουρὶ βαλὼν πρὸς στῆθος· ὁ δ' ὕπτιος οὔδει ἐρείσθη.
Ἱππόλοχος δ' ἀπόρουσε, τὸν αὖ χαμαὶ ἐξενάριξεν,

χεῖρας ἀπὸ ξίφεϊ τμήξας, ἀπό τ' αὐχένα κόψας·
ὅλμον δ' ὥς, ἔσσευε κυλίνδεσθαι δι' ὁμίλου.

Il. XI, v. 143.

Tous les traits que lance Camille sont inévitables comme ceux de Teucer :

Ὀκτὼ δὴ προέηκα τανυγλώχινας ὀϊστούς,
πάντες δ' ἐν χροῒ πῆχθεν ἀρηϊθόων αἰζηῶν.

Il. VIII, v. 297.

La parure bizarre du chasseur Ornyte rappelle celle d'Aventinus (Enéide VII, v. 666), et celle d'Argus dans les Argonautiques :

Δέρμα δ' ὁ μὲν ταύροιο ποδηνεκὲς ἀμφέχετ' ὤμους.

Argon. I, v. 324.

Les paroles que lui adresse Camille victorieuse sont celles de Junon à Diane dans le combat des dieux :

Ἤτοι βέλτερόν ἐστι, κατ' οὔρεα θῆρας ἐναίρειν,
ἀγροτέρας τ' ἐλάφους, ἢ κρείσσοσιν ἶφι μάχεσθαι.

Il. XXI, v. 485.

Butès est frappé au cou comme Hector, et Orsiloque comme Démoléon :

Τοῦ δὲ καὶ ἄλλο τόσον μὲν ἔχε χρόα χάλκεα τεύχη,
καλά, τὰ Πατρόκλοιο βίην ἐνάριξε κατακτάς·
φαίνετο δ', ᾗ κληῖδες ἀπ' ὤμων αὐχέν' ἔχουσιν,
λαυκανίην, ἵνα τε ψυχῆς ὤκιστος ὄλεθρος·
τῇ ῥ' ἐπὶ οἱ μεμαὼτ' ἔλασ' ἔγχεϊ δῖος Ἀχιλλεύς.

Il. XXII, v. 322.

Νύξε κατὰ κρόταφον, κυνέης διὰ χαλκοπαρήου·
οὐδ' ἄρα χαλκείη κόρυς ἔσχεθεν, ἀλλὰ δι' αὐτῆς
αἰχμὴ ἱεμένη ῥῆξ' ὀστέον, ἐγκέφαλος δὲ
ἔνδον ἅπας πεπάλακτο· δάμασσε δέ μιν μεμαῶτα.

IL. XX, v. 397.

*

 Incidit huic, subitoque aspectu territus hæsit
700 Appenninicolæ bellator filius Auni,
 Haud Ligurum extremus dùm fallere fata sinebant.
Isque, ubi se nullo jàm cursu evadere pugnâ
Posse, neque instantem reginam avertere cernit,
Consilio versare dolos ingressus et astu,
Incipit hæc : « Quid tàm egregium, si fœmina forti
Fidis equo? dimitte fugam, et te cominùs æquo
Mecum crede solo, pugnæque accinge pedestri ;
Jàm nosces, ventosa feret cui gloria laudem. »
Dixit : at illa furens, acrique incensa dolore,
710 Tradit equum comiti, paribusque assistit in armis,
Ense pedes nudo, puràque interrita parmâ.
At juvenis, vicisse dolo ratus, avolat ipse
Haud mora, conversisque fugax aufertur habenis,
Quadrupedemque citum ferratâ calce fatigat.
« Vane Ligus, frustràque animis elate superbis,
Nequicquam patrias tentâsti lubricus artes,
Nec fraus te incolumem fallaci perferet Auno. »
Hæc fatur virgo, et pernicibus ignea plantis
Transit equum cursu, frænisque adversa prehensis
720 Congreditur, pœnasque inimico à sanguine sumit.
Quàm facilè accipiter saxo sacer ales ab alto
Consequitur pennis sublimem in nube columbam,
Comprensamque tenet, pedibusque eviscerat uncis ;
Tùm cruor et vulsæ labuntur ab æthere plumæ.

Cet ingénieux incident, fondé sur la fourberie connue des Liguriens, est de l'invention de Virgile. On peut toutefois assimiler la noble assurance de Camille s'avançant contre son ennemi à celle d'Hector descendant de son char pour marcher au devant de Teucer :

Κεβριόνην δ' ἐκέλευσεν ἀδελφεὸν, ἐγγὺς ἐόντα,
ἵππων ἡνί' ἑλεῖν· ὁ δ' ἄρ' οὐκ ἀπίθησεν ἀκούσας.
αὐτὸς δ' ἐκ δίφροιο χαμαὶ θόρε παμφανόωντος,
σμερδαλέα ἰάχων· ὁ δὲ χερμάδιον λάβε χειρί,
βῆ δ' ἰθὺς Τεύκρου, βαλέειν δέ ἑ θυμὸς ἀνώγει.
Il. VIII, v. 318.

La comparaison de l'épervier (imitée par l'Arioste, *Roland*, ch. II, st. 50) est employée plusieurs fois par Homère (*Il. XIII*, v. 62; *XXI*, v. 493) et surtout dans la poursuite d'Hector par Achille :

Πηλείδης δ' ἐπόρουσε, ποσὶ κραιπνοῖσι πεποιθώς.
ἠΰτε κίρκος ὄρεσφιν, ἐλαφρότατος πετεηνῶν,
ῥηϊδίως οἴμησε μετὰ τρήρωνα πέλειαν·
ἡ δέ θ' ὕπαιθα φοβεῖται· ὁ δ' ἐγγύθεν ὀξὺ λεληκὼς
ταρφέ' ἐπαΐσσει, ἑλέειν τέ ἑ θυμὸς ἀνώγει.
Il. XXII, v. 138.

Le dernier vers latin est tiré de l'Odyssée, où se trouve un présage du même genre :

Ὣς ἄρα οἱ εἰπόντι ἐπέπτατο δεξιὸς ὄρνις,
κίρκος Ἀπόλλωνος ταχὺς ἄγγελος· ἐν δὲ πόδεσσι
τίλλε πέλειαν ἔχων, κατὰ δὲ πτερὰ χεῦεν ἔραζε.
Od. XV, v. 524.

VIII.

At non hæc nullis hominum sator atque deorum
Observans oculis summo sedet altus Olympo.
Tyrrhenum genitor Tarchontem in prælia sæva
Suscitat, et stimulis haud mollibus incitat iras.
Ergò inter cædes cedentiaque agmina Tarcho
730 Fertur equo, variisque instigat vocibus alas,
Nomine quemque vocans, reficitque in prælia pulsos :
« Quis metus, o numquam dolituri, o semper inertes
Tyrrheni, quæ tanta animis ignavia venit ?
Fœmina palantes agit, atque hæc agmina vertit !
Quò ferrum, quidve hæc geritis tela irrita dextris ?
At non in venerem segnes nocturnaque bella,
Aut ubi curva choros indixit tibia Bacchi,
Exspectare dapes, et plenæ pocula mensæ :
Hic amor, hoc studium ; dùm sacra secundus aruspex
740 Nuntiet, ac lucos vocet hostia pinguis in altos. »

Les succès de Camille touchent à leur terme : Tarchon ranime l'ardeur de ses soldats. On retrouve les premiers vers de Virgile dans un fragment de Furius Bibaculus.

> Nomine quemque ciet : dictorum tempus adesse
> Commemorat. . . . .
> Confirmat dictis, simul atque exsuscitat acres
> Ad bellandum animos, reficitque ad prælia mentes.
> *Annales, liv. XI.*

Mais le discours entier correspond au passage de l'Iliade, où Agamemnon parcourt les rangs, et réprimande Ulysse et Mnesthée :

Τίπτε καταπτώσσοντες ἀφέστατε, μίμνετε δ᾽ ἄλλους;
σφῶϊν μέν τ᾽ ἐπέοικε μετὰ πρώτοισιν ἐόντας
ἑστάμεν, ἠδὲ μάχης καυστειρῆς ἀντιβολῆσαι.
πρώτω γὰρ καὶ δαιτὸς ἀκουάζεσθον ἐμεῖο,
ὁππότε δαῖτα γέρουσιν ἐφοπλίζοιμεν Ἀχαιοί.
ἔνθα φίλ᾽, ὀπταλέα κρέα ἔδμεναι, ἠδὲ κύπελλα
οἴνου πινέμεναι μελιηδέος, ὄφρ᾽ ἐθέλητον·
νῦν δὲ φίλως χ᾽ ὁρόῳτε, καὶ εἰ δέκα πύργοι Ἀχαιῶν
ὑμείων προπάροιθε μαχοίατο νηλέϊ χαλκῷ.

Il. IV, v. 339.

L'allusion que fait le poëte à la sensualité des Tyrrhéniens rappelle aussi les paroles de Priam à ses fils (*Il. XXIV, v.* 260.)

*

Hæc effatus, equum in medios, moriturus et ipse,
Concitat, et Venulo adversum se turbidus infert;
Dereptumque ab equo dextrâ complectitur hostem,
Et gremium antè suum multâ vi concitus aufert.
Tollitur in cœlum clamor, cunctique Latini
Convertêre oculos : volat igneus æquore Tarcho
Arma virumque ferens ; tùm summâ ipsius ab hastâ
Defringit ferrum , et partes rimatur apertas,
Quà vulnus lethale ferat : contrà ille repugnans
750 Sustinet à jugulo dextram, et vim viribus exit.
Utque volans altè raptum cùm fulva draconem
Fert aquila, implicuitque pedes, atque unguibus hæsit;
Saucius at serpens sinuosa volumina versat,
Arrectisque horret squamis, et sibilat ore,
Arduus insurgens : illa haud minùs urget adunco
Luctantem rostro, simul æthera verberat alis.

LIVRE XI.

Tarchon enlève Vénulus, et le mesure des yeux pour lui porter le coup mortel, comme Achille observe l'armure d'Hector (*Il. XXII*, *v.* 321.) L'image employée par le poëte pour peindre les efforts des deux antagonistes est tirée de ce brillant présage qui apparoît à Hector devant les retranchements :

Ὄρνις γάρ σφιν ἐπῆλθε, περησέμεναι μεμαῶσιν,
αἰετὸς ὑψιπέτης, ἐπ' ἀριστερὰ λαὸν ἐέργων,
φοινήεντα δράκοντα φέρων ὀνύχεσσι πέλωρον,
ζωὸν, ἔτ' ἀσπαίροντα· καὶ οὔπω λήθετο χάρμης.
κόψε γάρ αὐτὸν ἔχοντα κατὰ στῆθος παρὰ δειρήν,
ἰδνωθεὶς ὀπίσω· ὁ δ' ἀπὸ ἕθεν ἧκε χαμᾶζε,
ἀλγήσας ὀδύνῃσι, μέσῳ δ' ἐνὶ κάββαλ' ὁμίλῳ·
αὐτὸς δὲ κλάγξας πέτετο πνοιῇς ἀνέμοιο.

Il. XII, v. 200.

Ces vers, reproduits par l'Arioste (*Roland*, ch. XI, st, 20) et par Voltaire (*Préface de Rome sauvée*), avaient déjà été traduits par Cicéron :

Hîc Jovis altitoni subitò pinnata satelles,
Arboris è trunco, serpentis saucia morsu,
Subjugat ipsa feris transfigens unguibus anguem
Semianimum, et variâ graviter cervice micantem.
Quem se intorquentem lanians rostroque cruentans,
Jàm satiata animos, jàm duros ulta dolores,
Abjicit efflantem, et laceratum affligit in undâ,
Seque obitu à solis nitidos convertit ad ortus.

Traité de la Divination, liv. I.

★

Haud aliter prædam Tiburtum ex agmine Tarcho
Portat ovans : ducis exemplum eventumque secuti
Mæonidæ incurrunt. Tum fatis debitus Aruns

760 Velocem jaculo et multâ prior arte Camillam
Circuit, et, quæ sit fortuna facillima, tentat.
Quà se cumque furens medio tulit agmine virgo,
Hàc Aruns subit, et tacitus vestigia lustrat;
Quà victrix redit illa, pedemque ex hoste reportat,
Hàc juvenis furtim celeres detorquet habenas.
Hos aditus, jamque hos aditus, omnemque pererrat
Undique circuitum, et certam quatit improbus hastam.
Fortè sacer Cybelæ Chloreus, olimque sacerdos,
Insignis longè Phrygiis fulgebat in armis,
770 Spumantemque agitabat equum, quem pellis ahenis
In plumam squamis auro conserta tegebat.
Ipse peregrinâ ferrugine clarus et ostro,
Spicula torquebat Lycio Gortynia cornu ;
Aureus ex humeris sonat arcus, et aurea vati
Cassida; tùm croceam chlamydemque sinusque crepan-
Carbaseos fulvo in nodum collegerat auro,   [tes
Pictus acu tunicas et barbara tegmina crurum.
Hunc virgo, sive ut templis præfigeret arma
Troïa, captivo sive ut se ferret in auro
780 Venatrix, unum ex omni certamine pugnæ
Cæca sequebatur, totumque incauta per agmen
Fœmineo prædæ et spoliorum ardebat amore:
Telum ex insidiis cùm tandem tempore capto
Conjicit, et superos Aruns sic voce precatur :
« Summe deûm, sancti custos Soractis Apollo,
Quem primi colimus, cui pineus ardor acervo
Pascitur, et medium freti pietate per ignem
Cultores multâ premimus vestigia prunâ :
Da, pater, hoc nostris aboleri dedecus armis,
790 Omnipotens ! non exuvias, pulsæve tropæum
Virginis, aut spolia ulla peto ; mihi cætera laudem

Facta ferent : hæc dira meo dùm vulnere pestis
Pulsa cadat, patriam remeabo inglorius urbem. »
Audiit, et voti Phœbus succedere partem
Mente dedit; partem volucres dispersit in auras.
Sterneret ut subitâ turbatam morte Camillam,
Annuit oranti : reducem ut patria alta videret,
Non dedit, inque notos vocem vertêre procellæ.

Aruns, un des guerriers de Tarchon, s'attache aux pas de Camille, entraînée par la curiosité de son sexe à la poursuite d'un prêtre phrygien dont le costume retrace celui d'Amphimaque (*Il. II*, *v.* 872.) L'invocation d'Aruns à Apollon correspond en partie à celle de Glaucus (*Il. XVI*, *v.* 514), et fait allusion à une cérémonie superstitieuse pratiquée par les bergers Hirpins. Les derniers vers rappellent la fin de la prière d'Achille sur Patrocle :

« Αὐτὰρ ἐπεί κ' ἀπὸ ναῦφι μάχην ἐνοπήν τε δίηται,
ἀσκηθής μοι ἔπειτα θοὰς ἐπὶ νῆας ἵκοιτο,
τεύχεσί τε ξὺν πᾶσι καὶ ἀγχεμάχοις ἑτάροισιν. »
Ὣς ἔφατ᾽ εὐχόμενος· τοῦ δ᾽ ἔκλυε μητίετα Ζεύς·
τῷ δ᾽ ἕτερον μὲν ἔδωκε πατήρ, ἕτερον δ᾽ ἀνένευσεν·
νηῶν μέν οἱ ἀπώσασθαι πόλεμόν τε μάχην τε
δῶκε, σόον δ᾽ ἀνένευσε μάχης ἐξ ἀπονέεσθαι.

IL. XVI, v. 246.

*

Ergò ut missa manu sonitum dedit hasta per auras,
800 Convertêre animos acies, oculosque tulêre
Cuncti ad reginam Volsci : nihil ipsa neque auræ,
Nec sonitûs memor, aut venientis ab æthere teli,
Hasta sub exsertam donec perlata papillam

Hæsit, virgineumque altè bibit acta cruorem:
Concurrunt trepidæ comites, dominamque ruentem
Suscipiunt : fugit antè omnes exterritus Aruns,
Lætitiâ mixtoque metu ; nec jàm amplius hastæ
Credere, nec telis occurrere virginis audet.
Ac velut ille, priùs quàm tela inimica sequantur,
810 Continuò in montes sese avius abdidit altos,
Occiso pastore, lupus, magnove juvenco,
Conscius audacis facti, caudamque remulcens
Subjecit pavitantem utero, silvasque petivit :
Haud secùs ex oculis se turbidus abstulit Aruns,
Contentusque fugâ, mediis se immiscuit armis :
    Illa manu moriens telum trahit : ossa sed inter
Ferreus ad costas alto stat vulnere mucro.
Labitur exsanguis, labuntur frigida letho
Lumina, purpureus quondam color ora reliquit.
820 Tùm sic exspirans Accam ex æqualibus unam
Alloquitur, fida antè alias quæ sola Camillæ,
Quîcum partiri curas ; atque hæc ita fatur :
« Hactenùs, Acca soror, potui : nunc vulnus acerbum
Conficit, et tenebris nigrescunt omnia circùm.
Effuge, et hæc Turno mandata novissima perfer,
Succedat pugnæ, Trojanosque arceat urbe.
Jamque vale. » Simul his dictis linquebat habenas,
Ad terram non sponte fluens : tùm frigida toto
Paulatim exsolvit se corpore, lentaque colla
830 Et captum letho posuit caput, arma relinquens ;
Vitaque cum gemitu fugit indignata sub umbras.
Tùm verò immensus surgens ferit aurea clamor
Sidera ; dejectâ crudescit pugna Camillâ ;
Incurrunt densi simul omnis copia Teucrûm,
Tyrrhenique duces, Evandrique Arcadis alæ.

La mort de Camille est une de ces peintures touchantes dans lesquelles respire l'âme sensible du poëte : elle n'a été surpassée chez les modernes que par le baptême et la mort de Clorinde (*Jérusalem*, ch. XII, st. 64 à 69.) L'intrépidité de l'héroïne est marquée par son oubli du danger (*Il. XVI, v.* 783). Aruns fuit ses derniers regards comme Euphorbe ceux de Patrocle blessé (*Il. XVI, v.* 813); mais la comparaison du loup est appliquée par Homère à Antiloque :

Ἀντίλοχος δ' οὐ μεῖνε, θοός περ ἐὼν πολεμιστής,
ἀλλ' ὅγ' ἄρ' ἔτρεσε, θηρὶ κακὸν ῥέξαντι ἐοικώς,
ὅστε, κύνα κτείνας ἢ βουκόλον ἀμφὶ βόεσσιν,
φεύγει, πρίν περ ὅμιλον ἀολλισθήμεναι ἀνδρῶν.
Il. XV, v. 585.

Les adieux de Camille à Acca rappellent la prière de Sarpédon à Glaucus :

Γλαῦκε πέπον, πολεμιστὰ μετ' ἀνδράσι, νῦν σε μάλα χρὴ
αἰχμητήν τ' ἔμεναι καὶ θαρσαλέον πολεμιστήν·
νῦν τοι ἐελδέσθω πόλεμος κακός, εἰ θοός ἐσσι.
πρῶτα μὲν ὄτρυνον Λυκίων ἡγήτορας ἄνδρας,
πάντῃ ἐποιχόμενος, Σαρπηδόνος ἀμφιμάχεσθαι·
αὐτὰρ ἔπειτα καὶ αὐτὸς ἐμεῦ πέρι μάρναο χαλκῷ.
Il. XVI, v. 492.

On reconnoît dans la chute de Camille (imitée par Quintus de Smyrne dans la mort de Penthésilée, *Paralipomènes*, ch. I, v. 590 et 617), ces vers de Furius Bibaculus, contemporain de Virgile :

Ille gravi subitò devinctus vulnere habenas
Misit equi, lapsusque in humum defluxit, et armis
Reddidit æratis sonitum.
Annales, liv. I.

On y retrouve aussi ces mots d'Homère sur Patrocle :

Ὣς ἄρα μιν εἰπόντα τέλος θανάτοιο κάλυψεν·
ψυχὴ δ' ἐκ ῥεθέων πταμένη ἀϊδόσδε βεβήκει,
ὃν πότμον γοόωσα, λιποῦσ' ἀδροτῆτα καὶ ἥβην.

Il. XVI, v. 855.

★

At Triviæ custos jamdudùm in montibus Opis
Alta sedet summis, spectatque interrita pugnas.
Utque procul medio juvenum in clamore furentum
Prospexit tristi multatam morte Camillam,
840 Ingemuitque, deditque has imo pectore voces :
« Heu! nimiùm, virgo, nimiùm crudele luisti
Supplicium, Teucros conata lacessere bello;
Nec tibi desertæ in dumis coluisse Dianam
Profuit, aut nostras humero gessisse pharetras.
Non tamen indecorem tua te regina reliquit
Extremâ jàm in morte, neque hoc sine nomine lethum
Per gentes erit, aut famam patieris inultæ.
Nam quicumque tuum violavit vulnere corpus,
Morte luet meritâ. » Fuit ingens monte sub alto
850 Regis Dercenni terreno ex aggere bustum
Antiqui Laurentis, opacâque ilice tectum :
Hic dea se primùm rapido pulcherrima nisu
Sistit, et Aruntem tumulo speculatur ab alto.
Ut vidit fulgentem armis, ac vana tumentem :
« Cur, inquit, diversus abis? huc dirige gressum,
Huc periture veni, capias ut digna Camillæ
Præmia : tu-ne etiam telis moriere Dianæ? »
Dixit, et auratâ volucrem Threïssa sagittam
Deprompsit pharetrâ, cornuque infensa tetendit,
860 Et duxit longè, donec curvata coïrent

Inter se capita, et manibus jàm tangeret æquis,
Lævâ aciem ferri, dextrâ nervoque papillam.
Extemplò teli stridorem aurasque sonantes
Audiit unà Aruns, hæsitque in corpore ferrum.
Illum exspirantem socii atque extrema gementem
Obliti ignoto camporum in pulvere linquunt;
Opis ad æthereum pennis aufertur Olympum.

Opis se prépare à venger Camille, comme Ménélas venge Patrocle sur Euphorbe (*Il. XVII, v.* 1.) Elle tend son arc du haut du tombeau de Dercenne comme Pâris derrière celui d'Ilus :

Αὐτὰρ Ἀλέξανδρος, Ἑλένης πόσις ἠϋκόμοιο,
Τυδείδῃ ἔπι τόξα τιταίνετο, ποιμένι λαῶν,
στήλῃ κεκλιμένος, ἀνδροκμήτῳ ἐπὶ τύμβῳ
Ἴλου Δαρδανίδαο, παλαιοῦ δημογέροντος.

Il. XI, v. 370.

Elle fait à Aruns l'appel d'Achille à Hector (*Il. XX, v.* 429), et lance la flèche fatale comme Pandarus (voyez Enéide IX, *v.* 621, et *Paralipomènes, ch.* X, *v.* 231):

Ἕλκε δ' ὁμοῦ γλυφίδας τε λαβὼν καὶ νεῦρα βόεια·
νευρὴν μὲν μαζῷ πέλασεν, τόξῳ δὲ σίδηρον.
αὐτὰρ ἐπειδὴ κυκλοτερὲς μέγα τόξον ἔτεινεν,
λίγξε βιός, νευρὴ δὲ μέγ' ἴαχεν, ἆλτο δ' ὀϊστὸς
ὀξυβελής, καθ' ὅμιλον ἐπιπτέσθαι μενεαίνων.

Il. IV, v. 122.

IX.

Prima fugit dominâ amissâ levis ala Camillæ,
Turbati fugiunt Rutuli, fugit acer Atinas;
870 Disjectique duces, desolatique manipli
Tuta petunt, et equis aversi ad mœnia tendunt.
Nec quisquam instantes Teucros, lethumque ferentes
Sustentare valet telis, aut sistere contrà;
Sed laxos referunt humeris languentibus arcus,
Quadrupedumque putrem cursu quatit ungula campum.
Volvitur ad muros caligine turbidus atrâ
Pulvis, et è speculis percussæ pectora matres
Fœmineum clamorem ad cœli sidera tollunt.
Qui cursu portas primi irrupêre patentes,
880 Hos inimica super mixto premit agmine turba;
Nec miseram effugiunt mortem : sed limine in ipso,
Mœnibus in patriis, atque inter tuta domorum
Confixi exspirant animas. Pars claudere portas;
Nec sociis aperire viam, nec mœnibus audent
Accipere orantes; oriturque miserrima cædes
Defendentum armis aditus, inque arma ruentum
Exclusi, antè oculos lacrymantumque ora parentum,
Pars in præcipites fossas, urgente ruinâ,
Volvitur; immissis pars cæca et concita frænis
890 Arietat in portas, et duros objice postes.
Ipsæ de muris summo certamine matres,
Monstrat amor verus patriæ, ut vidêre Camillam,
Tela manu trepidæ jaciunt, ac robore duro
Stipitibus ferrum sudibusque imitantur obustis
Præcipites, primæque mori pro mœnibus ardent.

LIVRE XI.

La mort de Camille assure la victoire aux Etrusques, et jette l'épouvante parmi les troupes latines. Leur déroute rappelle le beau tableau d'Homère représentant les Troyens poursuivis par Patrocle, et franchissant en désordre les retranchements:

Ὡς δ' ὅτ' ἀπ' Οὐλύμπου νέφος ἔρχεται οὐρανὸν εἴσω,
αἰθέρος ἐκ δίης, ὅτε τε Ζεὺς λαίλαπα τείνῃ·
ὣς τῶν ἐκ νηῶν γένετο ἰαχή τε φόβος τε·
οὐδὲ κατὰ μοῖραν πέραον πάλιν. Ἕκτορα δ' ἵπποι
ἔκφερον ὠκύποδες σὺν τεύχεσι· λεῖπε δὲ λαὸν
Τρωϊκόν, οὓς ἀέκοντας ὀρυκτὴ τάφρος ἔρυκεν.
πολλοὶ δ' ἐν τάφρῳ ἐρυσάρματες ὠκέες ἵπποι
ἄξαντ' ἐν πρώτῳ ῥυμῷ λίπον ἅρματ' ἀνάκτων·
Πάτροκλος δ' ἕπετο, σφεδανὸν Δαναοῖσι κελεύων,
Τρωσὶ κακὰ φρονέων· οἱ δὲ ἰαχῇ τε φόβῳ τε
πάσας πλῆσαν ὁδούς, ἐπεὶ ἂρ τμάγεν· ὕψι δ' ἄελλα
σκίδναθ' ὑπὸ νεφέων· τανύοντο δὲ μώνυχες ἵπποι
ἄψορρον προτὶ ἄστυ νεῶν ἄπο καὶ κλισιάων.
Πάτροκλος δ', ᾗ πλεῖστον ὀρινόμενον ἴδε λαόν,
τῇ ῥ' ἔχ' ὁμοκλήσας· ὑπὸ δ' ἄξοσι φῶτες ἔπιπτον
πρηνέες ἐξ ὀχέων, δίφροι δ' ἀνεκυμβαλίαζον.
ἀντικρὺ δ' ἄρα τάφρον ὑπέρθορον ὠκέες ἵπποι,
ἄμβροτοι, οὓς Πηλῆϊ θεοὶ δόσαν ἀγλαὰ δῶρα,
πρόσσω ἱέμενοι· ἐπὶ δ' Ἕκτορι κέκλετο θυμός·
ἵετο γὰρ βαλέειν· τὸν δ' ἔκφερον ὠκέες ἵπποι.
ὡς δ' ὑπὸ λαίλαπι πᾶσα κελαινὴ βέβριθε χθὼν
ἤματ' ὀπωρινῷ, ὅτε λαβρότατον χέει ὕδωρ
Ζεύς, ὅτε δή ῥ' ἄνδρεσσι κοτεσσάμενος χαλεπήνῃ,
οἳ βίῃ εἰν ἀγορῇ σκολιὰς κρίνωσι θέμιστας,
ἐκ δὲ δίκην ἐλάσωσι, θεῶν ὄπιν οὐκ ἀλέγοντες·
τῶν δέ τε πάντες μὲν ποταμοὶ πλήθουσι ῥέοντες,
πολλὰς δὲ κλιτῦς τότ' ἀποτμήγουσι χαράδραι,

ἐς δ' ἅλα πορφυρέην μεγάλα στενάχουσι ῥέουσαι
ἐξ ὀρέων ἐπὶ κάρ· μινύθει δέ τε ἔργ' ἀνθρώπων·
ὣς ἵπποι Τρῳαὶ μεγάλα στενάχοντο θέουσαι.

IL. XVI, v. 364.

Hésiode a aussi tracé sur le bouclier d'Hercule une description de ville assiégée, dont les principaux détails correspondent aux vers latins :

Ἄνδρες ἐμαρνάσθην, πολεμήϊα τεύχε' ἔχοντες·
τοὶ μὲν ἀπὸ σφετέρης πόλιος σφετέρων τε τοκήων
λοιγὸν ἀμύνοντες· τοὶ δὲ πραθέειν μεμαῶτες.
πολλοὶ μὲν κέατο, πλέονες δ' ἔτι δῆριν ἔχοντες
μάρνανθ'. αἱ δὲ γυναῖκες ἐϋδμήτων ἐπὶ πύργων
χάλκεον ὀξὺ βόων, κατὰ δ' ἐδρύπτοντο παρειὰς,
ζωῇσιν ἴκελαι, ἔργα κλυτοῦ Ἡφαίστοιο.
ἄνδρες δ' οἳ πρεσβῆες ἔσαν, γῆράς τε μέμαρπον,
ἀθρόοι ἔκτοσθεν πυλέων ἔσαν, ἂν δὲ θεοῖσι
χεῖρας ἔχον μακάρεσσι, περὶ σφετέροισι τέκεσσι
δειδιότες· τοὶ δ' αὖτε μάχην ἔχον, αἱ δὲ μετ' αὐτοὺς
κῆρες κυάνεαι, λευκοὺς ἀραβεῦσαι ὀδόντας.

Bouclier d'Hercule, v. 238.

Euripide nous offre un tableau du même genre dans le combat de Thésée contre Créon, pour la sépulture des sept chefs morts devant Thèbes :

Τί πρῶτον εἴπω, πότερα τὴν εἰς οὐρανὸν
κόνιν προσαντέλλουσαν, ὡς πολλὴ παρῆν,
ἢ τὰς ἄνω τε καὶ κάτω φορουμένας
ἱμᾶσιν αἵματός τε φοινίου ῥοάς,
τῶν μὲν πιτνόντων, τῶν δὲ θραυσθέντων δίφρων,
εἰς κρᾶτα πρὸς γῆν ἐκκυβιστώντων βίᾳ,
πρὸς ἁρμάτων τ' ἀγαῖσι λειπόντων βίον.
. . . .

βοὴ δὲ καὶ κωκυτὸς ἦν ἀνὰ πτόλιν
νέων, γερόντων, ἱερά τ' ἐξεπίμπλασαν
φόβῳ· παρὸν δὲ τειχέων εἴσω μολεῖν,
Θησεὺς ἐπέσχεν· οὐ γὰρ ὡς πέρσων πόλιν
μολεῖν ἔφασκεν, ἀλλ' ἀπαιτήσων νεκρούς.

Suppliantes, v. 689 et 723.

*

Intereà Turnum in silvis sævissimus implet
Nuntius, et juveni ingentem fert Acca tumultum :
Deletas Volscorum acies, cecidisse Camillam,
Ingruere infensos hostes, et marte secundo
900 Omnia corripuisse, metum jàm ad mœnia ferri.
Ille furens, nam sæva Jovis sic numina poscunt,
Deserit obsessos colles, nemora aspera linquit.
Vix è conspectu exierat, campumque tenebat,
Cùm pater Æneas, saltus ingressus apertos,
Exsuperatque jugum, silvâque evadit opacâ.
Sic ambo ad muros rapidi totoque feruntur
Agmine, nec longis inter se passibus absunt.
At simul Æneas fumantes pulvere campos
Prospexit longè, Laurentiaque agmina vidit :
910 Et sævum Æneam agnovit Turnus in armis,
Adventumque pedum, flatusque audivit equorum ;
Continuòque ineant pugnas et prælia tentent,
Ni roseus fessos jàm gurgite Phœbus Ibero
Tingat equos, noctemque die labente reducat.
Considunt castris antè urbem, et mœnia vallant.

Turnus apprend ce terrible désastre comme Achille la mort de Patrocle :

Ὣς οἱ μὲν μάρναντο δέμας πυρὸς αἰθομένοιο·
Ἀντίλοχος δ' Ἀχιλῆϊ πόδας ταχὺς ἄγγελος ἦλθεν.
Il. XVIII, v. 1.

Turnus et Enée campent aux portes de Laurente, et la nuit suspend leur combat, comme elle vient par l'ordre de Junon interrompre la lutte des Grecs et des Troyens :

Ἥλιον δ' ἀκάμαντα βοῶπις πότνια Ἥρη
πέμψεν ἐπ' ὠκεανοῖο ῥοὰς ἀέκοντα νέεσθαι·
ἠέλιος μὲν ἔδυ, παύσαντο δὲ δῖοι Ἀχαιοὶ
φυλόπιδος κρατερῆς καὶ ὁμοιΐου πολέμοιο.
Τρῶες δ' αὖθ' ἑτέρωθεν, ἀπὸ κρατερῆς ὑσμίνης
χωρήσαντες, ἔλυσαν ὑφ' ἅρμασιν ὠκέας ἵππους.
Il. XVIII, v. 239.

ÉNÉIDE.

LIVRE DOUZIÈME.

SOMMAIRE.

Mort de Turnus.

I. Défi de Turnus.
II. Sanction du traité.
III. Rupture du traité.
IV. Blessure d'Enée.
V. Guérison d'Enée.
VI. Scène de carnage.
VII. Mort d'Amate.
VIII. Combat d'Enée et de Turnus.
IX. Mort de Turnus.

Imité des chants 3, 4 et 22 de l'Iliade.

ÉNÉIDE.
LIVRE DOUZIÈME.

I.

Turnus, ut infractos adverso marte Latinos
Defecisse videt, sua nunc promissa reposci,
Se signari oculis : ultrò implacabilis ardet,
Attollitque animos. Pœnorum qualis in arvis
Saucius ille gravi venantum vulnere pectus,
Tùm demùm movet arma leo, gaudetque comantes
Excutiens cervice toros, fixumque latronis
Impavidus frangit telum, et fremit ore cruento :
Haud secùs accenso gliscit violentia Turno.

Turnus, voyant les Latins découragés par deux défaites, sent redoubler son invincible ardeur. Il défie son rival comme Pâris, et meurt en héros comme Hector : tel est le plan succinct de ce livre, dans lequel le poëte a réuni les chants 3, 4 et 22 de l'Iliade. La comparaison du lion (supérieurement reproduite par Lucain, *Pharsale*, ch. *I*, v. 205), est tirée de ces deux riches peintures appliquées à Diomède et Achille :

Τυδείδης δ' ἐξαῦτις ἰὼν προμάχοισιν ἐμίχθη·
καί, πρίν περ θυμῷ μεμαὼς Τρώεσσι μάχεσθαι,
δὴ τότε μιν τρίς τόσσον ἕλεν μένος, ὥστε λέοντα,
ὅν ῥά τε ποιμὴν ἀγρῷ ἐπ' εἰροπόκοις ὀΐεσσιν

χραύσῃ μέν τ' αὐλῆς ὑπεράλμενον, οὐδὲ δαμάσσῃ·
τοῦ μέν τε σθένος ὦρσεν· ἔπειτα δέ τ' οὐ προσαμύνει,
ἀλλὰ κατὰ σταθμοὺς δύεται, τὰ δ' ἐρῆμα φοβεῖται·
αἱ μέν τ' ἀγχιστῖναι ἐπ' ἀλλήλῃσι κέχυνται,
αὐτὰρ ὁ ἐμμεμαὼς βαθέης ἐξάλλεται αὐλῆς.

IL. V, v. 134.

Πηλείδης δ' ἑτέρωθεν ἐναντίον ὦρτο, λέων ὣς
σίντης, ὅν τε καὶ ἄνδρες ἀποκτάμεναι μεμάασιν,
ἀγρόμενοι, πᾶς δῆμος· ὁ δὲ πρῶτον μὲν ἀτίζων
ἔρχεται, ἀλλ' ὅτε κέν τις ἀρηϊθόων αἰζηῶν
δουρὶ βάλῃ, ἑάλη τε χανών, περί τ' ἀφρὸς ὀδόντας
γίγνεται, ἐν δέ τέ οἱ κραδίῃ στένει ἄλκιμον ἦτορ·
οὐρῇ δὲ πλευράς τε καὶ ἰσχία ἀμφοτέρωθεν
μαστίεται, ἓ δ' αὐτὸν ἐποτρύνει μαχέσασθαι·
γλαυκιόων δ' ἰθὺς φέρεται μένει, ἤν τινα πέφνῃ
ἀνδρῶν, ἢ αὐτὸς φθίεται πρώτῳ ἐν ὁμίλῳ.

IL. XX, v. 164.

10 Tùm sic affatur regem, atque ita turbidus infit :
« Nulla mora in Turno : nihil est quod dicta retractent
Ignavi Æneadæ, nec, quæ pepigêre, recusent.
Congredior ; fer sacra, pater, et concipe fœdus.
Aut hâc Dardanium dextrâ sub Tartara mittam
Desertorem Asiæ : sedeant, spectentque Latini,
Et solus ferro crimen commune refellam ;
Aut habeat victos, cedat Lavinia conjux. »
Olli sedato respondit corde Latinus :
« O præstans animi juvenis, quantùm ipse feroci
20 Virtute exsuperas, tantò me impensiùs æquum est
Consulere, atque omnes metuentem expendere casus.

Sunt tibi regna patris Dauni, sunt oppida capta
Multa manu; nec non aurumque animusque Latino est;
Sunt aliæ innuptæ Latio et Laurentibus agris,
Nec genus indecores : sine me hæc haud mollia fatu
Sublatis aperire dolis ; simul hoc animo hauri.
Me natam nulli veterum sociare procorum
Fas erat, idque omnes divique hominesque canebant.
Victus amore tui, cognato sanguine victus,
30 Conjugis et mœstæ lacrymis, vincla omnia rupi ;
Promissam eripui genero, arma impia sumpsi.
Ex illo qui me casus, quæ, Turne, sequantur
Bella vides, quantos primus patiare labores.
Bis magnâ victi pugnâ vix urbe tuemur
Spes Italas ; recalent nostro Tyberina fluenta
Sanguine adhùc, campique ingentes ossibus albent.
Quò referor toties ? quæ mentem insania mutat ?
Si, Turno extincto, socios sum adscire paratus,
Cur non incolumi potiùs certamina tollo ?
40 Quid consanguinei Rutuli, quid cætera dicet
Italia, ad mortem si te, fors dicta refutet !
Prodiderim, natam et connubia nostra petentem ?
Respice res bello varias ; miserere parentis
Longævi, quem nunc mœstum patria Ardea longè
Dividit. » Haudquaquam dictis violentia Turni
Flectitur : exsuperat magis, ægrescitque medendo.
Ut primùm fari potuit, sic institit ore :
« Quam pro me curam geris, hanc precor, optime, pro me
Deponas, lethumque sinas pro laude pacisci.
50 Et nos tela, pater, ferrumque haud debile dextrâ
Spargimus, et nostro sequitur de vulnere sanguis.
Longè illi dea mater erit, quæ nube fugacem
Fœmineâ tegat, et vanis sese occulat umbris. »

Pâris, au 3me. chant de l'Iliade, présente le défi à Ménélas; Hector, au 22me.,attend seul Achille au pied des murs de Troie, et s'apprête à le combattre malgré les instances de Priam et d'Hécube : ces deux situations réunies ont produit celle de Turnus. Sa proposition correspond à celle de Pâris (*Il. III, v.* 67), et le discours de Latinus aux prières du vieux roi à Hector :

Εστήκει, ἄμοτον μεμαὼς Ἀχιλῆϊ μάχεσθαι.
τὸν δ' ὁ γέρων ἐλεεινὰ προσηύδα, χεῖρας ὀρεγνύς·
« Εκτορ, μή μοι μίμνε, φίλον τέκος, ἀνέρα τοῦτον
οἶος ἄνευθ' ἄλλων, ἵνα μὴ τάχα πότμον ἐπίσπης,
Πηλείωνι δαμείς· ἐπειὴ πολὺ φέρτερός ἐστιν.

Il. XXII, v. 36.

La suite de ce discours, spécialement adapté à la situation de Priam, ne pouvoit convenir à Latinus. Virgile y a substitué plusieurs autres réminiscences, tels que ces mots d'Achille aux députés d'Agamemnon :

Εστι δέ μοι μάλα πολλά, τὰ κάλλιπον, ἐνθάδε ἔρρων·
. . . .
πολλαὶ Ἀχαιΐδες εἰσὶν ἀν' Ἑλλάδα τε Φθίην τε,
κοῦραι ἀριστήων, οἵτε πτολίεθρα ῥύονται·
τάων ἥν κ' ἐθέλοιμι, φίλην ποιήσομ' ἄκοιτιν.

Il. IX, v. 364 et 395.

Et ces mots de Nestor sur les malheurs de la guerre :

Πολλοὶ γὰρ τεθνᾶσι καρηκομόωντες Ἀχαιοί,
τῶν νῦν αἷμα κελαινὸν ἐΰρροον ἀμφὶ Σκάμανδρον
ἐσκέδασ' ὀξὺς Ἄρης, ψυχαὶ δ' ἄϊδόσδε κατῆλθον.

Il. VII, v. 328.

Latinus invoque enfin pour Daunus la tendresse filiale que Priam exige d'Hector :

Πρὸς δ', ἐμὲ τὸν δύστηνον ἔτι φρονέοντ' ἐλέησον,
δύσμορον, ὅν ῥα πατὴρ Κρονίδης ἐπὶ γήραος οὐδῷ
αἴσῃ ἐν ἀργαλέῃ φθίσει, κακὰ πόλλ' ἐπιδόντα.

IL. XXII, v. 59.

La réponse de Turnus, qui rappelle deux passages de l'Iliade (*Il. XX*, *v.* 437; *V*, *v.* 314) est absolue comme le refus d'Hector :

Ἦ ῥ' ὁ γέρων, πολιὰς δ' ἄρ' ἀνὰ τρίχας ἕλκετο χερσίν,
τίλλων ἐκ κεφαλῆς· οὐδ' Ἕκτορι θυμὸν ἔπειθεν.

IL. XXII, v. 77.

*

At regina, novâ pugnæ conterrita sorte
Flebat, et ardentem generum moritura tenebat :
« Turne, per has ego te lacrymas, per si quis Amatæ
Tangit honos animum ; spes tu nunc una, senectæ
Tu requies miseræ, decus imperiumque Latini
Te penes, in te omnis domus inclinata recumbit ;
60 Unum oro : desiste manum committere Teucris.
Qui te cumque manent isto certamine casus,
Et me, Turne, manent : simul hæc invisa relinquam
Lumina, nec generum Æneam captiva videbo. »
Accepit vocem lacrymis Lavinia matris,
Flagrantes perfusa genas ; cui plurimus ignem
Subjecit rubor, et calefacta per ora cucurrit.
Indum sanguineo veluti violaverit ostro
Si quis ebur, aut mixta rubent ubi lilia multâ
Alba rosâ : tales virgo dabat ore colores.
70 Illum turbat amor, figitque in virgine vultus ;
Ardet in arma magis, paucisque affatur Amatam :

« Ne, quæso, ne me lacrymis, neve omine tanto
Prosequere in duri certamina Martis euntem,
O mater ; neque enim Turno mora libera mortis.
Nuntius hæc, Idmon, Phrygio mea dicta tyranno
Haud placitura refer : cùm primùm crastina cœlo
Puniceis invecta rotis Aurora rubebit,
Non Teucros agat in Rutulos; Teucrûm arma quiescant
Et Rutulûm : nostro dirimamus sanguine bellum.
80 Illo quæratur conjux Lavinia campo. »

Amate représente ici Hécube joignant ses prières à celles de Priam :

Μήτηρ δ' αὖθ' ἑτέρωθεν ὀδύρετο δακρυχέουσα,
κόλπον ἀνιεμένη, ἑτέρηφι δὲ μαζὸν ἀνέσχεν·
καί μιν δακρυχέουσ' ἔπεα πτερόεντα προσηύδα·
« Ἕκτορ, τέκνον ἐμόν, τάδε τ' αἴδεο, καί μ' ἐλέησον
αὐτήν ! εἴποτέ τοι λαθικηδέα μαζὸν ἐπέσχον,
τῶν μνῆσαι, φίλε τέκνον· ἄμυνε δὲ δήϊον ἄνδρα,
τείχεος ἐντὸς ἐών, μηδὲ πρόμος ἵστασο τούτῳ·
σχέτλιος ! εἴπερ γάρ σε κατακτάνῃ, οὔ σ' ἔτ' ἔγωγε
κλαύσομαι ἐν λεχέεσσι, φίλον θάλος, ὃν τέκον αὐτή,
οὐδ' ἄλοχος πολύδωρος· ἄνευθε δέ σε μέγα νῶϊν
Ἀργείων παρὰ νηυσὶ κύνες ταχέες κατέδονται.
IL. XXII, v. 79.

Le portrait de Lavinie, qui respire une grâce si aimable, rappelle celui de Médée apercevant Jason (*Argon. III, v* 963.) Virgile y a ajouté cette comparaison d'Homère sur la blessure de Ménélas :

Αὐτίκα δ' ἔρρεεν αἷμα κελαινεφὲς ἐξ ὠτειλῆς·
ὡς δ' ὅτε τίς τ' ἐλέφαντα γυνὴ φοίνικι μιήνῃ
Μῃονὶς ἠὲ Κάειρα, παρήϊον ἔμμεναι ἵππων.
IL. IV, v. 140.

LIVRE XII.   335

Et cette image d'Anacréon, devenue d'un usage vulgaire :

Γράφε ῥῖνα καὶ παρειάς,
ῥόδα τῷ γάλακτι μίξας.
                                    Ode 28.

Turnus, aveuglé par l'amour, réitère son refus comme Hector :

Ὣς τώγε κλαίοντε προσαυδήτην φίλον υἱόν,
πολλὰ λισσομένω· οὐδ' Ἕκτορι θυμὸν ἔπειθον.
                                    IL. XXII, v. 90.

Il adresse à Amate la réponse de Priam à Hécube (*Il. XXIV, v. 218*), et fait proclamer son défi comme Pâris :

Ἄλλους μὲν κάθισον Τρῶας καὶ πάντας Ἀχαιούς·
αὐτὰρ ἔμ' ἐν μέσσῳ καὶ ἀρηΐφιλον Μενέλαον
συμβάλετ' ἀμφ' Ἑλένῃ καὶ κτήμασι πᾶσι μάχεσθαι.
ὁππότερος δέ κε νικήσῃ, κρείσσων τε γένηται,
κτήμαθ' ἑλὼν εὖ πάντα, γυναῖκά τε, οἴκαδ' ἀγέσθω·
οἱ δ' ἄλλοι, φιλότητα καὶ ὅρκια πιστὰ ταμόντες,
ναίοιτε Τροίην ἐριβώλακα· τοὶ δὲ νεέσθων
Ἄργος ἐς ἱππόβοτον καὶ Ἀχαιΐδα καλλιγύναικα.
                                    IL. III, v. 68.

★

Hæc ubi dicta dedit, rapidusque in tecta recessit,
Poscit equos, gaudetque tuens antè ora frementes,
Pilumno quos ipsa decus dedit Orithyia,
Qui candore nives anteirent, cursibus auras.
Circumstant properi aurigæ, manibusque lacessunt
Pectora plausa cavis, et colla comantia pectunt.

Ipse dehinc auro squalentem alboque orichalco
Circumdat loricam humeris ; simul aptat habendo
Ensemque, clypeumque, et rubræ cornua cristæ :
90 Ensem, quem Dauno ignipotens deus ipse parenti
Fecerat, et Stygiâ candentem tinxerat undâ.
Exin, quæ in mediis ingenti adnixa columnæ
Ædibus adstabat, validam vi corripit hastam,
Actoris Aurunci spolium, quassatque trementem
Vociferans : « Nunc, o numquam frustrata vocatus
Hasta meos, nunc tempus adest ; te maximus Actor,
Te Turni nunc dextra gerit : da sternere corpus,
Loricamque manu validâ lacerare revulsam
Semiviri Phrygis, et fœdare in pulvere crines
100 Vibratos calido ferro, myrrhâque madentes. »
His agitur furiis, totoque ardentis ab ore
Scintillæ absistunt, oculis micat acribus ignis.
Mugitus veluti cùm prima in prælia taurus
Terrificos ciet, atque irasci in cornua tentat,
Arboris obnixus trunco, ventosque lacessit
Ictibus, et sparsâ ad pugnam proludit arenâ.
Nec minùs intereà maternis sævus in armis
Æneas acuit martem, et se suscitat irâ,
Oblato gaudens componi fœdere bellum.
110 Tùm socios, mœstique metum solatur Iüli,
Fata docens ; regique jubet responsa Latino
Certa referre viros, et pacis dicere leges.

Turnus s'arme comme Pâris après la conclusion du traité :

Αὐτὰρ ὅγ᾽ ἀμφ᾽ ὤμοισιν ἐδύσατο τεύχεα καλὰ
δῖος Ἀλέξανδρος. Ἑλένης πόσις ἠυκόμοιο.

Il. III, v. 328.

Les détails du costume de Pâris (*Il. III*, v. 330), perfectionnés dans celui d'Agamemnon (*Il. XI*, v. 15), ont été portés par le poëte grec au plus haut degré de richesse dans le tableau de l'équipement d'Achille, qui a produit celui de Turnus (voyez l'imitation du Tasse, *Jérusalem, ch. VII, st.* 51) :

Αἴγλη δ' οὐρανὸν ἷκε, γέλασσε δὲ πᾶσα περὶ χθὼν
χαλκοῦ ὑπὸ στεροπῆς· ὑπὸ δὲ κτύπος ὤρνυτο ποσσὶν
ἀνδρῶν· ἐν δὲ μέσοισι κορύσσετο δῖος Ἀχιλλεύς.
τοῦ καὶ ὀδόντων μὲν καναχὴ πέλε· τὼ δέ οἱ ὄσσε
λαμπέσθην, ὡσεί τε πυρὸς σέλας· ἐν δέ οἱ ἦτορ
δῦν' ἄχος ἄτλητον· ὁ δ' ἄρα Τρωσὶν μενεαίνων
δύσετο δῶρα θεοῦ, τά οἱ Ἥφαιστος κάμε τεύχων.
. . . .
ἐκ δ' ἄρα σύριγγος πατρώϊον ἐσπάσατ' ἔγχος,
βριθύ, μέγα, στιβαρόν· τὸ μὲν οὐ δύνατ' ἄλλος Ἀχαιῶν
πάλλειν, ἀλλά μιν οἶος ἐπίστατο πῆλαι Ἀχιλλεύς,
Πηλιάδα μελίην, τὴν πατρὶ φίλῳ πόρε Χείρων
Πηλίου ἐκ κορυφῆς, φόνον ἔμμεναι ἡρώεσσιν.
ἵππους δ' Αὐτομέδων τε καὶ Ἄλκιμος ἀμφιέποντες
ζεύγνυον· ἀμφὶ δὲ καλὰ λέπαδν' ἔσαν· ἐν δὲ χαλινοὺς
γαμφηλῇς ἔβαλον, κατὰ δ' ἡνία τεῖναν ὀπίσσω
κολλητὸν ποτὶ δίφρον. ὁ δὲ μάστιγα φαεινὴν
χειρὶ λαβὼν ἀραρυῖαν, ἐφ' ἵπποιϊν ἀνόρουσεν
Αὐτομέδων· ὄπιθεν δὲ κορυσσάμενος βῆ Ἀχιλλεύς,
τεύχεσι παμφαίνων, ὥστ' ἠλέκτωρ Ὑπερίων.
σμερδαλέον δ' ἵπποισιν ἐκέκλετο πατρὸς ἑοῖο·
« Ξάνθε τε καὶ Βαλίε, τηλεκλυτὰ τέκνα Ποδάργης,
ἄλλως δὴ φράζεσθε σαωσέμεν ἡνιοχῆα
ἂψ Δαναῶν ἐς ὅμιλον, ἐπεί χ' ἕωμεν πολέμοιο·
μηδ', ὡς Πάτροκλον, λίπετ' αὐτοῦ τεθνηῶτα! »

Il. XIX, v. 362 et 387.

L'exhortation d'Achille à ses chevaux correspond, comme on le voit, à celle de Turnus à sa lance. Ce sentiment, puisé

Etudes grecq. IIIe Partie.

dans les mœurs guerrières des premiers âges, se retrouve aussi dans une des belles scènes de Sophocle (*Philoctète, v.* 1128.) L'équipement de Turnus offre encore d'autres analogies homériques : ses chevaux ressemblent à ceux de Rhésus (*Il. X, v.* 437), son épée à celle de Neptune (*Il. XIV, v.* 385), ses paroles sont celles d'Agamemnon (*Il. II, v.* 416.)

Énée, tranquille sur la foi des oracles, accepte le défi comme Ménélas (*Il. III, v.* 96), et se prépare comme lui au combat :

Ὡς δ' αὔτως Μενέλαος ἀρήϊος ἔντε' ἔδυνεν.

IL. III, v. 339.

II.

Postera vix summos spargebat lumine montes
Orta dies, cùm primùm alto se gurgite tollunt
Solis equi, lucemque elatis naribus efflant:
Campum ad certamen, magnæ sub mœnibus urbis
Dimensi, Rutulique viri Teucrique parabant ;
In medioque focos, et dîs communibus aras
Gramineas; alii fontemque ignemque ferebant,
120 Velati lino et verbenâ tempora vincti.
Procedit legio Ausonidûm, pilataque plenis
Agmina se fundunt portis ; hinc Troïus omnis,
Tyrrhenusque ruit variis exercitus armis ;
Haud secùs instructi ferro, quàm si aspera Martis
Pugna vocet : necnon mediis in millibus ipsi
Ductores auro volitant ostroque decori,
Et genus Assaraci Mnestheus, et fortis Asylas,
Et Messapus equûm domitor, Neptunia proles.

LIVRE XII.   359

Utque dato signo spatia in sua quisque recessit,
130 Defigunt tellure hastas, et scuta reclinant.
  Tùm studio effusæ matres, et vulgus inermum,
Invalidique senes turres et tecta domorum
Obsedère ; alii portis sublimibus adstant.

Les deux peuples voient luire le jour qui doit fixer leurs destinées. Le traité qui sanctionne le combat, reproduit par l'Arioste dans celui de Renaud et de Roger (*Roland, ch. XXXVIII, st.* 76), et par le Tasse dans celui de Raimond et d'Argant (*Jérusalem, ch. VII, st.* 51) est calqué sur celui de Pâris et de Ménélas. Les sacrifices, les serments, la rupture sont exactement les mêmes que dans l'Iliade, où les préparatifs commencent immédiatement après la proclamation d'Hector :

Ὣς ἔφαθ'· οἱ δ' ἐχάρησαν Ἀχαιοί τε Τρῶές τε,
ἐλπόμενοι παύσεσθαι ὀϊζυροῦ πολέμοιο.
καί ῥ' ἵππους μὲν ἔρυξαν ἐπὶ στίχας, ἐκ δ' ἔβαν αὐτοί,
τεύχεά τ' ἐξεδύοντο, τὰ μὲν κατέθεντ' ἐπὶ γαίῃ
πλησίον ἀλλήλων, ὀλίγη δ' ἦν ἀμφὶς ἄρουρα.
Ἕκτωρ δὲ προτὶ ἄστυ δύο κήρυκας ἔπεμπεν,
καρπαλίμως ἄρνας τε φέρειν, Πρίαμόν τε καλέσσαι.
αὐτὰρ ὁ Ταλθύβιον προΐει κρείων Ἀγαμέμνων,
νῆας ἔπι γλαφυρὰς ἰέναι, ἠδ' ἄρν' ἐκέλευεν
οἰσέμεναι· ὁ δ' ἄρ' οὐκ ἀπίθησ' Ἀγαμέμνονι δίῳ.
. . . .
Ἕκτωρ δὲ Πριάμοιο πάϊς, καὶ δῖος Ὀδυσσεὺς
χῶρον μὲν πρῶτον διεμέτρεον· αὐτὰρ ἔπειτα
κλήρους ἐν κυνέῃ χαλκήρεϊ πάλλον ἑλόντες,
ὁππότερος δὴ πρόσθεν ἀφείη χάλκεον ἔγχος.
λαοὶ δ' ἠρήσαντο, θεοῖσι δὲ χεῖρας ἀνέσχον·
ὧδε δέ τις εἴπεσκεν Ἀχαιῶν τε Τρώων τε·
« Ζεῦ πάτερ, Ἴδηθεν μεδέων, κύδιστε, μέγιστε !

* 22

ὁππότερος τάδε ἔργα μετ' ἀμφοτέροισιν ἔθηκεν,
τὸν δὸς ἀποφθίμενον δῦναι δόμον Ἄϊδος εἴσω,
ἡμῖν δ' αὖ φιλότητα καὶ ὅρκια πιστὰ γενέσθαι. »

IL. III. v. 111 et 314.

★

At Juno ex summo, qui nunc Albanus habetur,
Tunc neque nomen erat neque honos aut gloria monti,
Prospiciens tumulo, campum spectabat, et ambas
Laurentum Troümque acies, urbemque Latini.
Extemplò Turni sic est affata sororem
Diva deam, stagnis quæ fluminibusque sonoris
140 Præsidet, hunc illi rex ætheris altus honorem
Jupiter ereptâ pro virginitate sacravit :
« Nympha, decus fluviorum, animo gratissima nostro,
Scis, ut te cunctis unam, quæcumque Latinæ
Magnanimi Jovis ingratum ascendêre cubile,
Prætulerim, cœlique libens in parte locarim :
Disce tuum, ne me incuses, Juturna, dolorem.
Quà visa est fortuna pati, Parcæque sinebant
Cedere res Latio, Turnum et tua mœnia texi ;
Nunc juvenem imparibus video concurrere fatis,
150 Parcarumque dies et vis inimica propinquat.
Non pugnam aspicere hanc oculis, non fœdera possum.
Tu, pro germano si quid præsentius audes,
Perge, decet : forsan miseros meliora sequentur. »
Vix ea, cùm lacrymas oculis Juturna profudit,
Terque quaterque manu pectus percussit honestum.
« Non lacrymis hoc tempus, ait Saturnia Juno :
Accelera, et fratrem, si quis modus, eripe morti ;
Aut tu bella cie, conceptumque excute fœdus.
Auctor ego audendi. » Sic exhortata reliquit
160 Incertam, et tristi turbatam vulnere mentis.

LIVRE XII. 341

Après la défaite de Pâris, Homère représente aussi l'assemblée céleste réunie au sommet de l'Olympe, et délibérant sur l'issue de la guerre :

Οἱ δὲ θεοὶ πὰρ Ζηνὶ καθήμενοι ἠγορόωντο
χρυσέῳ ἐν δαπέδῳ, μετὰ δέ σφισι πότνια Ἥβη
νέκταρ ἐῳνοχόει· τοὶ δὲ χρυσέοις δεπάεσσιν
δειδέχατ᾽ ἀλλήλους, Τρώων πόλιν εἰσορόωντες.
IL. IV, v. 1.

Virgile a anticipé sur cette circonstance en plaçant avant le combat l'entretien de Junon avec Juturne. Les premières paroles de la déesse rappellent son discours à Thétis dans le poëme d'Apollonius (*Argon. IV, v.* 791), mais la suite se rapproche du texte d'Homère. Junon peint la mort prochaine de Turnus comme Antiloque celle de Patrocle :

. . . . ἦ μάλα λυγρῆς
πεύσεαι ἀγγελίης, ἣ μὴ ὤφελλε γενέσθαι.
IL. XVIII, v. 18.

Elle s'éloigne, comme Priam, pour ne pas voir cette lutte fatale :

Ἤτοι ἐγὼν εἶμι προτὶ Ἴλιον ἠνεμόεσσαν
ἄψ, ἐπεὶ οὔπω τλήσομ᾽ ἐν ὀφθαλμοῖσιν ὁρᾶσθαι
μαρνάμενον φίλον υἱὸν ἀρηϊφίλῳ Μενελάῳ.
IL. III, v. 305.

Enfin elle autorise Juturne à tout oser pour son frère, comme Jupiter ordonne à Minerve de rompre le traité :

Αἶψα μάλ᾽ ἐς στρατὸν ἐλθὲ μετὰ Τρῶας καὶ Ἀχαιούς,
πείραν δ᾽, ὥς κε Τρῶες ὑπερκύδαντας Ἀχαιοὺς
ἄρξωσι πρότεροι ὑπὲρ ὅρκια δηλήσασθαι.
IL. IV, v. 70.

*

Intereà reges, ingenti mole Latinus
Quadrijugo vehitur curru, cui tempora circùm
Aurati bis sex radii fulgentia cingunt,
Solis avi specimen; bigis it Turnus in albis,
Bina manu lato crispans hastilia ferro.
Hinc pater Æneas, Romanæ stirpis origo,
Sidereo flagrans clypeo, et cœlestibus armis;
Et juxtà Ascanius, magnæ spes altera Romæ.
Procedunt castris, puráque in veste sacerdos
170 Setigeræ fœtum suis, intonsamque bidentem
Attulit, admovitque pecus flagrantibus aris.
Illi ad surgentem conversi lumina solem,
Dant fruges manibus salsas, et tempora ferro
Summa notant pecudum, paterisque altaria libant.

Virgile a orné ici de toute la magnificence romaine la simplicité du récit d'Homère, qui représente également Priam et Anténor sortant de Troie, Agamemnon et Ulysse s'avançant à leur rencontre, et procédant au sacrifice :

Ἀν δ' ἄρ' ἔϐη Πρίαμος, κατὰ δ' ἡνία τεῖνεν ὀπίσσω·
πὰρ δέ οἱ Ἀντήνωρ περικαλλέα βήσατο δίφρον.
τὼ δὲ διὰ Σκαιῶν πεδίονδ' ἔχον ὠκέας ἵππους.
ἀλλ' ὅτε δή ῥ' ἵκοντο μετὰ Τρῶας καὶ Ἀχαιούς,
ἐξ ἵππων ἀποϐάντες ἐπὶ χθόνα πουλυϐότειραν,
ἐς μέσσον Τρώων καὶ Ἀχαιῶν ἐστιχόωντο.
ὤρνυτο δ' αὐτίκ' ἔπειτα ἄναξ ἀνδρῶν Ἀγαμέμνων,
ἂν δ' Ὀδυσεὺς πολύμητις· ἀτὰρ κήρυκες ἀγαυοὶ
ὅρκια πιστὰ θεῶν σύναγον, κρητῆρι δὲ οἶνον
μίσγον, ἀτὰρ βασιλεῦσιν ὕδωρ ἐπὶ χεῖρας ἔχευαν·
Ἀτρείδης δὲ ἐρυσσάμενος χείρεσσι μάχαιραν,
ἥ οἱ πὰρ ξίφεος μέγα κουλεὸν αἰὲν ἄωρτο,

ἀρνῶν ἐκ κεφαλέων τάμνε τρίχας· αὐτὰρ ἔπειτα
κήρυκες Τρώων καὶ Ἀχαιῶν νεῖμαν ἀρίστοις.
IL. III, v. 261.

★   ●

Tùm pius Æneas stricto sic ense precatur:
« Esto nunc Sol testis, et hæc mihi terra precanti,
Quam propter tantos potui perferre labores;
Et Pater omnipotens, et tu Saturnia Juno,
Jàm melior, jàm diva, precor; tuque, inclyte Mavors,
180 Cuncta tuo qui bella, pater, sub numine torques;
Fontesque fluviosque voco, quæque ætheris alti
Relligio, et quæ cœruleo sunt numina ponto:
Cesserit Ausonio si fors victoria Turno,
Convenit Evandri victos discedere ad urbem;
Cedet Iulus agris; nec post arma ulla rebelles
Æneadæ referent, ferrove hæc regna lacessent.
Sin nostrum annuerit nobis victoria martem,
Ut potiùs reor, et potiùs di numine firment,
Non ego nec Teucris Italos parere jubebo,
190 Nec mihi regna peto: paribus se legibus ambæ
Invictæ gentes æterna in fœdera mittant.
Sacra deosque dabo; socer arma Latinus habeto,
Imperium solemne socer; mihi mœnia Teucri
Constituent, urbique dabit Lavinia nomen. »

Le serment d'Enée correspond à celui d'Agamemnon:

Τοῖσιν δ' Ἀτρείδης μεγάλ' εὔχετο, χεῖρας ἀνασχών·
« Ζεῦ πάτερ, Ἴδηθεν μεδέων, κύδιστε, μέγιστε,
Ἠέλιός θ', ὃς πάντ' ἐφορᾷς, καὶ πάντ' ἐπακούεις,
καὶ Ποταμοὶ καὶ Γαῖα, καὶ οἳ ὑπένερθε καμόντας
ἀνθρώπους τίνυσθον, ὅτις κ' ἐπίορκον ὀμόσσῃ·

ὑμεῖς μάρτυροι ἔστε, φυλάσσετε δ' ὅρκια πιστά!
εἰ μέν κεν Μενέλαον Ἀλέξανδρος καταπέφνῃ,
αὐτὸς ἔπειθ' Ἑλένην ἐχέτω καὶ κτήματα πάντα,
ἡμεῖς δ' ἐν νήεσσι νεώμεθα ποντοπόροισιν·
εἰ δέ κ' Ἀλέξανδρον κτείνῃ ξανθὸς Μενέλαος,
Τρῶας ἔπειθ' Ἑλένην καὶ κτήματα πάντ' ἀποδοῦναι,
τιμὴν δ' Ἀργείοις ἀποτινέμεν, ἥντιν' ἔοικεν,
ἥτε καὶ ἐσσομένοισι μετ' ἀνθρώποισι πέληται.
εἰ δ' ἂν ἐμοὶ τιμὴν Πρίαμος Πριάμοιό τε παῖδες
τίνειν οὐκ ἐθέλωσιν, Ἀλεξάνδροιο πεσόντος,
αὐτὰρ ἐγὼ καὶ ἔπειτα μαχήσομαι εἵνεκα ποινῆς,
αὖθι μένων, εἵως κε τέλος πολέμοιο κιχείω.

Il. III, v. 275.

★

Sic prior Æneas; sequitur sic deindè Latinus,
Suspiciens cœlum, tenditque ad sidera dextram:
« Hæc eadem, Ænea, terram, mare, sidera juro,
Latonæque genus duplex, Janumque bifrontem,
Vimque deûm infernam, et duri sacraria Ditis;
200 Audiat hæc Genitor, qui fœdera fulmine sancit;
Tango aras, mediosque ignes, et numina testor:
Nulla dies pacem hanc Italis nec fœdera rumpet,
Quò res cumque cadent; nec me vis ulla volentem
Avertet; non, si tellurem effundat in undas
Diluvio miscens, cœlumque in Tartara solvat:
Ut sceptrum hoc (dextrâ sceptrum nam forte gerebat)
Numquam fronde levi fundet virgulta nec umbras,
Cùm semel in silvis imo de stirpe recisum
Matre caret, posuitque comas et brachia ferro;
210 Olim arbos, nunc artificis manus ære decoro
Inclusit, patribusque dedit gestare Latinis. »
Talibus inter se firmabant fœdera dictis,

Conspectu in medio procerum : tùm rite sacratas
In flammam jugulant pecudes, et viscera vivis
Eripiunt, cumulantque oneratis lancibus aras.

Dans le texte grec, le roi de Mycènes prononce le serment au nom des deux armées. Virgile en a ingénieusement varié la formule dans l'invocation de Latinus, où il oppose à la mythologie grecque toutes les divinités de l'ancienne Italie. La fin est traduite, comme on sait, de la fameuse imprécation d'Achille :

Ναὶ μὰ τόδε σκῆπτρον, τὸ μὲν οὔποτε φύλλα καὶ ὄζους
φύσει, ἐπειδὴ πρῶτα τομὴν ἐν ὄρεσσι λέλοιπεν,
οὐδ' ἀναθηλήσει· περὶ γάρ ῥά ἑ χαλκὸς ἔλεψεν
φύλλα τε καὶ φλοιόν· νῦν αὖτέ μιν υἷες Ἀχαιῶν
ἐν παλάμῃς φορέουσι δικασπόλοι, οἵτε θέμιστας
πρὸς Διὸς εἰρύαται· ὁ δέ τοι μέγας ἔσσεται ὅρκος·
ἤ ποτ' Ἀχιλλῆος ποθὴ ἵξεται υἷας Ἀχαιῶν.

Il. I, v. 234.

Les détails du sacrifice se retrouvent dans le tableau d'Homère :

Ἦ, καὶ ἀπὸ στομάχους ἀρνῶν τάμε νηλέϊ χαλκῷ·
καὶ τοὺς μὲν κατέθηκεν ἐπὶ χθονὸς ἀσπαίροντας,
θυμοῦ δευομένους· ἀπὸ γὰρ μένος εἵλετο χαλκός·
οἶνον δ' ἐκ κρητῆρος ἀφυσσάμενοι δεπάεσσιν
ἔκχεον, ἠδ' εὔχοντο θεοῖς αἰειγενετῇσιν.

Il. III, v. 292.

III.

At verò Rutulis impar ea pugna videri
Jamdudùm, et vario misceri pectora motu ;
Tùm magis, ut propiùs cernunt, non viribus æquis.

Adjuvat incessu tacito progressus, et aram
220 Suppliciter venerans demisso lumine Turnus,
Tabentesque genæ, et juvenili in corpore pallor.
Quem simul ac Juturna soror crebrescere vidit
Sermonem, et vulgi variare labantia corda :
In medias acies, formam assimulata Camerti,
Cui genus à proavis ingens, clarumque paternæ
Nomen erat virtutis, et ipse acerrimus armis,
In medias dat sese acies, haud nescia rerum,
Rumoresque serit varios, ac talia fatur :
« Non pudet, o Rutuli, cunctis pro talibus unam
230 Objectare animam? numero-ne ac viribus æqui
Non sumus? En, omnes et Troes et Arcades hi sunt,
Fatalisque manus, infensa Etruria Turno :
Vix hostem, alterni si congrediamur, habemus.
Ille quidem ad superos, quorum se devovet aris,
Succedet famâ, vivusque per ora feretur ;
Nos, patriâ amissâ, dominis parere superbis
Cogemur, qui nunc lenti consedimus arvis. »
Talibus incensa est juvenum sententia dictis
Jàm magis atque magis, serpitque per agmina murmur :
240 Ipsi Laurentes mutati, ipsique Latini.
Qui sibi jàm requiem pugnæ rebusque salutem
Sperabant, nunc arma volunt, fœdusque precantur
Infectum, et Turni sortem miserantur iniquam.

L'approche du combat épouvante les Rutules; Turnus lui-même pâlit à la vue d'Enée, comme au 7me. chant de l'Iliade, Hector tremble devant Ajax qui vient répondre à son défi :

Τρῶας δὲ τρόμος αἰνὸς ὑπήλυθε γυῖα ἕκαστον,
Εκτορί τ' αὐτῷ θυμὸς ἐνὶ στήθεσσι πάτασσεν.

Il. VII, v. 215.

LIVRE XII.   347

Juturne profite de cet instant, et parcourt les rangs sous les traits de Camerte, comme Minerve, sous ceux de Laodoce, excite Pandarus à frapper Ménélas :

Ἡ δ' ἀνδρὶ ἰκέλη Τρώων κατεδύσαθ' ὅμιλον,
Λαοδόκῳ Ἀντηνορίδῃ, κρατερῷ αἰχμητῇ,
Πάνδαρον ἀντίθεον διζημένη, εἴ που ἐφεύροι.
εὗρε Λυκάονος υἱὸν ἀμύμονά τε κρατερόν τε,
ἑσταότ'· ἀμφὶ δέ μιν κρατεραὶ στίχες ἀσπιστάων
λαῶν, οἵ οἱ ἕποντο ἀπ' Αἰσήποιο ῥοάων.
ἀγχοῦ δ' ἱσταμένη ἔπεα πτερόεντα προσηύδα·
« Ἦ ῥά νύ μοί τι πίθοιο, Λυκάονος υἱὲ δαΐφρον;
τλαίης κεν Μενελάῳ ἐπιπροέμεν ταχὺν ἰόν;
πᾶσι δέ κε Τρώεσσι χάριν καὶ κῦδος ἄροιο,
ἐκ πάντων δὲ μάλιστα Ἀλεξάνδρῳ βασιλῆϊ. »

IL. IV, v. 86.

Juturne substitue à ces paroles l'exhortation d'Agamemnon à l'armée grecque dans la grande assemblée du 2ᵐᵉ. chant :

Αἰσχρὸν γὰρ τόδε γ' ἐστὶ καὶ ἐσσομένοισι πυθέσθαι,
μὰψ οὕτω τοιόνδε τοσόνδε τε λαὸν Ἀχαιῶν
ἄπρηκτον πόλεμον πολεμίζειν, ἠδὲ μάχεσθαι
ἀνδράσι παυροτέροισι, τέλος δ' οὔπω τι πέφανται.
εἴπερ γάρ κ' ἐθέλοιμεν Ἀχαιοί τε Τρῶές τε,
ὅρκια πιστὰ ταμόντες, ἀριθμηθήμεναι ἄμφω,
Τρῶας μὲν λέξασθαι, ἐφέστιοι ὅσσοι ἔασιν,
ἡμεῖς δ' ἐς δεκάδας διακοσμηθεῖμεν Ἀχαιοί,
Τρώων δ' ἄνδρα ἕκαστον ἑλοίμεθα οἰνοχοεύειν·
πολλαί κεν δεκάδες δευοίατο οἰνοχόοιο.

IL. II, v. 119.

Les derniers mots de Juturne rappellent ceux de Priam à ses sujets après la mort d'Hector (*Il. XXIV, v.* 243). Ils produisent le même effet sur les Rutules que le discours de Minerve sur Pandarus :

Ὡς φάτ' Ἀθηναίη· τῷ δὲ φρένας ἄφρονι πεῖθεν.

Il., IV, v. 104.

Et sur les Grecs l'aspect de son égide :

Σὺν τῇ παιφάσσουσα διέσσυτο λαὸν Ἀχαιῶν,
ὀτρύνουσ' ἰέναι· ἐν δὲ σθένος ὦρσεν ἑκάστῳ
καρδίῃ, ἄλληκτον πολεμίζειν ἠδὲ μάχεσθαι.
τοῖσι δ' ἄφαρ πόλεμος γλυκίων γένετ', ἠὲ νέεσθαι
ἐν νηυσὶ γλαφυρῇσι φίλην ἐς πατρίδα γαῖαν.

Il. II, v. 450.

C'est ainsi que, dans l'Arioste et le Tasse, la fée Mélisse prend la figure de Rodomont pour rompre le traité entre Renaud et Roger (*Roland*, ch. *XXXIX*, st. 1), et Belzébub celle de Clorinde pour enlever la victoire à Raimond (*Jérusalem*, ch. *VII*, st. 99.)

*

His aliud majus Juturna adjungit, et alto
Dat signum cœlo, quo non præsentius ullum
Turbavit mentes Italas, monstroque fefellit.
Namque volans rubrâ fulvus Jovis ales in æthrâ
Littoreas agitabat aves, turbamque sonantem
Agminis aligeri, subitò cùm lapsus ad undas
250 Cycnum excellentem pedibus rapit improbus uncis.
Arrexêre animos Itali : cunctæque volucres
Convertunt clamore fugam, mirabile visu !
Ætheraque obscurant pennis, hostemque per auras
Factâ nube premunt; donec vi victus, et ipso
Pondere defecit, prædamque ex unguibus ales
Projecit fluvio, penitùsque in nubila fugit.
Tùm verò augurium Rutuli clamore salutant,
Expediuntque manus; primusque Tolumnius augur:

« Hoc erat, hoc votis, inquit, quod sæpè petivi;
260 Accipio, agnoscoque deos! Me, me duce, ferrum
Corripite, o Rutuli, quos improbus advena bello
Territat, invalidas ut aves, et littora vestra
Vi populat; petet ille fugam, penitùsque profundo
Vela dabit : vos unanimi densate catervas,
Et regem vobis pugnâ defendite raptum. »

Pandarus, dans le récit d'Homère, obéit aussitôt à l'ordre de Minerve, et lance sa flèche à Ménélas. Ici un présage trompeur confirme les paroles de Juturne et séduit l'augure Tolumnius. Ce présage rappelle celui de l'aigle et du serpent (*Il. XII*, *v.* 200), ou plutôt le signe céleste qui apparoît à Télémaque, au 15ᵐᵉ chant de l'Odyssée, au moment où il sort du palais de Ménélas :

Ὡς ἄρα οἷ εἰπόντι ἐπέπτατο δεξιὸς ὄρνις,
αἰετὸς, ἀργὴν χῆνα φέρων ὀνύχεσσι πέλωρον,
ἥμερον ἐξ αὐλῆς· οἱ δ' ἰΰζοντες ἕποντο
ἀνέρες ἠδὲ γυναῖκες· ὁ δέ σφισιν ἐγγύθεν ἐλθὼν
δεξιὸς ἤϊξε πρόσθ' ἵππων, οἱ δὲ ἰδόντες
γήθησαν, καὶ πᾶσιν ἐνὶ φρεσὶ θυμὸς ἰάνθη.
. . . .
τὸν δ' Ἑλένη τανύπεπλος ὑποφθαμένη φάτο μῦθον·
« Κλῦτέ μευ, αὐτὰρ ἐγὼ μαντεύσομαι, ὡς ἐνὶ θυμῷ
ἀθάνατοι βάλλουσι, καὶ ὡς τελέεσθαι ὀΐω.
ὡς ὅδε χῆν' ἥρπαξ', ἀτιταλλομένην ἐνὶ οἴκῳ,
ἐλθὼν ἐξ ὄρεος, ὅθι οἱ γενεή τε τόκος τε·
ὣς Ὀδυσεὺς κακὰ πολλὰ παθὼν, καὶ πόλλ' ἐπαληθείς,
οἴκαδε νοστήσει, καὶ τίσεται· ἠὲ καὶ ἤδη
οἴκοι, ἀτὰρ μνηστῆρσι κακὸν πάντεσσι φυτεύει.

Od. XV, v. 160 et 171.

★

Dixit, et adversos telum contorsit in hostes
Procurrens ; sonitum dat stridula cornus, et auras
Certa secat : simul hoc, simul ingens clamor, et omnes
Turbati cunei, calefactaque corda tumultu.
270 Hasta volans, ut fortè novem pulcherrima fratrum
Corpora constiterant contrà, quos fida creârat
Una tot Arcadio conjux Tyrrhena Gylippo :
Horum unum ad medium, teritur quà sutilis alvo
Balteus, et laterum juncturas fibula mordet,
Egregium formâ juvenem et fulgentibus armis,
Transadigit costas, fulvâque extendit arenâ.
At fratres, animosa phalanx accensaque luctu,
Pars gladios stringunt manibus, pars missile ferrum
Corripiunt, cæcique ruunt : quos agmina contrà
280 Procurrunt Laurentum ; hinc densi rursùs inundant
Troes, Agyllinique, et pictis Arcades armis.
Sic omnes amor unus habet decernere ferro :
Diripuêre aras ; it toto turbida cœlo
Tempestas telorum, ac ferreus ingruit imber ;
Craterasque focosque ferunt : fugit ipse Latinus
Pulsatos referens infecto fœdere divos.
Infrænant alii currus, aut corpora saltu
Subjiciunt in equos, et strictis ensibus adsunt.

Le trait de Pandarus a un but déterminé, celui de Tolumnius est lancé au hasard. La blessure du fils de Gylippe rappelle celle de Ménélas (*Il. IV*, *v.* 132), mais l'attaque soudaine qui en résulte est moins bien graduée que celle de l'Iliade, où nous voyons d'abord Agamemnon parcourant les rangs, excitant les chefs, et réglant la marche de ses nombreuses colonnes qui s'avancent ensuite en ordre de bataille (*Il. IV*, *v.* 223 à 456.) Le combat tumultueux de l'Enéide a été imité et développé par Ovide dans la lutte de Persée contre les Céphéniens (*Métam. V, v. 1*), et dans celle des Centaures et les Lapithes (*Métam. XII, v. 210.*) La première mêlée des Rutules et des Troyens correspond à celle qui suit la mort d'Eléphénor :

Ὡς τὸν μὲν λίπε θυμός· ἐπ' αὐτῷ δ' ἔργον ἐτύχθη
ἀργαλέον Τρώων καὶ Ἀχαιῶν· οἱ δὲ, λύκοι ὣς,
ἀλλήλοις ἐπόρουσαν, ἀνὴρ δ' ἄνδρ' ἐδνοπάλιζεν.

IL. IV, v. 470.

La suite du roi Latinus, qui selon la tradition historique périt dans la même bataille que Turnus, a été assimilée par Virgile à la retraite de Priam après le sacrifice :

Ἦ ῥα, καὶ ἐς δίφρον ἄρνας θέτο ἰσόθεος φώς,
ἂν δ' ἄρ' ἔβαιν' αὐτός, κατὰ δ' ἡνία τεῖνεν ὀπίσσω,
πὰρ δέ οἱ Ἀντήνωρ περικαλλέα βήσατο δίφρον·
τὼ μὲν ἄρ' ἄψορροι προτὶ Ἴλιον ἀπονέοντο.

IL. III, v. 310.

★

    Messapus regem, regisque insigne gerentem,
290 Tyrrhenum Aulesten, avidus confundere fœdus,
Adverso proterret equo; ruit ille recedens,
Et miser oppositis à tergo involvitur aris
In caput, inque humeros : at fervidus advolat hastâ
Messapus, teloque orantem multa trabali
Desuper altus equo graviter ferit, atque ita fatur :
« Hoc habet; hæc melior magnis data victima divis! »
Concurrunt Itali, spoliantque calentia membra.
Obvius ambustum torrem Corynæus ab arâ
Corripit, et venienti Ebuso plagamque ferenti

300 Occupat os flammis ; olli ingens barba reluxit,
Nidoremque ambusta dedit : super ipse secutus
Cæsariem lævâ turbati corripit hostis,
Impressoque genu nitens, terræ applicat ipsum ;
Sic rigido latus ense ferit. Podalirius Alsum
Pastorem, primâque acie per tela ruentem
Ense sequens nudo superimminet : ille securi
Adversi frontem mediam mentumque reductâ
Disjicit, et sparso latè rigat arma cruore.
Olli dura quies oculos et ferreus urget
310 Somnus ; in æternam clauduntur lumina noctem.

La mort d'Aulète, chef des Mantouans, peut s'assimiler à celle de Mydon, renversé de son char par Antiloque comme Aulète contre un autel :

Ἀντίλοχος δὲ Μύδωνα βάλ', ἡνίοχον θεράποντα,
ἐσθλὸν Ἀτυμνιάδην· ὁ δ' ὑπέστρεφε μώνυχας ἵππους·
χερμαδίῳ ἀγκῶνα τυχὼν μέσον· ἐκ δ' ἄρα χειρῶν
ἡνία λεύκ' ἐλέφαντι χαμαὶ πέσον ἐν κονίῃσιν.
Ἀντίλοχος δ' ἄρ' ἐπαΐξας ξίφει ἤλασε κόρσην·
αὐτὰρ ὅγ' ἀσθμαίνων εὐεργέος ἔκπεσε δίφρου
κύμβαχος ἐν κονίῃσιν, ἐπὶ βρεχμόν τε καὶ ὤμους·
δηθὰ μάλ' ἑστήκει, τύχε γάρ ῥ' ἀμάθοιο βαθείης,
ὄφρ' ἵππω πλήξαντε χαμαὶ βάλον ἐν κονίῃσιν.
Il. V, v. 580.

La blessure d'Ebusus est un tableau original, reproduit par Ovide dans la mort de Caraxus (*Métam. XII, v.* 271.) La lutte d'Alsus et de Podalire rappelle celle de Ménélas contre Pisandre :

Ἀτρείδης δὲ ἐρυσσάμενος ξίφος ἀργυρόηλον,
ἆλτ' ἐπὶ Πεισάνδρῳ· ὁ δ' ὑπ' ἀσπίδος εἵλετο καλὴν
ἀξίνην εὔχαλκον, ἐλαΐνῳ ἀμφὶ πελέκκῳ,

μακρῷ, ἐϋξέστῳ· ἄμα δ' ἀλλήλων ἐφίκοντο.
ἤτοι ὁ μὲν κόρυθος φάλον ἤλασεν ἱπποδασείης
ἄκρον ὑπὸ λόφον αὐτόν· ὁ δὲ προσιόντα, μέτωπον
ῥινὸς ὕπερ πυμάτης· λάκε δ' ὀστέα, τὼ δέ οἱ ὄσσε
πὰρ ποσὶν αἱματόεντα χαμαὶ πέσον ἐν κονίῃσιν.

Il. XIII, v. 610.

IV.

At pius Æneas dextram tendebat inermem
Nudato capite, atque suos clamore vocabat:
« Quò ruitis? quæve ista repens discordia surgit?
O cohibete iras ! ictum jàm fœdus, et omnes
Compositæ leges : mihi jus concurrere soli.
Me sinite, atque auferte metus ; ego fœdera faxo
Firma manu ; Turnum jàm debent hæc mihi sacra. »
Has inter voces, media inter talia verba,
Ecce viro stridens alis allapsa sagitta est :
320 Incertum quâ pulsa manu, quo turbine adacta,
Quis tantam Rutulis laudem, casusne, deusne,
Attulerit : pressa est insignis gloria facti,
Nec sese Æneæ jactavit vulnere quisquam.

La blessure d'Enée achève la rupture des deux peuples comme celle de Ménélas dans l'Iliade. Le héros troyen invoque la foi des traités et appelle Turnus au combat, comme Ménélas réclame Pâris enlevé par Vénus :

Ἀτρείδης δ' ἀν' ὅμιλον ἐφοίτα, θηρὶ ἐοικὼς,
εἴ που ἐσαθρήσειεν Ἀλέξανδρον θεοειδέα.
ἀλλ' οὔτις δύνατο Τρώων κλειτῶν τ' ἐπικούρων
δεῖξαι Ἀλέξανδρον τότ' ἀρηϊφίλῳ Μενελάῳ.

οὐ μὲν γὰρ φιλότητί γ' ἐκεύθανον, εἴ τις ἴδοιτο·
ἶσον γάρ σφιν πᾶσιν ἀπήχθετο κηρὶ μελαίνῃ.
τοῖσι δὲ καὶ μετέειπεν ἄναξ ἀνδρῶν Ἀγαμέμνων·
« Κέκλυτέ μευ, Τρῶες καὶ Δάρδανοι ἠδ' ἐπίκουροι!
νίκη μὲν δὴ φαίνετ' ἀρηϊφίλου Μενελάου·
ὑμεῖς δ' Ἀργείην Ἑλένην καὶ κτήμαθ' ἅμ' αὐτῇ
ἔκδοτε, καὶ τιμὴν ἀποτινέμεν, ἥντιν' ἔοικεν,
ἥτε καὶ ἐσσομένοισι μετ' ἀνθρώποισι πέληται. »
Ὣς ἔφατ' Ἀτρείδης· ἐπὶ δ' ᾔνεον ἄλλοι Ἀχαιοί.

IL. III, v. 449.

C'est dans ce moment que Ménélas est frappé par la flèche de Pandarus :

Ἐν δ' ἔπεσε ζωστῆρι ἀρηρότι πικρὸς ὀϊστός.

IL. IV, v. 134.

Les Grecs ignorent, comme ici les Troyens, de quelle main part ce coup funeste :

Ὅν τις ὀϊστεύσας ἔβαλεν, τόξων εὖ εἰδώς,
Τρώων ἢ Λυκίων, τῷ μὲν κλέος, ἄμμι δὲ πένθος.

IL. IV, v. 196.

★

Turnus, ut Æneam cedentem ex agmine vidit,
Turbatosque duces, subitâ spe fervidus ardet:
Poscit equos atque arma simul, saltuque superbus
Emicat in currum, et manibus molitur habenas.
Multa virûm volitans dat fortia corpora letho;
Semineces volvit multos, aut agmina curru
Proterit, aut raptas fugientibus ingerit hastas.
Qualis apud gelidi cùm flumina concitus Hebri
Sanguineus Mavors clypeo increpat, atque furentes

Bella movens immittit equos : illi æquore aperto
Antè Notos Zephyrumque volant ; gemit ultima pulsu
Thraca pedum ; circùmque atræ Formidinis ora,
Iræque, Insidiæque, dei comitatus, aguntur.
Talis equos alacer media inter prælia Turnus
Fumantes sudore quatit, miserabile cæsis
Hostibus insultans ; spargit rapida ungula rores
340 Sanguineos, mixtâque cruor calcatur arenâ.

Turnus quitte ici le rôle de Pâris pour prendre celui d'Hector, qu'il conserve jusqu'à la fin du poëme. Il s'élance au combat après la retraite d'Enée comme Hector après celle d'Agamemnon :

Εκτωρ δ' ὡς ἐνόησ' Ἀγαμέμνονα νόσφι κιόντα,
Τρωσί τε καὶ Λυκίοισιν ἐκέκλετο, μακρὸν ἀΰσας.
IL. XI, v. 284.

La comparaison de Mars est appliquée par Homère à Ajax :

Σεύατ' ἔπειθ', οἷός τε πελώριος ἔρχεται Ἄρης,
ὅστ' εἶσιν πόλεμόνδε μετ' ἀνέρας, οὕστε Κρονίων
θυμοβόρου ἔριδος μένεϊ ξυνέηκε μάχεσθαι.
τοῖος ἄρ' Αἴας ὦρτο πελώριος, ἕρκος Ἀχαιῶν,
μειδιόων βλοσυροῖσι προσώπασι· νέρθε δὲ ποσσὶν
ἤϊε μακρὰ βιβάς, κραδάων δολιχόσκιον ἔγχος.
IL. VII, v. 208.

Les attributs du dieu se retrouvent dans cet autre passage, représentant Idoménée et Mérion :

Οἷος δὲ βροτολοιγὸς Ἄρης πόλεμόνδε μέτεισιν,
τῷ δὲ Φόβος, φίλος υἱός, ἅμα κρατερὸς καὶ ἀταρβής,
ἕσπετο, ὅστ' ἐφόβησε ταλάφρονά περ πολεμιστήν·
τὼ μὲν ἄρ' ἐκ Θρήκης Ἐφύρους μέτα θωρήσσεσθον,

ἠὲ μετὰ Φλεγύας μεγαλήτορας, οὐδ᾽ ἄρχ τώγε
ἔκλυον ἀμφοτέρων, ἑτέροισι δὲ κῦδος ἔδωκαν·
τοῖοι Μηριόνης τε καὶ Ἰδομενεὺς, ἀγοὶ ἀνδρῶν,
ἤϊσαν ἐς πόλεμον, κεκορυθμένοι αἴθοπι χαλκῷ.

Il. XIII, v. 298.

Virgile a enrichi son imitation de plusieurs traits du *Bouclier d'Hercule* (*v.* 61, 191 *et* 345.) Le char de Turnus est tracé sur celui d'Hector poursuivant les Grecs au 11me. chant :

Ὡς ἄρα φωνήσας, ἵμασεν καλλίτριχας ἵππους
μάστιγι λιγυρῇ· τοὶ δὲ, πληγῆς ἀΐοντες,
ῥίμφ᾽ ἔφερον θοὸν ἅρμα μετὰ Τρῶας καὶ Ἀχαιούς,
στείβοντες νέκυάς τε καὶ ἀσπίδας· αἵματι δ᾽ ἄξων
νέρθεν ἅπας πεπάλακτο, καὶ ἄντυγες αἱ περὶ δίφρον,
ἃς ἄρ᾽ ἀφ᾽ ἱππείων ὁπλέων ῥαθάμιγγες ἔβαλλον,
αἵ τ᾽ ἀπ᾽ ἐπισσώτρων· ὁ δὲ ἵετο δῦναι ὅμιλον
ἀνδρόμεον, ῥῆξαί τε, μεταλμενος· ἐν δὲ κυδοιμὸν
ἧκε κακὸν Δαναοῖσι, μίνυνθα δὲ χάζετο δουρός.

Il. XI, v. 531.

Ces vers, agrandis encore dans la peinture du char d'Achille (*Il. XX*, *v.* 490), ont été portés par Milton au sublime de la terreur dans la belle image du char de Messie (*Paradis*, *ch. VI*, *v.* 824.)

★

Jamque neci Sthenelumque dedit, Thamyrimque,
  Pholumque,
Hunc congressus et hunc, illum eminùs; eminùs ambo
Imbrasidas, Glaucum atque Laden, quos Imbrasus ipse
Nutrierat Lyciâ, paribusque ornaverat armis,
Vel conferre manum, vel equo prævertere ventos.

Parte aliâ, media Eumedes in prælia fertur,
Antiqui proles bello præclara Dolonis,
Nomine avum referens, animo manibusque parentem :
Qui quondam, castra ut Danaûm speculator adiret,
350 Ausus Pelidæ pretium sibi poscere currus ;
Illum Tydides alio pro talibus ausis
Affecit pretio, nec equis aspirat Achillis.
Hunc procul ut campo Turnus prospexit aperto,
Antè levi jaculo longum per inane secutus,
Sistit equos bijuges, et curru desilit, atque
Semianimi lapsoque supervenit, et, pede collo
Impresso, dextræ mucronem extorquet, et alto
Fulgentem tinxit jugulo, atque hæc insuper addit :
« En, agros, et quam bello, Trojane, petîsti,
360 Hesperiam metire jacens : hæc præmia, qui me
Ferro ausi tentare, ferunt ; sic mœnia condunt. »
Huic comitem Asbuten conjectâ cuspide mittit ;
Chloreaque, Sybarimque, Daretaque, Thersilochum-
Et sternacis equi lapsum cervice Thymœten.   [que ;
Ac velut Edoni Boreæ cùm spiritus alto
Insonat Ægæo, sequiturque ad littora fluctus,
Quà venti incubuêre, fugam dant nubila cœlo :
Sic Turno, quàcumque jam secat, agmina cedunt
Conversæque ruunt acies ; fert impetus ipsum,
370 Et cristam adverso curru quatit aura volantem.

  Non tulit instantem Phegeus animisque frementem :
Objecit sese ad currum, et spumantia frænis
Ora citatorum dextrâ detorsit equorum.
Dùm trahitur, pendetque jugis, hunc lata retectum
Lancea consequitur, rumpitque infixa bilicem
Loricam, et summum degustat vulnere corpus.

Ille tamen clypeo objecto conversus in hostem
Ibat, et auxilium ducto mucrone petebat:
Quem rota præcipitem et procursu concitus axis
380 Impulit, effuditque solo; Turnusque secutus,
Imam inter galeam, summi thoracis et oras,
Abstulit ense caput, truncumque reliquit arenæ.

Parmi les nombreuses victimes de Turnus, Virgile distingue le fils du Troyen Dolon, qui expia sous le fer d'Ulysse et de Diomède sa folle prétention aux coursiers d'Achille :

Ἦ ῥά νύ τοι μεγάλων δώρων ἐπεμαίετο θυμός,
Ἵππων Αἰακίδαο δαΐφρονος· οἱ δ' ἀλεγεινοὶ
ἀνδράσι γε θνητοῖσι δαμήμεναι, ἠδ' ὀχέεσθαι,
ἄλλῳ γ' ἢ Ἀχιλῆϊ, τὸν ἀθανάτη τέκε μήτηρ.

Il. X, v. 401.

Eumède périt de la main de Turnus comme Périphète de celle d'Hector (*Il. XV*, *v.* 638.) L'exclamation du fier vainqueur rappelle les mots de Ménélas sur Pisandre :

Λείψετέ θην οὕτω γε νέας Δαναῶν ταχυπώλων
Τρῶες ὑπερφίαλοι, δεινῆς ἀ███ρητοι ἀϋτῆς!

Il. XIII, v. 620.

La comparaison de Borée ressemble à la peinture d'Agamemnon (*Il. XI*, *v.* 155), et surtout à celle d'Hector portant le feu aux vaisseaux :

Μαίνετο δ', ὡς ὅτ' Ἄρης ἐγχέσπαλος, ἢ ὀλοὸν πῦρ
οὔρεσι μαίνηται, βαθέης ἐν τάρφεσιν ὕλης·

ἀφλοισμὸς δὲ περὶ στόμα γίγν..., τὼ δέ οἱ ὄσσε
λαμπέσθην βλοσυρῇσιν ὑπ' ὀφρύσιν, ἀμφὶ δὲ πήληξ
σμερδαλέον κροτάφοισι τινάσσετο μαρναμένοιο.

IL. XV, v. 605.

Phégée résiste seul à Turnus, comme Iphidamas à Agamemnon, et tombe comme lui victime de son courage :

Ἰφιδάμας δὲ κατὰ ζώνην, θώρηκος ἔνερθεν,
νύξ'· ἐπὶ δ' αὐτὸς ἔρεισε, βαρείῃ χειρὶ πιθήσας·
οὐδ' ἔτορε ζωστῆρα παναίολον, ἀλλὰ πολὺ πρὶν
ἀργύρῳ ἀντομένη, μόλιβος ὥς, ἐτράπετ' αἰχμή.
καὶ τόγε χειρὶ λαβὼν εὐρυκρείων Ἀγαμέμνων,
ἕλκ' ἐπὶ οἷ μεμαώς, ὥστε λῖς· ἐκ δ' ἄρα χειρὸς
σπάσσατο· τὸν δ' ἄορι πλῆξ' αὐχένα, λῦσε δὲ γυῖα.

IL. XI, v. 234.

V.

Atque ea dùm campis victor dat funera Turnus,
Intereà Æneam Mnestheus, et fidus Achates,
Ascaniusque comes castris statuêre cruentum,
Alternos longâ nitentem cuspide gressus.
Sævit, et infractâ luctatur arundine telum
Eripere, auxilioque viam, quæ proxima, poscit :
Ense secent lato vulnus, telique latebram
390 Rescindant penitùs, seseque in bella remittant.
Jamque aderat Phœbo antè alios dilectus Iapis
Iasides : acri quondam cui captus amore
Ipse suas artes, sua munera lætus Apollo
Augurium, citharamque dabat, celeresque sagittas ;

Ille, ut depositi pro**** et fata parentis,
Scire potestates herbarum usumque medendi
Maluit, et mutas agitare inglorius artes.
Stabat acerba fremens, ingentem nixus in hastam
Æneas, magno juvenum et mœrentis Iuli
400 Concursu, lacrymis immobilis. Ille retorto
Pæonium in morem senior succinctus amictu,
Multa manu medicâ Phœbique potentibus herbis
Nequicquam trepidat, nequicquam spicula dextrâ
Sollicitat, prensatque tenaci forcipe ferrum.
Nulla viam fortuna regit, nihil auctor Apollo
Subvenit; et sævus campis magis ac magis horror
Crebrescit, propiusque malum est : jàm pulvere cœlum
Stare vident; subeunt equites, et spicula castris
Densa cadunt mediis : it tristis ad æthera clamor
410 Bellantum juvenum, et duro sub marte cadentum.

Hîc Venus, indigno nati concussa dolore,
Dictamnum genitrix Cretæâ carpit ab Idâ,
Puberibus caulem foliis et flore comantem
Purpureo; non illa feris incognita capris
Gramina, cùm tergo volucres hæsêre sagittæ.
Hoc Venus, obscuro faciem circumdata nimbo,
Detulit; hoc fusum labris splendentibus amnem
Inficit, occultè medicans, spargitque salubris
Ambrosiæ succos, et odoriferam panaceam.
420 Fovit eâ vulnus lymphâ longævus Iapis,
Ignorans : subitòque omnis de corpore fugit
Quippè dolor, omnis stetit imo vulnere sanguis;
Jamque secuta manum, nullo cogente, sagitta
Excidit, atque novæ rediêre in pristina vires.
« Arma citi properate viro ! quid statis? Iapis
Conclamat, primusque animos accendit in hostes :

Non hæc humanis opibus, non arte magistrâ
Proveniunt; neque te, Ænea, mea dextera servat,
Major agit deus, atque opera ad majora remittit. »

Aux sanglants exploits du prince rutule succède la guérison miraculeuse d'Enée, imitée de celles de Ménélas, de Glaucus et d'Hector dans l'Iliade. Nous voyons d'abord le héros entouré des secours de l'art, comme Ménélas est pansé par Machaon fils d'Esculape :

Ἀλλ' ὅτε δή ῥ' ἵκανον, ὅθι ξανθὸς Μενέλαος
βλήμενος ἦν · περὶ δ' αὐτὸν ἀγηγέραθ' ὅσσοι ἄριστοι,
κυκλόσ', ὁ δ' ἐν μέσσοισι παρίστατο ἰσόθεος φώς ·
αὐτίκα δ' ἐκ ζωστῆρος ἀρηρότος ἕλκεν ὀϊστόν ·
τοῦ δ' ἐξελκομένοιο, πάλιν ἄγεν ὀξέες ὄγκοι.
λῦσε δέ οἱ ζωστῆρα παναίολον, ἠδ' ὑπένερθεν
ζῶμά τε καὶ μίτρην, τὴν χαλκῆες κάμον ἄνδρες,
αὐτὰρ ἐπεὶ ἴδεν ἕλκος, ὅθ' ἔμπεσε πικρὸς ὀϊστός,
αἷμ' ἐκμυζήσας, ἐπ' ἄρ' ἤπια φάρμακα εἰδὼς
πάσσε, τά οἵ ποτε πατρὶ φίλα φρονέων πόρε Χείρων.
Il. IV, v. 210.

Virgile a voulu consacrer, dans la personne du vertueux Iapis, le souvenir d'Antonius Musa médecin favori d'Auguste. L'ardeur invincible d'Enée qui s'accroît à la vue du danger rappelle celle de Glaucus blessé invoquant l'assistance d'Apollon pour défendre Sarpédon contre Patrocle :

« Ἀλλὰ σύ πέρ μοι, ἄναξ, τόδε καρτερὸν ἕλκος ἄκεσσαι,
κοίμησον δ' ὀδύνας, δὸς δὲ κράτος, ὄφρ' ἑτάροισιν
κεκλόμενος Λυκίοισιν ἐποτρύνω πολεμίζειν,
αὐτός τ' ἀμφὶ νέκυι κατατεθνηῶτι μάχωμαι. »
Ὣς ἔφατ' εὐχόμενος · τοῦ δ' ἔκλυε Φοῖβος Ἀπόλλων.
αὐτίκα παῦσ' ὀδύνας, ἀπὸ δ' ἕλκεος ἀργαλέοιο
αἷμα μέλαν τέρσηνε, μένος δέ οἱ ἔμβαλε θυμῷ.
Il. XVI, v. 523.

Apollon n'est pas moins favorable à Hector blessé par Ajax (*Il. XV*, v. 239), et Vénus remplit ici le même ministère auprès d'Enée. La description du dictamne rappelle celle de la fleur magique que Mercure remet à Ulysse pour le préserver des enchantements de Circé :

Ῥίζῃ μὲν μέλαν ἔσκε, γάλακτι δὲ εἴκελον ἄνθος·
μῶλυ δέ μιν καλέουσι θεοί· χαλεπὸν δέ τ' ὀρύσσειν
ἀνδράσι γε θνητοῖσι· θεοὶ δέ τε πάντα δύνανται.

Od. X, v. 304.

L'usage qu'en fait Iapis rappelle le pansement d'Eurypyle par Patrocle :

. . . . ἀπ' αὐτοῦ δ' αἷμα κελαινὸν
νίζ' ὕδατι λιαρῷ· ἐπὶ δὲ ῥίζαν βάλε πικρήν,
χερσὶ διατρίψας, ὀδυνήφατον, ἥ οἱ ἀπάσας
ἔσχ' ὀδύνας· τὸ μὲν ἕλκος ἐτέρσετο, παύσατο δ' αἷμα.

Il. XI, v. 845.

Mais l'exhortation du vieillard à Enée est celle d'Apollon à Hector lorsqu'il l'a ranimé par l'ordre de Jupiter :

Τὸν δ' αὖτε προσέειπεν ἄναξ ἑκάεργος Ἀπόλλων·
« Θάρσει νῦν· τοῖόν τοι ἀοσσητῆρα Κρονίων
ἐξ Ἴδης προέηκε παρεστάμεναι καὶ ἀμύνειν,
Φοῖβον Ἀπόλλωνα χρυσάορον· ὅς σε πάρος περ
ῥύομ', ὁμῶς αὐτόν τε καὶ αἰπεινὸν πτολίεθρον.
ἀλλ' ἄγε νῦν ἱππεῦσιν ἐπότρυνον πολέεσσιν,
νηυσὶν ἐπὶ γλαφυρῇσιν ἐλαυνέμεν ὠκέας ἵππους! »

Il. XV, v. 253.

Le Tasse a reproduit tous ces détails dans la guérison miraculeuse de Godefroi (*Jérusalem*, ch. XI, st. 68); mais il n'a pu suivre son modèle dans les touchants adieux du héros.

★

430 Ille avidus pugnæ suras incluserat auro
Hinc atque hinc, oditque moras, hastamque coruscat.
Postquam habilis lateri clypeus loricaque tergo est,
Ascanium fusis circùm complectitur armis,
Summaque per galeam delibans oscula fatur :
« Disce, puer, virtutem ex me, verumque laborem ;
Fortunam ex aliis : nunc te mea dextera bello
Defensum dabit, et magna inter præmia ducet.
Tu facito, mox cùm matura adoleverit ætas,
Sis memor, et te, animo repetentem exempla tuorum,
440 Et pater Æneas, et avunculus excitet Hector. »

Cette belle scène a été inspirée à Virgile par l'invocation d'Hector sur Astyanax :

Αὐτίκ᾽ ἀπὸ κρατὸς κόρυθ᾽ εἵλετο φαίδιμος Ἕκτωρ,
καὶ τὴν μὲν κατέθηκεν ἐπὶ χθονὶ παμφανόωσαν·
αὐτὰρ ὅγ᾽ ὃν φίλον υἱὸν ἐπεὶ κύσε, πῆλέ τε χερσίν,
εἶπεν ἐπευξάμενος Διΐ τ᾽ ἄλλοισίν τε θεοῖσιν·
« Ζεῦ, ἄλλοι τε θεοί, δότε δὴ καὶ τόνδε γενέσθαι
παῖδ᾽ ἐμόν, ὡς καὶ ἐγώ περ᾽, ἀριπρεπέα Τρώεσσιν,
ὧδε βίην τ᾽ ἀγαθόν, καὶ Ἰλίου ἶφι ἀνάσσειν·
καί ποτέ τις εἴπῃσι· πατρὸς δ᾽ ὅγε πολλὸν ἀμείνων !
ἐκ πολέμου ἀνιόντα· φέροι δ᾽ ἔναρα βροτόεντα,
κτείνας δήϊον ἄνδρα, χαρείη δὲ φρένα μήτηρ. »

IL. VI, v. 472.

Et par les adieux d'Ajax à Eurysacès dans Sophocle :

Ὦ παῖ, γένοιο πατρὸς εὐτυχέστερος,
τὰ δ᾽ ἄλλ᾽ ὅμοιος· καὶ γένοι᾽ ἂν οὐ κακός.
καίτοι σε καὶ νῦν τοῦτό γε ζηλοῦν ἔχω,
ὅθ᾽ οὕνεκ᾽ οὐδὲν τῶνδ᾽ ἐπαισθάνει κακῶν.
ἐν τῷ φρονεῖν γὰρ μηδὲν ἥδιστος βίος·

τὸ μὴ φρονεῖν γὰρ κάρτ' ἀνώδυνον κακόν,
ἕως τὸ χαίρειν καὶ τὸ λυπεῖσθαι μάθῃς.
ὅταν δ' ἵκῃ πρὸς τοῦτο, δεῖ σ', ὅπως πατρὸς
δείξεις ἐν ἐχθροῖς οἷος ἐξ οἵου' τράφης.

Ajax furieux, v. 550.

VI.

Hæc ubi dicta dedit, portis sese extulit ingens,
Telum immane manu quatiens : simul agmine denso
Antheusque Mnestheusque ruunt, omnisque relictis
Turba fluit castris ; tùm cæco pulvere campus
Miscetur, pulsuque pedum tremit excita tellus.
Vidit ab adverso venientes aggere Turnus,
Vidêre Ausonii, gelidusque per ima cucurrit
Ossa tremor : prima antè omnes Juturna Latinos
Audiit, agnovitque sonum, et tremefacta refugit.
450 Ille volat, campoque atrum rapit agmen aperto.
Qualis ubi ad terras abrupto sidere nimbus
It mare per medium : miseris heu! præscia longè
Horrescunt corda agricolis ; dabit ille ruinas
Arboribus stragemque satis, ruet omnia latè ;
Antevolant, sonitumque ferunt ad littora venti.
Talis in adversos ductor Rhœteïus hostes
Agmen agit ; densi cuneis se quisque coactis
Agglomerant : ferit ense gravem Thymbræus Osirim,
Archetium Mnestheus, Epulonem obtruncat Achates,
460 Ufentemque Gyas ; cadit ipse Tolumnius augur,
Primus in adversos telum qui torserat hostes.
Tollitur in cœlum clamor, versique vicissim
Pulverulenta fugâ Rutuli dant terga per agros.

Le retour d'Enée au combat correspond à celui d'Achille s'élançant à la tête de l'armée pour venger la mort de Patrocle :

Ὡς δ' ὅτε ταρφειαὶ νιφάδες Διὸς ἐκποτέονται,
ψυχραί, ὑπὸ ῥιπῆς αἰθρηγενέος Βορέαο·
ὣς τότε ταρφειαὶ κόρυθες, λαμπρὸν γανόωσαι,
νηῶν ἐκφορέοντο, καὶ ἀσπίδες ὀμφαλόεσσαι,
θώρηκές τε κραταιγύαλοι καὶ μείλινα δοῦρα.
αἴγλη δ' οὐρανὸν ἷκε, γέλασσε δὲ πᾶσα περὶ χθὼν
χαλκοῦ ὑπὸ στεροπῆς· ὑπὸ δὲ κτύπος ὤρνυτο ποσσὶν
ἀνδρῶν· ἐν δὲ μέσοισι κορύσσετο δῖος Ἀχιλλεύς.
IL. XIX, v. 357.

Sa vue inspire la même terreur aux ennemis :

Τρῶας δὲ τρόμος αἰνὸς ὑπήλυθε γυῖα ἕκαστον,
δειδιότας, ὅθ' ὁρῶντο ποδώκεα Πηλείωνα
τεύχεσι λαμπόμενον, βροτολοιγῷ ἶσον Ἄρηϊ.
IL. XX, v. 44.

Mais la belle comparaison de l'orage est tirée du 4me. chant, où elle est appliquée aux troupes des deux Ajax :

Ὡς δ' ὅτ' ἀπὸ σκοπιῆς εἶδεν νέφος αἰπόλος ἀνήρ,
ἐρχόμενον κατὰ πόντον ὑπὸ Ζεφύροιο ἰωῆς·
τῷ δέ τ', ἄνευθεν ἐόντι, μελάντερον, ἠΰτε πίσσα,
φαίνετ' ἰὸν κατὰ πόντον, ἄγει δέ τε λαίλαπα πολλήν·
ῥίγησέν τε ἰδών, ὑπό τε σπέος ἤλασε μῆλα.
τοῖαι ἄμ' Αἰάντεσσι διοτρεφέων αἰζηῶν
δήϊον ἐς πόλεμον πυκιναὶ κίνυντο φάλαγγες
κυάνεαι, σάκεσίν τε καὶ ἔγχεσι πεφρικυῖαι.
IL. IV, v. 275.

Tolumnius, le violateur du traité, périt au premier choc comme Pandarus (*Il. V, v.* 290).

*

Ipse neque adversos dignatur sternere morti ;
Nec pede congressos æquo, nec tela ferentes
Insequitur : solum densâ in caligine Turnum
Vestigat lustrans, solum in certamina poscit.
Hoc concussa metu mentem Juturna virago
Aurigam Turni media inter lora Metiscum
470 Excutit, et longè lapsum temone relinquit ;
Ipsa subit, manibusque undantes flectit habenas,
Cuncta gerens, vocemque, et corpus, et arma Metisci.
Nigra velut magnas domini cùm divitis ædes
Pervolat, et pennis alta atria lustrat hirundo,
Pabula parva legens nidisque loquacibus escas,
Et nunc porticibus vacuis, nunc humida circùm
Stagna sonat : similis medios Juturna per hostes
Fertur equis, rapidoque volans obit omnia curru.
Jamque hîc germanum, jamque hîc ostentat ovantem ;
480 Nec conferre manum patitur ; volat avia longè.
Haud minùs Æneas tortos legit obvius orbes,
Vestigatque virum, et disjecta per agmina magnâ
Voce vocat : quoties oculos conjecit in hostem,
Alipedumque fugam cursu tentavit equorum,
Adversos toties currus Juturna retorsit.
Heu, quid agat, vario nequicquam fluctuat æstu,
Diversæque vocant animum in contraria curæ.
Huic Messapus, uti lævâ duo fortè gerebat
Lenta, levis cursu, præfixa hastilia ferro,
490 Horum unum certo contorquens dirigit ictu.
Substitit Æneas, et se collegit in arma,
Poplite subsidens : apicem tamen incita summum
Hasta tulit, summasque excussit vertice cristas.
Tùm verò assurgunt iræ : insidiisque subactus,
Diversos ubi sensit equos currumque referri,

Multa Jovem et læsi testatus fœderis aras,
Jàm tandem invadit medios, et marte secundo
Terribilis, sævam nullo discrimine cædem
Suscitat, irarumque omnes effundit habenas.

Enée poursuit le seul Turnus comme Achille s'attache aux pas d'Hector (*Il. XX, v.* 75). Juturne, craignant pour son frère, prend la place de l'écuyer Métisque comme Minerve prend celle de Sthénélus pour conduire Diomède contre Mars:

Ὡς φαμένη, Σθένελον μὲν ἀφ' ἵππων ὦσε χαμᾶζε,
χειρὶ πάλιν ἐρύσασ'· ὁ δ' ἄρ' ἐμμαπέως ἀπόρουσεν.
ἡ δ' ἐς δίφρον ἔβαινε παραὶ Διομήδεα δῖον
ἐμμεμαυῖα θεά· μέγα δ' ἔβραχε φήγινος ἄξων
βριθοσύνη· δεινὴν γὰρ ἄγεν θεὸν, ἄνδρα τ' ἄριστον.
λάζετο δὲ μάστιγα καὶ ἡνία Παλλὰς Ἀθήνη·
αὐτίκ' ἐπ' Ἄρηϊ πρώτῳ ἔχε μώνυχας ἵππους.
IL. V, v. 835.

Le premier germe de la comparaison de l'hirondelle, si élégamment développée par Virgile, se trouve dans l'Idylle de Théocrite sur la fuite de *Cynisca*:

Μάστακα δ' οἷα τέκνοισιν ὑπωροφίοισι χελιδὼν
ἄψορρον ταχινὰ πέτεται, βίον ἄλλον ἀγείρεν·
ὠκυτέρα μαλακᾶς ἀπὸ δίφρακος ἔδραμε τήνα
ἰθὺ δι' ἀμφιθύρω καὶ δικλίδος, ᾇ πόδες ἆγον.
Idylle XIV, v. 39.

Du reste le stratagème de Juturne et l'attaque imprévue de Messape correspondent aux efforts que fait Apollon, aux chants 20 et 21 de l'Iliade, pour dérober Hector au fer d'Achille, en suscitant successivement contre lui Enée, Astéropée et Agénor:

Ὡς οἱ μὲν θεοὶ ἄντα θεῶν ἴσαν· αὐτὰρ Ἀχιλλεὺς
Ἕκτορος ἄντα μάλιστα λιλαίετο δῦναι ὅμιλον
Πριαμίδεω· τοῦ γάρ ῥα μάλιστά ἑ θυμὸς ἀνώγει
αἵματος ἆσαι Ἄρηα, ταλαύρινον πολεμιστήν.
Αἰνείαν δ' ἰθὺς λαοσσόος ὦρσεν Ἀπόλλων
ἀντία Πηλείωνος, ἐνῆκε δέ οἱ μένος ἠύ.

Il. XX, v. 75.

Le combat d'Enée contre Achille est décrit par Homère avec le plus grand détail (*Il. XX, v.* 156 à 340), ainsi que ceux d'Astéropée et d'Agénor (*Il. XXI, v.* 139 *et* 544); mais le coup qui vient frapper Enée correspond ici à celui de Dolops (*Il. XV, v.* 535.) L'élan furieux du héros, indigné de la perfidie de Messape, est celui d'Achille après la fuite d'Enée :

« Ἐρρέτω! οὔ οἱ θυμὸς ἐμεῦ ἔτι πειρηθῆναι
ἔσσεται, ὃς καὶ νῦν φύγεν ἄσμενος ἐκ θανάτοιο.
ἀλλ' ἄγε δὴ Δαναοῖσι φιλοπτολέμοισι κελεύσας,
τῶν ἄλλων Τρώων πειρήσομαι ἀντίος ἐλθών. »
Ἦ, καὶ ἐπὶ στίχας ἆλτο· κέλευε δὲ φωτὶ ἑκάστῳ.

Il. XX, v. 349.

*

500   Quis mihi nunc tot acerba deus, quis carmine cædes
Diversas, obitumque ducum, quos æquore toto
Inque vicem nunc Turnus agit, nunc Troïus heros,
Expediat? tanton' placuit concurrere motu,
Jupiter, æternâ gentes in pace futuras!
Æneas Rutulum Sucronem (ea prima ruentes
Pugna loco statuit Teucros), haud multa moratus,
Excipit in latus, et, quâ fata celerrima, crudum
Transadigit costas et crates pectoris ensem.
Turnus equo dejectum Amycum, fratremque Diorem,
510 Congressus pedes, hunc venientem cuspide longâ,

LIVRE XII.

Hunc mucrone ferit ; curruque abscissa duorum
Suspendit capita, et rorantia sanguine portat.
Ille Talon Tanaimque neci fortemque Cethegum,
Tres uno congressu, et mœstum mittit Onythen,
Nomen Echionium, matrisque genus Peridiæ.
Hic fratres Lyciâ missos et Apollinis agris,
Et juvenem exosum nequicquam bella Menœten
Arcada : piscosæ cui circùm flumina Lernæ
Ars fuerat, pauperque domus; nec nota potentum
520 Munera ; conductâque pater tellure serebat.
Ac velut inmissi diversis partibus ignes
Arentem in silvam, et virgulta sonantia lauro;
Aut ubi decursu rapido de montibus altis
Dant sonitum spumosi amnes, et in æquora currunt,
Quisque suum populatus iter : non segniùs ambo
Æneas Turnusque ruunt per prælia ; nunc nunc
Fluctuat ira intùs, rumpuntur nescia vinci
Pectora, nunc totis in vulnera viribus itur.

Achille, ne pouvant atteindre Hector, assouvit sa vengeance sur la foule des Troyens, comme Enée se précipite sur les Rutules. Mais Virgile a mis les exploits de Turnus en parallèle avec ceux de son héros, tandis qu'Homère montre Achille seul, semant partout la terreur et la mort (*Il. XX, v.* 381 à 503.)

Sucron est tué par Enée comme Rigmus par le fils de Thétis :

Αὐτὰρ ὁ βῆ ῥ' ἰέναι μετ' ἀμύμονα Πείρεω υἱόν,
Ρίγμον, ὃς ἐκ Θρῄκης ἐριβώλακος εἰληλούθει·
τὸν βάλε μέσσον ἄκοντι, πάγη δ' ἐν πνεύμονι χαλκός.

Il. XX, v. 484.

Amycus et Diorès, tués par Turnus, périssent comme Laogone et Dardanus :

Αὐτὰρ ὁ Λαόγονον καὶ Δάρδανον, υἷε Βίαντος,
ἄμφω ἐφορμηθεὶς, ἐξ ἵππων ὦσε χαμᾶζε,
τὸν μὲν δουρὶ βαλὼν, τὸν δὲ σχεδὸν ἄορι τύψας.

IL. XX, v. 460.

Le prince rutule suspend leur dépouille à son char comme Automédon celle d'Arétus :

Ὥς εἰπὼν, ἐς δίφρον ἑλὼν ἔναρα βροτόεντα
θῆκ'· ἂν δ' αὐτὸς ἔβαινε, πόδας καὶ χεῖρας ὕπερθεν
αἱματόεις, ὥς τίς τε λέων κατὰ ταῦρον ἐδηδώς.

IL. XVII, v. 540.

Parmi les autres victimes du carnage, on remarque l'infortuné Menète dont l'histoire touchante a été développée par Ovide dans celle d'Acète, compagnon de Bacchus (*Métam. III, v.* 582.) La comparaison du feu, imitée d'Homère (*Il. XI, v.* 155), est déjà employée au livre II, v. 304, où nous avons cité le texte grec. Celle des deux torrents (reproduite par Klopstock, *Messiade, ch. VIII, v.* 139), se retrouve dans la lutte de Neptune et d'Hector (*Il. XIV, v.* 389), et dans l'attaque du 4me. chant :

Ὥς δ' ὅτε χείμαρροι ποταμοὶ, κατ' ὄρεσφι ῥέοντες,
ἐς μισγάγκειαν συμβάλλετον ὄβριμον ὕδωρ,
κρουνῶν ἐκ μεγάλων, κοίλης ἔντοσθε χαράδρης·
τῶν δέ τε τηλόσε δοῦπον ἐν οὔρεσιν ἔκλυε ποιμήν·
ὣς τῶν μισγομένων γένετο ἰαχή τε φόβος τε.

IL. IV, v. 452.

*

Murrhanum hic, atavos et avorum antiqua sonantem
Nomina, per regesque actum genus omne Latinos,
Præcipitem scopulo atque ingentis turbine saxi

Excutit, effunditque solo ; hunc lora et juga subter
Provolvêre rotæ, crebro super ungula pulsu
Incita, nec domini memorum proculcat equorum.
Ille ruenti Hyllo animisque immane frementi
Occurrit, telumque aurata ad tempora torquet ;
Olli per galeam fixo stetit hasta cerebro.
Dextera nec tua te, Graiûm fortissime, Creteu,
Eripuit Turno ; nec dî texêre Cupencum,
540 Æneâ veniente, sui : dedit obvia ferro
Pectora, nec misero clypei mora profuit ærei.
Te quoque Laurentes viderunt, Æole, campi
Oppetere, et latè terram consternere tergo ;
Occidis, Argivæ quem non potuêre phalanges
Sternere, nec Priami regnorum eversor Achilles ;
Hîc tibi mortis erant metæ : domus alta sub Idâ,
Lyrnessi domus alta, solo Laurente sepulcrum.
Totæ adeò conversæ acies, omnesque Latini,
Omnes Dardanidæ, Mnestheus, acerque Serestus,
550 Et Messapus equûm domitor, et fortis Asylas,
Tuscorumque phalanx, Evandrique Arcadis alæ,
Pro se quisque viri summâ nituntur opum vi ;
Nec mora, nec requies : vasto certamine tendunt.

Murrhanus et Hyllus périssent comme Iphition et Démoléon, tués successivement par Achille :

Εν δ' Ἀχιλεὺς Τρώεσσι θόρε, φρεσὶν εἱμένος ἀλκήν,
σμερδαλέα ἰάχων· πρῶτον δ' ἕλεν Ἰφιτίωνα,
ἐσθλὸν Ὀτρυντείδην, πολέων ἡγήτορα λαῶν.
. . . .
τὸν μὲν Ἀχαιῶν ἵπποι ἐπισσώτροις δατέοντο
πρώτῃ ἐν ὑσμίνῃ. ὁ δ' ἐπ' αὐτῷ Δημολέοντα,
ἐσθλὸν ἀλεξητῆρα μάχης, Ἀντήνορος υἱόν,

νύξε κατὰ κρόταφον, κυνέης διὰ χαλκοπαρήου.
οὐδ᾽ ἄρα χαλκείη κόρυς ἔσχεθεν, ἀλλὰ δι᾽ αὐτῆς
αἰχμὴ ἱεμένη ῥῆξ᾽ ὀστέον, ἐγκέφαλος δὲ
ἔνδον ἅπας πεπάλακτο· δάμασσε δέ μιν μεμαῶτα.

IL. XX, v. 381 et 394.

L'exclamation du poëte sur Eolus, né à Lyrnesse patrie de Briséis (*Il. XIX, v.* 60), est celle d'Achille sur Iphition :

Κεῖσαι, Ὀτρυντείδη, πάντων ἐκπαγλότατ᾽ ἀνδρῶν !
ἐνθάδε τοι θάνατος· γενεὴ δέ τοι ἔστ᾽ ἐπὶ λίμνῃ
Γυγαίῃ, ὅθι τοι τέμενος πατρώϊόν ἐστιν,
Ὕλλῳ ἐπ᾽ ἰχθυόεντι καὶ Ἕρμῳ δινήεντι.

IL. XX, v. 389.

Les efforts inouïs des deux partis rappellent ceux des Grecs et des Troyens autour des corps de Sarpédon et de Patrocle :

Τρῶες καὶ Λύκιοι, καὶ Μυρμιδόνες καὶ Ἀχαιοί,
σύμβαλον ἀμφὶ νέκυι κατατεθνηῶτι μάχεσθαι,
δεινὸν αὔσαντες· μέγα δ᾽ ἔβραχε τεύχεα φωτῶν.

IL. XVI, v. 564.

Τοῖς δὲ πανημερίοις ἔριδος μέγα νεῖκος ὀρώρει
ἀργαλέης· καμάτῳ δὲ καὶ ἱδρῷ νωλεμὲς αἰεὶ
γούνατά τε, κνῆμαί τε, πόδες θ᾽ ὑπένερθεν ἑκάστου,
χεῖρές τ᾽, ὀφθαλμοί τε παλάσσετο μαρναμένοιϊν.

IL. XVII, v. 384.

VII.

Hic mentem Æneæ genitrix pulcherrima misit,
Iret ut ad muros, urbique adverteret agmen
Ociùs, et subitâ turbaret clade Latinos.
Ille, ut vestigans diversa per agmina Turnum,

Huc atque huc acies circumtulit : aspicit urbem
Immunem tanti belli, atque impunè quietam.
560 Continuò pugnæ accendit majoris imago.
Mnesthea, Sergestumque vocat, fortemque Serestum,
Ductores; tumulumque capit, quò cætera Teucrûm
Concurrit legio, nec scuta aut spicula densi
Deponunt ; celso medius stans aggere fatur :
« Ne qua meis esto dictis mora : Jupiter hâc stat ;
Neu quis ob inceptum subitum mihi segnior ito.
Urbem hodiè, causam belli, regna ipsa Latini,
Ni frænum accipere et victi parere fatentur,
Eruam, et æqua solo fumantia culmina ponam.
570 Scilicet exspectem, libeat dùm prælia Turno
Nostra pati, rursùsque velit concurrere victus?
Hoc caput, o cives, hæc belli summa nefandi :
Ferte faces properè, fœdusque reposcite flammis. »
Dixerat ; atque animis pariter certantibus omnes
Dant cuneum, densâque ad muros mole feruntur.
Scalæ improvisò, subitusque apparuit ignis :
Discurrunt alii ad portas, primosque trucidant ;
Ferrum alii torquent, et obumbrant æthera telis.
Ipse inter primos dextram sub mœnia tendit
580 Æneas, magnâque incusat voce Latinum;
Testaturque deos, iterùm se ad prælia cogi,
Bis jàm Italos hostes, hæc altera fœdera rumpi.
Exoritur trepidos inter discordia cives :
Urbem alii reserare jubent, et pandere portas
Dardanidis, ipsumque trahunt in mœnia regem ;
Arma ferunt alii, et pergunt defendere muros.
Inclusas ut cùm latebroso in pumice pastor
Vestigavit apes, fumoque implevit amaro :
Illæ intùs trepidæ rerum per cerea castra

590 Discurrunt, magnisque acuunt stridoribus iras;
Volvitur ater odor tectis; tùm murmure cæco
Intùs saxa sonant, vacuas it fumus ad auras.

Énée, inspiré par Vénus, prend la résolution d'attaquer Laurente, comme Achille, après la mort d'Hector, exhorte les Grecs à s'avancer vers Troie :

Εἰ δ', ἄγετ', ἀμφὶ πόλιν σὺν τεύχεσι πειρηθῶμεν,
ὄφρα κ' ἔτι γνῶμεν Τρώων νόον, ὅντιν' ἔχουσιν·
ἢ καταλείψουσιν πόλιν ἄκρην, τοῦδε πεσόντος,
ἠὲ μένειν μεμάασι, καὶ Ἕκτορος οὐκέτ' ἐόντος.

IL. XXII, v. 381.

Le début du discours d'Énée est emprunté d'Ennius (*Annales, liv. VII*) : nunc Jupiter hâc stat. La peinture de l'assemblée militaire se trouve au 8me. chant de l'Iliade (*v.* 489) où Hector harangue ses guerriers. Celle de l'assaut peut se rapprocher d'un passage du 21me chant, où Priam, placé aux portes de Troie, accueille ses troupes poursuivies par Achille :

Ἑστήκει δ' ὁ γέρων Πρίαμος θείου ἐπὶ πύργου,
ἐς δ' ἐνόησ' Ἀχιλῆα πελώριον· αὐτὰρ ὑπ' αὐτοῦ
Τρῶες ἄφαρ κλονέοντο πεφυζότες, οὐδέ τις ἀλκὴ
γίγνεθ'· ὁ δ' οἰμώξας ἀπὸ πύργου βαῖνε χαμάζε,
ὀτρυνέων παρὰ τεῖχος ἀγακλειτοὺς πυλαωρούς.
. . . .
οἱ δ' ἰθὺς πόλιος καὶ τείχεος ὑψηλοῖο,
δίψῃ καρχαλέοι, κεκονιμένοι, ἐκ πεδίοιο
φεῦγον· ὁ δὲ σφεδανὸν ἔφεπ' ἔγχεϊ· λύσσα δέ οἱ κῆρ
αἰὲν ἔχε κρατερή, μενέαινε δὲ κῦδος ἀρέσθαι.
. . . .
οὐδ' ἄρα τοίγ' ἔτλαν πόλιος καὶ τείχεος ἐκτὸς
μεῖναι ἔτ' ἀλλήλους, καὶ γνώμεναι, ὅς τε πεφεύγοι,

ὅς τ' ἔθαν' ἐν πολέμῳ · ἀλλ' ἐσσυμένως ἐσέχυντο
ἐς πόλιν, ὅντινα τῶνγε πόδες καὶ γοῦνα σάωσαν.
IL. XXI, v. 526, 540 et 608.

L'ingénieuse comparaison de la fumigation d'un essaim est tirée d'Apollonius qui l'applique aux Bebryces dispersés par les Argonautes :

Ὡς δὲ μελισσάων σμῆνος μέγα μηλοβοτῆρες
ἠὲ μελισσοκόμοι πέτρῃ ἔνι καπνιόωσιν,
αἱ δ' ἤτοι τείως μὲν ἀολλέες ᾧ ἐνὶ σίμβλῳ
βομβηδὸν κλονέονται, ἐπιπρὸ δὲ λιγνυόεντι
καπνῷ τυφόμεναι πέτρης ἑκὰς ἀΐσσουσιν ·
ὣς οἵγ' οὐκέτι δὴν μένον ἔμπεδον, ἀλλ' ἐκέδασθεν.
Argon. II, v. 130.

*

Accidit hæc fessis etiam fortuna Latinis,
Quæ totam luctu concussit funditùs urbem.
Regina ut tectis venientem prospicit hostem,
Incessi muros, ignes ad tecta volare;
Nusquam acies contra Rutulas, nulla agmina Turni :
Infelix pugnæ juvenem in certamine credit
Extinctum ; et, subito mentem turbata dolore,
600 Se causam clamat, crimenque, caputque malorum ;
Multaque per mœstum demens effata furorem,
Purpureos moritura manu discindit amictus,
Et nodum informis lethi trabe nectit ab altâ.
Quam cladem miseræ postquam accepêre Latinæ,
Filia prima manu flavos Lavinia crines
Et roseas laniata genas, tùm cætera circùm
Turba furit ; resonant latè plangoribus ædes.
Hinc totam infelix vulgatur fama per urbem

Demittunt mentes : it scissâ veste Latinus,
610 Conjugis attonitus fatis, urbisque ruinâ,
Canitiem immundo perfusam pulvere turpans ;
Multaque se incusat, qui non acceperit antè
Dardanium Æneam, generumque asciverit ultrò.

La mort tragique d'Amate est confirmée par un fragment de Fabius Pictor, qui rapporte qu'elle se laissa mourir de faim pour ne pas survivre à Latinus. Le genre de supplice que lui assigne le poëte répugne totalement à nos idées ; cependant il ne portait pas dans les temps héroïques le caractère d'infamie qu'y ont attaché les modernes. C'étoit la fin ordinaire des princesses malheureuses ; c'est ainsi qu'Anticlée et Jocaste périssent dans Homère et dans Sophocle (*Od. XV*, v. 357 ; *XI*, v. 276 ; *OEdipe roi*, v. 1263) ; Phèdre dans Euripide (*Hippolyte*, v. 812) ; Clité dans Apollonius (*Argon*, *I*, v. 1063) ; c'est ainsi que ce supplice honteux s'est ennobli dans les vers de Racine (*Mithridate*, acte *V*, sc. 1.) On regrette cependant que Virgile n'ait pas donné plus de développement à ce passage, et qu'il ne nous ait pas fait entendre les derniers accents d'une mère infortunée, déchirée par les angoisses de la crainte, de la tendresse et du désespoir.

La désolation de Lavinie, de Latinus et de tous les assistants rappelle celle de Briséis à la vue de Patrocle, et celle de Priam à la vue d'Hector :

Βρισηῒς δ' ἄρ' ἔπειτ', ἰκέλη χρυσέῃ Ἀφροδίτῃ,
ὡς ἴδε Πάτροκλον δεδαϊγμένον ὀξέϊ χαλκῷ,
ἀμφ' αὐτῷ χυμένη, λίγ' ἐκώκυε, χερσὶ δ' ἄμυσσεν
στήθεά τ' ἠδ' ἁπαλὴν δειρὴν ἰδὲ καλὰ πρόσωπα.

Il. XIX, v. 282.

Κωκυτῷ τ' εἴχοντο καὶ οἰμωγῇ κατὰ ἄστυ·
τῷ δὲ μάλιστ' ἄρ' ἔην ἐναλίγκιον, ὡς εἰ ἅπασα

Ἴλιος ὀφρυόεσσα πυρὶ σμύχοιτο κατ' ἄκρης.
λαοὶ μέν ῥα γέροντα μόγις ἔχον ἀσχαλόωντα,
ἐξελθεῖν μεμαῶτα πυλάων Δαρδανιάων·
πάντας δ' ἐλλιτάνευε, κυλινδόμενος κατὰ κόπρον.

IL. XXII, v. 409.

*

Intereà extremo bellator in æquore Turnus
Palantes sequitur paucos, jàm segnior, atque
Jàm minùs atque minùs successu lætus equorum.
Attulit hunc illi cæcis terroribus aura
Commixtum clamorem, arrectasque impulit aures
Confusæ sonus urbis, et illætabile murmur.
620« Hei mihi! quid tanto turbantur mœnia luctu?
Quisve ruit tantus diversâ clamor ab urbe? »
Sic ait, adductisque amens subsistit habenis.
Atque huic in faciem soror ut conversa Metisci
Aurigæ, currumque et equos et lora regebat,
Talibus occurrit dictis. « Hàc, Turne, sequamur
Trojugenas, quà prima viam victoria pandit;
Sunt alii, qui tecta manu defendere possint.
Ingruit Æneas Italis, et prælia miscet;
Et nos sæva manu mittamus funera Teucris.
630 Nec numero inferior, pugnæ nec honore recedes. »
Turnus ad hæc :
« O soror, et dudùm agnovi, cùm prima per artem
Fœdera turbasti, teque hæc in bella dedisti ;
Et nunc nequicquam fallis dea : sed quis Olympo
Demissam tantos voluit te ferre labores ?
An fratris miseri lethum ut crudele videres ?
Nam quid ago ? aut quæ jàm spondet fortuna salutem?

Vidi oculos antè ipse meos me voce vocantem
Murrhanum, quo non superat mihi carior alter,
640 Oppetere ingentem, atque ingenti vulnere victum.
Occidit infelix ne nostrum dedecus Ufens
Aspiceret, Teucri potiuntur corpore et armis.
Exscindi-ne domos, id rebus defuit unum,
Perpetiar? dextrâ nec Drancis dicta refellam?
Terga dabo? et Turnum fugientem hæc terra videbit?
Usque adeò-ne mori miserum est? vos o mihi, manes,
Este boni, quoniam superis aversa voluntas:
Sancta ad vos anima, atque istius inscia culpæ, [rum. »
Descendam, magnorum haud umquam indignus avo-

L'isolement de Turnus et de Juturne, pendant l'attaque de la ville, rappelle celui d'Hector et de Cébrion, égarés sur les bords du Xanthe tandis que l'aile droite fuit devant Ajax :

Ὡς ἔφεπε κλονέων πεδίον τότε φαίδιμος Αἴας,
δαΐζων ἵππους τε καὶ ἀνέρας. οὐδέ πω Ἕκτωρ
πεύθετ᾽· ἐπεί ῥα μάχης ἐπ᾽ ἀριστερὰ μάρνατο πάσης,
ὄχθας πὰρ ποταμοῖο Σκαμάνδρου· τῇ ῥα μάλιστα
ἀνδρῶν πῖπτε κάρηνα, βοὴ δ᾽ ἄσβεστος ὀρώρει.
. . . .
Κεβριόνης δὲ Τρῶας ὀρινομένους ἐνόησεν,
Ἕκτορι παρβεβαώς, καί μιν πρὸς μῦθον ἔειπεν·
« Ἕκτορ, νῶϊ μὲν ἐνθάδ᾽ ὁμιλέομεν Δαναοῖσιν,
ἐσχατιῇ πολέμοιο δυσηχέος· οἱ δὲ δὴ ἄλλοι
Τρῶες ὀρίνονται ἐπιμίξ, ἵπποι τε καὶ αὐτοί.
Αἴας δὲ κλονέει Τελαμώνιος· εὖ δέ μιν ἔγνων. »

IL. XI, v. 496 et 521.

Virgile a attribué à Juturne l'inverse du conseil de Cébrion (*Il. XI, v.* 527.) On reconnoît dans le noble refus du héros le langage d'Achille à Minerve et à Thétis (*Il. I,*

v. 202; *XVIII*, v. 80 et 120), mais la teinte générale de son discours est celle du monologue d'Hector resté seul au pied des murs après la défaite de ses troupes :

Ὀχθήσας δ' ἄρα εἶπε πρὸς ὃν μεγαλήτορα θυμόν·
« Ὤ μοι ἐγών, εἰ μέν κε πύλας καὶ τείχεα δύω,
Πουλυδάμας μοι πρῶτος ἐλεγχείην ἀναθήσει,
ὅς μ' ἐκέλευε Τρωσὶ ποτὶ πτόλιν ἡγήσασθαι
νύχθ' ὕπο τήνδ' ὀλοήν, ὅτε τ' ὤρετο δῖος Ἀχιλλεύς.
ἀλλ' ἐγὼ οὐ πιθόμην· ἦ τ' ἂν πολὺ κέρδιον ἦεν·
νῦν δ' ἐπεὶ ὤλεσα λαὸν ἀτασθαλίῃσιν ἐμῇσιν,
αἰδέομαι Τρῶας καὶ Τρῳάδας ἑλκεσιπέπλους,
μήποτέ τις εἴπῃσι κακώτερος ἄλλος ἐμεῖο·
Ἕκτωρ ἧφι βίηφι πιθήσας ὤλεσε λαόν.
ὣς ἐρέουσιν· ἐμοὶ δὲ τότ' ἂν πολὺ κέρδιον εἴη,
ἄντην ἢ Ἀχιλῆα κατακτείναντα νέεσθαι,
ἠέ κεν αὐτὸν ὀλέσθαι εὐκλειῶς πρὸ πόληος. »

Il. XXII, v. 98.

★

650 Vix ea fatus erat : medios volat ecce per hostes
Vectus equo spumante Sages, adversa sagittâ
Saucius ora, ruitque implorans nomine Turnum :
« Turne, in te suprema salus ; miserere tuorum.
Fulminat Æneas armis, summasque minatur
Dejecturum arces Italûm, excidioque daturum.
Jamque faces ad tecta volant : in te ora Latini,
In te oculos referunt ; mussat rex ipse Latinus,
Quos generos vocet, aut quæ sese ad fœdera flectat.
Prætereà regina, tuî fidissima, dextrâ
660 Occidit ipsa suâ, lucemque exterrita fugit.
Soli pro portis Messapus et acer Atinas
Sustentant aciem ; circùm hos utrinque phalanges

Stant densæ, strictisque seges mucronibus horret
Ferrea : tu currum deserto in gramine versas ! »
   Obstupuit variâ confusus imagine rerum
Turnus, et obtutu tacito stetit : æstuat ingens
Imo in corde pudor, mistoque insania luctu,
Et furiis agitatus amor, et conscia virtus.
   Ut primùm discussæ umbræ, et lux reddita menti,
670 Ardentes oculorum acies ad mœnia torsit
Turbidus, èque rotis magnam respexit ad urbem.
Ecce autem flammis inter tabulata volutus
Ad cœlum undabat vortex, turrimque tenebat ;
Turrim, compactis trabibus quam eduxerat ipse,
Subdideratque rotas, pontesque instraverat altos.
« Jamjam fata, soror, superant ; absiste morari :
Quò deus, et quò dura vocat fortuna, sequamur.
Stat conferre manum Æneæ ; stat quicquid acerbi est,
Morte pati ; nec me indecorem, germana, videbis
680 Ampliùs : hunc, oro, sine me furere antè furorem. »

Sagès, échappé au carnage, implore le secours de Turnus, comme Glaucus celui d'Hector pour sauver le corps de Sarpédon :

Βῆ δὲ μετ' Αἰνείαν τε καὶ Ἕκτορα χαλκοκορυστήν·
ἀγχοῦ δ' ἱστάμενος ἔπεα πτερόεντα προσηύδα·
« Ἕκτορ, νῦν δὴ πάγχυ λελασμένος εἰς ἐπικούρων,
οἵ σέθεν εἵνεκα τῆλε φίλων καὶ πατρίδος αἴης
θυμὸν ἀποφθινύθουσι· σὺ δ' οὐκ ἐθέλεις ἐπαμύνειν.
κεῖται Σαρπηδών, Λυκίων ἀγὸς ἀσπιστάων,
ὃς Λυκίην εἴρυτο δίκῃσί τε καὶ σθένεϊ ᾧ·
τὸν δ' ὑπὸ Πατρόκλῳ δάμασ' ἔγχεϊ χάλκεος Ἄρης.
ἀλλά, φίλοι, πάρστητε, νεμεσσήθητε δὲ θυμῷ,
μὴ ἀπὸ τεύχε' ἕλωνται, ἀεικίσσωσι δὲ νεκρόν.
                                       IL. XVI, v. 536.

La douleur du héros est celle d'Antiloque apprenant de Ménélas la mort de Patrocle :

Ὡς ἔφατ'· Ἀντίλοχος δὲ κατέστυγε μῦθον ἀκούσας.
δὴν δέ μιν ἀμφασίη ἐπέων λάβε· τὼ δέ οἱ ὄσσε
δακρυόφι πλῆσθεν, θαλερὴ δέ οἱ ἔσχετο φωνή.

IL. XVII, v. 695.

L'image d'une ville embrasée se retrouve dans une comparaison du même chant :

. . . . ἐπὶ δὲ πτόλεμος τέτατό σφιν
ἄγριος, ἠΰτε πῦρ, τό τ' ἐπεσσύμενον πόλιν ἀνδρῶν
ὄρμενον ἐξαίφνης φλεγέθει, μινύθουσι δὲ οἶκοι
ἐν σέλαϊ μεγάλῳ· τὸ δ' ἐπιβρέμει ἲς ἀνέμοιο·
ὣς μὲν τοῖς ἵππων τε καὶ ἀνδρῶν αἰχμητάων
ἀζηχὴς ὀρυμαγδὸς ἐπήϊεν ἐρχομένοισιν.

IL. XVII, v. 736.

L'exclamation de Turnus à sa sœur est celle d'Hector assuré de sa perte :

Νῦν δὲ δὴ ἐγγύθι μοι θάνατος κακός, οὐδέ τ' ἄνευθεν,
οὐδ' ἀλέη· ἦ γάρ ῥα πάλαι τόγε φίλτερον ἦεν
Ζηνί τε καὶ Διὸς υἱεῖ, Ἑκηβόλῳ, οἵ με πάρος γε
πρόφρονες εἰρύατο· νῦν αὖτέ με μοῖρα κιχάνει·
μὴ μὰν ἀσπουδί γε καὶ ἀκλειῶς ἀπολοίμην,
ἀλλὰ μέγα ῥέξας τι καὶ ἐσσομένοισι πυθέσθαι.

IL. XXII, v. 300.

Virgile arrive enfin à cette lutte mémorable fondée sur la tradition historique qui consacre la victoire d'Enée sur Turnus, et imitée pour les détails poétiques du combat d'Achille et d'Hector. En comparant ces deux riches tableaux, on trouvera dans celui-ci plus de dignité, une touche plus large et plus fière; dans celui-là des incidents plus variés, des couleurs plus brillantes, un résultat plus décisif. Ils sont du reste également supérieurs aux plus célèbres imitations modernes, et les combats de Roger et de Rodomont (*Roland*, *ch. XLVI*, *st.* 101), de Tancrède et d'Argant (*Jérusalem*, *ch. XIX*, *st.* 1), de Turenne et de d'Aumale (*Henriade*, *ch. X*, *v.* 37.) sont des copies ornées, mais affoiblies, de ces deux imposants modèles.

VIII.

Dixit, et è curru saltum dedit ociùs arvis,
Perque hostes, per tela ruit, mœstamque sororem
Deserit, ac rapido cursu media agmina rumpit.
Ac veluti montis saxum de vertice præceps
Cùm ruit avulsum vento, seu turbidus imber
Proluit, aut annis solvit sublapsa vetustas :
Fertur in abruptum magno mons improbus actu,
Exsultatque solo, silvas, armenta, virosque
Involvens secum : disjecta per agmina Turnus
690 Sic urbis ruit ad muros, ubi plurima fuso
Sanguine terra madet, stridentque hastilibus auræ ;
Significatque manu, et magno simul incipit ore :
« Parcite jàm, Rutuli, et vos, tela inhibete, Latini ;
Quæcumque est fortuna, mea est ; me veriùs unum
Pro vobis fœdus luere, et decernere ferro. »
Discessêre omnes medii, spatiumque dedêre.
At pater Æneas, audito nomine Turni,
Deserit et muros, et summas deserit arces;
Præcipitatque moras omnes ; opera omnia rumpit
700 Lætitiâ exsultans, horrendumque intonat armis :
Quantus Athos, aut quantus Eryx, aut ipse, coruscis
Cùm fremit ilicibus, quantus, gaudetque nivali

LIVRE XII. 383

Vertice se attollens pater Apenninus ad auras.
Jàm verò et Rutuli certatim, et Troës, et omnes
Convertêre oculos Itali, quique alta tenebant
Mœnia, quique imos pulsabant ariete muros ;
Armaque deposuêre humeris : stupet ipse Latinus,
Ingentes, genitos diversis partibus orbis,
Inter se coiisse viros, et cernere ferro

Turnus est assimilé par le poëte à Hector s'élançant sur les Grecs :

Τρῶες δὲ προὔτυψαν ἀολλέες, ἦρχε δ' ἄρ' Ἕκτωρ,
ἀντικρὺ μεμαώς, ὀλοοίτροχος ὡς ἀπὸ πέτρης,
ὅντε κατὰ στεφάνης ποταμὸς χειμάρροος ὤσῃ,
ῥήξας ἀσπέτῳ ὄμβρῳ ἀναιδέος ἔχματα πέτρης.
ὕψι δ' ἀναθρώσκων πέτεται, κτυπέει δέ θ' ὑπ' αὐτοῦ
ὕλη· ὁ δ' ἀσφαλέως θέει ἔμπεδον, ἕως ἵκηται
ἰσόπεδον, τότε δ' οὔτι κυλίνδεται, ἐσσύμενός περ.

Il. XIII, v. 136.

Cette comparaison a été reproduite par Quintus de Smyrne (*Paralipomènes, ch. I, v.* 694; *II, v,* 378) et par le Tasse (*Jérusalem, ch. XVIII, st.* 82.) L'ordre de Turnus aux Rutules pour la suspension du combat est donné par Hector aux Troyens, lorsque Pâris défie Ménélas :

Καί ῥ' ἐς μέσσον ἰών, Τρώων ἀνέεργε φάλαγγας,
μέσσου δουρὸς ἑλών· τοὶ δ' ἱδρύνθησαν ἅπαντες.

Il. III, v. 77.

L'image hardie d'Enée se précipitant contre son rival est un développement de ce vers d'Homère, également appliqué à Hector :

Ἦ ῥα, καὶ ὡρμήθη, ὄρεϊ νιφόεντι ἐοικώς.

Il. XIII, v. 754.

Hésiode a développé cette image dans le combat d'Hercule contre Cycnus (*Bouclier d'Hercule*, v. 374), et Milton l'a agrandie encore dans la peinture de Satan et des anges (*Paradis*, ch. IV, v. 985.) Le nombreux concours de spectateurs contemplant Enée et Turnus se retrouve dans l'imitation de l'Arioste, où Roger et Rodomont combattent en présence de la cour de Charlemagne (*Roland*, ch. XLVI, st. 111), et dans celle de Voltaire, où Turenne et d'Aumale ont pour témoins les deux armées et les puissances du ciel et de l'enfer (*Henriade*, ch. X, v. 60.)

★

710　Atque illi, ut vacuo patuerunt æquore campi,
　　Procursu rapido conjectis eminùs hastis,
　　Invadunt martem clypeis atque ære sonoro.
　　Dat gemitum tellus : tùm crebros ensibus ictus
　　Congeminant ; fors et virtus miscentur in unum.
　　Ac velut ingenti Silâ, summove Taburno,
　　Cùm duo conversis inimica in prælia tauri
　　Frontibus incurrunt, pavidi cessêre magistri ;
　　Stat pecus omne metu mutum, mussantque juvencæ,
　　Quis pecori imperitet, quem tota armenta sequantur ;
720　Illi inter sese multâ vi vulnera miscent,
　　Cornuaque obnixi infigunt, et sanguine largo
　　Colla armosque lavant ; gemitu nemus omne remugit :
　　Haud aliter Tros Æneas et Daunius heros
　　Concurrunt clypeis ; ingens fragor æthera complet.
　　Jupiter ipse duas æquato examine lances
　　Sustinet, et fata imponit diversa duorum :
　　Quem damnet labor, et quo vergat pondere lethum.

L'attaque spontanée des deux héros, différente de celle d'Achille et d'Hector (*Il.* XXII, v. 131), peut se rapprocher jusqu'à un certain point de celle de Ménélas et de Pâris :

Οἱ δ' ἐπεὶ οὖν ἑκάτερθεν ὁμίλου θωρήχθησαν,
ἐς μέσσον Τρώων καὶ Ἀχαιῶν ἐστιχόωντο,
δεινὸν δερκόμενοι· θάμβος δ' ἔχεν εἰσορόωντας
Τρῶάς θ' ἱπποδάμους καὶ ἐϋκνήμιδας Ἀχαιούς.
καί ῥ' ἐγγὺς στήτην διαμετρητῷ ἐνὶ χώρῳ,
σείοντ' ἐγχείας, ἀλλήλοισιν κοτέοντε.

Il. III, v. 340.

La comparaison des taureaux (extraite des Géorgiques, livre III, v. 217) est primitivement indiquée dans ces vers d'Apollonius :

Ἂψ δ' αὖτις συνόρουσαν ἐναντίοι, ἠΰτε ταύρω
φορβάδος ἀμφὶ βοὸς κεκοτηότε δηριάασθον.

Argon. II, v. 88.

L'image des balances éternelles, reproduite par Milton et Klopstock (*Paradis*, ch. IV, v. 996; *Messiade*, ch. V, v. 709), remonte à la plus haute antiquité. Elle est souvent usitée dans l'Ecriture sainte, et notamment au 5me. chapitre de Daniel, où le roi Balthasar est dévoué au trépas. Homère l'a employée au 8me. chant de l'Iliade (*v.* 69.) dans la défaite générale des Troyens, et au 22me. dans la mort d'Hector :

Καὶ τότε δὴ χρύσεια πατὴρ ἐτίταινε τάλαντα·
ἐν δ' ἐτίθει δύο κῆρε τανηλεγέος θανάτοιο,
τὴν μὲν Ἀχιλλῆος, τὴν δ' Ἕκτορος ἱπποδάμοιο.
ἕλκε δὲ μέσσα λαβών· ῥέπε δ' Ἕκτορος αἴσιμον ἦμαρ.

Il. XXII, v. 209.

*

Emicat hic, impune putans, et corpore toto
Alte sublatum consurgit Turnus in ensem,
730 Et ferit : exclamant Troës, trepidique Latini,

Arrectæque amborum acies : at perfidus ensis
Frangitur, in medioque ardentem deserit ictu,
Ni fuga subsidio subeat ; fugit ocior euro,
Ut capulum ignotum dextramque aspexit inermem.
Fama est, præcipitem, cùm prima in prælia junctos
Conscendebat equos, patrio mucrone relicto,
Dùm trepidat, ferrum aurigæ rapuisse Metisci ;
Idque diù, dùm terga dabant palantia Teucri,
Suffecit : postquam arma dei ad Vulcania ventum est,
740 Mortalis mucro, glacies seu futilis, ictu
Dissiluit, fulvâ resplendent fragmina arenâ.

Ergò amens diversa fugâ petit æquora Turnus,
Et nunc hùc, indè hùc incertos implicat orbes.
Undique enim densâ Teucri inclusêre coronâ,
Atque hinc vasta palus, hinc ardua mœnia cingunt.
Nec minùs Æneas, quamquam tardante sagittâ
Interdùm genua impediunt, cursumque recusant,
Insequitur, trepidique pedem pede fervidus urget.
Inclusum veluti si quandò flumine nactus
750 Cervum, aut puniceæ septum formidine pennæ,
Venator cursu canis et latratibus instat;
Ille autem, insidiis et ripâ territus altâ,
Mille fugit refugitque vias : at vividus Umber
Hæret hians, jamjamque tenet, similisque tenenti
Increpuit malis, morsuque elusus inani est.
Tùm verò exoritur clamor, ripæque lacusque
Responsant circà, et cœlum tonat omne tumultu.
Ille simul fugiens, Rutulos simul increpat omnes,
Nomine quemque vocans, notumque efflagitat ensem.
760 Æneas mortem contrà præsensque minatur
Exitium, si quisquam adeat, terretque trementes,
Excisurum urbem minitans, et saucius instat.

LIVRE XII.

Quinque orbes explent cursu, totidemque retexunt
Hùc illùc : nec enim levia aut ludicra petuntur
Præmia, sed Turni de vitâ et sanguine certant.

L'épée de Turnus se brise sur l'armure d'Enée, comme celle de Ménélas sur le casque de Pâris :

Ἀτρείδης δὲ ἐρυσσάμενος ξίφος ἀργυρόηλον
πλῆξεν ἀνασχόμενος κόρυθος φάλον· ἀμφὶ δ' ἄρ' αὐτῷ
τριχθά τε καὶ τετραχθὰ διατρυφὲν ἔκπεσε χειρός.

Il. III, v. 361.

Son erreur et sa fuite sont conformes au système de la fatalité; c'est ainsi qu'Hector fuit devant Achille :

Ὣς ὥρμαινε μένων· ὁ δέ οἱ σχεδὸν ἦλθεν Ἀχιλλεύς,
Ἶσος Ἐνυαλίῳ, κορυθάϊκι πολεμιστῇ,
σείων Πηλιάδα μελίην κατὰ δεξιὸν ὦμον
δεινήν· ἀμφὶ δὲ χαλκὸς ἐλάμπετο εἴκελος αὐγῇ
ἢ πυρὸς αἰθομένου, ἢ ἠελίου ἀνιόντος.
Ἕκτορα δ', ὡς ἐνόησεν, ἕλε τρόμος· οὐδ' ἄρ' ἔτ' ἔτλη
αὖθι μένειν, ὀπίσω δὲ πύλας λίπε, βῆ δὲ φοβηθείς.
. . . .
Ἕκτορα δ' ἀσπερχὲς κλονέων ἔφεπ' ὠκὺς Ἀχιλλεύς.
ὡς δ' ὅτε νεβρὸν ὄρεσφι κύων ἐλάφοιο δίηται,
ὄρσας ἐξ εὐνῆς, διά τ' ἄγκεα καὶ διὰ βήσσας·
τὸν δ' εἴπερ τε λάθῃσι καταπτήξας ὑπὸ θάμνῳ,
ἀλλά τ' ἀνιχνεύων θέει ἔμπεδον, ὄφρα κεν εὕρῃ·
ὣς Ἕκτωρ οὐ λῆθε ποδώκεα Πηλείωνα.
ὁσσάκι δ' ὁρμήσειε πυλάων Δαρδανιάων
ἀντίον ἀΐξασθαι, ἐϋδμήτους ὑπὸ πύργους,
εἴπως οἱ καθύπερθεν ἀλάλκοιεν βελέεσσιν·
τοσσάκι μιν προπάροιθεν ἀποστρέψασκε παραφθὰς
πρὸς πεδίον· αὐτὸς δὲ ποτὶ πτόλιος πέτετ' αἰεί.

Il. XXII, v. 131 et 188.

La comparaison du chien de chasse, répétée dans Homère (*Il. VIII, v.* 338), a été développée par Apollonius dans la poursuite des Harpies par les fils de Borée :

Ὡς δ' ὅτ' ἐνὶ κνημοῖσι κύνες δεδαημένοι ἄγρης,
ἢ αἶγας κεραοὺς, ἠὲ πρόκας ἰχνεύοντες,
θείωσι, τυτθὸν δὲ τιταινόμενοι μετόπισθεν
ἄκρης ἐν γενύεσσι μάτην ἀράβησαν ὀδόντας·
ὣς Ζήτης Κάλαΐς τε, μάλα σχεδὸν ἀΐσσοντες,
τάων ἀκροτάτῃσιν ἐπέχραον ἤλιθα χερσί.

Argon. II, v. 278.

On la retrouve aussi dans Ovide (*Métam. VII, v.* 780), et dans ce fragment de Varius sur la *Mort* :

Ceu canis umbrosam lustrans Gortynia vallem,
Si veteris potuit cervæ comprendere lustra,
Sævit in absentem, et, circùm vestigia lustrans,
Æthera per nitidum tenues sectatur odores.

La défense d'Enée aux Rutules de rendre à Turnus son épée est peu digne d'un cœur généreux ; il y a plus de noblesse dans la défense d'Achille se réservant l'honneur de frapper seul Hector :

Λαοῖσιν δ' ἀνένευε καρήατι δῖος Ἀχιλλεὺς,
οὐδ' ἔα ἱέμεναι ἐπὶ Ἕκτορι πικρὰ βέλεμνα·
μή τις κῦδος ἄροιτο βαλών, ὁ δὲ δεύτερος ἔλθοι.

Il. XXII, v. 205.

La derniere réflexion de Virgile est traduite littéralement d'Homère :

Πρόσθε μὲν ἐσθλὸς ἔφευγε, δίωκε δέ μιν μέγ' ἀμείνων
καρπαλίμως· ἐπεὶ οὐχ ἱερήϊον, οὐδὲ βοείην
ἀρνύσθην, ἅτε ποσσὶν ἀέθλια γίγνεται ἀνδρῶν,
ἀλλὰ περὶ ψυχῆς θέον Ἕκτορος ἱπποδάμοιο.

Il. XXII, v. 158.

★

Forte sacer Fauno foliis oleaster amaris
Hic steterat, nautis olim venerabile lignum,
Servati ex undis ubi figere dona solebant
Laurenti divo, et votas suspendere vestes.
770 Sed stirpem Teucri nullo discrimine sacrum
Sustulerant, puro ut possent concurrere campo.
Hic hasta Æneæ stabat, huc impetus illam
Detulerat fixam, et lentâ in radice tenebat.
Incubuit, voluitque manu convellere ferrum
Dardanides, teloque sequi, quem prendere cursu
Non poterat : tùm verò amens formidine Turnus,
« Faune, precor, miserere, inquit; tuque optima ferrum
Terra tene : colui vestros si semper honores,
Quos contrà Æneadæ bello fecêre profanos. »
780 Dixit, opemque dei non cassa in vota vocavit.
Namque diù luctans, lentoque in stirpe moratus,
Viribus haud ullis valuit discludere morsus
Roboris Æneas : dùm nititur acer, et instat,
Rursùs in aurigæ faciem mutata Metisci
Procurrit, fratrique ensem dea Daunia reddit.
Quod Venus audaci nymphæ indignata licere,
Accessit, telumque altâ ab radice revellit.
Olli sublimes, armis animisque refecti,
Hic gladio fidens, hic acer et arduus hastâ,
790 Assistunt contrà certamine martis anheli.

L'incident que le poëte fait naître ici, pour retarder l'issue du combat, paroît imité du 21ᵐᵉ. chant de l'Iliade, où Astéropée fait de vains efforts pour arracher la lance d'Achille enfoncée sur les bords du Xanthe :

Καὶ τοῦ μέν ῥ' ἀφάμαρτεν, ὁ δ' ὑψηλὴν βάλεν ὄχθην,
μεσσοπαλὲς δ' ἄρ' ἔθηκε κατ' ὄχθης μείλινον ἔγχος·

Πηλείδης δ' ἄορ ὀξὺ ἐρυσσάμενος παρὰ μηροῦ,
ἆλτ' ἐπί οἷ μεμαώς· ὁ δ' ἄρα μελίην Ἀχιλῆος
οὐ δύνατ' ἐκ κρημνοῖο ἐρύσσαι χειρὶ παχείῃ.
τρὶς μέν μιν πελέμιξεν, ἐρύσσεσθαι μενεαίνων,
τρὶς δὲ μεθῆκε βίῃ.

Il. XXI, v. 171.

Du reste, Virgile donne aux deux rivaux la double protection de Juturne et de Vénus comme Homère donne à Hector et à Achille celle d'Apollon et de Minerve. Le dieu du jour, par une dernière faveur, accélère la course du héros troyen :

Πῶς δέ κεν Ἕκτωρ κῆρας ὑπεξέφυγεν θανάτοιο,
εἰ μή οἱ πύματόν τε καὶ ὕστατον ἤντετ' Ἀπόλλων
ἐγγύθεν, ὅς οἱ ἐπῶρσε μένος λαιψηρά τε γοῦνα;

Il. XXII, v. 202.

Minerve trompe Hector sous la figure de Déïphobe (*Il. XXII, v.* 226), et rend à Achille son javelot égaré :

Ἐν γαίῃ δ' ἐπάγη· ἀνὰ δ' ἥρπασε Παλλὰς Ἀθήνη,
ἂψ δ' Ἀχιλῆϊ δίδου· λάθε δ' Ἕκτορα, ποιμένα λαῶν.

Il. XXII, v. 276.

Enée et Turnus reviennent ainsi à la charge, l'un armé de sa lance, l'autre de son épée, comme Achille et Hector à la fin de leur combat (*Il. XXII, v.* 306.)

―――――

IX.

Junonem intereà rex omnipotentis Olympi
Alloquitur, fulvâ pugnas de nube tuentem :
« Quæ jàm finis erit, conjux ? quid denique restat ?
Indigetem Ænean scis ipsa, et scire fateris,
Deberi cœlo, fatisque ad sidera tolli.

Quid struis ? aut quâ spe gelidis in nubibus hæres ?
Mortalin' decuit violari vulnere divum ?
Aut ensem, quid enim sine te Juturna valeret,
Ereptum reddi Turno, et vim crescere victis ?
800 Desine jàm tandem, precibusque inflectere nostris ;
Nec te tantus edat tacitam dolor, et mihi curæ
Sæpè tuo dulci tristes ex ore recursent.
Ventum ad supremum est : terris agitare vel undis
Trojanos potuisti, infandum accendere bellum,
Deformare domum, et luctu miscere hymenæos ;
Ulteriùs tentare veto. » Sic Jupiter orsus,
Sic dea submisso contrà Saturnia vultu :
« Ista quidem quia nota mihi tua, magne, voluntas,
Jupiter, et Turnum et terras invita reliqui.
810 Nec tu me aëriâ solam nunc sede videres
Digna, indigna pati ; sed flammis cincta sub ipsâ
Starem acie, traheremque inimica in prælia Teucros.
Juturnam misero, fateor, succurrere fratri
Suasi, et pro vitâ majora audere probavi ;
Non ut tela tamen, non ut contenderet arcum :
Adjuro Stygii caput implacabile fontis,
Una superstitio superis quæ reddita divis.
Et nunc cedo equidem, pugnasque exosa relinquo.
Illud te, nullâ fati quod lege tenetur,
820 Pro Latio obtestor, pro majestate tuorum :
Cùm jàm connubiis pacem felicibus, esto,
Component, cùm jàm leges et fœdera jungent,
Ne vetus indigenas nomen mutare Latinos,
Neu Troas fieri jubeas, Teucrosque vocari,
Aut vocem mutare viros, aut vertere vestes.
Sit Latium, sint Albani per secula reges,
Sit Romana potens Italâ virtute propago ;

Occidit, occideritque sinas cum nomine Troja. »
Olli subridens hominum rerumque repertor:
830« Et germana Jovis, Saturnique altera proles,
Irarum tantos volvis sub pectore fluctus?
Verùm age, et inceptum frustrà summitte furorem:
Do quod vis, et me victusque volensque remitto.
Sermonem Ausonii patrium moresque tenebunt,
Utque est, nomen erit; commixti corpore tantùm
Subsident Teucri; morem ritusque sacrorum
Adjiciam, faciamque omnes uno ore Latinos.
Hinc genus, Ausonio mixtum quod sanguine surget,
Suprà homines, suprà ire deos pietate videbis;
840Nec gens ulla tuos æquè celebrabit honores. »
Annuit his Juno et mentem lætata retorsit;
Intereà excedit cœlo, nubemque reliquit.

Enfin Turnus doit périr, et Jupiter et Junon fixent d'un commun accord et par des concessions mutuelles le triomphe du chef des Troyens et l'établissement de la puissance romaine. L'assemblée des dieux contemple aussi dans l'Iliade le combat d'Hector et d'Achille :

Ὡς τὼ τρὶς Πριάμοιο πόλιν περιδινηθήτην
καρπαλίμοισι πόδεσσι· θεοὶ δέ τε πάντες ὁρῶντο.
τοῖσι δὲ μύθων ἦρχε πατὴρ ἀνδρῶν τε θεῶν τε·

IL. XXII, v. 165.

L'Odyssée se termine également par un ordre de Jupiter à Minerve qui assure la victoire à Ulysse (*Od. XXIV, v. 471.*) Mais les vers latins sont surtout imités ici du réveil de Jupiter, au 15ᵐᵉ. chant de l'Iliade, où Neptune, d'accord avec Junon, blesse Hector par les mains d'Ajax. Les reproches du maître des dieux ont moins de dignité que dans Virgile, mais la soumission de la déesse, la réconciliation des deux époux, le retour de Junon dans l'Olympe y sont présentés de la même manière et presqu'avec les mêmes expressions :

Τὸν δὲ ἰδὼν ἐλέησε πατὴρ ἀνδρῶν τε Θεῶν τε,
δεινὰ δ' ὑπόδρα ἰδὼν Ἥρην πρὸς μῦθον ἔειπεν·
« Ἦ μάλα δὴ κακότεχνος, ἀμήχανε, σὸς δόλος, Ἥρη,
Ἕκτορα δῖον ἔπαυσε μάχης, ἐφόβησε δὲ λαούς.
οὐ μὰν οἶδ', εἰ αὖτε κακορραφίης ἀλεγεινῆς
πρώτη ἐπαύρηαι, καί σε πληγῇσιν ἱμάσσω.
. . . .
Ὣς φάτο· ῥίγησεν δὲ βοῶπις πότνια Ἥρη,
καί μιν φωνήσασ' ἔπεα πτερόεντα προσηύδα·
« Ἴστω νῦν τόδε γαῖα καὶ οὐρανὸς εὐρὺς ὕπερθεν,
καὶ τὸ κατειβόμενον Στυγὸς ὕδωρ, ὅστε μέγιστος
ὅρκος δεινότατός τε πέλει μακάρεσσι Θεοῖσιν·
σή θ' ἱερὴ κεφαλή, καὶ νωΐτερον λέχος αὐτῶν
κουρίδιον, τὸ μὲν οὐκ ἂν ἐγώ ποτε μὰψ ὀμόσαιμι·
μὴ δι' ἐμὴν ἰότητα Ποσειδάων ἐνοσίχθων
πημαίνει Τρῶάς τε καὶ Ἕκτορα, τοῖσι δ' ἀρήγει·
ἀλλά που αὐτὸν θυμὸς ἐποτρύνει καὶ ἀνώγει,
τειρομένους δ' ἐπὶ νηυσὶν ἰδὼν ἐλέησεν Ἀχαιούς.
αὐτάρ τοι καὶ κείνῳ ἐγὼ παραμυθησαίμην,
τῇ ἴμεν, ᾗ κεν δὴ σύ, κελαινεφές, ἡγεμονεύῃς. »
Ὣς φάτο· μείδησεν δὲ πατὴρ ἀνδρῶν τε Θεῶν τε,
καί μιν ἀμειβόμενος ἔπεα πτερόεντα προσηύδα·
« Εἰ μὲν δὴ σύ γ' ἔπειτα, βοῶπις πότνια Ἥρη,
ἶσον ἐμοὶ φρονέουσα μετ' ἀθανάτοισι καθίζοις
τῷ κε Ποσειδάων γε, καὶ εἰ μάλα βούλεται ἄλλῃ,
αἶψα μεταστρέψειε νόον, μετὰ σὸν καὶ ἐμὸν κῆρ.
ἀλλ' εἰ δή ῥ' ἐτεόν γε καὶ ἀτρεκέως ἀγορεύεις,
ἔρχεο νῦν μετὰ φῦλα Θεῶν, καὶ δεῦρο κάλεσσον
Ἶρίν τ' ἐλθέμεναι καὶ Ἀπόλλωνα κλυτότοξον.

IL. XV, v. 12 et 34.

Ces mots de Jupiter sont suivis de la prédiction des derniers événements de la guerre, comme les vers de Virgile peignent l'adhésion d'Enée aux mœurs latines, la réunion des deux peuples dans Albe, l'anéantissement du nom troyen, et la gloire immortelle de Rome : idées reproduites par Horace dans sa belle ode à Auguste (*livre III*, *ode* 3.) Le retour de Junon dans l'Olympe se retrouve également dans d'Homère, qui l'exprime par une comparaison remarquable:

Ὡς ἔφατ'· οὐδ' ἀπίθησε θεὰ λευκώλενος Ἥρη·
βῆ δὲ κατ' Ἰδαίων ὀρέων ἐς μακρὸν Ὄλυμπον.
ὡς δ' ὅτ' ἂν ἀΐξῃ νόος ἀνέρος, ὅστ' ἐπὶ πολλὴν
γαῖαν ἐληλουθὼς, φρεσὶ πευκαλίμῃσι νοήσῃ·
ἔνθ' εἴην, ἢ ἔνθα· μενοινήῃσί τε πολλά·
ὣς κραιπνῶς μεμαυῖα διέπτατο πότνια Ἥρη.

Il. XV, v. 78.

*

His actis, aliud Genitor secum ipse volutat,
Juturnamque parat fratris dimittere ab armis.
Dicuntur geminæ pestes, cognomine Diræ,
Quas et tartaream Nox intempesta Megæram
Uno eodemque tulit partu, paribusque revinxit
Serpentum spiris, ventosasque addidit alas.
Hæ Jovis ad solium sævique in limine regis
850 Apparent, acuuntque metum mortalibus ægris,
Si quando lethum horrificum morbosque deûm rex
Molitur, meritas aut bello territat urbes.
Harum unam celerem demisit ab æthere summo
Jupiter, inque omen Juturnæ occurrere jussit.
Illa volat, celerique ad terram turbine fertur :
Non secus ac nervo per nubem impulsa sagitta,
Armatam sævi Parthus quam felle veneni,

Parthus sive Cydon, telum immedicabile, torsit;
Stridens et celeres incognita transilit umbras.
860 Talis se sata Nocte tulit, terrasque petivit.
Postquam acies videt Iliacas atque agmina Turni,
Alitis in parvæ subitò collecta figuram,
Quæ quondam in bustis aut culminibus desertis
Nocte sedens, serùm canit importuna per umbras;
Hanc versa in faciem, Turni se pestis ad ora
Fertque refertque sonans, clypeumque everberat alis.
Illi membra novus solvit formidine torpor,
Arrectæque horrore comæ, et vox faucibus hæsit.
At procul ut Diræ stridorem agnovit et alas,
870 Infelix crines scindit Juturna solutos,
Unguibus ora soror fœdans et pectora pugnis :
« Quid nunc te tua, Turne, potest germana juvare?
Aut quid jàm miseræ superat mihi? quâ tibi lucem
Arte morer? talin' possum me opponere monstro?
Jamjam linquo acies : ne me terrete timentem,
Obscœnæ volucres; alarum verbera nosco,
Lethalemque sonum; nec fallunt jussa superba
Magnanimi Jovis : hæc pro virginitate reponit!
Quò vitam dedit æternam? cur mortis adempta est
880 Conditio? possem tantos finire dolores
Nunc certè, et misero fratri comes ire per umbras.
Immortalis ego? aut quicquam mihi dulce meorum,
Te sine frater erit? o quæ satis ima dehiscat
Terra mihi, manesque deam demittat ad imos! »
Tantùm effata, caput glauco contexit amictu
Multa gemens, et se fluvio dea condidit alto.

Dans le texte grec que nous venons de transcrire, Jupiter
appelle Apollon et Iris, l'un pour ramener Hector au combat

(*Il. XV*, *v.* 220), l'autre pour en éloigner Neptune, comme Mégère fait fuir ici Juturne :

Ἴριν δὲ προτέρην ἔπεα πτερόεντα προσηύδα·
« Βάσκ' ἴθι, Ἶρι ταχεῖα, Ποσειδάωνι ἄνακτι
πάντα τάδ' ἀγγεῖλαι, μηδὲ ψευδάγγελος εἶναι.
παυσάμενόν μιν ἄνωχθι μάχης ἠδὲ πτολέμοιο
ἔρχεσθαι μετὰ φῦλα θεῶν, ἢ εἰς ἅλα δῖαν. »
. . . .
Ὣς ἔφατ'· οὐδ' ἀπίθησε ποδήνεμος ὠκέα Ἶρις·
βῆ δὲ κατ' Ἰδαίων ὀρέων εἰς Ἴλιον ἱρήν.
ὡς δ' ὅτ' ἂν ἐκ νεφέων πτῆται νιφὰς ἠὲ χάλαζα
ψυχρὴ ὑπὸ ῥιπῆς αἰθρηγενέος Βορέαο·
ὣς κραιπνῶς μεμαυῖα διέπτατο ὠκέα Ἶρις.

Il. XV, v. 157 et 168.

La métamorphose de la Furie en oiseau nocturne rappelle celle du Sommeil (*Il. XIV*, *v.* 290), et celle d'Apollon et de Minerve (*Il. VII*, *v.* 59.) Cette apparition prophétique a été reproduite par Quintus de Smyrne dans le combat d'Achille contre Memnon (*Paralipomènes*, ch. *II*, *v.* 508), et agrandie par Klopstock dans le sublime tableau de la mort du Christ (*Messiade*, ch. *VIII*, *v.* 530.)

La douleur de Juturne ne peut offrir aucune ressemblance avec la réponse de Neptune à Iris (*Il. XV*, *v.* 185.); elle se rapproche plutôt des plaintes de Thétis sur Achille (*Il. XVIII*, *v.* 429), et de celles de Vénus déplorant son immortalité près du corps sanglant d'Adonis :

Φεύγεις μακρὸν, Ἄδωνι, καὶ ἔρχεαι εἰς Ἀχέροντα
καὶ στυγνὸν βασιλῆα καὶ ἄγριον· ἁ δὲ τάλαινα
ζώω, καὶ θεός ἐμμὶ, καὶ οὐ δύναμαί σε διώκειν.

Bion, Idylle I, v. 51.

La retraite de Juturne correspond au départ de Neptune, obéissant à l'ordre de Jupiter :

Ὡς εἰπὼν λίπε λαὸν Ἀχαιϊκὸν Ἐννοσίγαιος,
δῦνε δὲ πόντον ἰών· πόθεσαν δ' ἥρωες Ἀχαιοί.
Il. XV, v. 218.

Dans le combat d'Achille et d'Hector, Apollon quitte également le fils de Priam dès qu'il voit les balances d'or incliner vers l'Erèbe :

Ἕλκε δὲ μέσσα λαβών· ῥέπε δ' Ἕκτορος αἴσιμον ἦμαρ,
ᾤχετο δ' εἰς Ἀΐδαο· λίπεν δέ ἑ Φοῖβος Ἀπόλλων.
Il. XXII, v. 212.

*

 Æneas instat contrà, telumque coruscat
Ingens, arboreum, et sævo sic pectore fatur : [tractas?
« Quæ nunc deindè mora est ? aut quid jam, Turne, re-
890 Non cursu, sævis certandum est cominùs armis.
Verte omnes tete in facies, et contrahe quicquid
Sive animis sive arte vales ; opta ardua pennis
Astra sequi, clausumque cavâ te condere terrâ. »
Ille caput quassans : « Non me tua fervida terrent
Dicta, ferox ; dî me terrent, et Jupiter hostis.
Nec plura effatus, saxum circumspicit ingens,
Saxum antiquum, ingens, campo quod fortè jacebat
Limes agro positus, litem ut discerneret arvis.
Vix illud lecti bis sex cervice subirent,
900 Qualia nunc hominum producit corpora tellus :
Ille manu raptum trepidâ torquebat in hostem
Altior insurgens, et cursu concitus heros.

Sed neque currentem se, nec cognoscit euntem,
Tollentemve manu saxumque immane moventem;
Genua labant, gelidus concrevit frigore sanguis :
Tùm lapis ipse viri, vacuum per inane volutus,
Nec spatium evasit totum, nec pertulit ictum.
Ac velut in somnis, oculos ubi languida pressit
Nocte quies, nequicquam avidos extendere cursus
910 Velle videmur, et in mediis conatibus ægri
Succidimus ; non lingua valet, non corpore notæ
Sufficiunt vires, nec vox aut verba sequuntur :
Sic Turno quàcumque viam virtute petivit,
Successum dea dira negat ; tùm pectore sensus
Vertuntur varii : Rutulos adspectat et urbem,
Cunctaturque metu, telumque instare tremiscit;
Nec quô se eripiat, nec quâ vi tendat in hostem,
Nec currus usquam videt, aurigamve sororem.

Turnus touche à son dernier moment, comme Hector après la retraite d'Apollon; les paroles d'Enée correspondent à celles d'Achille rejetant les conditions du combat :

Τὸν δ' ἄρ' ὑπόδρα ἰδὼν προσέφη πόδας ὠκὺς Ἀχιλλεύς·
« Ἕκτορ, μή μοι, ἄλαστε, συνημοσύνας ἀγόρευε.
. . . .
παντοίης ἀρετῆς μιμνήσκεο· νῦν σε μάλα χρὴ
αἰχμητήν τ' ἔμεναι καὶ θαρσαλέον πολεμιστήν.
οὔ τοι ἔτ' ἔσθ' ὑπάλυξις· ἄφαρ δέ σε Παλλὰς Ἀθήνη
ἔγχει ἐμῷ δαμάᾳ· νῦν δ' ἀθρόα πάντ' ἀποτίσεις
κήδε' ἐμῶν ἑτάρων, οὓς ἔκτανες ἔγχεϊ θύων. »

IL. XXII, v. 260 et 268.

Les vers latins rappellent plus particulièrement encore les menaces de Jason dans la *Médée* d'Euripide :

Δεῖ γάρ νυν ἤτοι γῆς σφε κρυφθῆναι κάτω,
ἢ πτηνὸν ἆραι σῶμ' ἐς αἰθέρος βάθος,
εἰ μὴ τυράννων δώμασιν δώσει δίκην.

Médée, v. 1293.

La noble réponse de Turnus renferme ces deux exclamations d'Hector :

Ὢ πόποι, ἦ μάλα δή με θεοὶ θάνατόνδε κάλεσσαν.

Il. XXII, v. 297.

Οὔτοι ἔγων ἔρριγα μάχην, οὐδὲ κτύπον ἵππων·
ἀλλ' αἰεί τε Διὸς κρείσσων νόος αἰγιόχοιο,
ὅστε καὶ ἄλκιμον ἄνδρα φοβεῖ, καὶ ἀφείλετο νίκην.

Il. XVII, v. 175.

Il saisit une pierre énorme comme Hector, au 12me. chant, pour briser la muraille des Grecs :

Ἕκτωρ δ' ἁρπάξας λᾶαν φέρεν, ὅς ῥα πυλάων
ἑστήκει πρόσθε· πρυμνὸς παχύς, αὐτὰρ ὕπερθεν
ὀξὺς ἔην· τὸν δ' οὔ κε δύ' ἀνέρε δήμου ἀρίστω
ῥηϊδίως ἐπ' ἄμαξαν ἀπ' οὔδεος ὀχλίσσειαν,
οἷοι νῦν βροτοί εἰσ'· ὁ δέ μιν ῥέα πάλλε καὶ οἶος.

Il. XII, v. 445.

On trouve encore deux peintures analogues (*Il. V, v.* 302; *XXI, v.* 403.) L'affoiblissement subit de Turnus est un chef-d'œuvre d'harmonie imitative dont le germe encore imparfait se retrouve dans la course d'Achille et d'Hector :

Ὡς δ' ἐν ὀνείρῳ οὐ δύναται φεύγοντα διώκειν·
οὔτ' ἄρ' ὁ τὸν δύναται ὑποφεύγειν, οὔθ' ὁ διώκειν·
ὣς ὁ τὸν οὐ δύνατο μάρψαι ποσίν, οὐδ' ὃς ἀλύξαι.

Il. XXII, v. 199.

Ces vers ont été reproduits par Klopstock (*Messiade*, ch. *XIV*, v. 1247.) et par le Tasse dans la mort de Soliman (*Jérusalem*, ch. *XX*, st. 105). La crainte et l'irrésolution du prince rutule correspondent à la terreur d'Hector lorsqu'il voit sa lance repoussée par le bouclier d'Achille, et qu'il n'aperçoit plus son frère Déiphobe :

Ἦ ῥα, καὶ ἀμπεπαλὼν προΐει δολιχόσκιον ἔγχος,
καὶ βάλε Πηλείδαο μέσον σάκος, οὐδ᾽ ἀφάμαρτεν·
τῆλε δ᾽ ἀπεπλάγχθη σάκεος δόρυ. χώσατο δ᾽ Ἕκτωρ
ὅττι ῥά οἱ βέλος ὠκὺ ἐτώσιον ἔκφυγε χειρός·
στῆ δὲ κατηφήσας, οὐδ᾽ ἄλλ᾽ ἔχε μείλινον ἔγχος·
Δηΐφοβον δ᾽ ἐκάλει λευκάσπιδα, μακρὸν ἀΰσας,
ᾔτεέ μιν δόρυ μακρόν· ὁ δ᾽ οὔτι οἱ ἐγγύθεν ἦεν.

Il., XXII, v. 289.

★

  Cunctanti telum Æneas fatale coruscat,
920 Sortitus fortunam oculis, et corpore toto
  Eminùs intorquet : murali concita nunquam
  Tormento sic saxa fremunt, nec fulmine tanti
  Dissultant crepitus; volat atri turbinis instar
  Exitium dirum hasta ferens, orasque recludit
  Loricæ, et clypei extremos septemplicis orbes ;
  Per medium stridens transit femur : incidit ictus
  Ingens ad terram duplicato poplite Turnus.
  Consurgunt gemitu Rutuli, totusque remugit
  Mons circùm, et vocem latè nemora alta remittunt.
930 Ille humilis supplexque, oculos dextramque precantem
  Protendens : « Equidem merui, nec deprecor, inquit ;
  Utere sorte tuâ : miseri te si qua parentis
  Tangere cura potest : oro, fuit et tibi talis

Anchises genitor, Dauni miserere senectæ;
Et me, seu corpus spoliatum lumine mavis,
Redde meis: vicisti, et victum tendere palmas
Ausonii vidêre: tua est Lavinia conjux;
Ulterius ne tende odiis. » Stetit acer in armis
Æneas, volvens oculos, dextramque repressit.
940 Et jam jamque magis cunctantem flectere sermo
Cœperat, infelix humero cùm apparuit ingens
Balteus, et notis fulserunt cingula bullis
Pallantis pueri, victum quem vulnere Turnus
Straverat, atque humeris inimicum insigne gerebat.
Ille oculis postquam sævi monumenta doloris
Exuviasque hausit, furiis accensus et irâ
Terribilis: « Tu-ne hinc spoliis indute meorum
Eripiare mihi? Pallas te hoc vulnere, Pallas
Immolat, et pœnam scelerato ex sanguine sumit. »
950 Hoc dicens, ferrum adverso sub pectore condit
Fervidus: ast illi solvuntur frigore membra,
Vitaque cum gemitu fugit indignata sub umbras.

Hector, après les vers que nous venons de citer, fond sur Achille l'épée à la main; celui-ci le blesse de sa lance; Hector tombe, et adresse comme Turnus sa dernière prière à son vainqueur:

Ὡρμήθη δ' Ἀχιλεύς, μένεος δ' ἐμπλήσατο θυμὸν
ἀγρίου· πρόσθεν δὲ σάκος στέρνοιο κάλυψεν
καλὸν, δαιδάλεον· κόρυθι δ' ἐπένευε φαεινῇ,
τετραφάλῳ· καλαὶ δὲ περισσείοντο ἔθειραι
χρύσεαι, ἃς Ἥφαιστος ἵει λόφον ἀμφὶ θαμειάς.
οἷος δ' ἀστὴρ εἶσι μετ' ἄστρασι νυκτὸς ἀμολγῷ
Ἕσπερος, ὃς κάλλιστος ἐν οὐρανῷ ἵσταται ἀστήρ·

Etudes grecq. IIIe Partie.

ὡς αἰχμῆς ἀπέλαμπ' εὐήκεος, ἣν ἄρ' Ἀχιλλεὺς
πάλλεν δεξιτερῇ, φρονέων κακὸν Ἕκτορι δίῳ,
εἰσορόων χρόα καλόν, ὅπῃ εἴξειε μάλιστα.
τοῦ δὲ καὶ ἄλλα τόσον μὲν ἔχε χρόα χάλκεα τεύχη,
καλά, τὰ Πατρόκλοιο βίην ἐνάριξε κατακτάς·
φαίνετο δ', ᾗ κληῖδες ἀπ' ὤμων αὐχέν' ἔχουσιν,
λαυκανίην, ἵνα τε ψυχῆς ὤκιστος ὄλεθρος·
τῇ ῥ' ἐπὶ οἷ μεμαῶτ' ἔλασ' ἔγχεϊ δῖος Ἀχιλλεύς·
ἀντικρὺ δ' ἁπαλοῖο δι' αὐχένος ἦλυθ' ἀκωκή.
οὐδ' ἄρ' ἀπ' ἀσφάραγον μελίη τάμε χαλκοβάρεια,
ὄφρα τί μιν προτιείποι ἀμειβόμενος ἐπέεσσιν.
ἤριπε δ' ἐν κονίῃς· ὁ δ' ἐπεύξατο δῖος Ἀχιλλεύς.
. . . .
τὸν δ' ὀλιγοδρανέων προσέφη κορυθαίολος Ἕκτωρ·
« Λίσσομ' ὑπὲρ ψυχῆς, καὶ γούνων, σῶν τε τοκήων,
μή με ἔα παρὰ νηυσὶ κύνας καταδάψαι Ἀχαιῶν·
ἀλλὰ σὺ μὲν χαλκόν τε ἅλις χρυσόν τε δέδεξο,
δῶρα, τά τοι δώσουσι πατὴρ καὶ πότνια μήτηρ·
σῶμα δὲ οἴκαδ' ἐμὸν δόμεναι πάλιν, ὄφρα πυρός με
Τρῶες καὶ Τρώων ἄλοχοι λελάχωσι θανόντα! »

IL. XXII, v. 312 et 337.

Virgile a ajouté ce trait de l'admirable entrevue de Priam et d'Achille :

Μνῆσαι πατρὸς σοῖο, θεοῖς ἐπιείκελ' Ἀχιλλεῦ.

IL. XXIV, v. 488.

Enée, fidèle à son caractère, a compassion d'un ennemi vaincu; il est prêt à lui laisser la vie, comme Ménélas à Adraste (*Il. VI, v. 51*). Mais la vue du baudrier de Pallas rallume sa juste indignation; il reprend envers son ennemi toute l'inflexibilité d'Achille voyant Hector revêtu de l'armure sanglante de Patrocle :

Ἕκτορ, ἀτάρ που ἔφης, Πατροκλῆ' ἐξεναρίζων,
σῶς ἔσσεσθ', ἐμὲ δ' οὐδὲν ὀπίζεο νόσφιν ἐόντα.
νήπιε! τοῖο δ' ἄνευθεν ἀοσσητὴρ μέγ' ἀμείνων
νηυσὶν ἔπι γλαφυρῇσιν ἐγὼ μετόπισθε λελείμμην,
ὅς τοι γούνατ' ἔλυσα· σὲ μὲν κύνες ἠδ' οἰωνοὶ
ἑλκήσουσ' ἀϊκῶς, τὸν δὲ κτεριοῦσιν Ἀχαιοί.

Il. XXII, v. 331.

Enée frappe le coup fatal, et l'âme de Turnus s'échappe comme celle d'Hector annonçant à Achille la vengeance d'Apollon:

Ὣς ἄρα μιν εἰπόντα τέλος θανάτοιο κάλυψεν·
ψυχὴ δ' ἐκ ῥεθέων πταμένη ἄϊδόσδε βεβήκει,
ὃν πότμον γοόωσα, λιποῦσ' ἀδροτῆτα καὶ ἥβην.

Il. XXII, v. 361.

INDEX.

ENEIDE. LIVRE VII.

I.	*Histoire du Latium.*	pag. 3.
II.	*Ambassade à Latinus.*	12.
III.	*Alecton chez Amate..*	23.
IV.	*Alecton chez Turnus.*	32.
V.	*Alecton chez Tyrrhée.*	37.
VI.	*Déclaration de guerre.*	45.
VII.	*Dénombrement des Latins.*	52.

LIVRE VIII.

I.	*Apparition du Tibre.*	67.
II.	*Réception d'Enée chez Evandre.*	73.
III.	*Combat d'Hercule et de Cacus.*	80.
IV.	*Campagne de Rome.*	87.
V.	*Forges de Vulcain.*	92.
VI.	*Adieux d'Evandre.*	100.
VII.	*Bouclier d'Enée.*	111

Livre IX.

I.	Arrivée de Turnus............	pag. 127.
II.	Métamorphose des vaisseaux......	133.
III.	Nisus et Euryale............	141.
IV.	Destruction de la tour..........	163.
V.	Mort de Numanus...........	169.
VI.	Mort de Bitias.............	175.
VII.	Turnus dans le camp..........	180.

Livre X.

I.	Conseil des dieux............	191.
II.	Dénombrement des Etrusques......	198.
III.	Retour d'Enée..............	205.
IV.	Exploits de Pallas...........	214.
V.	Mort de Pallas.............	220.
VI.	Vengeance d'Enée...........	226.
VII.	Retraite de Turnus...........	234.
VIII.	Exploits de Mézence..........	240.
IX.	Mort de Lausus et de Mézence.....	247.

Livre XI.

I.	Pompe funèbre de Pallas.	pag. 261.
II.	Sépulture des guerriers.	268.
III.	Conseil de Latinus.	276.
IV.	Préparatifs de défense.	291.
V.	Histoire de Camille.	299.
VI.	Combat de cavalerie.	302.
VII.	Exploits de Camille.	307.
VIII.	Mort de Camille.	313.
IX.	Déroute des Latins.	322.

Livre XII.

I.	Défi de Turnus.	329.
II.	Sanction du traité.	338.
III.	Rupture du traité.	345.
IV.	Blessure d'Enée.	353.
V.	Guérison d'Enée.	359.
VI.	Scène de carnage.	364.
VII.	Mort d'Amate.	372.
VIII.	Combat d'Enée et de Turnus.	382.
IX.	Mort de Turnus.	390.

FIN.

www.ingramcontent.com/pod-product-compliance
Lightning Source LLC
Chambersburg PA
CBHW071858230426
43671CB00010B/1396